조화와 균형을 중시하는 관계성의 학문

자평학 강의

자평학 강의

ⓒ신창용 2013

초판 1쇄 발행일 2013년 8월 6일

지 은 이 신창용
펴 낸 이 이정원

출판책임 박성규
편집책임 선우미정
편   집 김상진 · 한진우 · 김재은 · 김솔
디 자 인 김세린 · 김지연
마 케 팅 석철호 · 나다연 · 도한나
경영지원 김은주 · 이순복
제   작 송세언
관   리 구법모 · 엄철용

펴 낸 곳 도서출판 들녘
등록일자 1987년 12월 12일
등록번호 10-156
주   소 경기도 파주시 교하읍 문발리 출판문화정보산업단지 513-9
전   화 마케팅 031-955-7374 편집 031-955-7381
팩시밀리 031-955-7393
홈페이지 www.ddd21.co.kr

I S B N 978-89-7527-680-4(03150)

조화나 균형을 중시하는 관계성의 학문

자평역학 강의

歲緣 신창용 지음

들녘

『자평학 강의』 출간을 축하하며

내가 신창용 선생을 처음 만난 것은 한의대 강의실에서였다. 경희대 한의대에 입학하기 전에 서울대 공대 공업화학과를 졸업하고 사회생활을 했던 경력이 있었다는 것도 나중에 알게 된 사실이었다. 그가 2학년이었을 어떤 날이었던 것 같다. 불쑥 나의 생년월일을 물어보아 종이에 쓰고는 한참 바라보더니 내가 태어난 시간을 잘못 알고 있는 것 같다고 말했다. 유시(酉時)가 아니라 신시(申時)라야 나의 삶과 맞아 떨어진다는 것이다. 나는 그날 바로 어머님께 찾아갔다. 그리고 내가 태어난 시간을 여쭈어보고는 다시 한 번 놀랐다. 신창용 선생이 말한 시간이 맞았기 때문이다. 매우 놀라운 경험이었다. 그날 이후 신창용 선생과 나는 스승과 제자의 관계라기보다 붕우처럼 인생에 대해 편하게 이야기를 나누는 사이가 되었고, 이러한 교분(交分)은 어느새 나의 즐거움이 되었다. 대학을 졸업한 후로도 그는 보통의 졸업생들과 달리 한의학과 함께 자평학이라는 분야를 회통하기 위해 학문적으로 계속 연구하고 노력 중이다. 각종 버전의 사이비가 만연된 이 분야에 대한 사회적인 편견과 오해와 싸우면서 이 분야를 개척해나가는 그는 점차 감각적으로 변해나가는 세태에 하나의 희망을 던져주는 젊은이의 모습이 아닌가 한다.

며칠 전 자신이 쓴 책이라고 하면서 원고를 들고 나를 찾아왔다. 내용을 들여다보니 이 책은 자평학을 학문적으로 연구하여 체계화시키고자 하는 노력이 무엇인지를 보여주고 있었다. 단순히 연월일시를 따져서 해답만 제시해주는 세상 속에 널려 있는 책들과 달리 이 책은 자평학의 역사와 문화, 저자 자신에게 체화된 체험들을 인문학적 언사로 풀어내고 있다. 아마 이 분야에 대해 어떤 선입견을 가진 독자들이라도 이 책을 읽는 순간 동양학이 가지고 있는 매력을 느끼고 놀라게 될 것이다. 이 주제로 이렇게 많은 양의 정보를 정리할 수 있었던 데에는 그의 학문적 능력과 외길로 정진해온 패기가 있었기에 가능한 것이 아니었나 생각한다.

비록 이 분야에 대해서는 문외한인 본인이 보아도 이 책은 인문학적인 필치로 자평학 분야를 정리했다는 점에서 동양의 문화를 애호하는 문화인들과 세상의 변화와 미래에 관심을 가지고 있는 독자들에게 좋은 지침서가 될 것을 의심하지 않으므로 이에 강력히 추천하는 바이다.

2013년 7월 13일
경희대 한의대 학장
김남일 씀

한의학의 이해에 큰 도움이 될 『자평학 강의』

저자로부터 추천의 글을 써달라는 부탁을 받고 가장 먼저 나의 뇌리에 떠오른 것은 그가 학부 시절에 내 연구실에 찾아와 나에게 대만에서 출판된 명리학 서적을 선물한 일이다. 학생들로부터 시집이나 수필집, 소설책 등을 선물로 받곤 했지만, 전문 서적을 선물로 받은 것은 처음이었다. 지금 돌이켜보니 명리학 공부를 제대로 하라는 무언의 압력이었던 것 같다. 실은 그 며칠 전 저자와 나는 내 연구실에서 명리학에 대해 대화를 나누었는데, 아마도 나의 수준이 저자가 생각하기에 한참 못 미쳤던 모양이다.

그가 졸업한 이후 작년에 다시 저자를 만났을 때, 그는 내게 자평명리학을 이미 20년 넘도록 연구하고 있다고 했다. 한의과 대학에 입학한 것도 자평학을 보다 체계적으로 연구해서 자평학과 한의학을 접목하고 나아가 자평학을 기반으로 동아시아 전통 사상을 통합하는 것이 본인의 목표라고 했다. 학문에 대한 원대한 포부와 끝없는 열정에 비록 제자이긴 하지만 감복하지 않을 수 없었다.

이 책은 저자에게는 그간 본인이 추구해왔던 목표에 다가서는 출발점이라는 점에서 특별한 의미가 있을 것이다. 실제로 그의 열정과 노력의 흔적이 책의 곳곳에 묻어 있다. 책의 내용 또한 알차다. 초고를 받고는 단숨에 읽어버렸다. 간결하고 명쾌하고 소박하다. 이에 기쁜 마음으로 글재주는 없지만 추천의 글을 보태고자 한다.

나는 평소에 한의학을 공부하는 사람은 명리 이론을 함께 학습하는 것이 좋다고 생각해왔다. 한의학과 명리학은 역학이라고 하는 큰 테두리 안에 포함되는 것으로 많은 공통점을 가지고 있다. 둘 다 기론, 음양오행론, 천인상응론을 그 이론적 근간으로 삼고 있다.

'역학(易學)'이란 말 그대로 "변화의 학문"이다. 모든 만물은 끊임없이 운동 변화하고 있다고 보고 그 변화 가운데서 변화의 주체와 변화의 이치를 파악하는 것이 역학이다. 한의학이나 명리학은 역학 원리에 근거하여 조화와 부조화를 판단하며 이를 바탕으로 조화를 유지하거나 회복하는 방안을 찾는 실천 분야이다.

최근 전통 사상에 대한 관심이 높아지면서 '오술(五術)'이란 말을 자주 접하게 된다. 오술은 역학의 원리를 실제 현실에 적용한 다섯 가지 실천 분야로서 命, 卜, 醫, 相, 山이 이에 해당한다.

'命'은 인간 삶 전체의 변화를 파악하는 것이 위주이고, '卜'은 하나의 사건에 일어나는 변화를 예측하는 것이며, '醫'는 인체의 변화를 파악하는 것이 위주이고, '相'은 인체를 포함한 사물에 드러나는 형상의 변화를 파악하는 것이 위주이며, '山'은 인간의 본성 방면에서의 변화를 파악하는 것이다. 이런 의미에서 한의학과 명리학은 "변화의 학문"이라는 공통점이 있다.

한의학과 명리학은 또한 사물과 사물 사이의 조화와 균형을 중시하는 "관계의 학문"이다. 이 책에서 저자는 명주의 심리적, 생리적 특성을 판단하고 주변 환경과의 관계성을 분석하여 성패와 득실을 예측하는 것이 명리학이라고 했는데, 한의학도 그 과정은 마찬가지이다. 먼저 개체의 특성을 파악하고 외부 환경과의 관계성을 분석한다. 다만 성패와 득실을 예측하는 대신에 질병을 예측하거나 진단하고 치료하는 데에 주안점을 두는 것이 다를 뿐이다. 이 다르다는 것도 어찌 보면 같은 사물을 어떤 부분을 주로 관찰하느냐 하는 정도의 차이에 불과한 것이라고 볼 수 있다.

또한 둘은 동일한 세계관, 동일한 인간관을 갖고 있으며, 그 사유방식이나 서술도구가 모두 일치한다. 동일한 세계관과 인간관이란 곧 정체관, 좀 더 구체적으로 말하면 천인합일사상을 말한 것이며, 동일한 사유방식이란 取象比類를 두고 한 말이며, 서술도구란 음양오행, 천간지지 등을 말한 것이다. 다른 어떤 점보다 사람이 관찰과 분석의 주요 대상이라는 점에서 상호 보완할 수 있는 부분이 많다.

이러한 이유로 명리학 공부가 한의학을 공부하는 데 있어 많은 도움이 된다. 예를 하나 든다면, 명리학의 오행론, 십간론, 십신론 등을 공부하다 보면 음양오행 간의 관계에 대한 인식이 더욱 넓어지고 보다 실질적으로 이해할 수 있게 된다. 즉 관계에 대한 기계적인 해석에서 벗어나 보다 종합적이고 유기적인 해석 능력을 기를 수 있다. 또한 환자의 생리적 특징을 파악하는 데 있어서도 보조적인 자료로 활용할 수 있다.

나는 의학에는 세 부류의 의학이 존재한다고 본다. '形의학, 氣의학, 神의학'이다. 형의학은 첨단 과학의 발달에 힘입어 비약적인 발전을 해왔고, 기의학은 수천 년 역사를 거치며 발전을 거듭해왔다. 그럼에도 불구하고 아직도 세상에는 원인조차 알 수 없는 병이 무수히 존재한다. 이제는 우리가 神의학에 집중해야 할 때이다.

오늘날 물질문명은 고도로 발달한 반면에 상대적으로 인간의 정신문명은 날로 피폐해져 사회의 가치관과 도덕이 뿌리째 흔들리면서, 전에 없던 새로운 병들이 발생하고 있다. 지나친 경쟁으로 인한 심리적인 중압감이나 사회의 온갖 부조리와 모순에서 비롯된 도덕적 상실감 등으로 여러 가지 정신질환과 그에 따른 신체질환이 날로 증가하고 있다. 하지만, 기존 形醫學이나 氣醫學만으로 이러한 질환에 적절히 대처하기 어려운 지경에 이르렀다. 이러한 관점에서 정신을 중심으로 한 새로운 의학방법론인 '神의학'이 절실히 요구된다. 이를 위해서는 인간의 심리상태를 분석할 수 있는 방법이 필요할 터인데, 명리학은 동양의 전통 사상에 입각한 심리 분석 방법으로서 인간의 심리적 특성을 파악하는 데 하나의 도구로 활용될 수 있을 것이다.

또한 최근에 서양의학계에 "맞춤의학"이란 말이 유행하고 있는데, 말 그대로 환자의 성별, 나이, 생활환경, 체질, 인생관 등 환자 개개인의 특징에 맞게 치료법을 결정하는 것이다. 유전자 기술이 발달하면서 새롭게 등장한 개념이다. 그러나 한의학은 굳이 사상체질의학을 언급하지 않더라도 이미 자체가 철저하게 개체의 특성을 중시한다. 인간의 심리적·생리적 특성을 파악하는 것이 명리학의 첫째 과제라는 점을 상기해보면 개체 특성을 파악함에 있어 명리학을 통해 추론한 정보를 활용할 수 있을 것이다.

명리학이 적극적으로 한의학과 소통하기 위해서는 무엇보다도 과학적이며 합리적인 연구와 검증을 통해 학문적인 체계를 구축해야 한다. 물론 명리학에 대한 여러 가지 편견과 오해에도 불구하고 그 이론이 오랜 세월 명맥을 유지할 수 있었던 것은 그 나름의 합리성을 갖추고 있기 때문이라고 생각된다. 그러나 세간에는 여전히 근거를 알 수 없는 다양한 異說이 존재하고 또 명리술을 돈벌이 수단으로 삼아 혹세무민하는 부류가 많다. 과학적이고 체계적인 연구가 필요하다고 한 것은 바로 이러한 이유에서다.

이 책의 저자는 이를 염두에 둔 것 같다. 많은 술가들이 불필요한 요소에 집착하고 인위적인 조작을 통해 사주를 해석하여 혹세무민하는데, 그 원인이 명리학을 학문적 대상으로 보지 않고 돈벌이 수단으로 보기 때문이라고 했다. 이에 저자는 작위적이며 비논리적인 요소를 배격하였다.

이 책은 무엇보다도 저자의 학문적인 접근 자세와 신선함이 돋보인다. 조자시, 야자시, 지장간, 십신론, 공망, 신살 등 기존 명리론의 여러 문제점을 정확히 지적하고 철저한 문헌 고증을 고쳐 그 오류를 바로잡고 때로는 본인의 독창적인 견해도 제시하였다. 시간의 보정에 관한 논의는 아주 과학적이고 치밀하여 천문학 지식은 물론이고 최첨단의 인터넷 정보까지 활용하고 있다. 정말 기본에 충실하면서도 치밀한 책이다. 벌써부터 다음에 이어질 내용이 기대된다.

그간 학생들에게 추천할 만한 명리학 서적이 없었다. 쉽고 간결하고 치우침이 없으면서 동시에 한의학도들에게 필요한 내용이 갖춰진 명리서를 찾기가 어려웠기 때문이다. 이제 드디어 우리 학생들에 추천할 수 있는 책을 찾았다. 이 책의 저자에게 수고했다는 말과 함께 감사의 말을 전하고 싶다. 아울러 초심을 잃지 말고 본인이 목표한 바를 완수하기를 기대한다.

2013. 7. 18

노스캐롤라이나에서

정창현 두손 모음

자평학의 보편적 접근을 기대하며

어떤 분야에 대해 오랜 시간을 함께 했다는 것이 반드시 그 분야에 정통하다는 것을 보장하지는 않습니다. 그렇지만 그 시간을 보내면서 끊임없이 겪었던 시행착오와 광범위한 학습량 그리고 현실과의 지속적인 확인 점검을 통해 조금이나마 깨닫고 알아가게 된 것을 어느 정도 정리해왔다면 적어도 그 분야의 가이드로서는 자리매김할 수 있지 않을까 생각합니다. 이러한 생각으로 이 책을 다듬고 또 다듬었습니다.

"자평학(子平學) 강의"

이 낯선 표현이 여러분과 운명적인 첫 만남을 기대하면서 강의실 칠판에 적어 놓은 강의명입니다. 혹시 매우 어려운 강의가 아닐까 하고 미리 부담을 크게 느끼십니까? 걱정하지 마세요. 이제부터 여러분은 탁월한(?) 강사의 세심한 설명을 한번 들어 보겠다는 정도의 가벼운 의욕만 준비하시면 충분하답니다. 이보다는 강의의 주제가 되는 '자평학(子平學)'이라는 명칭 자체가 주는 생소함이 오히려 강의실을 찾아오시는 발걸음을 무겁게 하지는 않을까 걱정됩니다.

자평학과 매우 친밀한 연관 개념어로서는 '사주(四柱)·팔자(八字)·명리(命理)'와 같은 표현들이 있습니다. 그럼에도 불구하고 제가 강의의 주제를 자평학이라고 선정한 것은 하나의 구체적인 학문의 명칭으로서 여러분에게 제시하고 동시에 소개하고 싶어서였습니다.

태어난 생년월일시(生年月日時)의 간지(干支)를 의미하는 사주(四柱)는 팔자(八字)와 동의어(同義語)입니다. 그런데 사주를 가지고 사람의 명운(命運)에 관해 논(論)하는 분야는 자평학 이외에도 몇몇 분야가 존재하므로, 사주학(四柱學)이라든가 팔자학(八字學)이라는 표현은 관련된 체계를 전부 거론할 것이 아니라면 그리 적합한 표제어가 아닙니다. 또한 명(命)과 관련된 제반 학술 체계를 통칭하는 명학(命學)은 다시 그 내용 전개의 중심이 철학적인 수준으로 승화시킬 수 있을 때 '명리학'이라는 표현을 가장 적절하게 사용할 수 있을 텐데, 비록 자평학에 철학적인 요소가 없는 것은 아니지만 철학 그 자체를 목적에 두고 전개하고 연구하는 학문이라고 볼 수 없기에 필자는 그냥 자평학이라는 표현을 고수하려고 했습니다.

일반적으로 사람들은 자신의 노력과는 무관하게 사주를 통해 인사(人事)의 성패(成敗)와 득실(得失) 등의 결과에 대해 미리 알고 싶어 하고, 중요한 선택에 있어서 최선의 방안을 강구하고자 하며, 궁합 등을 통해 상대와의 관계에서 자신이 덕(德)을 볼 수 있는지 몹시 궁금하게 여깁니다.

그러나 저는 자평학(子平學)을 공부하면 할수록 자평학의 주제인 '사람과 관계성' 그 자체에 매력을 느꼈고, 특히 사람의 성정(性情)과 생리(生理)적 특성 및 병리(病理)적 변화에 큰 관심이 쏠렸습니다. 그렇게 학습하다 보니 명학(命學)과 의학(醫學)이 사실은 오술(五術)이라는 커다란 학술 체계의 일원이라는 것을 알게 되었으며, 과거에 중국에서는 양자(兩者)를 함께 공부하여 병자(病者)에게 보다 나은 치유의 길을 제시한 학자들도 있었다는 것을 알게 되었습니다. 그래서 제대로 길을 밟아 양자(兩者)의 과정을 보다 더 깊이 익히기 위해 다시 한의학을 공부하였습니다.

먼 길을 걸어온 지금에 이르러 생각해보면, 자평학과 동아시아 전통 의학 [TEAM ; Traditional East Asian Medicine]은 밀접한 요소도 많지만, 동시에 개별적·차별적 요소도 많아서 간단하게 융합할 수 있는 분야의 대상은 아니었습니다. 그리고 사주와 관련한 지식과 음양오행(陰陽五行)에 관한 내용을 조금 공부했다고 해서 사람의 생리(生理)·병리(病理)에 대해 가볍게 거론하는 것 또한 매우 위험한 태도라는 것을 잘 알게 되었습니다. 따라서 시중에서 사주를 가지고 쉽게 사람의 건강과 질병에 관해 운운하고 상담하는 경향과 자세는 반드시 금(禁)하고 사라져야만 함을 강조하고 싶습니다.

그러나 이미 의학의 길에 들어서서 지속적으로 공부하며 노력하고 있는 의자(醫者)라면, 비록 그 과정이 쉽지만은 않지만 열린 마음으로 자평학을 정심(精深)하게 공부할 경우, 보다 많은 관(觀)과 새로운 내용을 만날 수 있다는 점 또한 선현(先賢)들이 이미 밝히고 제시해준 방향이자 엄연한 사실

이기도 합니다.

한의대를 다니면서 많은 학우(學友)들이 6년이라는 긴 여정 동안 어떻게 한의학을 공부해야 할지 몰라 혼란스러워하고 방황하는 사례들을 무수히 많이 지켜보았습니다. 그러나 이러한 한의학도 자평학에 비하면 얼마나 양호한 상황인지 모릅니다. 세월이 한참 흘러서 자평학을 학습하는 과정 자체가 쉽지 않고 정통하기에는 더욱 힘들다는 점을 알게 되었지만, 그럼에도 불구하고 그 과정의 어려움에 있어서 대만이나 일본보다 우리나라가 유독 심한 상황이라는 것을 알게 되었습니다. 조금 심하게 비유하자면, 우리나라에서 자평학을 공부한다는 것은 한마디로 망망대해에 고주(孤舟) 하나 띄워 놓고 어디로 흘러가는지도 모르면서 무사히 건너갈 수 있기만을 마냥 기도하고 있는 상황 그 자체입니다.

어떤 분들은 뛰어난 적중률이나 단언(斷言)이 마치 명학의 전부이고 핵심인 것처럼 강조합니다. 또 실제로 몇몇 사람들은 탁월하게 타고난 영감(靈感)이나 신기(神氣)를 지녀서 매우 적중률이 높을 수도 있습니다. 그러나 학문이라는 것은 그것이 비록 예측에 주된 목적을 둔 분야라 할지라도 소수의 한정된 사람들에게만 전유(專有)된 것이라면 특별한 자들의 술기(術技)일 뿐 보편성을 지닌 학문이라고 거론할 수는 없을 것입니다.

적어도 학문이라면 논의할 수 있는 이론적 체계가 충분히 구축되어 있어야 하고, 논의의 주제가 의제나 연구 대상으로서 다뤄질 가치가 있어야 하며, 지난 세월 동안 그 분야에서 이미 이뤄놓은 성과가 존재해야 하고, 그렇게 논의되고 연구된 결과가 세상에 유익하게 작용해야 합니다. 더불어 합리적이고 보편적인 사유가 전제되어야 하고, 누구나 객관적인 시각에서 바라보고 접근할 수 있어야 하며, 상식적인 수준에서 이해될 수 없는 개인의 특수성이나 독단적 아집에 한정되지 않아야 합니다.

따라서 특별한 재능을 소유한 자들에게만 매우 한정된 특수성을 강조한다면 보편성을 전제로 하는 학문의 대상으로 연구하고 다뤄지기는 불가능할 것입니다.

그런데 1930년대에 『命理索隱(명리색은)』이라는 역작을 저술한 중국의 렌수이칭(任綏卿) 선생이 서문에서 "使人人能知命, 人人可爲君子(사람마다 능히 명을 알게 하여 매 사람 군자가 될 수 있게 하겠다)"라고 저술의 의도를 표명한 홍익(弘益)의 큰 뜻을 생각해보면, 특정한 적중률이나 단언만을 강조하는 시각이 얼마나 옹색한지 알 수 있으며, 자평학의 참뜻이 결코 보편적 접근을 배제하는 것이 아님을 잘 알 수 있습니다.

이러한 우리의 제반 여건을 감안하여 제가 이 책을 쓰면서 특별히 목적을 두었던 사항은 두 가지입니다. 하나는 동아시아의 전통문화 속에서 오랜 세월 면면히 이어온 자평학이 무엇인지 정확하게 바라보고 학습할 수 있는 표준 교과서를 만들어보겠다는 것이었습니다. 그리고 다른 하나는 자평학의 본질인 관계성에 대한 논의가 작게는 개인의 삶을 더욱 유익하도록 교양을 높이고, 크게는 이러한 논의가 지닌 학문의 가치를 널리 알릴 수 있는 계기를 마련하겠다는 것이었습니다.

이제 이 책은 제 손을 벗어났습니다. 그리고 여러분과 새로운 관계를 맺기 위해 조심스럽게 문을 똑~똑~ 두드리고 있습니다.

* * *

한 권의 책이 온전하게 나오기까지 얼마나 많은 도움을 얻어야 하고 또 얼마나 많은 수고가 더해져야 하는지 필자는 이번에 절실히 깨달았습니다. 그럼에도 불구하고 이 도움과 수고를 기꺼이 제공해주고 감수해주신 그 모든 분들에게 깊은 감사의 말씀을 드립니다. 그 노고에 보답하기 위해 부끄럽지 않은 글이 되고자 많은 노력을 기울였습니다.

그러면 이제부터 강의를 시작하겠습니다!

감사합니다.

癸巳年 戊午月 소서(小暑)를 목전에 두고

세연(歲緣) 신창용 드림

차례

네 번째 강의

자평학(子平學)**의 기본 이론**

다섯 번째 강의

관계성(關係性)**의 파악**

부록

인생행로(人生行路)의 길도우미(navigation),
자평학을 만나다

이 책은 '자평학(子平學)'이라는 동아시아의 전통문화 학술 체계를 정확하게 알리기 위해 작성한 첫 번째 표준 교과서입니다. 일반적인 교과서가 그러하듯이 비교적 쉬운 내용부터 어려운 내용까지 골고루 담고 있습니다. 그렇지만 별도로 참고서의 도움이 없이는 보기 어려운 불완전한 교과서는 아닙니다. 제가 오랜 기간 학생들과 함께 호흡하면서 쌓아온 강의 현장을 최대한 담아냈기 때문입니다.

따라서 자평학에 처음 입문하고자 문을 두드리는 사람들은 물론이고, 이미 입문하였지만 좌표를 상실하고 방황하며 고뇌하는 많은 분들에게도 다시 좌표를 설정할 수 있도록 등대의 소임을 충분히 할 것으로 믿고 있습니다.

* * *

　태어난 생년월일시(生年月日時)의 정보에 해당하는 사주(四柱)를 바탕으로 사람의 명운(命運)에 관해 설명하고 예측하는 자평학은 전 세계의 수많은 명운 관련 방술(方術) 분야 중에서도 단연코 가장 뛰어난 수준의 내용과 학술 논리 체계를 갖추고 있습니다. 그럼에도 불구하고 여전히 대부분의 사람들이 지니고 있는 자평학에 대한 상식은 여러 점술과 다를 바 없는 그저 그런 수준의 잡술(雜術)에 불과한 실정입니다. 이와 같이 자평학이 제값을 받지 못하고 지나치게 폄하된 이유로는 자평학을 공부하는 사람들이 끊임없이 범해왔고, 지금 이 순간에도 자평학의 본질이라고 믿고 있는—사실은 본질이 아니고 자신의 잘못된 착각일 따름이지만—내용들을 바탕으로 상담 현장에서 범하고 있는 "독단적(獨斷的) 무식(無識)"을 첫 번째로 꼽을 수 있습니다. 이는 장야오원(張耀文) 선생이 생전(生前)에 일본에서 일본의 명가(命家)들이 범하고 있는 커다란 과오로서 강하게 질타하셨던 사항이지만, 지금의 우리에게도 동일하게 적용하여 질책할 수 있다고 생각합니다.

　또한 '사주 상담'의 과정을 그저 바넘효과(Barnum effect ; 어떤 일반적인 점괘가 마치 자신을 묘사하는 것처럼 받아들이는 현상)나 플라세보효과(placebo effect ; 약도 독도 아닌 비활성 약품을 약으로 위장하여 환자에게 투여했을 때, 환자의 약에 대한 긍정적 믿음으로 인해 실제로 효과가 나타나는 현상)를 바탕으로 콜드리딩(cold reading ; 신뢰관계를 만들어가는 기술이자 상대의 마음을 사로잡는 기술)의 기술을 활용하여 전개하는 일종의 화술(話術)에 불과하다고 생각하면서 임하는 사람—상담가와 내담자—이나 그리고 그렇게 바라보는 외부적 관점 또한 자평학 논명의 본질을 정확하게 인지하지 못함에서 기인한 오해에 불과합니다.

'자평학'이 하나의 학술 체계를 형성할 수 있었던 과정에는 역사적으로 중요한 두 가지의 노력이 담겨 있습니다. 하나는 점성술에서 비롯하였던 수많은 작위적·비논리적·우연적인 요소들을 가급적 배제하기 위한 노력입니다. 다른 하나는 —비록 서양 과학적 사고의 틀에 근거한 논리적 접근은 아니지만— 동아시아 전통문화적 패러다임에 근거한 논리적 접근을 통해 끊임없이 관계성의 파악에 매진해 온 선현(先賢)들의 학술적인 접근 자세와 노력입니다. 따라서 신살(神殺)과 같은 사람들의 마음에 부담을 부여하는 불필요한 요소나 또는 인위적인 조작을 통해 자의적으로 해석을 범하는 몰이해는 모두 사라져야만 합니다. 적어도 명식을 작성하고 난 이후에 전개되는 논명의 과정은 학술적 논리를 바탕으로 이루어져야만 합니다. 그리고 자평학은 다른 점술 체계와 달리 확실한 논리 체계를 가지고 있습니다. 이 점이 바로 다른 잡점(雜占)들과 가장 차별되는 자평학의 특징이고 장점입니다.

흔히 신살과 같은 비논리적 요소들을 버리지 못하고 거론하는 가장 큰 이유로 "적은 가능성이라도 어떤 사람들에게는 적중하는 경우가 있다"는 점을 제시합니다. 그런데 '적은 가능성'이라는 것은 그만큼 자의적이고 독단적으로 해석할 가능성이 높다는 것을 의미하기도 합니다. 그러므로 과오를 보일 확률 또한 급증할 수밖에 없습니다. 이는 사이비 종교들이 지니고 있는 내용 체계나 그 체계를 바탕으로 마음이 약한 사람들을 혹세무민하는 표현 방식과 크게 다를 바가 없습니다. 그와 같은 적은 가능성에 집착하는 본질적인 이유는 자평학을 학문적 대상으로 대하지 않고 돈벌이 수단으로 대하여 제대로 된 학습을 진행하지 않기 때문입니다.

한 사람에게 발생하는 사정(事情)과 그 결과에 대해서 100% 정확하게 예측하려는 노력은 사람의 그릇된 욕망에서 비롯한 허황한 목표입니다. 적중률이라는 수치에 치중하기 보다는 사람들이 올바른 결정과 보다 나은 고민을 할 수 있도록 자평 논명의 시각을 제시해주는 것만으로도 자평학의 존재 이유는 충분합니다. 왜냐하면 보통 심한 갈등과 고민에 빠져 있는 사람들은 다양한 요소나 상황들을 폭넓게 바라보지 못하고 치우친 사고와 지나치게 극단적인 사고에 한정되어 있는 경우가 대부분이기 때문입니다.

가령 낯선 곳을 찾아가는 정글 지대의 여행에 있어서 목표 지점을 향해 걸어가다가 그만 길을 잃어버린 상황을 가정해봅니다. 이때 지도를 볼 수 있다면 지도를 통해 다시 방향을 수정할 수 있겠지만, 지도를 보는 기술을 습득하지 못했거나 혹은 지도에조차 제대로 표시되지 않은 곳이면서 도저히 방위를 파악할 수 없는 곳이라면 매우 난감한 상황이 아닐 수 없습니다. 이때 객관적인 현실 인식 없이 주관적·자의적으로 방향을 선택하여 움직이다 보면 상당히 위험한 여건에 처할 수도 있습니다. 하지만 바로 그때 현지의 원주민을 만나 친절하게 길 안내를 받을 수 있다면 얼마나 고마운 일이겠습니까?

인생의 여정도 마찬가지라고 생각합니다. 물론 자신의 여정을 끝까지 스스로 잘 걸어갈 수도 있겠습니다만, 가끔은 이와 같은 주변의 도움과 안내를 받아 적절하게 여정을 수정하고 참고하는 것 또한 다시 한 번 객관적으로 자신의 위치를 되돌아보는 중요한 과정이 될 수 있습니다. 자평학의 논명은 바로 이와 같은 길도우미(navigation)의 소임을 충실히 수행할 수 있을 때 그 의미성과 가치가 확인될 수 있습니다. (사실 알 수도 없지만) 인생의 정답을 제시하는 것이 아니라 보다 바람직한 방향으로 나아갈 수 있도록 상담가와 내담자가 함께 고민하면서 시의적절한 선택의 방향을 찾을 수 있도록 다방면으로 조언하는 행위와 과정 그 자체로도 의미가 충분하다는 뜻입니다.

본 책은 방대한 자평학의 내용을 정확하게 전달하겠다는 소임을 목표로 작성된 첫 번째 책입니다. 따라서 그 내용에 있어서 본격적인 논명의 단계 수준까지는 도달하지 않고, 그 논명이 이루어지는 전(前) 단계까지의 과정과 배경 지식 체계에 대해 비교적 자세하게 설명하고 있습니다. 모쪼록 『자평학 강의』가 자평학에 대해 새롭게 인식을 전환하고 활력을 불어넣는 계기가 되기를 기대합니다.

일러두기

- 한자의 표기는 '한글(漢字)' 형태를 원칙으로 작성했습니다. 다만 중요도가 높아서 한자(漢字) 자체에 대한 파악이 꼭 필요하다고 판단한 필수 용어와 중화권의 원서나 고전의 서명(書名)에 대해서는 '漢字(한글)'의 형태, 즉 원명(原名)을 먼저 제시하는 형태로 나타냈습니다.
- 년(年)·서명(書名)·이름 등에 대해서는 두음법칙을 적용하지 않았습니다. 이는 의미를 명확하게 전달하기 위함입니다. 가령 '연주'라는 단어의 발음은 쉽게 '연주(年柱)'를 상기하지 못하지만, '년주'라는 발음은 쉽게 '년주(年柱)'를 상기하는 효과가 있어서, 명학 용어에 대해서는 두음법칙을 적용하지 않았음을 미리 밝혀둡니다.
- 그럼에도 불구하고 이미 우리에게 익숙한 고전(古典)에 대해서는 관용 서명(書名)을 그대로 사용하였습니다. 예를 들어 『論語(논어)』·『列子(열자)』 등이 그러합니다.

(子平學)

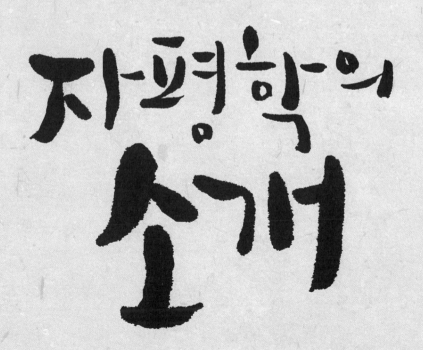

자평학의
소개

강의 안내

이 마당의 주제는 '자평학(子平學)의 소개'입니다. 먼저 동아시아 술수학의 포괄적 지칭 개념인 오술(五術)에 대해서 알아본 이후에 사주(四柱)라는 주제를 다루고 있는 자평학(子平學)이나 명리학(命理學)이 무엇을 의미하는지, 그 유래는 어떠한지, 그리고 논명(論命)이라는 개념과 논명을 통해 접근하려는 관점은 무엇인지 등에 관해 설명합니다.

오술(五術)

이 책이 다루고자 하는 '자평학(子平學)'의 본질을 이해하려면 먼저 오술(五術)에 대해 전반적으로 살펴보아야 합니다. 이를 위해 문답의 형식을 통해 오술(五術)에 대해 대략적으로 파악해보고자 합니다.

오술(五術)이란 무엇인가요?[1]

간단하게 설명하자면, 현실 생활에서 평안하고 행복한 삶을 살기 위해 필요한 실천적이면서 동시에 방편적인 다섯 분야의 지식 체계라고 할 수 있습니다. 내세(來世)나 과거세(過去世)보다 현세(現世)의 삶을 특히 중시했던 중국인들의 독특한 인생관이 그 지식 체계의 기저를 형성하고 있습니다.

오술(五術)이란 명칭이 공식적으로 언급되고 사용된 것은 1960~70년대

---

1 이 부분의 오술에 관한 설명은 張耀文 著·陳昭良 譯, 『五術占卜全書』(王家出版社 ; 16993)의 전반적인 내용을 참조하였습니다.

에 장야오원(張耀文) 선생이 대만과 일본에서 책과 강의를 통해 자신의 문파인 명징파(明澄派)의 오술 체계를 설명하면서부터입니다.[2] 따라서 오술(五術)의 분야와 지식 체계는 오래전부터 존재하여 지금까지 내려왔지만, 명칭 그 자체는 최근에 이르러서야 등장하고 사용되기 시작했습니다.

∶ 오술(五術)의 세부 분야에는 어떠한 것이 있나요?

오술(五術)의 세부 분야로는 명(命)·상(相)·복(卜)·의(醫)·산(山)의 다섯 가지 분야가 존재합니다. 각각의 분야에서 다루는 내용을 간략하게 요약하면 다음과 같습니다.

명(命)

먼저 '논명(論命)'이라는 말부터 설명하겠습니다. 이 책 전반에 걸쳐 자주 사용하게 될 용어이기 때문입니다. 논명이란 어떤 대상의 명운(命運)에 관해 논(論)하는 것입니다. 이는 점을 치는 행위와는 조금 구별되는데, 학리적인 접근과 내재(內在)된 논리가 논명의 기반이 되기 때문입니다.

조금 풀어서 설명한다면 점(占)은 점의 결과를 얻는 과정에 있어서 사람의 인위적인 조작을 최대한 배제한 채 하늘의 뜻만을 묻고자 시행합니다. 따라서 그 결과를 해석하는 과정에서는 필연적으로 점을 치는 사람의 주관적인 판단이 개입하게 될지라도 점을 쳐서 묻는 과정 자체에서는 사람의

---

2 책으로는 1973년에 일본에서 출간한 장야오원(張耀文) 선생의 『中国正統五術占い全書』(文研出版)가 가장 앞선 것으로 알려져 있습니다.

개입이 없어야만 합니다. 그러므로 점(占)을 치는 행위는 동일한 사안에 대해 동일한 상황에서는 단 1회의 행위만 의미를 부여할 수 있습니다. 이에 비하여 명(命)은 미리 논명하기 위한 사전 장치를 마련하는 과정에서 이미 논명자의 주관적 개입이 이루어지고, 동일한 사안에 대해 몇 번에 걸쳐 재검토도 가능하며, 결과를 얻고 해석하는 과정 전반에 걸쳐서 학술적인 논리로 접근하여 이루어집니다.

물론 예측적인 차원이 있기 때문에 점(占)과 유사하다고 생각할 수도 있지만, 그 예측조차 논리적 접근을 전제로 이루어지기 때문에, 시점이나 시기에 관계없이 일정한 절차와 설명 및 그에 따른 결과적 판단(判斷)과 예단(豫斷)을 이끌어낼 수 있다는 점에서 점과는 확연하게 구별됩니다. 일반적으로 사주를 본다는 표현을 사용합니다만, 이와 같이 사주를 본다는 표현에는 점의 시각에서 접근하는 관점 또한 아울러 포괄하고 있기 때문에, 학리적인 접근을 전제로 삼는다는 의미에서 논명(論命)이라는 말을 필자는 사용합니다.

이러한 논명 행위는 반드시 사람이라는 한정된 대상만을 다루는 것은 아니지만 대개는 주로 사람의 명운(命運)에 대한 파악과 이해가 주된 목적이 됩니다. 다시 그 속에는 여러 갈래의 학술 체계가 존재하는데, 크게는 점성술(占星術)에 기초를 둔 관점과 간지(干支)를 가지고 다루는 관점이 양대 흐름을 형성하고 있습니다. 예로부터 지금에 이르기까지 오술 분야 중에서 가장 핵심을 이루면서 내용적 측면에 있어서도 질과 양적으로 크게 발전해

왔습니다. 현대에는 의(醫)와 함께 가장 많이 연구되면서 동시에 활용되는 분야에 속합니다. 참고로 이 책의 논의 주제인 자평학(子平學) 또한 명(命)의 세부 갈래 중 하나에 해당합니다. 그리고 중국 문화권에서는 자평학 외에도 자미두수가 유명합니다.

상(相)

어떤 대상에 대한 깊은 관찰을 통해 그 대상을 파악하는 것이 주된 목적이 되는 분야입니다. 보통 관상(觀相)·수상(手相)이라고 흔히 알고 있는 인상(人相) 분야나 양택(陽宅)[→ 달리 '가상(家相)'이라고 부름]·음택(陰宅)[→ 달리 '묘상(墓相)'이라고 부름]의 선정에 관해 논하는 풍수지리 분야 및 작명(作名)과 성명(姓名)에 관해 논하는 명상(名相) 분야가 바로 이 상(相) 분야의 세부 갈래에 속합니다.

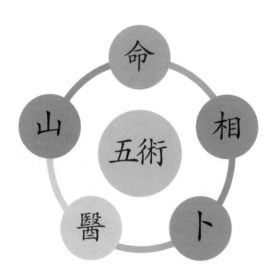

복(卜)

현재 벌어지고 있거나 혹은 앞으로 벌어질 사정(事情)·사태(事態)에 대해 그 추이와 결과를 예단하는 것이 주된 목적이 되는 분야입니다. 흔히 말하는 점(占)에 해당합니다.

구체적으로는 한 사람의 개인적인 분야에 한정하여 예단하는 점복(占卜)부터 국가적 차원의 거시적인 대세(大勢)의 흐름을 논하는 측국(測局)에 이르기까지 범주가 다양하고, 세부적인 논의 체계 또한 단역(斷易)·육임(六壬)·기문둔갑(奇門遁甲) 등등 매우 다단합니다.

의(醫)

질병의 발생을 예방하고, 발생한 질병을 치료하여 심신(心身)의 건강을 도모하는 것이 주된 목적이 됩니다. 전통 의학인 한의학(韓醫學)이 바로 이 분야에 속하기 때문에 사람들에게도 매우 친숙한 분야입니다. 다만 현재 동아시아 의학의 주된 치료 수단을 이루고 있는 침과 뜸 및 한약 이외에도 영치(靈治)라고 불리는 심신 차원의 고차원적인 치료 수단을 중시해왔다는 점에서 지금 우리의 한의학보다 내용적으로 훨씬 폭이 넓다고 하겠습니다.

산(山)

다양한 심신(心身)의 수련을 통해 영적(靈的)으로 성장하고, 건강한 육체를 스스로 잘 유지하는 것이 주된 목적인 분야입니다. 이를 통해 작게는 무병장수(無病長壽)의 꿈을 이루고[→ 소성(小成)], 크게는 자연과 하나가 되어 영생(永生)하는 신선(神仙)의 단계에 도달하고자 합니다.[→ 대성(大成)]

이는 곧 선도(仙道)의 수행 및 무술(武術)의 단련에 해당하므로 달리 '선(仙)'이라고 부르기도 합니다. 다만 명칭을 산(山)이라고 칭한 것은 일반적으로 선도(仙道)의 수행가들이 산(山)에서 정신을 맑게 가다듬고 신선술(神仙術)의 노력을 많이 기울였기 때문입니다.

: 오술 상호 간에는 어떠한 공통 요소가 존재하나요?

오술(五術)은 세부적으로 각각 다른 목적을 지니고 있지만, 그 기저 사상을 이루고 있는 것은 역학(易學)과 음양오행론(陰陽五行論)·삼재설(三才說) 등으로 동일합니다.

그러나 무엇보다 오술(五術)이 단순하게 사람의 명운과 길흉(吉凶)을 파악하여 사정(事情)의 결과를 예단하는 술기(術技;일종의 기술적 테크닉)의 수준에 그치는 것이 아니라 궁극적으로 사람에 대한 인식과 인생의 행복 추구에 그 학술(學術)의 목표를 두고 있다는 점이 가장 큰 공통 요소에 해당합니다.

즉 산(山)의 수행(修行)을 통해 건강한 심신을 유지하고, 질병이 발생하면 의(醫)의 방술(方術)을 통해 건강을 회복하며, 명(命)을 알아 자신의 분수와 적절한 인생의 진퇴 시점 및 타자(他者)와의 관계성 등을 파악하고, 상(相)을 통해 대상의 특징을 파악하여 미리 대비하거나 살 만한 좋은 곳을 선정하며, 복(卜)을 통해 노력만으로 해결할 수 없거나 예측하기 어려운 사정(事情)의 변화에 대해 하늘의 뜻을 물음으로써 보다 나은 현세의 삶을 꿈꾸고자 했던 것입니다.

　오술(五術)의 상호 학문적 상관성은 어떠한가요?

　사용 목적에 따라 주력하는 세부적인 학술 체계가 각기 다양하게 존재하지만 오술(五術)의 학술은 서로 많은 연관성을 지니고 있어서, 어느 한 분야에서 부족한 요소를 다른 분야에서 상호 보완해주는 긴밀한 관계에 놓여 있습니다. 이를 통해 사람이나 기타 대상에 대한 인식과 이해도를 더욱 제고할 수 있는 장점이 있습니다.

　가령 개인의 출생 당시의 년월일시(年月日時) 및 출생지역 정보를 중심으로 파악하는 명(命)은 상(相)과의 학술적 연계를 통해 보다 충실하고 세밀하게 논의의 대상이 되는 사람의 명운(命運)을 파악할 수 있게 해줍니다. 또한 상(相)과 의(醫)는 병의 진단과 예후 파악에 있어서 매우 밀접한 관계에 있고, 명(命)과 의(醫)는 사람의 선천적인 심리적·생리적 특징과 명운(命運)의 흐름 파악을 통해 보다 정확한 진단과 적절한 치법(治法)의 제시를 가능하게 해줍니다. 이 외에도 의(醫)와 산(山)은 균형 잡히고 건강한 심신(心身)의 유지는 물론 예방·재활 의학적 측면에서도 활용도가 매우 높습니다.

이처럼 몇 가지 제시한 예를 보아도 오술(五術)의 분야는 서로 학문적 상관성이 매우 높음을 잘 알 수 있습니다. 따라서 중국적 전통에서는 오술(五術)의 어느 한 분야만을 학습하는 것보다 복수의 분야를 함께 학습하여 통합적으로 대상·사람을 인식하려는 노력과 자세가 당연하고 바람직한 것으로 여겨 왔습니다.[*]

---

[*]오술(五術)에 대해 보다 자세히 알고 싶은 독자분께는 일본 香草社에서 출판한 『中国正統·五術占い全書』(張耀文·佐藤六龍 공저)를 권해드립니다. 비록 명징파(明澄派)의 오술(五術) 관점에서 서술한 것이지만, 전반적인 오술(五術)에 대한 설명이 비교적 자세하게 언급되고 있기 때문입니다.

자평학(子平學)이란?

이제 이 책의 주제인 자평학(子平學)이란 과연 무엇인지 알아볼까 합니다. 흔히 사주(四柱) 혹은 팔자(八字)를 본다고 하는 것은 논명(論命)의 한 종류입니다. 이미 언급한 것처럼 논명, 즉 한 사람의 명운을 파악하고 예측하는 방식은 다양하지만, 그중에서도 태어난 출생 년월일시(年月日時)의 정보를 간지(干支)로 치환하여 파악하는 관점이 가장 대표적입니다.

사주(四柱) 혹은 팔자(八字)라는 것은 생년(生年)·생월(生月)·생일(生日)·생시(生時)의 간지(干支)를 이르는 말입니다. 가령 우리나라의 제18대 대선이 치러진 2012년 12월 19일은 임진년(壬辰年)·임자월(壬子月)·갑인일(甲寅日)이었고, 투표 종료시각인 오후 6시는 계유시(癸酉時)에 해당하였습니다. 이와 같은 네 간지(干支)를 네 개의 기둥[柱(주)]이라고 하여 '**사주(四柱)**'라고 부르고, 한 간지(干支)는 2개의 글자로 구성되므로 네 개의 간지(干支)에는 모두 8개의 글자가 나타나게 되는데, 이를 일러 '**팔자(八字)**'라고 부릅니다.

	時柱	日柱	月柱	年柱
天干	時干	日干	月干	年干
	癸	甲	壬	壬
地支	酉	寅	子	辰
	時支	日支	月支	年支

2012년 12월 19일 오후 6시(서울 기준)

이와 같은 출생 당시의 사주(四柱)를 가지고 당사자의 명운을 논한다고 해서 일부에서는 '사주학(四柱學)'이라는 용어를 사용하기도 하지만, 전통적으로 많이 사용한 표현은 다음과 같습니다.

명학(命學)·명리학(命理學)

오술(五術) 가운데 명(命)에 관한 학문이라는 의미에서 부르는 표현입니다. 엄밀하게 자평학은 명학의 세부분과 학문 가운데 하나이지만, 가장 대표적인 분과 학문이므로 대표성 차원에서 명학(命學)은 곧 자평학을 지칭하는 것으로 이해하는 것이 일반적인 시각입니다.

산명학(算命學)

주로 중국에서 지칭하는 포괄적인 표현으로, 명운 관련 분야 학술을 통칭하는 표현입니다.

사주추명학(四柱推命學)

1818년에 에도 시대 후기의 유학자였던 일본의 사쿠라다 코몬(桜田虎門)

이 『推命書(추명서)』라는 책을 간행하면서 공적으로는 처음으로 추명학이라는 용어를 사용하기 시작했습니다. 그 이후 1902년에 마츠모토 요시스케(松本義亮)이 『四柱推命奧儀秘伝録(사주추명오의비전록)』을 간행하면서 '사주추명(四柱推命)'이라는 표현을 명시적으로 지칭한 이래 일본에서는 '사주추명학'이라는 용어가 표준적인 표현으로 자리 잡게 되었습니다. 불행한 일제강점기를 겪고 난 이후에 우리나라에서도 사주추명학이라는 용어가 많이 사용되고 있습니다.

자평학(子平學)

명학(命學)의 여러 분야 가운데 팔자(八字) 위주의 논명을 주로 하는 학문을 지칭하는 표현입니다. 그런데 명칭을 자평학(子平學)이라고 하게 된 연유에는 다음과 같은 내력이 있습니다.

현재 우리가 사주(四柱)를 가지고 논명하고 있는 관점을 정립한 사람이 북송(北宋) 무렵의 서자평(徐子平)이기에 그 사람을 기리는 의미에서 그의 자(字)인 子平(자평)을 따서 '자평학'이라고 부르게 되었습니다. 이는 전통적인 중국의 관습적 지칭 표현으로, 주자(朱子)에 의해 정립된 신유학을 '주자학'이라고 부르고, 왕양명(王陽明)에 의해 정립된 신유학을 '양명학'이라고 부르는 것과 상통하는 표현입니다.

장야오원(張耀文) 선생은 위 설명에 더하여 子는 간지(干支), 즉 육십갑자(六十甲子)를 지칭하고, 平은 평형(平衡)의 조절을 의미하여, 자평(子平)이란 간지(干支)의 평형을 다루는 학술이라고 설명하기도 했습니다.[3]

참고로 출생 년월일시(年月日時)의 간지(干支)나 혹은 년월일(年月日)까지의 간지(干支)를 가지고 논명하는 학술은 서자평(徐子平) 선생 이전에도 존재하였고, 이를 **녹명학(祿命學)**이라고 불렀습니다. 후대에 이르러 자평학과 구별하는 의미에서 달리 '고법(古法) 명학(命學)'이라고 지칭하기도 합니다.

결국 "자평학(子平學)이란 서자평(徐子平) 선생이 정립한 논명의 관점을 바탕으로 개인의 명운을 파악하고 예측하는 학술 체계"라고 설명할 수 있겠습니다.

3　張耀文의 『子平命理 基礎篇』(9~10쪽)을 참조하였습니다.

명리학이라고 부를 때
명리(命理)의 의미는?

보통 웹사이트를 검색하면 자평학이란 용어보다 명리학(命理學)·명리(命理)란 용어가 더 광범위하게 많이 사용되는 것을 볼 수 있습니다. 이미 설명한 것처럼 명리학(命理學)이란 즉 명학(命學)을 지칭하는 것으로 오술(五術)의 분과 학문입니다만, 여기에서 '명리(命理)'라는 의미는 무엇일까요? 이를 제대로 이해하려면 다음과 같은 학명(學名)들을 살펴볼 필요가 있습니다.

성리학(性理學): 보통 주자학(朱子學) 혹은 정주학(程朱學)이라고 널리 알려져 있습니다만, 여기에서 성리(性理)란 '성즉리(性卽理)'의 준말로 사람의 본성(本性)이 곧 천리(天理)라는 의미를 지니고 있습니다.

심리학(心理學): 한편 우리에게는 심학(心學) 혹은 육왕학(陸王學)·양명학(陽明學)이라고 잘 알려져 있는 심리학(心理學)은 '심즉리(心卽理)', 즉 사람의 본심(本心)이 곧 천리(天理)라는 대전제를 바탕으로 논리를 전개하는 학문입니다.

따라서 이와 같은 사유를 바탕으로 명리(命理)라는 말에는 '명즉리(命卽理)', 즉 "사람의 천명(天命)이 곧 천리(天理)"라는 대전제를 지니고 있음을 알 수 있습니다.

그러므로 명리학(命理學)이라는 말은 반드시 자평학(子平學)에만 해당하는 말이 아닙니다. 즉 명리(命理)를 논하는 모든 학술을 총칭하는 표현이고, 자평학은 그 명리학(命理學)의 하위 범주에 속하는 것입니다. 이로 인해 중국에서는 자평학을 단순히 명리학이라 부르지 않고 '자평명리(子平命理)'라고 표현하기도 합니다. 반면에 육임(六壬)이나 기문둔갑(奇門遁甲) 혹은 자미두수(紫微斗數)를 활용하거나 기반으로 하는 명리학(命理學)에 대해서는 각각 육임명리(六壬命理)·기문명리(奇門命理)·자미명리(紫微命理)라고 표현합니다.[*]

---

[*] 필자는 명리학(命理學)이란 표현은 광범위하므로 자평학(子平學)이라는 표현을 사용하고 있습니다.

자평학(子平學)의 역사

    어느 학술 체계이든 역사나 유래를 무시한 채 공부할 수는 없습니다만, 그렇다고 지나치게 역사나 유래만을 강조하거나 자세히 고찰하는 것은 그 자체 행위만으로도 지루할 뿐만 아니라, 처음 학문을 시작하려는 입문자에게 부담만 가득 안겨줄 우려가 있습니다.

    그러므로 이 책에서는 중요한 단계별 역사적 흐름에 대해서만 짚어보고 넘어갈까 합니다만, 통시적 고찰의 의미성은 분명 존재할지라도 자평학을 처음 학습하시는 분들은 이 대목을 일단 건너뛰고 차후에 다시 살펴보는 것도 괜찮다고 생각합니다(참고로 이 내용 이상의 보다 자세한 흐름이 궁금하신 독자들은 다른 서적이나 관련 논문들을 참조하시기 바랍니다).

1단계 : 점성술(占星術) 단계

- 시기 : 고대(古代) ~ 춘추전국시대(春秋戰國時代)
- 이 시기의 명운(命運) 학술은 주로 점성술을 바탕으로 초보적 수준의 간

지(干支)를 적용하여 논명한 것으로 파악하고 있습니다. 그래서 달리 '성명법(星命法)'이라고 부르기도 합니다.

- 참고로 점성술의 유래와 발전 경로에 대해서는 논란이 많습니다만, 대체로 중국 자생적이기보다는 외국[4]에서 전래되어 발전한 것으로 파악하고 있습니다.

：2단계：녹명법(祿命法)·삼명법(三命法) 단계

- 시기：전국시대(戰國時代) ~ 송대(宋代)

- 녹명(祿命)이란 '녹식(祿食)·명운(命運)'의 준말로 인생의 성쇠(盛衰)·화복(禍福)·수요(壽夭)·귀천(貴賤)·부빈(富貧) 등을 일컫는 표현입니다. 따라서 녹명학(祿命學)이란 바로 녹식(祿食)·명운(命運)에 관해 논하는 학술이 됩니다.

- 전설에 따르면 전국시대에는 귀곡자(鬼谷子)가 『鬼谷子遺文(귀곡자유문)』을, 낙록자(珞琭子)가 『珞琭子三命消息賦(낙록자삼명소식부)』라는 명서(命書)를 저술하여 간지(干支)를 가지고 논명(論命)하는 관점을 제시했다고 하지만, 이미 모두 위서(偽書)로 판명이 난 저서입니다. 지금도 가끔은 이 서명(書名)을 거론하면서 전국시대라는 시기적 고대성을 운운하는 사람들이 있지만, 모두 근거가 없는 소리입니다.

- 한대(漢代)에는 특별히 알려진 명서(命書)는 없습니다만 왕충(王充)이 『論衡(논형)』에서 거론한 내용을 통해 당시에 논명 행위가 사람들 사이에 널

---

4 주로 서역에서 전래된 것으로, 바빌로니아나 인도 문명(혹은 양자 혼합)의 영향으로 보고 있습니다.

리 퍼져 있었음을 잘 알 수 있습니다.

- 진대(晉代)에는 저명한 시인이자 학자인 곽박(郭璞)이 저술했다고 전해지는『玉照定眞經(옥조정진경)』혹은『玉照神應眞經(옥조신응진경)』에 명학(命學)과 관련된 내용이 등장하기는 합니다만, 모두 후대의 위서(僞書)로 판명이 난 저서입니다.

- 저술 연대가 정확하지 않지만, 대략 위진남북조(魏晉南北朝) 시기의 저서로, 일본의 고대 의서인『醫心方(의심방)』에 일부의 내용이 전해지는『産經(산경)』에는 태어난 년월일시(年月日時)의 간지(干支)로 신생아의 명운(命運)을 예단하여 제시하는 부분이 등장합니다.

- 수대(隋代)에는 소길(蕭吉)의『五行大義(오행대의)』가 유명한데, 이 책을 통해 직접적인 논명의 기반이 되는 음양(陰陽)·오행(五行)·십간(十干)·십이지(十二支) 등에 관한 다양한 논의들이 이미 이 시기에 존재하고 있었음을 알 수 있습니다.

- 당대(唐代)에는 여러 명가(命家)와 명서(命書)가 등장하여 비로소 녹명법(祿命法)에 근거한 논명의 관점과 방법 등을 파악할 수 있게 됩니다. 이 시기에는 특히 원천강(袁天罡)과 이허중(李虛中)이 유명합니다. 이들의 삼명(三命)에 대한 관점은 삼재(三才)·삼원(三元), 즉 천·지·인(天地人)의 삼원(三元)이 담당하는 명운(命運)이 있다는 것입니다. 특히 생년(生年)의 간지(干支)와 납음오행(納音五行)을 중시하였습니다. 즉 천원(天元)에 해당하는 생년(生年)의 천간(天干)은 '녹(祿)'이라 부르고, 지원(地元)에 해당하는 생년(生年)의 지지(地支)는 '명(命)'이라고 부르며, 인원(人元)에 해당하는 생년(生年) 간지(干支)의 납음오행(納音五行)을 '신(身)'이라고 하여, 이 삼자(三者)가 논명(論命)

의 핵심 요소였습니다.

- 또한 초기 단계의 사주(四柱)에 대한 관점이 처음 등장한 것도 이 시기여서, 후대의 자평학(子平學)과 구별하는 측면에서 이 시기의 사주(四柱)에 대한 관점을 '당사주(唐四柱)'라 부르기도 합니다.

3단계 : 자평법(子平法) 단계

- 시기 : 송대(宋代) ~ 현재
- 서자평(徐子平)의 명(名)은 '거이(居易)'입니다. 서자평의 생존 연대에 대해서는 논란이 많습니다. 일반적으로 오대(五代)의 사람이라고 알려져 있지만, 대만의 쩌우원야오(鄒文耀) 선생의 고증에 따르면 북송(北宋) 시기의 인물로 추정된다고 합니다. 그의 저서라고 알려진 작품은 다수 존재하지만 현존하는 작품 중에서는 『珞琭子三命消息賦註(락록자삼명소식부주)』가 유일한 진본(眞本)으로 알려져 있습니다.
- 어쨌든 송대(宋代)에는 이전의 사주 논명 관점인 녹명법(祿命法)이 아직도 널리 퍼져 있는 가운데 점차 서거이(徐居易) 선생이 새롭게 정립한 논명 관점이 사주 논명에 있어서 패러다임의 전환을 시도하게 됩니다. 이후 그의 관점은 지금에 이르기까지 사주 논명의 표준으로 자리 잡게 되었고, 이에 그의 업적을 추존하는 의미에서 후대에 그의 논명 관점을 '자평법(子平法)'이라고 부르게 되었습니다.
- 남송(南宋) 시대의 저작으로는 료중(廖中)의 『五行精紀(오행정기)』를 주목할 필요가 있습니다. 저자가 당시에 유행하던 여러 명학(命學) 문헌을 모아 집대성한 저작인데 녹명법(祿命法)에 관한 내용만 취합되어 있습니다.

그러나 이 책의 7·8권에 실려 있는 「論五行(론오행)」에는 후대 조후론(調候論)의 기초가 되는 중요한 내용이 담겨 있어서 귀중한 가치를 지니고 있습니다.

- 명대(明代)는 자평학(子平學)이 크게 발전하는 시기로, 수많은 자평학의 명가(命家)와 명서(命書)가 등장하였습니다. 대표적인 작품들만 거론한다면 서승(徐升)의 『淵海(연해)』를 교정하고 증보한 『淵海子平(연해자평)』, 육오(育吾) 만민영(萬民英)의 『三命通會(삼명통회)』, 신봉(神峰) 장남(張楠)의 『命理正宗(명리정종)』,[5] 뢰명하(雷鳴夏)의 『子平管見(자평관견)』, 그리고 경도(京圖)가 찬(撰)하고 백온(伯溫) 류기(劉基)가 주해(註解)한 것으로 알려진 『命理須知滴天髓(명리수지적천수)』와 저자가 알려지지 않은 『欄江網(란강망)』 등이 있습니다.

- 『연해자평』에는 녹명법과 자평법의 관점이 혼재하는 가운데, 그 과도기적인 변화가 나타나 있고, 『삼명통회』는 만민영 선생이 당시에 구할 수 있는 수많은 명학 자료들을 집대성하여 편찬했다는 점에서 큰 의의가 있습니다. 한편 『명리정종』은 당대의 저명한 명가(命家)였던 장남 선생의 임상적 경험을 토대로 독창적인 여러 견해가 담겨 있다는 점에서 중요한 저작이고, 『자평관견』은 평생 병고(病苦)에 시달리며 재난으로 강호를 떠돌아 다녔던 뢰명하 선생이 30여 년의 명학 공부를 결산하며 저작한 역작이라는 점에서 의의가 있습니다. 그리고 "하늘의 정수만을 떨어뜨려준다"는 의미처럼 『적천수』는 자평학 최고의 백미(白眉)라는 찬사를 받는 매우 중요한

---

5   달리 『神峰通考(신봉통고)』라고 부르기도 합니다.

가치를 지닌 작품입니다만, 청대 후기에 이르러서야 비로소 세상에 알려졌고, 다수에게 공개된 것은 20세기에 이르러서일 만큼 비본(秘本)으로만 전해 내려왔습니다. 마지막으로 『란강망』은 조후론(調候論)이라는 중요한 이론적 토대를 지니고 있어서 자평학 4대 명서(命書)[6] 가운데 하나로 꼽힐 만큼 중요한 가치가 있습니다만, 이 책 역시 『적천수』처럼 비본(秘本)으로만 전해지다가 청대 말기에 이르러서야 간행되었습니다. 그런데 특이할 만한 사항은 중국에서도 정사(正史)에 등장하지 않아, 저술 연대에 관해 매우 논란이 많은 이 책의 이름이 우리나라 『조선왕조실록』 가운데 「세종실록」에 등장한다는 사실입니다. 실록에 따르면 당시의 성명복과(星命卜課) 취재(取財)를 위한 시험 과목으로 거론된 경서(經書) 가운데 하나로 『란강망』이 있었습니다.[7]

■ 청대(清代)는 자평학이 이론적으로 심화되는 시기입니다. 저명한 저작으로는 소암(素庵) 진지린(陳之遴)의 『滴天髓輯要(적천수집요)』·『命理約言(명리약언)』·『子平錦繡集(자평금수집)』, 효첨(孝瞻) 심역번(沈孝瞻)의 『子平真詮(자평진전)』, 그리고 임철초(任鐵樵)의 『滴天髓闡微(적천수천미)』가 있습니다. 진지린 선생은 자평학의 난잡한 이론들을 정비함과 동시에 많은 비판적인 논평을 제시하였고,[8] 심역번 선생은 격국론(格局論)의 관점을 체계적으로

---

6 참고로 자평학의 4대 명서는 『滴天髓』, 『子平真詮』, 『欄江網』, 그리고 『子平錦繡集』을 지칭합니다.

7 안타까운 점은 현재의 조선왕조실록 웹사이트에서는 이 원문에 대한 국역이 잘못되어 있어서 웹 검색이 제대로 이루어지지 않는다는 것입니다. 이 분야에 대한 지식이 부재하여 정확하게 번역하지 못한 것으로 생각됩니다(http://sillok.history.go.kr/).

8 참고로 쩌우원야오 선생은 진지린 선생의 저서 또한 가탁·위작의 산물로 보고 있습니다만, 내용의 문제나 질적인 수준을 고려할 때에는 서방파(書房派) 계열 명가(命家)의 저작임에는 분명합니다.

서방파(書房派)란?

■ 전통적으로 중국에서 오술(五術)의 분야를 연구하는 사람들은 크게 서방파(書房派)와 강호파(江湖派)로 나뉘었습니다.

정비하였습니다. 마지막으로 임철초 선생은 평생의 임상 경험을 바탕으로 매우 난해한『적천수』를 증주(增註)함과 동시에 임상적 사례들과 외격(外格)에 대한 새로운 견해를 표명하였습니다. 이 외에도 최근에 와서야 비로소 공개된『御定子平(어정자평)』과『巾箱秘術(건상비술)』등도 매우 중요한 작품들입니다.『어정자평』은 강희제의 어명을 받아 편찬한 고궁(故宮) 장본(藏本)으로 알려졌고,『건상비술』은 상자 속에 보관되어 전해온 비본(秘本)인데 모두 다른 자평학 고서(古書)에서는 한 번도 공개된 적이 없었던 논의가 다수 실려 있습니다. 특히 십간론(十干論)과 간지론(干支論)에 대한 수준 높은 논의는 매우 높은 가치를 부여할 만합니다.

■ 민국(民國) 시대 이후로 중국에서는 수많은 명가(命家)가 활동하면서 활발한 저작 활동을 펼치고 있습니다. 대표적인 명가들만 제시한다면 위앤쑤샨(袁樹珊), 쒸르어우(徐樂吾), 쩌우원야오(鄒文耀), 웨이치앤리(韋千里), 판쯔뚜안(潘子端), 우쥔민(吳俊民), 리앙시앙룬(梁湘潤), 장야오원(張耀文), 첸씬秘

- 서방파(書房派)는 주로 생활의 여유가 있었던 지배 계층의 사람들과 지식인들 중에서 오술을 연구했던 사람들로 대부분은 개인적인 호기심이나 학문적 유희(遊戲) 차원에서 접근하였습니다. 따라서 자잘한 술기(術技)보다는 이론적인 구축과 범인(凡人)들이 이해하기 어려운 고도의 문학적 비유 등을 자주 사용하였습니다. 보통 이들은 오술 각 분야의 이론적 토대를 확립하고 논리적 체계를 구축하여 해당 분야의 학술 체계를 비약적으로 발전시키는 데에 크게 기여하였습니다. 일반적으로 오술의 각 분야에서 명저(名著)라고 꼽히는 책은 모두 이들이 저술한 산물(産物)입니다. 반면에 세세한 술기(術技)를 제시하는 데에는 미흡하여 이론만 강할 뿐 실전에는 약하다는 평을 받기도 하였습니다.
- 이에 비하여 강호파(江湖派)는 호구지책으로 방술(方術) 분야에 종사한 재야(在野)의 사람들로 대부분 신분 계층이 낮았습니다. 이들은 대개 지식수준이 높지 않았기 때문에 논리적인 체계를 구축하여 이론을 정립하거나 전개하지는 못하였습니다. 반면에 풍부한 실전 경험을 통해 귀납적으로 얻은 개별적이고 특수한 술기(術技)에 있어서는 나름대로 강점을 지니고 있었습니다. 그러나 이들은 자신의 경험을 잘 정리해서 저서(著書)로 남기지 못했고, 일부 구전(口傳)을 통한 한정된 계승만 존재했기 때문에 전설적인 이야기는 존재할지라도 그 실체에 대해서는 제대로 알기 어려운 단점이 있습니다.
- 한 사람 한 사람 개별적으로 타고난 감각을 바탕으로 현장에서 뛰어난 실력을 발휘할 수 있는 사람들은 간혹 존재합니다. 그렇지만 그들의 재능은 그들이 활동하는 당대에만 한정될 뿐 후세로 전해지지는 못합니다. 반면에 저술한 책은 그 자체만으로도 당시의 논의 수준과 고민 사항들을 확인할 수 있기 때문에 매우 중요한 유산이 됩니다. 따라서 오술(五術)의 역사에 있어서 양적인 팽창은 강호파가 이루어냈을지라도 질적인 성장은 서방파가 대부분 이루어냈다고 할 수 있겠습니다.

랑(陳心讓), 허지앤종(何建忠) 등이 있습니다.

■ 한편 근현대 일본에서도 자평학에 대한 연구가 활발하게 이루어졌는데 대표적인 인물로 마츠모토 요시스케(松本義亮), 아베타이잔(阿部泰山), 다카기죠(高木乘) 등이 있습니다. 이와 같은 일본인 명가(命家)들은 그들의 작품이 그 질적 수준의 평가와 무관하게 일제 강점기 이후 우리나라에 가장 큰 영향을 주었다는 점에서 우리의 명학계와는 직간접적인 연관이 매우 큰 편입니다.

자평학의 논명에 있어서
인식의 한계는?

논명(論命)을 통해 파악할 수 있는 그 사람에 대한 정보는 매우 많습니다만, 그렇다고 그 사람에 대한 모든 것을 다 알 수 있는 것은 아닙니다. 간혹 현혹하는 글들이나 광고를 보면 그 사람 본인의 운명은 물론이고 가족의 운명까지도 모두 알 수 있는 것처럼 크게 포장하고 있어서 주의를 요하는 경우가 많습니다. 따라서 논명에 있어서 그 인식의 한계에 대해서는 잘 알 필요가 있습니다. 이는 논명하는 사람은 물론 그 내용을 청취하는 사람에게 있어서도 정확한 판단을 하는 데 중요하기 때문입니다.

四柱 구성의 배경 정보

논명하기 위해서는 먼저 반드시 필요한 정보가 있습니다. 바로 해당인의 정확한 출생(出生) 당시의 년월일시(年月日時) 정보[→ **시간 정보**]와 출생 지역[→ **공간 정보**]입니다. 출생에 관한 정보는 정확할수록 좋습니다. 즉 대략적인 시각보다는 구체적인 시각이 좋고, 출생 당시의 기상 정보도 중요한 참고 자료가 됩니다. 또한 출생 지역도 반드시 필요한데, 정확한 생시(生時) 파악의 기준이 되기 때문입니다.

> •시간 정보 : 정확한 출생 시간 정보   •공간 정보 : 출생 지역

: 인식의 한계

출생 당시의 시공간 정보가 논명의 바탕이 된다는 의미는 곧 이 요소의 영향을 받는 범위 이내가 바로 논명 인식의 한계라는 의미입니다. 그리고 이 시공간 정보의 직접적인 영향을 받는 범위는 본질적으로 해당 명주(命主)[9]의 심리(心理)와 생리(生理) 상태입니다. 즉 명주의 심리 정보를 통해 성정과 재능에 관한 사항을 판단하고, 명주의 생리 정보를 통해 체질과 건강에 관한 사항을 판단하며, 이 정보들을 바탕으로 제반 관계성을 미루어 짐작하는 것입니다.[10]

따라서 출생 당시의 시공간 정보의 영향력을 벗어나거나 혹은 이 정보와 무관한 대상·사정(事情)에 관한 파악과 논의는 엄밀히 자평 논명의 대상이 될 수 없습니다. 가령 항공기 추락, 기차 전복 등의 대형 사고나 전쟁 등으로 인한 많은 생명의 피해는 개인의 명(命) 차원에서 한정되거나 파악될 수 있는 사안이 아닙니다. 따라서 이로 인한 피해를 모두 개인의 명(命)에 한정하여 이해하고 접근하려는 것은 바람직한 것도 아니고, 논명의 대상으로 접

---

9 명주(命主)란 논명의 대상이 되는 사람을 가리키는 표현입니다. 만약 홍길동 씨의 명(命)을 논하고자 한다면, 홍길동 본인이 바로 명주(命主)가 됩니다.
10 張耀文의 『四柱推命術密儀 -子平の哲理-』(129~133쪽)와 『五術占卜全書』(4~6쪽, 489쪽)를 참조하였습니다.

근할 수도 없는 것입니다.

　물론 항공기 사고의 경우 직접적으로 항공기를 운행하는 기장이나 결함 정비를 담당하는 정비사 혹은 항공기를 불법적으로 탈취한 테러리스트 등의 명(命)은 다소 영향을 줄 수 있겠지만, 승객의 처지에서 불운의 사고를 당한 것을 모두 자신의 명(命) 때문으로 귀결하는 것은 전혀 바람직하지 못한 논명의 태도이고 관점입니다.

　또한 개개인의 성정이나 노력 요소 등의 영향 범주를 벗어나는 국가나 민족 혹은 사회 차원의 요소로 인한 개인 명운(命運)의 변화 요인 또한 개인의 명(命) 차원으로 한정할 수 없는 범주이므로, 개인 논명의 범주로 접근하고 이해할 수 있는 범위를 벗어나게 됩니다. 가령 비록 개인 차원의 명(命)의 암시로써는 스스로 자신의 부(富)를 구축하기 어렵고, 매우 빈한(貧寒)한 삶을 살아갈 명운(命運)이라고 할지라도 사회 보장 시스템이 잘 구축되어 있는 선진국에 태어난 경우와 그러한 시스템이 전혀 구축되어 있지 못한 가난한 국가에 태어난 경우의 개인의 삶은 판이하게 달라집니다. 또한 이데올로기 등으로 인해 개인의 삶보다 전체나 집단의 목적을 중시하는 사회 속에서 태어난 사람은 개인의 삶과 행복을 최대한 보장하는 사회 속에서 태어난 사람과 비록 같은 시간에 태어났을지라도 전혀 다른 삶을 살 수밖에 없습니다.

　그러므로 이와 같은 개인의 명(命)보다 상위 차원에서의 영향 인자로 인한 개인 명운(命運)의 변동 요인은 개인의 명(命)으로 접근하거나 파악하기에는 근본적인 한계를 지니고 있습니다.

　한편, 우리 주변에서는 어떠한 좋지 못한 일의 발생을 특정인의 사주(四

柱)로 인한 것이라며 귀책하고 원망하는 일이 종종 실제로 벌어지고 있는데 이 또한 난센스(nonsense)입니다. 예를 들어 시부모나 새신랑이 갑작스럽게 사망하는 일이 발생했을 때, 이를 새로 맞이한 며느리·신부의 명(命)으로 인한 것이라며 귀책하는 경우나, 혹은 사주에 좋지 않은 살(殺)이 있어서 이로 인해 매사 일이 풀리지 않고 액운이 반복되므로, 부적이나 굿 등을 통해 살풀이를 해야만 한다는 경우는 모두 대표적인 난센스의 사례에 해당합니다. 왜냐하면 근본적으로 살인을 저지르지 않는 이상 시부모나 신랑이 불행하게 사망하게 된 일은 그 당사자의 명운(命運)에 관한 사항일 뿐이기 때문이고, 살(殺)이란 개념의 수용 여부는 차치하더라도 살풀이를 한다고 해서 사주에 존재하고 있는 부정적인 살(殺)이 깨끗하게 소멸되는 일 따위는 절대로 벌어지지 않기 때문입니다.

일반적으로 함께 사는 사람들의 명운(命運)은 서로에게 일정 부분 간섭을 줄 수는 있지만, 그 간섭의 영향력이 절대로 일정 수준 이상으로 결정적인 영향을 줄 수는 없습니다. 간섭의 영향력은 자신의 명(命)의 암시보다 훨씬 낮고 한정된 수준에서만 일어나기 때문입니다. 그리고 살(殺)이라는 개념을 굳이 수용하고 인정한다고 할지라도, 이는 명운(命運)의 암시 가운데 하나일 뿐으로 유형의 행위를 통해 간단하게 가감(加減)되는 인자가 아니기 때문입니다.

따라서 이와 같은 어불성설(語不成說)의 내용으로 인해 고통을 받거나 혹은 큰 비용을 지불하는 일은 더 이상 일어나지 않기를 희망합니다.

참고로 대만의 허지앤종(何建忠) 선생은 논명(論命)으로 인해 알 수 있는 사항과 알기 어려운 사항에 대해 설명하였는데, 그 판단의 핵심은 "명주(命主)의 심리적 상태와 직간접적으로 영향을 주고받는 사정(事情)인지, 아니면 그와 무관한 사정(事情)"인지입니다. 여러분의 이해를 돕고자 참고로 요약해서 제시합니다.[11]

❖ **알 수 있는 대상·사항 : 명주(命主)의 심리적 상태에 따른 영향을 직접적으로 받는 사정(事情)**

* 선천적인 정서(情緖)·성향(性向) 및 건강 상태

* 명주의 학업(學業) 인연, 성취도, 부귀(富貴) 인연

* 명주의 육친(六親) 인연(배우자·모친·자녀)[12]

* 명주가 지닌 재능·성향과 장단점

* 전체적인 명운(命運)의 흐름 중 발전하는 시기와 쇠퇴하는 시기

❖ **자평학 측면에서 정확하게 알기 어려운 대상·사항 : 명주(命主)의 심리적 상태와 무관한 사정(事情)**

* 자신 및 가족이 어느 해에 죽는가?

* 어느 해에 누구와 결혼하는가?

* 좋지 않은 사고가 발생할 수 있다는 것은 예측 가능하지만, 그 사고의 발생 종류가 구체적으로 차 사고인지 배 사고인지 아니면 항공기 사고인지 등에

---

11 이하의 내용은 何建忠의 『八字心理推命學』(龍吟文化出版)을 전반적으로 참조하였습니다.
12 육친(六親)이란 가까운 가족을 가리키는 것으로 부모·형제자매·배우자·자녀를 의미합니다. 참고로 육친 중에서는 배우자에 대한 파악이 가장 용이하고, 모친과 자녀는 그 다음 파악이 용이한 대상이며, 부친이 가장 파악하기 쉽지 않은 대상입니다.

따른 구체적인 사고 정황

• 언제 도둑이 침입하는가?

• 자식은 모두 몇 명을 두게 되는가?

• 얼마만큼의 돈을 벌게 되는가?

• 어느 대학을 나오는가?

• 내일 무슨 일이 발생하는가?

자평학(子平學)의 명관(命觀)

이제 자평학에서 바라보는 명(命)에 대한 관점, 즉 명관(命觀)에 대해 정리해보고자 합니다. 국어사전에 따르면 운명(運命)이란 "인간을 포함한 모든 것을 지배하는 초인간적인 힘이나 또는 그것에 의하여 이미 정하여져 있는 목숨이나 처지"라고 설명하고 있습니다. 또한 일반인들과 사주 논명에 대해 그들이 지닌 생각 등에 관해 대화를 나눠보면 숙명(宿命), 운명(運命), 혹은 결정론(決定論) 등으로 인식하고, 그로 인해 그렇게 정해진 자신의 삶의 길에 대해 순응하고 수용하거나 혹은 강하게 부정하는 태도를 지니고 있다는 것을 알 수 있습니다.

그런데 자평학 차원에서 생각하는 명운(命運)에 대한 관점은 사실 사전적 정의나 일반인들의 통념과는 조금 다릅니다. 그러므로 자평학의 논명을 정확하게 이해하고 활용하기 위해서는 먼저 자평학에서 언급하는 명운(命運)에 대한 관점부터 정확하게 이해할 필요가 있습니다.

먼저 명(命)이란 무엇일까요? 공자님이 50세에 이르러 알게 되셨다는 천명(天命)[13]이란 과연 무엇일까요? 자평학에서 인식하는 명(命)은 어떤 사람이 구체적으로 몇 살에 어느 학교에 들어가고, 몇 살에 졸업하며, 몇 살에 누구와 결혼하고, 몇 살에 어느 직장에 들어가며, 몇 살에 아이를 낳고, 몇 살에 어떤 직위에 오르며, 몇 살에 어떤 병에 걸리고, 몇 살에 어디에서 죽는다와 같은 자세하고 정확한 삶의 이력이 아닙니다. 그렇다고 누구나 인식하고 변하지 않으며 피할 수 없이 맞이하게 되는 생로병사(生老病死)의 과정을 의미하는 것도 아닙니다.

사람마다 다소 차이는 있고 모든 사람이 다 자각하게 되는 것은 아니지만 일반적으로 중년 정도의 나이에 이르면, 열심히 삶을 개척하며 살아온 사람들의 경우 대략이나마 자신이 이번 생에서 무슨 소임을 담당해야 하는지 혹은 어떠한 길을 가고 있고 가야 하는지 자각하게 되는 시점을 만나게 됩니다. 물론 이와 같은 생각이나 깨달음은 사실 매우 주관적인 것이어서 옳고 그른 가치 판단으로 파악할 수 없는 사항입니다. 그러나 그러한 자각을 통해 우리는 지나온 삶에 대해 반성하고 남은 삶을 살아가는 자세를 다시 가다듬게 됩니다. 아마 공자님도 자각의 차원이나 범주는 범인(凡人)과 다를지 몰라도 당신에게 현생에 주어진 삶의 길과 과업을 비로소 명확하게 깨닫게 되었다는 의미에서 '지천명(知天命)'이라는 표현을 사용하셨을

---

13 『論語』·≪爲政篇≫ : 子曰, "吾, 十有五, 而志于學, 三十而立, 四十而不惑, 五十而知天命, 六十而耳順, 七十而從心所欲, 不踰矩." 선생님께서 말씀하셨다. "나는 15세에 학문에 뜻을 두었고, 30세에 자립하였으며, 40세에 (많은 이치를 깨달아) 판단에 혼란을 일으키지 않았고, 50세에 천명을 깨달았으며, 60세에 타인의 말을 들으면서 그 속에 담긴 이치를 바로 알 수 있게 되었고, 70세에 마음 내키는 대로 하여도 규범을 벗어나지 않게 되었다."

것이라고 필자는 생각합니다. 여기에서 천명(天命)이라는 표현을 사용한 것은 옛사람들이 이와 같은 삶의 길이나 혹은 현생의 과업에 대해 "하늘이 부여한 명령"이라는 관점을 지녔기 때문입니다.

즉 명(命)이란 세세한 개인의 이력이 아니라 어떤 개체에게 부여된 **"현생의 과업과 방향성"**이라는 다소 추상적이고 포괄적인 개념입니다. 그리고 이러한 명(命)을 깨닫게 되는 것을 '지명(知命)'이라고 합니다.

그러면 운(運)이란 무엇일까요? 사전적 설명처럼 운수(運數)를 의미하는 것일까요? 명(命)은 개체의 현생의 과업과 방향성이라고 이미 설명했습니다. 그런데 그 과업과 방향성이 실제로 그 사람에게 있어서 어떻게 펼쳐지고 어느 시점에 이르러 어떠한 성패(成敗)와 득실(得失)로 나타나는지에 대해 설명하는 관점이 운(運)입니다. 따라서 명운(命運)이란 **"한 개체에게 발생하는 현생의 과업과 방향성에 대한 일련의 진행 상황과 성취 여부"**라고 일단 정리할 수 있겠습니다. 그런데 보다 정확하게는 "진행 상황의 파악과 성취 여부에 대한 가부(可否)의 판단"이라기보다 **"그 경향성과 가능성에 대한 예측과 접근"**이라고 해야겠습니다. 이와 같이 생각해본다면 결정론적 관점의 숙명론이나 운명론[→ 이를 '정명론(定命論)'이라고도 함]과는 조금 의미를 달리한다는 것을 알 수 있습니다.

즉 숙명이란 사람이라면 누구나 피할 수 없는 삶의 요소와 진행 과정을 의미하는 것으로 부모에게서 물려받은 유전적 정보나 생로병사(生老病死)의 과정을 의미합니다. 반면에 운명론이란 사람에게 구체적으로 벌어지는 사정(事情)에 대해 이미 그 결과가 정해져 있어서 개인의 노력과 무관하게 정해진 방향을 살아가게 된다는 관점입니다.

그러나 자평학에서의 명관(命觀)은 명(命) 자체가 이미 추상적인 방향성인데다가 운(運)이라는 것 또한 시대적·사회적·문화적 변수를 종합적으로 포함하여 논해야 하는 개념이며, 거기에 더하여 개인의 심리·생리적 상황을 기반으로 하여 전개되는 사정(事情)에 대한 일종의 경향성과 가능성을 의미하므로 정명론(定命論)과 같은 사고·관점과는 조금 궤를 달리합니다.

그렇다면 지명(知命)의 과정은 어떻게 이루어질까요? 또 명확한 개인의 천명(天命)을 알 수 있는 것일까요? 이를 위해서는 먼저 천명의 상징과 속성에 대해서 알 필요가 있습니다. 누구도 이에 대해 정확하게 설명할 수는 없겠습니다만, 필자는 천명의 상징과 속성에 대해 다음과 같은 6가지를 평소에 제시하고 있습니다.

| 천명의 속성 |
Objective
Partial
Time
Insight
Optional
Not specific

＊ Objective : 천명은 객관적으로 실재하면서도 명주에게는 중요한 삶의 목표·목적이 됩니다.

＊ Partial : 그렇지만 안타깝게도 천명은 항상 일부분만 제시될 뿐입니다. 달리 말하면 하늘에서는 전부를 보여주고 알려주지 않는다는 의미입니다.

＊ Time : 시기를 고려하지 않는 천명의 해석과 수용은 의미가 없습니다. 진퇴(進退)의 시점에 대한 다른 판단은 천명에 대한 다른 해석과 결과를 낳을 수밖에 없습니다.

＊ Insight : 그런데 천명은 과정이 어렵더라도 깨달음을 통해 인식됩니다. 따라서 통찰력이 필요합니다.

＊ Optional : 한편 비슷한 과업을 부여받았을지라도 처한 시대와 사회 및 상황에 따라 천명의 해석은 달라질 수 있고, 그에 따른 개체의 선택과 실천 경로 또한 달라질 수 있습니다. 예를 들어 '사람을 살리는 길을 가라!'는 천명을 받았을 때, 그 구체적인 실천 방법은 의료인이 될 수도 있고 종교인이나 법조인이 될 수도 있다는 뜻입니다. 또한 의료인이라 하더라도 의사·한의사·간호사 등 세부 실천 경로는 다양합니다. 그리고 우리나라를 비롯한 동아시아 문화가 아니라면 한의사라는 선택은 불가능하거나 처음부터 고려의 대상에 들어가지 않을 수도 있습니다. 즉 이 모든 것은 천명의 수용 태도와 실천 경로가 선택적이라는 의미입니다.

＊ Not specific : 이미 언급한 상황을 통해 유추해볼 수 있습니다만, 천명은 절대로 세세하고 구체적이지 않으며 특정한 상황을 지정하고 있

지도 않습니다. 숙명(宿命)이나 정명(定命)과는 의미가 서로 다르다는 뜻입니다. 앞서서 명(命)은 개인의 세세한 이력을 의미하지 않는다고 했는데, 이러한 의미에서 그렇게 언급한 것입니다.

이와 같은 6개의 속성에 대해 그 앞 글자만을 선택해보면 **"천명(天命)은 OPTION이다"**라고 정리할 수 있겠습니다. 이것이 필자가 이해하는 천명의 속성입니다.

이제 지명(知命)의 과정에 대해 알아보겠습니다. 지명(知命)은 세부적으로 지기(知己)·지인(知人)·지경(知境)·지시(知時)의 과정을 통해 이루어집니다.

* 知己(지기): 유전적 특성 등을 고려해서 자신의 재능·역량의 강약(強弱)과 성향의 호오(好惡) 등을 파악합니다.

* 知人(지인): 인생의 가장 핵심은 바로 인간관계라고 할 수 있습니다. 따라서 타인을 파악하는 것은 매우 중요한 과업입니다. 이것은 자연에서 포식 관계를 파악하는 것, 전쟁에서 피아를 구별하는 것과 상응할 만큼 중요합니다.

* 知境(지경): 경(境)은 두 가지의 의미를 내포하고 있습니다. 하나는 경계(境界)·한계 등을 의미하는 것으로 자신이 속한 사회나 국가의 한계 및 자신의 역량·인식의 한계 등을 의미하고, 다른 하나는 개체 주변의 인식 대상을 의미하여 타인을 제외한 사(事)·물(物)·경(境)을 의미합니다. 이러한 경에 대해 인식하는 것은 지인(知人)과 함께 인생의

매우 중요한 과업입니다.

＊ 知時(지시)：마지막으로 처한 시기를 파악하여 개체의 진퇴(進退) 시

점을 결정합니다.

결국 지명(知命)이란 지기(知己)·지인(知人)·지경(知境)·지시(知時)하는 것
이고, 이에 대해 논하는 것이 바로 논명(論命)입니다. 여기서 하나 더 첨언
하자면, 지기·지인·지경·지시의 다른 의미는 **"나와 타자(他者)와의 관계성의
파악"**이라는 점입니다. 단순히 내 자신과 내 주변의 대상 자체를 파악하는
것이 중요한 것이 아니라 이를 바탕으로 "나와 타자가 주고받는 과정인 관
계성을 파악하는 것이 중요하다"는 의미입니다.

그런데 옛사람들의 생각이나 관점을 검토해보면, 지명(知命)은 누구나 쉽
게 할 수 있는 것이 아니라는 점을 파악할 수 있습니다. 가령 공자님은 군
자(君子)의 3요건으로 다음과 같은 3가지 사항을 제시하셨습니다만,[14] 구체
적으로 어떻게 해야 지명(知命)이 가능한지에 대해서는 말씀하고 있지 않
습니다. 다시 말해서 누구나 군자가 될 가능성은 지니고 있으며, 그러기 위
해 노력은 해야겠습니다만, 실제 군자가 된다는 것은 그만큼 어렵다는 의
미일 것입니다.

---

14 『論語(논어)』의 마지막 편인 「堯曰篇(요왈편)」에 등장합니다.

• 不知命, 無以爲君子也.

　하늘의 명을 알지 못하면 군자가 될 수 없다.

• 不知禮, 無以立也.

　예를 알지 못하면 바른 처신을 할 수 없다.

• 不知言, 無以知人也.

　말을 잘 분별하지 못하면 타인을 알 수 없다.

　그렇기 때문에 명학(命學)이란 개체의 천명을 파악해보려는 인간의 노력의 산물이라 말할 수 있고, 특히 자평 논명이란 바로 사주(四柱)를 바탕으로 지명(知命)을 하기 위한 과정이라 할 수 있습니다. 우리가 사주를 중시하는 이유는 사주가 바로 천명을 파악하는 데 있어서 중요한 코드(code)라고 생각하기 때문입니다.

사람의 존재와 명운에
영향을 미치는 인자는?

　자평학의 명관(命觀)이 숙명론이나 정명론의 관점과 같지 않음을 설명했습니다만, 그렇다면 사주(四柱)를 통해 사람의 명운(命運)에 대해 파악하려는 시도는 어느 정도의 의미성을 지니고 있을까요? 사주가 비록 명(命)의 중요한 코드라고 할지라도 어느 정도의 접근 가능성과 무게감을 바탕으로 그러한 언급을 하는 것일까요?

　장야오원(張耀文) 선생은 사람의 존재와 운명에 영향을 미치는 인자에 대해 다음과 같이 분류했는데, 비록 수치적인 측면은 그대로 수용하지 않는다고 할지라도 그 내용 자체는 매우 의미가 있으므로 살펴보겠습니다.[15]

15　이하의 내용은 張耀文의 『子平命理 基礎篇』(61~70쪽)과 『四柱推命術密儀 -子平の哲理-』(32~43쪽)를 참조하였습니다.

＊ 先天的 인자：유전(遺傳), 사주(四柱)

＊ 後天的 인자：현영(玄影), 경험(經驗)

＊ 인자들의 작용력 세기：경험(40%) 〉 사주(30%) 〉 유전(20%) 〉 현영(10%)

먼저 타고난 요소로서 유전과 사주를 제시하였습니다. 여기서 타고났다는 의미는 변경이 불가능한 고정적인 요소라는 의미입니다. 부모로부터 물려받은 유전적 정보는 현대 생명 과학이 밝혀낸 사실에 근거해봐도 개체의 심리·생리·병리적 특성과 매우 높은 결정적 상관관계를 지니고 있습니다. 그리고 명학에서는 사주의 상관관계 또한 매우 높다고 생각합니다.

다음으로 후천적인 요소로서 현영과 경험을 제시하였습니다. 먼저 '현영(玄影)'이란 일종의 비과학적 영향 인자로서 보이지 않게 드리워진 영향력 정도의 의미를 지니고 있습니다. 가령 풍수와 성명(姓名) 및 조상이나 심령(心靈) 혹은 종교적 요인에 의한 영향력 정도가 이에 해당합니다. 그리고 '경험'이란 우리가 현생을 살아가면서 익히고 배운 요소입니다. 과거의 경험은 이후의 삶에 커다란 영향을 끼치게 됩니다. 예전에 읽었던 한 책에 따르면 영국에서의 조사 결과 출신 대학교가 그 사람이 졸업 이후에 갖게 되는 정치 성향과 상당한 상관관계를 지니고 있다고 합니다. 즉 보수적 분위기가 강한 대학을 다니고 졸업한 사람과 진보적 분위기가 강한 대학을 다니고 졸업한 사람에게는 각자에게 자기도 모르게 어느새 그 분위기와 정치적 성향의 동조화를 보인다는 것입니다.

그렇다면 30% 정도의 영향력이라 평가한 사주(四柱)를 가지고 개인의 명운(命運)을 파악하고자 노력하는 것은 어떤 이유에서일까요? 비록 개인의 경험이 그 사람의 명운(命運)에 가장 크게 영향을 끼치는 인자이기는 하지만, 그 경험 형성에 개인의 심리·신체적 상황이 밀접하게 연관된다고 보기 때문입니다. 즉 대학의 분위기와 정치 성향의 높은 상관성은 역으로 개인의 심리·신체적 성향에 따라 보수적 분위기가 강한 대학과 진보적 분위기가 강한 대학에 진학할 가능성이 동등하지 않다는 의미로 이해하는 것입니다. 특정 대학을 지정할 수는 없지만, 적어도 보수적 성향과 진보적 성향에 따른 차별적 선택 가능성이 동등하지 않으므로, 경험할 내용에 있어서도 어느 정도의 경향성을 가지고 예측하고 접근할 수 있다고 이해하는 것입니다. 그러므로 40%라는 커다란 경험의 요소에 가장 크게 영향을 끼치는 인자로서 사주를 제시하게 되는 것이고, 이는 곧 사주를 통해 30%보다 훨씬 많은 요소를 파악할 수 있다는 의미를 지닌 것으로 보고 있습니다.

반면에 타고난 유전적 특성과 제약을 뛰어넘을 수는 없다는 평범한 진실은 판단이나 선택 결정의 대상도 아니기 때문에 생물학적·의학적 접근의 대상은 될 수 있어도 명학적 논명의 대상이 될 수는 없습니다. 그러므로 유전과 현영의 영향력을 정확하게 수치로 제시할 수는 없을지라도, 이 요소가 사주와 경험의 요소보다는 훨씬 적다고 인식하기에 사주의 파악에 주력하게 된 것입니다.[16]

---

16 물론 사람에 따라서는 특수한 요소나 상황으로 인해 유전이나 현영의 영향력이 막대할 수도 있습니다. 그렇지만 이와 같은 경우에서도 그 영향력을 제외한 영역이나 혹은 그 영향력을 극복하며 나아가는 과정에서 여전히 당사자의 심리·생리적 특성은 중요하게 작용한다고 생각하고 있습니다.

여기에서 매우 당연한 것이지만, 명확하게 다시 한 번 인식하고 넘어가야 할 사항이 있습니다. 자평에서의 명관(命觀)은 개인의 사주(四柱)가 명주(命主)의 운명을 결정하는 것으로 판단하는 것이 아니고, 명주의 심리적·생리적 특성을 사주로써 판단하여 명주를 둘러싼 人·事·物·境(인·사·물·경)과의 관계 속에서 일어나고 귀결(歸結)되는 사정(事情)의 성패(成敗)와 득실(得失)을 예측하고 파악하려는 것이라는 점입니다. 따라서 노력도 하지 않고 체념하는 정명론이나 혹은 결과에 대한 책임이나 원인을 돌리려는 회피적 수단과 자세가 절대 아니라는 사실입니다.

이와 같은 설명에도 불구하고 개인의 심리·생리적 특성으로 인해 매사 부딪치게 되는 선택과 이후의 흐름에 있어서, 일정한 경향성과 가능성이 일정 부분 제한되어 있다는 것으로 인해 개인의 노력과 변화의 가능성을 적게 판단하고 사주(四柱)의 영향력을 절대적이라고 판단하는 분들이 계시다면 다음과 같은 설명을 해드리고 싶습니다.

먼저 우리가 논명(論命)에서 가능성과 경향성을 파악한다는 의미는 노력에 따른 성사(成事)의 정도에 대해서도 최종 도달 수준에 대한 가능성의 폭이 다양하다는 의미입니다. 신정근 선생은 "학(學)으로 시작하고 명(命)으로 종결하는 『논어』의 가르침에 대해 지명(知命)은 삶의 최대치를 인식하는 것이고, 학습(學習)은 삶의 향상을 위해서 노력하는 것으로 학(學)은 삶의 가속을 위한 장치로서의 기능을 담당하고, 명(命)은 삶의 한계를 알고 제동을 거는 장치로서의 기능을 담당하므로, 인생에서는 두 가지가 동시에 존재해야 제대로 흘러갈 수 있다"라고 역설하였는데,[17] 필자의 생각도 이와 비슷합니다.

논명(論命)은 가능성에 대해 예측할 수는 있지만, 도달하게 되는 최종 위치가 정해져 있으므로 이를 파악한다는 의미는 아닙니다. 도달하게 되는 수준·정도에 대해 일정 정도의 상한선과 하한선의 폭이 있다고 보고, 그 폭의 정도를 파악하여 가능성을 엿보려는 것입니다. 비록 노력을 열심히 할 사람과 그러지 않을 사람의 가능성조차 예상하기는 합니다만, 그 노력의 정도에 따른 최종 성취의 위치는 일정 수준의 폭[range]으로 파악되기에 그 폭의 상한선에 도달하는 것은 결코 노력 없이 이루어질 수 없는 것입니다. 다시 말해서 개인의 노력이 각자의 상한선 혹은 최대치에 반드시 도달할 수 있다는 것을 보장하지는 못하지만, 그 위치에 도달하기 위해서는 반드시 노력이 이행되어야 한다는 의미입니다.

중국에서 사람들에게 전해 내려오는 운명의 영향 혹은 변화 인자로서 "一命(일명)·二運(이운)·三風水(삼풍수)·四積陰德(사적음덕)·五讀書(오독서)"라는 말이 있습니다. 그 의미는 첫 번째로 중요한 것은 타고난 자신의 명(命)이고, 두 번째는 개인이 만나게 되는 행운·악운이며, 세 번째는 풍수적 영향이고, 네 번째는 음덕을 쌓는 것이며, 마지막 다섯 번째는 공부하는 것이라는 의미입니다. 여기에서 적음덕(積陰德)과 독서(讀書)가 바로 우리가 이행해야 하는 노력의 중요성을 의미하는 것이라 할 수 있습니다.

---

17 http://ch.yes24.com/Article/View/20691 참조

두 번째 강의

(子平學)

자평학의
배경지식

강의 안내

이 마당의 주제는 '자평학(子平學)의 배경지식'을 이해하는 것입니다. 즉 자평학을 학습하는 데 있어서 필요한 배경지식으로 십단(十端)에 대해서 알아보고자 합니다. 전한(前漢) 시대의 유학자였던 동중서(董仲舒) 선생이 제시한 십단(十端)이란 개념은 세상을 이해하는 데 있어서 가장 중요한 열 가지 실마리를 의미합니다. 이는 하늘의 수[→ 천수(天數)]이자 완전수(完全數)인 10에 상응하는 단서로서, 구체적으로는 천지인(天地人)의 삼재(三才)와 음양(陰陽) 그리고 목화토금수(木火土金水)의 오행(五行)을 가리킵니다.

사실 삼재 · 음양 · 오행에 관한 설명은 이 책에서 간단하게 언급할 수 있는 정도의 것이 절대로 아닙니다. 이에 대해서는 많은 책이나 학습 과정의 도움을 통해 별도로 전문적인 공부가 반드시 요구됩니다.[18] 보통의 명서(命書)에 흔하게 간단히 언급되어 있는 정도를 가지고 절대로 십단에 대해서 이해한 듯한 태도를 지녀서는 안 된다는 것을 다시 한 번 강조합니다. 다만 이 책에서는 십단에 대한 필자의 관점을 제시하는 것을 목표로 함축하여 설명하고자 합니다.

---

18 이 분야에 대한 내용의 이해에 도움을 줄 만한 책들을 몇 권 소개합니다. 내용이 다소 어렵고 사변적인 이야기가 주류를 이루기는 합니다만, 그래도 다독(多讀)의 가치는 충분합니다. 혹시 이 책들 이상의 내용을 원하시는 분들께서는 여러 동아시아 고전이나 중화권 저서들을 참조하셔야 합니다.
① 양계초 外 저, 김홍경 역. 『음양오행설의 연구』(신지서원)
② 시에 쏭링 저, 김홍경 역. 『음양오행이란 무엇인가』(연암출판사)
③ 은남근 저, 이동철 역. 『오행의 새로운 이해』(법인문화사)
④ 유소홍 저, 송인창 외 역. 『오행, 그 신비를 벗긴다』(국학자료원)
⑤ 남회근 저, 신원봉 역 『역경잡설』(문예출판사)
⑥ 소길 저, 김수길 · 윤상철 역. 『오행대의 상 · 하』(대유학당)
⑦ 여정덕 저, 허탁 · 이요성 역. 『주자어류 ① · ②』(청계출판사)

삼재(三才)_천지인(天地人)

전통적으로 동아시아 문화권에서는 만물을 구성하는 근본 요소 혹은 성분을 기(氣)라고 이해했습니다. 이 기(氣)는 온 세상에 존재하고 있는데, 모여서 뭉치게 되면 구체적인 형상을 갖추지만, 흩어져서 사라지면 형상도 소멸된다고 파악합니다. 즉 모든 만물은 이 기(氣)의 취산(聚散; 모이고 흩어짐)에 의해 형성되고 소멸된다고 보는 것입니다. 『列子(열자)』라는 고서(古書)에서는 만물의 화생(化生) 즉 생성 과정을 "**태역(太易) ⇒ 태초(太初) ⇒ 태시(太始) ⇒ 태소(太素) ⇒ 혼륜(渾淪) ⇒ 천지(天地)의 생성 ⇒ 인(人)의 화생(化生)**"으로 설명합니다.

＊ 태역(太易) : 아직 기(氣)가 모이는 징조가 나타나지 않은 단계

＊ 태초(太初) : 처음으로 기(氣)의 징조가 나타난 단계

＊ 태시(太始) : 기(氣)가 구체적인 외형(外形)을 드러낸 단계

＊ 태소(太素) : 기(氣)가 내질(內質)을 구성하여 내외(內外)를 채워 나가기

　　　　　　　시작하는 단계

표현이 매우 어려운데, 쉽게 설명하자면 빵을 만들기 위해 흩어져 있는 밀가루와 물을 잘 버무려 밀가루 반죽을 만드는 과정으로 비유하여 이해하면 좋겠습니다. '**태역**'은 아직 빵을 만들 의사가 없는 상태이고, '**태초**'는 비로소 빵을 만들겠다는 의사를 보인 상태이며, '**태시**'는 밀가루와 물 등을 준비한 상태이고, '**태소**'는 이들을 버무리기 시작한 상태라고 보면 되겠습니다.

이렇게 하여 내외(內外) 모두 기취(氣聚 ; 기의 뭉침)가 일어난 상태를 '**혼륜 (渾淪)**'이라고 부르는데, 이는 빵을 만들기 위해 밀가루 반죽을 잘 끝낸 상태에 해당합니다. 이 반죽은 사실 빵을 만들 수도 있고, 국수를 만들 수도 있으며 수제비를 만들 수도 있는 것처럼, 아직 구체적으로 무엇을 만들지는 않은 상태로, 무엇인가를 만들 무한한 가능성만을 지닌 상태입니다. 이 단계가 바로 혼륜입니다.

밀가루와 물을 버무림 ⇨ [太素]

밀가루 반죽을 끝냄 ⇨ [渾淪]

이 혼륜의 기취(氣聚) 단계에서 맑고 가벼운 기(氣)는 위로 올라가 하늘 [**천(天)**]을 형성하였고, 탁하고 무거운 기(氣)는 아래로 내려가 땅[**지(地)**]을 형성하게 됩니다.

혼륜(渾淪)의 상태

천지(天地)의 생성

천지인(天地人)의 정립

이렇게 형성된 천지(天地)는 아버지[→ 하늘]와 어머니[→ 땅]와 같은 기능을 수행하는데, 두 기(氣)가 서로 교류(交流)하고 교감(交感)하여 자식에 해당하는 만물[**인(人)**]을 비로소 화생(化生)하게 됩니다. 이렇게 해서 천지인(天地人)의 세 요소가 세상을 정립(鼎立)하게 되는 것입니다.

여기에서 특히 중요한 개념은 천지인(天地人) 삼자(三者)의 정립입니다. 즉 먼저 인(人)이라는 개념은 단순히 사람만을 뜻하는 것이 아니라 천지에 존재하는 모든 만물을 포괄하는 개념임을 명확하게 인식할 필요가 있습니다. 그리고 이 인(人)은 천지가 형성된 이후에 비로소 화생되는 존재이지만, 일단 인(人)이 화생된 이후에는 천지의 종속적 존재로서 그 소임과 작용이 한정되는 것이 아니라 천지와 함께 세상을 구성하고 천지와 서로 영향을 주고받는 중요한 존재로서 자리매김하게 됩니다. 그리고 이 삼자(三者)는 모두 자신이 행해야 하는 바른 길 — 혹은 방향이나 지침 — 을 지니고 있는데, 이를 각각 '천도(天道)·지도(地道)·인도(人道)'라고 부릅니다.

음양(陰陽)

　기(氣) 일원론적 관점에서 접근한다면 음양(陰陽)이란 "기(氣)의 분화(分化)된 처지"라고 말할 수 있습니다. 즉 혼륜이라는 밀가루 반죽에서 먼저 맑고 가벼운 기(氣)와 탁하고 무거운 기(氣)의 분화가 생겨 각각 하늘과 땅을 구성하였는데, 이와 같이 분화되는 흐름이 바로 음양이 생성되는 흐름입니다.

　그런데 처음부터 음양을 이렇게 이해했던 것은 아닙니다. 원래 음양(陰陽)이라는 글자가 뜻하는 의미는 다음 그림[19]과 같이 언덕에 해가 비출 때 햇볕이 드는 밝은 양지[→ **양(陽)**]와 그 반대편의 그늘[→ **음(陰)**]이었습니다.

19　EBS 다큐프라임 「동과 서」의 동영상 캡처

양(陽)과 음(陰)

이와 같이 초기의 음양에 대한 인식은 자연을 구성하고 있는 상대적 대상·존재성에 대한 파악에서 비롯하였습니다. 예를 들어 하늘:땅, 낮:밤, 남자:여자, 불:물, 해:달, 육지:바다, 더위:추위, 위:아래, 가벼움:무거움, 높음:낮음, 겉:속, 강함:부드러움, 삶:죽음 등등이 여기에 해당합니다. 이와 같은 사고 혹은 관점을 필자는 **'정태적(靜態的) 상대관(相對觀)'**이라고 부릅니다. 즉 기본적으로 세상의 모든 대상과 존재는 서로 짝을 이루면서 균형과 조화를 이루고 있다는 관점입니다.

양(陽)	하늘	낮	남자	불	해	육지	더위	위	가벼움	높음	겉	강함	삶	…
음(陰)	땅	밤	여자	물	달	바다	추위	아래	무거움	낮음	속	부드러움	죽음	…

그런데 음양에 대한 정확한 관점을 지니기 위해 필요한 것은 이와 같은 상대관만으로 한정되지 않습니다. 이제 이 내용을 몇 가지로 나누어 설명하겠습니다.

정태적 상대관

이는 이미 언급하였던 것처럼 짝에 대한 인식의 중요성을 의미합니다. 그리고 이 짝의 이해는 단순한 사물 관계로 한정되지 않고, 구체적인 것부터 추상적인 것까지 모두 아우릅니다.

음양 속성의 귀속(歸屬) 판단

정태적 상대관은 음양론 개념 도입의 중요한 발단을 이루었습니다만, 이것만이 음양론의 전부라고 설명하고 제시한다면 쉽게 한계에 부딪칠 수밖에 없는 이론에 불과합니다. 왜냐하면 세상의 모든 존재가 정태적 상대관을 바탕으로 음양의 속성을 비교적 쉽게 파악할 수 있는 짝으로서 존재하지만은 않기 때문입니다. 따라서 음양론이 보다 완성도가 높은 이론으로 확장하기 위해서는 임의의 대상·존재에 대한 음양 속성을 판단하기 위한 새로운 관점이 필요하게 됩니다.

일반인이 흔히 범하는 오류 가운데 하나는 도식적으로 음양의 대상을 나눈 이후에 이를 단순히 암기하는 것입니다. 가령 아래의 표와 같은 것을 제시하고 암기함으로써 음양(陰陽)을 이해하려는 시도는 그리 중요하지도 않고 음양을 바르게 이해하는 관점도 아니기에 필자는 결코 권장하지 않습니다.

陽	天	日	男	火	上	輕	外	生
陰	地	月	女	水	下	重	內	死

세상의 어떠한 대상과 존재도 오직 음기(陰氣)로만 구성된 '고음(孤陰) 혹은 독음(獨陰)·전음(全陰)'이나 오직 양기(陽氣)로만 구성된 '고양(孤陽) 혹은 독양(獨陽)·전양(全陽)'의 상태로 존재하지 않습니다. 다소 차이는 있지만 음양의 모든 요소가 한데 어우러져야 비로소 존재할 수 있기 때문입니다. 그렇다고 모든 대상과 존재에 있어서 항상 음:양의 비율이 50%:50%로 균등하게 존재한다는 의미도 아닙니다.

그렇다면 우리는 어떤 대상·존재의 음양(陰陽) 속성 귀속(歸屬)을 어떻게 판단하고 파악하면 좋을까요? 바로 이 부분에 대해서 우리가 주목해야 할 사항이 네 가지 정도 존재합니다.

첫째는 처음부터 양적(量的)인 측면에서 음양의 구성 비율이 균등하지 않고 편차가 있는 대상·존재에 대해서는 그 편차로 인해 보다 음적 특성이나 양적 특성이 두드러질 수밖에 없습니다. 가령 전자(電子)를 잃거나 얻어서 형성된 양이온이나 음이온과 같은 경우인데, 이 경우에는 이 두드러진 음양의 특성에 근거하여 그 대상·존재의 음양 속성 귀속을 판단하면 됩니다. 정태적 상대관의 기저를 이루는 짝의 이해도 바로 이 관점에 해당한다고 볼 수 있습니다.

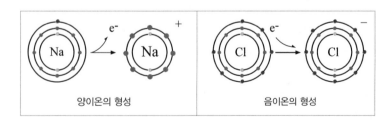

양이온의 형성   음이온의 형성

둘째는 음양의 구성 비율이 균등한 대상·존재이지만, 순간적인 양적(量的) 편차가 발생하는 경우입니다. 자연 상태에서 유도 전기나 자기 유도가 발생하는 것처럼 일시적 혹은 짧은 순간 음양의 내외 혹은 좌우 편차가 발생하여 전체적인 구성 비율은 변화가 없을지라도 외적으로 드러나는 음양의 속성은 일시적으로 음적 특성이나 혹은 양적 특성으로 편향되어 나타날 수 있습니다.

그런데 이 경우에 우리가 중요하게 파악할 점은 이 대상이 드러내는 음양의 편향성에 있어서 일반적인 경향성을 지니고 있는지 여부입니다. 가령 임의의 원자는 이론적으로 전자를 얻어 음이온이 될 수도 있고 전자를 잃어 양이온이 될 수도 있지만, 자연계에 존재하는 원자들은 보통 이 가운데 어느 한쪽으로 두드러진 경향성을 지니고 있습니다. 즉 음이온이나 양이온이 될 가능성이 동등하지 않다는 의미입니다. 이로 인해 분자를 형성하는 두 원자가 각각 양적 속성과 음적 속성의 편차를 바탕으로 분자를 형성하는 경우가 상당히 많습니다.[20] 이와 같이 일반적인 경향성을 지니는 경우가 대부분이라는 점에 우리는 주목하게 되는 것인데, 이 경우에는 이 경향성을 바탕으로 그 대상·존재의 음양 속성 귀속을 판단하게 됩니다.

셋째는 상대적인 음양 속성의 파악입니다. 사실 가장 일반적인 경우가 바로 이 경우에 해당합니다. 가령 암수의 구별이 있는 생명체에 대해서는 이미 양적(量的)인 측면에서 음양의 편차가 발생하므로 암컷과 수컷을 단순

---

20 구체적인 분자 형성에 관여하는 음양의 편차 문제는 매우 다양하고 복잡합니다. 다만 이해를 돕기 위해 전문적인 분야의 내용임에도 불구하고 상당한 비약을 무릅쓰고 대략적으로 설명했음을 미리 알립니다.

히 비교 판단하는 경우에는 보통 바로 음양의 속성 귀속을 판단할 수 있습니다. 그러나 같은 암컷들을 대상으로 그들의 음양의 속성 귀속을 판단하는 것은 간단하지 않습니다. 기본적으로 모두 같은 음적 속성의 대상으로 파악했기 때문에, 암컷과 수컷을 비교한 것과는 다른 기준과 관점이 존재하지 않으면 판단하기가 어렵기 때문입니다.

이러한 경우에는 어떻게 판단하면 좋을까요? 먼저 정태적 상대관을 넘는 음양론의 정립을 위해서는 음양(陰陽)이란 절대적 귀속 개념이 아니라 **"상대적인 편차에 주목하는 개념이라는 점"**과 그 **"편차 판단에는 기준이 있어야 한다"**는 것을 명확하게 인지할 필요가 있습니다. 예를 들어 20cm의 길이를 지닌 어떤 물체 A가 있다고 할 때, 이 물체 A의 길이가 과연 긴 것인지 짧은 것인지를 판단할 수는 없습니다. 기준이 없기 때문입니다. 그런데 만약 누군가 15cm 값을 장단(長短) 판단의 기준치로 제시한다면 20cm는 길다고 판단할 수 있을 것입니다.

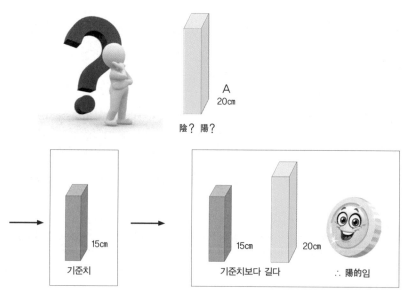

A
20cm

陰? 陽?

15cm
기준치

15cm 20cm
기준치보다 길다   ∴ 陽的임

그렇지만 이처럼 기준치가 제시되어 있는 것과는 다르게 동아시아 음양론(陰陽論)은 이러한 절대적인 기준치가 보통은 제시되어 있지 않다는 점이 음양의 속성을 파악하고 이해하는 데 커다란 어려움으로 작용합니다. 따라서 상대적인 장단의 차이는 논할 수 있어도, 절대적인 장단의 차이는 논할 수 없다는 것을 잘 인지해야 합니다. 가령 각각 15cm, 10cm, 5cm의 길이를 지닌 물체 B, C, D가 물체 A 외에 추가로 존재한다면 우리는 물체 B는 A에 비해서는 짧다고 판단하지만, C에 비해서는 길다고 판단할 것입니다. 마찬가지로 B에 비해 짧은 물체 C 또한 D에 비해서는 길다고 판단할 것입니다.

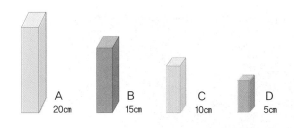

이제 길이가 긴 속성이 양적(陽的) 속성에 부합하고, 짧은 것이 음적(陰的) 속성에 부합하는 것이라고 판단의 기준을 제시한다면, 우리는 A는 B·C·D에 비해서는 보다 양적 속성을 지녔고, C는 A·B에 비해서는 음적 속성을 지녔지만 D에 비해서는 양적 속성을 지녔다고 말할 수 있을 것입니다. 이와 같이 음양(陰陽)이라는 분화적·차별적 인식은 **'보다 음적 속성을 지님'**과 **'보다 양적 속성을 지님'**이라는 상대적 인식에 불과하다는 것을 꼭 기억해야 합니다. 이와 같은 상대적 인식을 위해서는 비교 대상이나 혹은 비교 기준치가 필요합니다.

다른 예를 들어보겠습니다. 우리가 많은 곡식 중에서도 전통적으로 쌀을 주식으로 삼았던 가장 큰 이유는 쌀의 양적(量的)인 음양 편차가 매우 적었기 때문입니다. 음양의 편차가 큰 음식물의 경우에는 장기간 복용하면 사람에게 부담을 주거나 혹은 부작용을 일으킬 수 있습니다. 보통 한약재로 사용하는 재료들은 바로 이 커다란 편차를 역이용한 것으로 보면 좋습니다. 그런데 우리가 차가운 속성을 지니고 있다고 파악하는 대나무를 판다(panda)는 주식으로 삼고 있습니다. 그렇다면 어째서 판다는 쌀을 주식으로 삼지 않고 대나무를 주식으로 삼을 수 있는 것일까요?[21]

죽엽(竹葉)을 먹고 있는 판다

일반적으로 따듯한 속성을 양적(陽的) 속성으로 인식하고, 차가운 속성을 음적(陰的) 속성으로 인식하며, 음양의 편차가 거의 없는 경우를 평적(平的) 속성으로 파악하는데, 평성(平性)이 아니면 주식으로 삼기 힘들다는 점을

---

21 이하의 주식에 대한 음양 속성 비교에 관한 내용은 張明澄의 『張明澄'究極の漢方を語る: 中国医学と日本漢方』(東明社: 129~135쪽) 을 참조하였습니다. 참고로 張明澄과 張耀文은 같은 분입니다. 耀文이라는 이름은 장선생님이 속한 문파의 장문인(掌門人)이라는 의미로 부여받은 別名입니다.

감안한다면, 판다에게 대나무는 평성으로 작용하고 있기 때문이라는 점을 인식해야 합니다. 즉 음양의 상대적 편차에 근거하여 쌀을 평성(平性)의 음식으로 판단하고 대나무를 음성(陰性)의 음식으로 판단한 것은 절대적 기준치에 근거한 음양의 양적(量的) 파악에 근거한 것이 아니라 오직 사람의 기준에서 파악한 관점이라는 점입니다.

여기에서 사람의 기준이란 "사람이 쌀과 대나무를 먹고 난 이후에 보이는 신체의 반응 결과에 있어서 음양적인 편차가 있는가?"입니다. 만약 같은 적용 기준을 판다에게 제시하여 파악할 경우에는 대나무가 평성(平性)의 음식에 해당하고 쌀이 양성(陽性)의 음식에 해당하는 것으로 나타난다는 점입니다. 이와 같이 비교 기준의 중심이 달라지면 음양의 속성 귀속은 달라질 수 있습니다.

◆ 사람 중심의 관점

약재	석고	죽엽	현미	백미	생강	고량강	부자
약성	寒	微寒	涼	平(主食)	溫	熱	大熱
점수	-3	-2	-1	0	+1	+2	+3

◆ 판다 중심의 관점

약재	석고	죽엽	현미	백미	생강	고량강	부자
약성	寒 ←	平(主食)			→ 熱		
점수	-1	0	+1	+2	+3	+4	+5

❖ 약재의 음양 속성 평가

▶ 부자(附子)의 약성(藥性)

• 사람 ⇨ 뜨거운 약[⊕3점]

• 판다 ⇨ 매우 뜨거운 약[⊕5점]

▶ 생강(生薑)의 약성(藥性)

• 사람 ⇨ 따듯한 약[⊕1점]

• 판다 ⇨ 꽤 뜨거운 약[⊕3점]

▶ 백미(白米)의 약성(藥性)

• 사람 ⇨ 화평한 약[　0점]

• 판다 ⇨ 따듯한 약[⊕2점]

▶ 현미(玄米)의 약성(藥性)

• 사람 ⇨ 서늘한 약[⊖1점]

• 판다 ⇨ 따듯한 약[⊕1점]

▶ 죽엽(竹葉)의 약성(藥性)

• 사람 ⇨ 차가운 약[⊖2점]

• 판다 ⇨ 화평한 약[　0점]

▶ 석고(石膏)의 약성(藥性)

• 사람 ⇨ 매우 차가운 약[⊖3점]

• 판다 ⇨ 서늘한 약[⊖1점]

다른 예를 들어보겠습니다. 다음의 그림과 같이 각각 시속 20km와 40km의 속도로 북쪽 방향으로 움직이고 있는 자동차 X·Y와 시속 30km의 속도

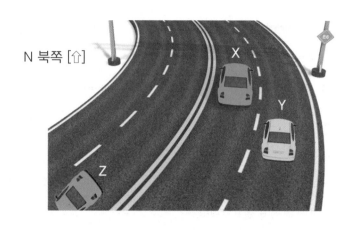

N 북쪽 [⇧]

로 남쪽 방향으로 움직이고 있는 자동차 Z가 존재합니다. 이 경우에 북쪽으로 움직이는 것이 양적(陽的) 방향의 움직임인지, 남쪽 방향으로 움직이는 것이 양적(陽的) 방향의 움직임인지 알 수 없습니다. 기준이 제시되어 있지 않기 때문입니다. 이때 만약 북쪽 방향의 움직임이 양적(陽的) 방향의 움직임이라는 기준이 제시된다면, X·Y는 양성(陽性)을 드러내고 있고 Z는 음성(陰性)을 드러내고 있다고 말할 수 있습니다. 그리고 속도가 빠를수록 양성(陽性)인 움직임이라는 또 다른 기준이 제시된다면 Y는 X에 비해 보다 양성(陽性)을 드러내고 있다고 말할 수 있습니다. 또한 속도의 크기만 비교할 경우에는 Z 또한 X에 비해 양성인 움직임을 보이고 있다고 할 수 있습니다.

일반적으로 부지런히 움직이려는 동성(動性)이 가만히 멈추려는 정성(靜性)에 비해 양적(陽的) 속성이 강하다는 인식을 쉽게 수용하여, 속도의 크기를 비교한 음양 속성의 판단은 크게 무리 없이 받아들인다고 할지라도, 방향의 음양 기준은 제시되어 있지 않으면 파악할 수 없는 것입니다. 즉 비교 기준이 제시되어 있을 때 이를 바탕으로 상대적인 음양 속성의 두드러진 정도에 따라 음양의 속성을 파악하고 귀속시킬 수 있다는 점을 이해하는 것이 가장 중요합니다. 그러므로 정확하고 바른 음양 속성의 파악은 먼저 기준을 제시하고, 그 기준에 근거한 상대적인 음양의 편차를 바탕으로 보다 음적인 대상과 양적인 대상을 판단하는 것입니다. 또한 이미 제시되어 있는 음양의 분류 결과에 대해서는 그 내용을 맹목적으로 수용할 것이 아니라 그렇게 판단한 기준이 무엇이었는지에 대해서 우선 추정하고 파악해 보려는 관점이 필요합니다.

넷째, 일반적으로 받아들이고 있는 전통적인 기준치에 대해서 잘 알아야 합니다. 이는 암묵적으로 오랜 세월을 거쳐 적용하고 있는 기준이기 때문입니다. 물론 이러한 기준을 맹목적으로 수용하려는 태도는 바람직하지 않습니다. 다르게 생각한다고 해도 바른 기준치를 제시하고, 그 기준에 근거하여 음양의 속성을 파악하고 분류하려는 시도는 전혀 잘못되거나 틀린 관점이 아니기 때문입니다. 그렇지만 통상적으로 적용해온 기준치에 대한 인식은 일반적인 음양 판단의 결과를 공유하기 위해 중요하다고 하겠습니다.

＊ 음적(陰的) 속성 : 기반이 되거나 중심으로 작용하면서 정적(靜的)인
　　　　　　　　속성을 지님
＊ 양적(陽的) 속성 : 기반의 위에서 작용하거나 중심의 주변·외부에서
　　　　　　　　작용하면서 동적(動的)인 속성을 지님

뛰는 말은 **陽的**인 존재
말이 뛰어다니는 땅은 **陰的**인 존재

중심의 핵은 **陰的**인 존재
핵 주위를 돌고 있는 전자는 **陽的**인 존재

예를 들어 원자의 핵을 중심으로 회전하면서 분포하는 전자는 양적 속성을 지닌 것이고, 그 중심에 위치한 핵은 음적 속성을 지닌 것입니다. 또 태양 주위를 돌고 있는 지구와 지구 주위를 돌고 있는 달을 비교한다면 다음과 같이 됩니다.

음적 속성이 강한 쪽 │ 태양 ← 지구 → 달 │ 양적 속성이 강한 쪽

실제로는 태양계 또한 우리 은하의 중심을 회전하고 있기 때문에 태양 또한 우리 은하에 비하여 양적 속성을 지니고 있는 것입니다. 이와 같이 상황이나 처지에 따라 보다 음적일 수도 있고, 보다 양적일 수도 있습니다. 이처럼 상대적인 음양의 시각을 파악하는 것이 중요한 것입니다.

여기에서 중요한 것이 동정(動靜)의 속성입니다. 초기의 음양론이 이론적

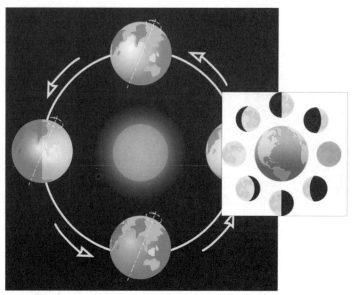

태양을 공전하는 지구와 그 지구를 공전하는 달

으로 확장하면서 중요하게 생각한 요소가 움직임이 강한 동성(動性)과 움직임이 약한 정성(靜性)입니다. 순환론적 세계관과 만물유전(萬物流轉)을 기본 특성으로 파악하고 있는 아시아의 우주관에서는 '완전한 멈춤'[stop]이란 존재하지 않는 개념입니다. 다만 상대적으로 더디게 움직일 따름입니다. 즉 보다 빠르게 움직이는가, 보다 느리게 움직이는가에 따라 전자(前者)를 보다 양적(陽的) 속성을 지닌 것으로, 후자(後者)를 보다 음적(陰的) 속성을 지닌 것으로 파악하는 것입니다. 따라서 움직임이 보다 활발한 쪽이 그렇지 못한 쪽보다 양적 속성을 지닌 대상으로 파악하는 것이 전통적인 기준치였습니다.

상관적 사고란 니덤(Needham)이나 그레이엄(Graham)이 인간의 근원적인 사고방식의 하나로 제시한 개념으로 중국적인 사고의 특징을 설명하면서 재정립하여 사용한 개념입니다. 즉 그들에 따르면 인간의 사고방식은 크게 분석적 사고(analytic thinking)와 상관적 사고(correlative thinking)로 대별됩니다. 분석적 사고란 이성적인 사고를 바탕으로 논리적 인과율을 적용하고 추론하며 생각하는 방식인 반면에, 상관적 사고란 비교와 대조 등을 통해 상관관계를 유추하여 인과율이 적용되지 않는 대상에 대하여 동시성의 원리를 적용하며 생각하는 방식입니다.[22] 조금 어려운 개념인데, 다음과 같은 예를 통해 조금 다르게 설명해보겠습니다.

* 낮 : 밤

* 밝음 : 어둠

* 해 : (㉠)

* 앎 : 모름

* 선(善) : (㉡)

여러분은 위 대응 관계에서 ㉠과 ㉡에 들어갈 적절한 말은 무엇이라고 생각하십니까? 아마도 대부분의 사람들은 ㉠에는 달을 제시하고 ㉡에는 악(惡)을 제시했을 것입니다. 여기에서 ㉠에 달을 제시한 것은 밝은 낮은 어두

---

22 이 부분의 설명은 이창일의 『음양과 상관적 사유』(청계출판사)와 『소강절의 철학』(심산출판사)에 소개된 내용을 바탕으로 필자가 정리한 것입니다. 특히 『소강절의 철학』(114~131쪽)을 많이 참조했음을 밝힙니다.

운 밤과 대응되는데, 그 낮에 떠 있는 것이 해이기 때문에 밤에 떠 있는 것으로 달을 떠올렸기 때문일 것입니다.

그런데 밤이라고 할지라도 보름달이 떠올라 밝은 경우와 그믐이 되어 칠흑 같이 어두운 경우는 완전히 다름에도 불구하고 우리가 **해:달**의 대응관계를 상기한 것은 **낮-해**의 상관성과 **밤-달**의 상관성에 기인한 것입니다. 논리적으로 생각해본다면 낮이라고 할지라도 밝지 않은 경우가 있고, 해가 드러나지 않은 경우가 있으며, 밤이라고 할지라도 매우 밝은 경우가 있고, 칠흑 같이 어두운 경우가 있으므로 직접적인 인과관계에 놓여 있지 않다는 것을 알 수 있습니다.

그러면 ㉡에 악(惡)을 제시한 것 또한 상관적 사고에 기인한 것일까요? 이에 앞서서 모름이 어둠과 대응되는 것은 무지몽매(無知蒙昧)라는 말에서 알 수 있는 것처럼, 대상에 대한 인식 부족에 대해 우리는 이미 어둡다[매(昧)]는 표현을 사용하고 있으므로 서로의 상관성을 파악할 수 있습니다. 그러나 낮과 앎이 선(善)이고, 밤과 모름이 악(惡)이라는 설정 관계는 도덕적인 가치 판단이 들어가는 범주로 상관성과는 다른 추론이 요구됩니다. 이러한 추론이 적절함을 증명하기 위해서는 이성적 사고가 요구되고 속성에 대한 분석적인 고찰이 요구되는데, 이 과정의 사고방식은 분석적 사고방식이라 할 수 있겠습니다.[23]

---

23 이 부분의 설명은 이창일의 『소강절의 철학』(114~117쪽)의 내용을 참조하여 필자가 재구성하였습니다.

이제 상관적 사고의 의미를 조금 이해했다면, 니덤과 그레이엄이 제시한 것처럼 음양론을 이해하기 위해서는 상관적 사고가 기저에 놓여 있다는 것을 알 필요가 있습니다. 앞서서 대상의 음양 속성 파악에 대하여 설명하면서, 옛사람들이 여러 대상에 대해 이미 음양적 속성 분류를 해놓은 결과에 대해서는 비판적으로 검토하고 수용할 필요가 있다고 했습니다. 그런데 이와 같은 분류 파악의 기저에는 바로 상관적 사고가 존재한다는 사실입니다. 따라서 상관적 사고를 잘 적용하는 것 역시 음양론을 이해하기 위해서는 매우 중요합니다.

변화의 본질:분화(分化) ⇄ 회귀(回歸)·통합(統合)

지금까지 음양의 개념을 설명하면서 짝과 분화적 개념이 중요함을 강조하였는데, 단순히 이와 같은 짝의 인식과 분화적 인식이 중요한 것이 아닙니다. 보다 본질적인 것은 그 분화는 분화로 끝나지 않고 다시 상위단계로 회귀·통합된다는 것이고, 그렇기에 분화적 변화와 통합적 회귀를 모두 함께 이해해야 한다는 점입니다. 오른쪽 표에 제시한 것처럼 음양의 분화와 통합적 관점을 항상 함께 인식하여 부분과 전체를 통합적으로 바라볼 수 있도록 노력해야 합니다.

陽 ⇔ 陰	통합
天 ⇔ 地	공간
晝 ⇔ 夜	하루
春夏 ⇔ 秋冬	계절
男 ⇔ 女	사람
熱 ⇔ 寒	온도
輕 ⇔ 重	무게
動 ⇔ 靜	움직임

　　이제 음과 양의 관계성에 대해서 종합적으로 설명하고자 합니다. 이러한 관계성은 음양을 통합적으로 이해하는 데에 필수적입니다.

관계성 ① : 의존성(依存性)

　　기본적으로 음양은 상호 의존하면서 만물을 화생(化生)합니다. 독음(獨陰)이나 독양(獨陽)은 존재하지고 않고, 만물을 화생할 수도 없습니다. 전통적으로 양생음장(陽生陰長)이라고 하여 양기(陽氣)는 생명을 발생시키는 데에 주력하고 음기(陰氣)는 그 생명을 성장시키는 데에 주력하여 양과 음이 협력함으로써 만물은 생장(生長)할 수 있다고 인식했습니다. 그러므로 음양의 협력이 이루어지지 못하는 상태를 '고음불생(孤陰不生)·독양불장(獨陽不長)'이라고 하여 음기만으로는 만물을 발생시킬 수 없고, 양기만으로는 만물을 성장시킬 수 없음을 강조하였습니다.

관계성 ② : 협력과 통제를 통한 균형성(均衡性)

　　양기와 음기는 서로 대립하거나 주종(主從)의 대상이 아닙니다. 남존여비(男尊女卑)와 같은 불평등한 개념은 음양의 본래의 의미가 아닙니다. 음과 양은 때에 따라 서로 협력하기도 하고 길항적으로 통제하기도 하면서 전체적인 균형을 이루어 나갑니다.

관계성 ③ : 호장성(互藏性)

　　호장(互藏)이라는 것은 음중(陰中)에도 양(陽)이 존재하고, 양중(陽中)에도 음(陰)이 존재하여 만물은 음양이 매우 복합적으로 혼재하고 있다는 것을 의미합니다. 가령 식물은 동물에 비해 음성(陰性)이 강하지만, 같은 식물 중에서도 화려한 색채를 자랑하고 개화(開花)하는 양성(陽性)인 식물과 어두운 색채를 지니면서 꽃도 존재하지 않는 음성(陰性)의 식물이 존재합니다. 이처럼 음성에 속하는 대상들 내에서도 또 다시 음양의 편차가 존재하고, 양성에 속하는 대상들 내에서도 또 다시 음양의 편차가 존재하여, 무한한 음양의 편차에 근거한 음양의 분화와 혼재를 파악할 수 있습니다.

관계성 ④ : 소장성(消長性)

소장(消長)이란 음양의 성쇠(盛衰)에 따른 양적(量的)인 변화를 의미합니다. 즉 거시적·전체적 관점에서는 균형을 이루고 있는 음양도 일시적·부분적 관점에서는 양적인 차이가 존재합니다. 이러한 차이는 양적인 다소(多少)가 급변하는 것이 아니라 삼각함수의 사인 곡선처럼 점차 증가하다가 극대에 이르면 감소하기 시작하고, 그렇게 점차 감소했다가 극소에 이르면 다시 증가하기 시작하는 일을 반복하면서 균형을 이루어나갑니다.

이를 잘 설명해줄 수 있는 것이 하루 중 해가 떠 있는 시간의 변화입니다. 동지(冬至)는 하루 중 낮이 가장 짧은 날입니다. 동지를 지나고 나면 낮의 길이는 매일 조금씩 길어져서 춘분(春分)에 이르면 비로소 낮과 밤의 시간이 같아지게 되고, 이후에도 계속 길어지다가 하지(夏至)에 이르면 가장 긴 날이 됩니다. 이후에는 점차 짧아지기 시작해서 추분(秋分)에 이르면 다시 낮과 밤의 시간이 같아지게 되고, 이후에는 계속 짧아져서 다시 가장 낮이 짧은 동지에 이르게 됩니다.

이와 같이 자라나고 사라지는 것을 소장(消長)이라고 합니다. 음양은 끊임 없이 변화하면서 서로 증감(增減)을 반복하며 순환합니다.

관계성 ⑤ : 전화성(轉化性)

전화(轉化)란 음양(陰陽)이 극적으로 상호 뒤바뀌는 것을 의미합니다. 이 와 같은 변화를 달리 '물극필반(物極必反; 사물의 전개가 극에 달하면 반드시 반전함)'이라고 표현하기도 합니다. 즉 하지(夏至)에 양기(陽氣)가 최대에 이 르자 이윽고 음기(陰氣)가 생기면서 점차 성장하고, 동지(冬至)에 이르러 음 기(陰氣)가 최대에 이르자 이윽고 양기(陽氣)가 생기면서 점차 성장하는 것 처럼, 어떠한 극단적인 상태에 이르면 음양의 작용에 극적인 변화가 일어나 는 것을 가리키는 것입니다.

여기에서 중요하게 인식해야 할 관점이 있습니다. 비록 하지를 지났다고 는 하지만 추분에 이를 때까지는 여전히 낮이 밤보다 긴 것처럼 양적(量的) 인 측면에서는 양기(陽氣)가 음기(陰氣)보다 많다고 할 수 있습니다.

그런데 왜 열극생한(熱極生寒; 따뜻한 기운이 극에 이르면 차가운 기운이 생 김)이라는 표현을 쓰면서까지 음적(陰的)인 변화를 강조하는 것일까요?

바로 이점이 중요합니다. 단순히 양적(量的)으로만 비교한다면 하지를 기 준으로 10일 전과 10일 후는 낮과 밤의 시간이 동일합니다. 그런데 동아 시아의 전통적인 관점에서는 정점을 찍고 쇠퇴(衰退)의 길에 접어든 대상 보다는 신생(新生)하여 성장의 길에 접어든 대상을 중요하게 생각하였습니 다. 새로운 변화 주체의 움직임을 중시한 미래 지향적 사고에 따른 것입니

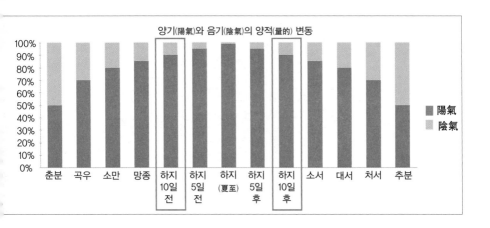

양기(陽氣)와 음기(陰氣)의 양적(量的) 변동

다. 따라서 하지를 지난 이후에는 새롭게 성장하는 음기(陰氣)를 변화의 중심축으로 파악하였고, 동지를 지난 이후에는 같은 관점에서 양기(陽氣)를 변화의 중심축으로 파악하였습니다. 이로써 변화의 중심축이 바뀌므로, 파악해야 할 대상의 속성에도 중요한 변화가 발생한다는 것이 전화성(轉化性)의 핵심입니다.

지금까지 음양의 개념을 이해하는 데에 반드시 필요한 내용들에 대해 살펴보았습니다. 이것이 전부는 아닙니다만, 적어도 음양에 대해서 이러한 이해는 반드시 필요하다는 것이 필자의 관점입니다.

오행(五行)

　일반적으로 목화토금수(木火土金水)라고 설명하는 오행(五行)의 개념은 다음 그림처럼 단순하게 자연의 구성 재료나 성분[element]으로써 나무[목(木);wood], 불[화(火);fire], 흙[토(土);earth], 쇠[금(金);metal], 그리고 물[수(水);water]을 가리키는 것이 아닙니다. 또한 나무·불·흙·쇠·물에 대응하여 성질과 관계성 등에 대해 설명하는 것도 오행론을 바르게 이해하는 데 별로 도움이 되지 않습니다.

　앞의 음양론에서 설명한 것처럼 오행에 대한 정확한 관점을 지니기 위해 필요한 내용들을 몇 가지로 나누어 설명하겠습니다.

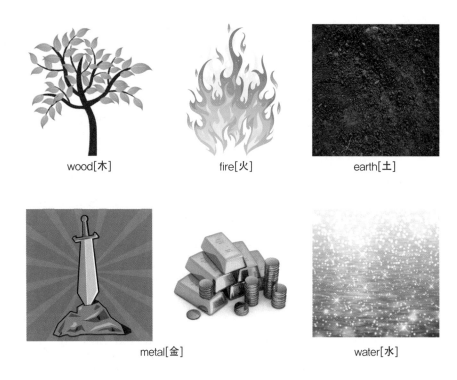

wood[木] fire[火] earth[土]

metal[金] water[水]

:계절의 변화

오행(五行)이란 천지(天地) 사이를 왕래(往來)하는 다섯 가지의 이질적인 기(氣)를 의미합니다. 그런데 이 기(氣)는 본래 매 계절마다 판이하게 펼쳐지는 자연의 기(氣)를 뜻하는 것이었습니다. 즉 봄의 기운인 춘기(春氣)가 '목기(木氣)'에 해당하고, 여름의 기운인 하기(夏氣)가 '화기(火氣)'에 해당하며, 가을의 기운인 추기(秋氣)가 '금기(金氣)'에 해당하고, 겨울의 기운인 동기(冬氣)가 '수기(水氣)'에 해당합니다. 그리고 마지막으로 계절이 바뀌는 시기의 기운인 간기(間氣)가 '토기(土氣)'에 해당합니다.

그런데 일반적으로 계절의 기(氣)가 오행의 본의(本意)라고 하면 보통 춘하추동(春夏秋冬) 사계절로 인식하는 우리의 정서를 감안할 때 토기(土氣)의 대응에 대해서는 쉽게 와 닿지 않을 수도 있습니다. 여기에서 옛사람들의 토기(土氣) 인식과 대응에 대해 조금 더 살펴보도록 하겠습니다.

장하(長夏)의 기(氣)

초기의 대응설 중에는 장하(長夏)라는 여름과 가을 사이의 계절을 새롭게 설정한 이후에 이 계절의 기[→ 이하 '계기(季氣)'라고 부름]를 토기(土氣)라고 설명하기도 했었습니다. 그러나 이는 실제적인 장하(長夏)의 시기가 별도로 뚜렷하게 존재해서 우리가 체감(體感)할 수 있는 별도의 계기(季氣)를 설정하고 대응한 개념이 아니라, 오행 순환의 시각에서 오기(五氣)의 순차적인 대응을 설명하기 위해 사변적으로 제시된 계기(季氣)입니다.

간기(間氣)의 기(氣)

사변적으로 제시된 장하(長夏)의 계기(季氣)에 비해서 춘하추동(春夏秋冬)의 사계절이 변화하는 환절기(換節期)의 기(氣)는 비교적 춘하추동(春夏秋冬)의 계기(季氣)와는 이질적인 기(氣)로 우리가 직접 체감할 수 있는 계기(季氣)입니다. 그로 인해 각 계기(季氣)의 사이에 존재하면서 오버랩(overlap)이 나타나는 간기(間氣)를 새롭게 토기(土氣)로 대응하려는 주장이 제시되었습니다.

이에 따라 장하(長夏)의 계기(季氣)와 간기(間氣)의 계기(季氣)는 한동안 논쟁을 거듭하였지만, 결국 시간이 지나면서 토기(土氣)의 바른 대응으로

장하(長夏)가 있는 오계(五季)　　　　　간기(間氣)의 토용(土用)이 있는 오계(五季)

간기(間氣)가 자리 잡게 되었습니다. 사변적인 계기(季氣)보다는 체감할 수 있는 계기(季氣)가 더욱 타당하다고 판단했기 때문입니다.

토왕용사(土王用事)

사실 토기(土氣)에 대한 이해는 처음부터 명확했던 것이 아닙니다. 수많은 논쟁과 검토를 거치면서 춘하추동의 사기(四氣)에 비해서는 비교적 늦게 자리 잡은 개념입니다. 그런데 계기(季氣)에 대한 설명 가운데 **'용사(用事)'**라는 표현이 등장합니다. 용사(用)라는 것은 어떠한 권한이나 시기를 담당한다는 의미입니다. 매우 비슷한 표현으로 **'당령(當令)'**이라는 용어가 있는데, 어떤 계절이나 시절을 담당한다는 의미입니다. 이 용어도 용사(用事)와 함께 미리 기억하시기 바랍니다.

가령 목용사(木用事)라고 하면 목기(木氣)가 권한을 갖고 일정한 시기를 담당하고 있다는 의미이고, 토용사(土用事)라고 하면 토기(土氣)가 권한을 갖고 일정한 시기를 담당하고 있다는 의미입니다. 이렇게 당령(當令)하고 있는 것이 명목상으로 그치지 않고 실질적이기 위해서는 그에 부합하는 힘을 지니고 있어야 합니다. 그래서 진정한 권력을 행사할 수 있을 만큼 힘이 왕성하다는 의미로써 왕(王)[24]이라는 표현을 덧붙이면 더욱 명확한 의미를 지니게 됩니다. 결국 토왕용사(土王用事)는 달리 토왕용사(土旺用事)라고도 표현[25]하는데, 토기(土氣)가 왕성한 힘을 지니고서 일정한 시기를 담당하며 권한을 행사하고 있다는 의미를 지닙니다.

그렇다면 봄은 목왕용사(木旺用事)의 시기이고, 여름은 화왕용사(火旺用事)의 시기이며, 환절기는 토왕용사(土王用事)의 시기이고, 가을은 금왕용사(金旺用事)의 시기이며, 겨울은 수왕용사(水旺用事)의 시기라고 할 수 있겠습니다. 이와 같은 개념을 설정한 이후에 옛사람들은 목기(木氣)·화기(火氣)·금기(金氣)·수기(水氣)가 용사(用事)하는 춘하추동의 시기는 천기(天氣)가 우세하게 작용하는 시기로 인식하고, 토기(土氣)가 용사(用事)하는 간기(間氣)의 시기는 지기(地氣)가 우세하게 작용하는 시기로 인식하였습니다.[26]

즉 춘하추동에 용사(用事)하던 천기(天氣)가 교체되는 시기에는 일시적으로 지기(地氣)가 강하게 작용하면서 천기(天氣)의 교체가 원만하게 이뤄지도록 조율하는 기능을 담당한다고 인식한 것입니다. 그렇기에 특히 토왕용사(土旺用事)를 중요하게 인식하여, 이 시기에는 토목·건축 작업을 자제

---

24 여기서 왕(王)이란 왕(旺)과 같은 의미로서 '왕성하다·왕 노릇하다'는 의미입니다.
25 더 줄여서 '토용(土用)'이라고도 합니다.
26 小林三剛의 『東洋醫學講座 第一券 基礎編 : 宇宙と人體の生成の原理』(135~137쪽)를 참조하였습니다.

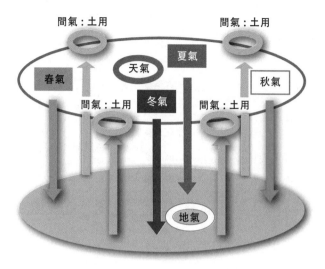

천기(天氣)의 하강 & 간계(間季)의 지기(地氣) 상승

하기도 하였습니다. 토기(土氣)가 활발한 시기에 토기(土氣)를 자극하는 것은 자연의 움직임에 역행하는 인간의 부적절한 행위이자 방향으로 이해했기 때문입니다.

그러면 구체적으로 토왕용사의 시기는 언제일까요? 이 시기는 바로 입춘(立春)·입하(立夏)·입추(立秋)·입동(立冬)일을 기준으로 사립일(四立日) 전(前) 18일 동안의 시기입니다. 정확하게는 황경(黃經)의 고려가 필요하지만 대략적으로는 이렇게 계산할 수 있습니다. 이 시기는 우리가 경험적으로 파악하는 환절기와는 시기가 서로 반드시 일치하지 않습니다. 표로써 용사(用事)의 시기를 정리한다면 다음과 같이 됩니다.

기간	用事	계절
입춘 이후 72~73일	木旺用事	봄
입하 前 18일 동안	土旺用事	間氣
입하 이후 72~73일	火旺用事	여름
입추 前 18일 동안	土旺用事	間氣
입추 이후 72·73일	金旺用事	가을
입동 前 18일 동안	土旺用事	間氣
입동 이후 72·73일	水旺用事	겨울
입춘 前 18일 동안	土旺用事	間氣

∴ 오행(五行)의 작용·특성

계기(季氣)가 오행(五行)이라는 의미는 그 작용이나 특성을 이해하기 위해 계기(季氣)를 잘 파악할 필요가 있다는 것을 의미합니다.

목기(木氣)의 특성

목기(木氣)는 춘기(春氣)입니다. 봄이 되면 겨울 동안 억눌려 있던 생명력이 지상으로 강력하게 솟구칩니다. 이 변화를 가장 잘 보여주는 것이 바로 화초(花草)와 나무와 같은 식물의 변화입니다. 그래서 춘기(春氣)의 표상을 목(木)으로 제시한 것입니다. 여기에서 중요하게 인식해야 하는 목기(木氣)의 상징은 화초(花草)와 나무가 아니라, 갇혀 있어서 보이지 않았던 생기(生氣)가 새롭게 솟아나는 것입니다. 그렇기에 땅속에서 싹이 움트는 것이나 먹구름 속에서 갑자기 등장하는 천둥 번개나 모두 보이지 않았던 것이 갑자기 등장한다는 측면에서는 같은 속성을 지닌 것으로 파악할 수 있습니다.

목기(木氣) 1

옛사람들은 목기(木氣)의 특성을 설명하면서 곡직(曲直)·생발(生發)·승발(升發)·향상(向上)·조달(條達)·서창(舒暢)이라는 표현들을 사용하였습니다.

* 곡직(曲直) : 곡(曲)은 굽은 모양을 의미하고 직(直)은 바른 모양을 의미하는데, 각각 풀이나 덩굴처럼 곧게 자라나지 못하는 식물의 모양과 하늘을 향해 곧게 자라나는 교목(喬木)의 모양을 표상한 것입니다.

* 생발(生發) : 목기(木氣)는 달리 생기(生氣)라고 표현하기도 합니다. 만물이 소생하는 봄은 대자연이 강한 생명력을 다시 발휘하는 시기입니다. 따라서 이 시기의 상징적인 기운을 표현하자면 생기(生氣) 혹은 발생하는 기운이라고 할 수 있습니다.

* 승발(升發)·향상(向上) : 승발(升發)은 위로 솟아오르면서 발휘하는 기운이고, 향상(向上)은 나무가 하늘을 향해 곧게 성장하는 기세(氣勢)인데, 모두 비슷한 특성을 표현하고 있습니다.

* 조달(條達) : 승발(升發)이 나무의 줄기가 수직 방향으로 성장하는 기운을

목기(木氣) 2

표상한 것이라면, 조달(條達)은 나무의 가지가 수평 방향으로 뻗어 나가면서 성장하는 기운을 표상한 것입니다.

＊서창(舒暢)：시원스럽게 하늘을 향해 뻗어 있는 전나무와 같은 교목들의 울창한 수림(樹林)을 보면 우리의 마음도 상쾌하고 시원한 느낌이 듭니다. 이렇게 시원시원하게 발휘하는 상쾌한 기운을 서창이라고 표현하였습니다.

목기(木氣) 3

화기(火氣)의 특성

화기(火氣)는 하기(夏氣)입니다. 여름은 생명력이 가장 왕성하게 만발(滿發)하는 시기입니다. 화초는 형형색색(形形色色)의 모양을 뽐내고, 따듯한 열기(熱氣)는 세상에 가득합니다. 하기(夏氣)를 화(火)라고 표현한 것은 화(火)가 광열(光熱)을 지녔기 때문입니다. 생명체가 다양한 형색(形色)과 광채로 자신을 뽐내는 것은 누군가에게 내보이기 위함인데 빛이 있지 않으면 그 색채를 인지할 수 없습니다. 또한 여름의 따듯한 양기(陽氣)는 만물을 성숙하고 번성하게 하는 대단한 능력을 지니고 있습니다. 이와 같은 빛과 열기(熱氣)를 화(火)가 가장 잘 보여주기 때문에 하기(夏氣)의 표상으로 제시한 것입니다. 우리가 중요하게 인식해야 하는 화기(火氣)의 상징은 뿜어내는 왕성한 생명력의 발산과 화려함, 그리고 광열(光熱)입니다.

옛사람들은 화기(火氣)의 특성을 설명하면서 염상(炎上)·발산(發散)·향외(向外)·온난(溫暖)·발열(發熱)·광명(光明)이라는 표현들을 사용하였습니다.

화기(火氣) 1

화기(火氣) 2

* **염상(炎上)** : 불이 타오르면서 발(發)하는 뜨거운 기운이 위로 상승하는 것을 표상한 것입니다.

* **발산(發散)·향외(向外)** : 불의 열기(熱氣)와 빛이 밖으로 발산되는 것을 의미하고, 생명체의 화려한 형색(形色)과 생명력의 확산을 의미하기도 합니다. 또한 따뜻해지면 향기(香氣)가 사방에 쉽게 퍼지는 것처럼 주위로 향하는 기류(氣流)를 표현한 것입니다.

* **온난(溫暖)·발열(發熱)** : 여름은 태양의 고도가 높아지면서 대지의 기온이 상승하는 시기이고, 불은 기세(氣勢)에 따라 강도의 차이는 있지만 기본적으로 주변을 따뜻하게 해줍니다. 또한 복사·대류·전도 등을 통해 사물은 자신의 온열(溫熱)한 기운을 주위에 전달합니다.

* **광명(光明)** : 여름에 가장 강하게 뿜어내는 태양의 기운은 기본적으로 빛에너지의 발휘라고 할 수 있습니다. 또한 불보살의 후광(後光)·아우라 등은 깨달은 자(者)의 높은 법력에 의한 광채를 의미하는데, 이 또한 외적으로 발산하는 광명(光明)으로 이해할 수 있습니다. 한편 상학(相學)과 한의학

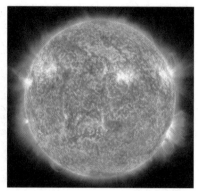

화기(火氣) 3

에서는 사람이 뿜어내는 광채나 생명력의 발현을 신기(神氣)라고 표현하는

데, 이 또한 화기(火氣)의 다른 표현이라고 할 수 있습니다.

토기(土氣)의 특성

토기(土氣)는 간기(間氣)입니다. 간기(間氣)의 시기는 계절이 바뀌는 환절

기이므로 두 계기(季氣)가 섞이면서 오버랩하는 시기이고 지기(地氣)가 두드

러지게 강화되는 시기입니다. 이 시기에 간기(間氣)가 담당하는 가장 중요한

소임은 춘하추동 사계절의 변화를 중재하고 조율하며 승계(承繼)가 무사히

일어나도록 하는 일입니다.

이러한 점에 착안하여 우리가 중요하게 인식해야 하는 토기(土氣)의 상

징은 커다란 포용(包容)·중재(仲裁) 능력과 순일(純一)하지 못하고 혼잡(混

雜)하지만, 그 속에 모든 생명력을 담고 있는 대지모(大地母)의 작용입니다.

한편 흙은 온갖 다양한 요소들을 지니고 있으면서도, 특정한 형체를 지

니고 있지 않습니다. 그러면서도 필요에 따라서는 도자기가 될 수도 있고,

토기(土氣) 1

집을 구성하는 물질이 될 수도 있으며, 물을 가두는 저수지가 될 수도 있는 것처럼 어떠한 형태로도 그 모양을 다양하게 변형해가면서 상이한 소임을 수행합니다. 이러한 흙의 특성과 대지모의 작용을 이해한다면, 간기(間氣)의 표상으로 토(土)를 제시한 것은 매우 자연스럽다고 하겠습니다.

옛사람들은 토기(土氣)의 특성을 설명하면서 가색(稼穡)·대지모(大地母)·모성(母性)·화생(化生)·화육(化育)·포용(包容)·중재(仲裁)·혼탁(混濁)·내함(內含)·후중(厚重)이라는 표현들을 사용하였습니다.

＊가색(稼穡)·대지모(大地母) : 가색이란 곡식을 파종하고 수확하는 것을 의미합니다. 대지(大地)는 곡식을 품어 생장시키고, 다시 그 씨앗을 거두어 들여 새롭게 생명이 이어가도록 커다란 기반으로서의 소임을 수행합니다.

＊모성(母性)·화생(化生)·화육(化育) : 생명을 품고 키우는 대지의 역량은 마치 엄마가 아이를 낳아 기르는 소임과 같습니다.

＊ 포용(包容) · 중재(仲裁) : 간기(間氣)의 시기는 두 계기(季氣)가 교차하는 시기입니다. 그 속에서 간기(間氣)는 양자(兩者)를 중재하는 임무를 수행합니다. 이와 같은 탁월한 중재성은 커다란 시각에서 바라보면 널리 만물을 포용하는 능력의 일환이라고 할 수 있습니다.

＊ 혼탁(混濁) : 춘하추동의 계기(季氣)는 각각 순순한 기운이지만, 간기(間氣)는 혼잡한 기운입니다. 또한 만물을 크게 포용하는 능력은 그 만큼 다양성을 함께 아우르는 역량을 의미하기도 합니다.

＊ 내함(內含) : 대지는 다양한 생명들을 머금고 있습니다. 이러한 내함(內含) 특성은 왕성한 포용력과도 밀접하게 연결되어 있습니다.

＊ 후중(厚重) : 혼륜(渾淪)에서 중탁(重濁)한 기(氣)가 하강하여 지기(地氣)를 형성했던 것처럼 토기(土氣)는 중탁(重濁)하고 두꺼운 기운을 지니면서 매우 정적(靜的)입니다. 화기(火氣)의 가벼움과 토기(土氣)의 두껍고 무거움은 크게 대조적입니다.

토기(土氣) 3

금기(金氣)의 특성

금기(金氣)는 추기(秋氣)입니다. 가을이 되면 봄·여름에 걸쳐서 왕성하게 생장(生長)하고 번성했던 생기(生氣)가 위축되면서 꺾이기 시작합니다. 추풍낙엽(秋風落葉)이라는 표현이 이를 잘 대변합니다. 이렇게 외향(外向)하던 생기(生氣)를 거두어들이기 위해서는 강력하고 냉정하며 엄숙하고 추상같은 위엄과 견고한 기상(氣像)이 요구되는데, 강경하고 차가운 금속이 이와 같은 성질을 다 대변한다고 인식했기에 추기(秋氣)의 표상을 금(金)으로 제시한 것입니다. 여기에서 중요하게 인식해야 하는 금기(金氣)의 상징은 금속성(金屬性)이 아니라, 생기(生氣)를 거두어들이는 살기(殺氣)와 이를 수행하는 엄숙함과 강경함입니다. 그래서 살기(殺氣)는 달리 숙살지기(肅殺之氣)라고 표현합니다.

옛사람들은 금기(金氣)의 특성을 설명하면서 종혁(從革)·숙살(肅殺)·청량(淸涼)·하강(下降)·수렴(收斂)·침착(沈着)이라는 표현들을 사용하였습니다.

금기(金氣) 1

* 종혁(從革) : 종은 순종(順從)의 의미이고, 혁은 변혁(變革)의 의미입니다. 즉
변혁(變革)을 통해 새로운 강령과 지침을 제시하여 이를 따르도록 유도한
다는 의미입니다.

* 숙살(肅殺) : 엄숙하고 냉정한 살기(殺氣)를 의미합니다. 생명력의 확산을
저지하는 이러한 작용은 모든 생명체에게 동일하게 적용되어야 합니다.
마치 법 앞에 만민이 평등해야 하는 상황과 같습니다.

* 청량(清涼) : 가을은 봄과 달리 대기층이 안정되어 하늘은 높고 푸르며 매
우 깨끗합니다. 한편 가을이 깊어질수록 기류(氣流)는 점차 서늘해지면서
천지(天地)에는 음기(陰氣)의 기세가 점차 강해집니다.

* 하강(下降) : 추기(秋氣)는 위로 오르고 외적으로 번성하던 생기(生氣)를 수

금기(金氣) 2

렴시키고 아래로 향하게 만듭니다. 무성하던 나뭇잎이 떨어지는 현상이 이러한 기류(氣流)를 가장 잘 대변합니다. 우리 몸에서는 이와 같이 체내에 맑은 기(氣)를 아래로 내려 보내는 임무를 폐(肺)가 담당하는데, 이를 '청숙하강(淸肅下降)'이라고 표현합니다.

＊수렴(收斂) : 양기(陽氣)는 외적으로 발산(發散)하는 작용을 담당한다면 음기(陰氣)는 내적으로 수렴(收斂)하는 작용을 담당합니다. 그런데 특히 발산력이 강한 하기(夏氣)의 확산 작용을 과감하게 거두어들이는 수렴 작용을 담당하는 것이 추기(秋氣)입니다. 또한 가을은 추수(秋收)의 계절이기도 합니다.

＊침착(沈着) : 차갑고 냉정하며 엄숙하게 본연의 임무를 수행하는 추기(秋氣)의 숙살(肅殺) 작용은 성급하고 경솔하게 진행해서는 안 되고 침착하게 진행되어야 합니다.

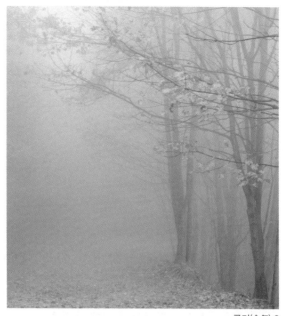

수기(水氣)의 특성

수기(水氣)는 동기(冬氣)입니다. 겨울은 매서운 한기(寒氣)로 인해 지상(地上)의 생기(生氣)는 모두 움츠러들고 생명체의 활동이 매우 제한적인 시기입니다. 여름에 형형색색의 모양을 뽐냈던 화초와 나무는 앙상한 가지만을 남겨 황량하고 적막합니다.

동기(冬氣)의 표상으로 수(水)를 제시한 것은 아래로 흐르는 물의 특성과 열(熱)을 식혀주는 물의 차가운 속성, 그리고 겨울을 상징하는 강설(降雪) 현상 때문입니다.

우리가 중요하게 인식해야 하는 수기(水氣)의 상징은 생명력의 저장과 배양 및 근원성입니다. 겨울 동안 한기(寒氣)로 인해 황량해진 지상(地上)의

수기(水氣) 1

모습과 달리 지하(地下)는 온기(溫氣)를 지니고 있어서 갈무리된 생기(生氣)가 봄에 새롭게 다시 샘솟기 위해 내적(內的)인 준비를 열심히 하고 있습니다. 여름에 외적으로 발산하던 생기(生氣)가 겨울에는 내적으로 잘 갈무리되고 있다는 의미입니다. 또한 생명체의 시작이 바다에서 일어나고 사람도 양수 속에서 자라나는 것처럼 물은 생명의 근원적 탄생과 밀접합니다. 이로 인해 우리는 물에 대해서 이별·죽음·부활·탄생 등의 원형 상징을 지니고 있기도 합니다.

옛사람들은 수기(水氣)의 특성을 설명하면서 윤하(潤下)·자윤(滋潤)·유하(流下)·향하(向下)·폐장(閉藏)·향내(向內)·한랭(寒冷)·자유(自由)·유동(流動)이라는 표현들을 사용하였습니다.

＊ 윤하(潤下) : 윤은 자윤(滋潤)의 의미이고, 하는 하행(下行)·향하(向下)의 의미입니다. 자윤이란 촉촉하게 적셔서 음기(陰氣)를 배양하고 생명을 길러

주는 작용을 의미하고, 아래로 향하는 속성은 물이 아래로 흘러가는 유

하(流下)의 특성을 나타냅니다.

＊폐장(閉藏)·향내(向內) : 봄에 새롭게 생명을 틔울 능력을 씨앗에 갈무리

한 채 겨울을 나는 식물이나 활동을 최소화하여 에너지의 발산을 적게

하는 동물의 행태는 모두 양기(陽氣)를 내적으로 깊게 저장하고 외적으로

그 손실을 최대한 차단하기 위해서입니다. 이와 같이 드러나지 않도록 잘

닫고 감추는 작용을 폐장이라고 하는데, 달리 '봉장(封藏)'이라고 표현하기

도 합니다. 이는 또한 화기(火氣)의 향외(向外) 작용과 반대로 작용하는 향

내(向內)의 작용과 기류(氣流)이기도 합니다.

＊한랭(寒冷) : 겨울은 태양의 고도가 낮고, 가을 이후 지속적으로 떨어진

대지의 기온이 가장 낮은 시기입니다. 곳곳에 결빙을 형성하고, 잔설(殘雪)

이 남아 있으며 북쪽 시베리아 기단의 확장에 따른 매서운 삭풍이 강하

게 불어 차가운 한기(寒氣)만이 가득합니다.

＊자유(自由)·유동(流動) : 거칠 것이 없이 도도하게 흐르는 큰 강과 바다

수기(水氣) 3

는 자유로운 기상의 대표적 표상입니다. 또한 만물유전(萬物流轉)을 가장 잘 대변하는 것이 끊임없는 물의 유동(流動)입니다.

:동태적 관계론

흔히 음양오행(陰陽五行)이라는 말을 많이 사용합니다만, 본래부터 음양론(陰陽論)과 오행론(五行論)이 같은 관점·수준에서 논의된 것은 아닙니다. 그 출발에 있어서는 각각 다른 관점에서 전개된 주장·학설이었다가 한대(漢代)에 두 학설이 통합되어 지금까지 이르게 된 것입니다. 그렇다면 본래의 관점에서 오행론(五行論)이 음양론(陰陽論)과 차별화된 가장 큰 특징은 무엇일까요?

그것은 세상·천지에 존재하는 기운에는 어떠한 것이 있고, 그들이 어떻게 관계를 형성하면서 움직이고 있는지를 설명한 것입니다. 음양론(陰陽論)이 상대적인 짝의 인식에 주력한 반면에 오행론(五行論)은 상생(相生)과 상극(相剋)이라는 주된 상호 작용을 바탕으로 끊임없이 견제와 협력을 이루면서 일정한 순환을 반복하는 거시적인 기류(氣流)의 패턴을 제시하였습니다. 필자는 이러한 관점을 '**동태적(動態的) 관계론(關係論)**'이라고 부릅니다.

동태적(動態的) 관점

오행(五行)이란 천지 사이를 왕래하는 다섯 가지의 이질적인 기(氣)이고, 이는 곧 계기(季氣)라고 설명하였는데, 춘하추동의 사계절은 끊임없이 반복하듯이 이 오기(五氣)는 임의로 왕래하는 것이 아니라 일정한 순서에 따라 순환합니다. 양자(兩者) 사이의 짝 형성 관계에 주목한 초기의 음양론과 달리 오행론은 이와 같은 움직임과 용사(用事)의 순환에 주목한 관점입니다.

상생(相生)·상극(相剋) 관계

상생과 상극 관계를 보통 다음과 같은 그림으로 표현합니다.

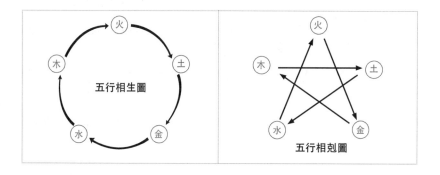

상생(相生)이란 목화토금수(木火土金水)의 오기(五氣)가 서로 순차적으로 모자(母子) 관계에 있음을 표현한 것이고, 상극(相剋)이란 목토수화금(木土水火金)의 오기(五氣)가 서로 순차적으로 통제하고 조절하는 관계에 있음을 표현한 것입니다. 상생(相生) 관계는 오기(五氣)의 생산·협조 관계를 대변하고, 상극(相剋) 관계는 오기(五氣)의 통제·조절 관계를 대변합니다. 상생과 상극은 동시에 작용하면서 전체적으로는 오기(五氣)의 균형을 도모하고, 성쇠(盛衰)의 변화를 이끌게 됩니다.

생극비론(生剋比論)의 핵심과 생극제화(生剋制化)

관계론(關係論)을 강조하며 제기한 초기의 오행론(五行論)은 상생·상극 작용으로 이질적인 두 기(氣)의 상호 관계를 나타내었지만, 동기(同氣)끼리의 상호 관계에 대해서는 설명하지 않았습니다. 그래서 후에 동기(同氣)끼리의 상호 관계인 상비(相比) 작용이 추가로 제기되어 오행 상호 관계론은 생극비론(生剋比論)으로 완성되었습니다. 이를 정리하면 왼쪽의 도표와 같습니다.

상생(相生) 관계
·木生火
·火生土
·土生金
·金生水
·水生木

상극(相剋) 관계
·木剋土
·土剋水
·水剋火
·火剋金
·金剋木

상비(相比) 관계
·木比木
·火比火
·土比土
·金比金
·水比水

생극비론(生剋比論)의 통념(通念)

보통 상생(相生) 작용은 모자(母子) 관계로, 상극(相剋) 작용은 주종(主從) 관계로, 그리고 상비(相比) 작용은 형제나 동료의 협조(協助) 관계로 인식하여 오기(五氣) 사이의 관계를 설명하고 이해합니다. 또한 나무·불·흙·금속·물의 오물(五物)로 비유하여 생극비론(生剋比論)을 설명하기도 합니다. 가령 목생화(木生火)는 나무가 땔감이 되어 불을 피우는 것이고, 수극화(水剋火)는 물이 불을 꺼트리는 것이며, 토비토(土比土)는 여러 진흙을 이겨서 토담을 쌓는 것에 해당한다고 설명합니다.

그런데 이와 같은 오물(五物)의 비유를 통한 생극비론(生剋比論)의 설명은 쉽게 이해되는 것처럼 보이는 측면이 존재하기는 하지만, 조금만 따지고 들어가면 억지 논리에 해당함을 발견하기도 쉽습니다. 이는 원래 오기(五氣)의 상호 작용으로 설명해야 하는 것을 오물(五物)의 비유로 설명했기 때문입니다. 그럼에도 불구하고 이러한 비유가 사라지지 않는 것은 쉽게 설명할 수 있다는 장점 때문입니다. 그러므로 그 비유를 통해 전달하려는 본의(本意)를 망각한 채 오물(五物)의 비유만을 오행 관계의 전부인 양 기억하고 파악하는 어리석음을 범하지 않도록 주의해야 합니다.

생극비론(生剋比論)의 본의(本意)

상생(相生) 작용을 모자(母子) 관계로 인식하여 어머니가 자식을 위해 일방적으로 헌신하고 희생하는 노력으로 이해하는 것은 생(生)의 본의와는 거리가 있습니다. 물론 생(生)의 관계를 형성하는 양자(兩者)는 기본적으로 서로 친화적인 처지이기는 합니다만, 단순히 친화성에만 초점을 두면 상황의 일면만 바라보는 것이라 할 수 있습니다. 오히려 생(生) 작용은 치열한 권력 암투 끝에 권좌를 넘겨주면서 겉으로는 평화적으로 양위(讓位)의 형식을 띠는 태도나 후진을 양성하여 후일을 도모하려는 노력이 더욱 실질에 가깝다고 할 수 있습니다. 즉 양자(兩者)의 치열한 처지의 차이를 감안하고 신구 세력의 교체를 고려해야 한다는 의미입니다. 때로는 수월하게 권력의 이동이 일어나기도 하고, 때로는 매우 험난하게 일어나기도 하기 때문입니다.

상극(相剋) 작용 또한 단순한 주종(主從) 관계로 인식하여 일방적으로 억압·지배하는 관계나 혹은 죽이고 해치는 관계로 인식해서는 곤란합니다. 물론 극(剋)의 관계를 형성하는 양자(兩者)는 기본적으로 서로 반목하고 대립하는 처지이기는 합니다만, 단순히 적대감에만 초점을 두는 것 역시 상황의 일면만 바라보는 것입니다. 오히려 극(剋) 작용은 생(生) 작용이나 비(比) 작용에서 야기될 수 있는 비정상적인 권력의 야합(野合) 및 세력의 강화를 억제하고 감시하는 태도나 피드백을 통해 일련의 흐름을 재검토하여 전체적인 흐름을 점검하고 조절하는 자세에 더욱 가깝다고 할 수 있습니다. 다만 이러한 외적인 감시와 통제가 때로는 혹독하게 일어나기도 하고, 때로는 부드럽게 일어나기도 한다는 점은 잘 인지해야 합니다.

흔히 생(生) 작용은 모자(母子) 관계처럼 여겨 무조건 좋은 관계로 인식하고, 극(剋) 작용은 핍박하고 살상하는 관계로 파악하여 무조건 나쁜 관계로 인식하는 경향이 있는데, 이는 매우 잘못된 견해입니다. 생(生)이나 극

(剋) 모두 오행(五行)의 순환을 올바르게 유지하여 만물이 살아가는 생태계를 잘 유지하려는 관점과 노력이라는 점이 본질이고 핵심입니다. 생태계의 먹이 사슬에서 먹고 먹히는 관계가 반드시 부정적인 작용이나 기능을 수행하는 것이 아니고, 동물원에 가두어 놓고 일방적으로 먹을 것을 공급하면서 좋은 환경을 제공해주는 것이 동물원에 갇혀 있는 동물에게 절대적 선(善)이 아닌 것과 비슷합니다. 키우고 때로는 잡아먹히면서 전체적인 생태계의 균형을 이루어 나가는 것처럼 정상적인 범위 내에서 일어나는 생극(生剋)의 작용은 모두 전체를 유지하고 보존하기 위한 자율 조절 과정임을 잘 알아야 합니다.

마지막으로 상비(相比) 작용을 무조건 서로 협력하고 보우(保佑)하는 과정으로 이해하는 것 역시 일면의 인식일 뿐입니다. 오히려 때로는 견주고 때로는 협력하며 때로는 심하게 갈등하고 대립하는 대상이 있어서 더욱 노력하고 발전하며 성장할 수 있는 것과 유사합니다. 즉 개체의 생존력을 강화시키는 작용이 바로 비(比) 작용이라고 하겠습니다.

사실 이와 같은 생(生)·극(剋)·비(比) 작용은 오행의 관계보다는 십간(十干)의 관계에서 더욱 세밀하고 적나라하게 드러납니다. 또한 관계를 형성하는 양자(兩者)의 처지나 기세가 현격하게 차이가 날 경우에는 정상적인 생극비(生剋比) 작용이 일어나지 않고 비정상적인 작용이 일어나기도 하는 등 세부적인 작용 관계는 매우 복잡다단합니다. 그렇기에 오행론(五行論)은 만물이 어떻게 구성되어 있고 어떠한 관계를 이루면서 꾸려나가는지를 설명할 수 있었던 것입니다. 뒤에서 언급할 십간론(十干論) 부분을 참조하셔서서 더욱 심화된 내용을 이해하시면 좋겠습니다.

생극제화(生剋制化)

생극제화(生剋制化)는 나를 중심으로 주변의 대상과 일어나는 작용 관계를 한마디로 표현한 것입니다. 가령 화기(火氣)를 중심으로 요약하면 다음과 같습니다.

   * 生 : 화기(火氣)가 토기(土氣)를 생(生)하는 작용

   * 剋 : 화기(火氣)가 금기(金氣)를 극(剋)하는 작용

   * 制 : 수기(水氣)가 화기(火氣)를 통제(統制)하는 작용

   * 化 : 수기(水氣)로부터 오는 심한 통제와 압박을 목기(木氣)의 중재 작용으로 약화(弱化)시키는 작용

즉 화기(火氣)와 주변의 토기(土氣)·금기(金氣)·수기(水氣)·목기(木氣) 사이에 일어나는 상호 작용을 요약적으로 제시한 표현이 바로 생극제화입니다. 결국 오행의 상호 관계를 대변한 것이라 하겠습니다.

방위(方位)의 인식

음양(陰陽)과 달리 오행(五行)은 방위성(方位性)을 지니고 있습니다. 즉 목기(木氣)는 동방(東方)의 기(氣)이고, 화기(火氣)는 남방(南方)의 기(氣)이며, 금기(金氣)는 서방(西方)의 기(氣)이고, 수기(水氣)는 북방(北方)

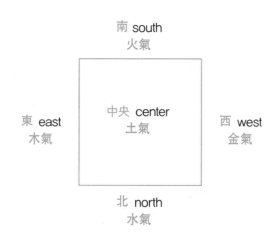

의 기(氣)이며, 마지막으로 토기(土氣)는 중앙(中央)의 기(氣)입니다.

목기(木氣)가 동방(東方)을 대표하는 것은 일출(日出)과 깊은 관계가 있습니다. 새로운 출발과 시작을 알리면서 어둠을 헤치고 등장하는 태양이 동쪽에서 떠오르기 때문입니다. 이와는 반대로 금기(金氣)가 서방(西方)을 대표하는 것은 일몰(日沒)과 깊은 관계가 있습니다. 예로부터 서쪽으로 해가 저물어 가는 것은 생명력의 소멸을 의미하는 것으로 이해했습니다. 서방정토(西方淨土)의 개념도 이와 같은 상징적 비유에 의한 것으로 볼 수 있습니다.

화기(火氣)가 남방(南方)을 대표하는 것은 여름에 크게 발달하는 북태평양 기단으로 인해 남풍(南風)이 우세하게 부는 것과 밀접하고, 수기(水氣)가 북방(北方)을 대표하는 것은 겨울에 크게 발달하는 시베리아 기단으로 인해 북풍(北風)이 우세하게 부는 것과 밀접합니다.

마지막으로 토기(土氣)가 중앙(中央)을 대표하는 것은 토기(土氣)의 중재·포용성과 목화금수(木火金水) 사기(四氣)를 조율하는 중심적 위치와 연관이 있습니다. 또한 고대 중국인들의 우주관과도 밀접한데 그들은 세계를 중앙의 대륙과 그 대륙을 에워싸고 있는 사방(四方)의 바다, 즉 사해(四海)로 이루어졌다고 생각했습니다. 그래서 중앙(中央)은 대지(大地)를 표상하는 토기(土氣)를 대변하는 것으로 이해했습니다.

유비추론(類比推論)과
만물의 오행(五行) 귀류(歸類) 배속(配屬)

음양론(陰陽論)에서 상관적 사고의 중요성에 대해서 설명했는데, 오행론(五行論)에서는 이 사고와 연관하여 유비추론(類比推論)에 대해 잘 이해해야 합니다. 유비추론은 임의의 어느 두 대상 사이에 존재하는 유사성에 주목하여 양자(兩者)가 깊게 연관되어 있다고 결론을 내리는 사고입니다. 가령 청량(淸凉)한 추기(秋氣)의 숙살(肅殺) 작용처럼 맑고 신선한 천기(天氣)를 흡입하여 전신에 내려 보내는 임무를 담당하는 폐(肺)는 청기(淸氣)·숙강(肅降) 등의 유사성에 비추어 금기(金氣)의 속성을 공유하고 있다고 파악하는 것이 이에 해당합니다.

옛사람들은 이러한 유비추론과 상관적 사고에 입각하여 만물을 오행(五行)의 범주 속에 모두 포함시켜 이해하고자 노력했습니다. 이러한 관점은 반드시 논리적 타당성을 지닌 사고라고 볼 수 없어서 때로는 지나친 논리 비약이나 아집에 빠질 우려가 큽니다. 예를 들어 음악적 재능이 탁월한 아버지를 빼다 박은 아들이 있을 때, 그 아들이 아버지와 닮았다는 유사성이 그 아들도 아버지처럼 음악적 재능이 탁월하다는 추론의 논리적 근거가 될 수는 없습니다. 그럼에도 불구하고 이와 같은 추론을 동아시아에서 매우 중시했던 이유는 무엇일까요?

사람은 본능적으로 미지(未知)에 대해서 두려워하거나 불안하게 여기는 특징을 지니고 있습니다. 오행론은 만물의 상호 관계와 작용을 설명하는 유용한 사고의 틀로 제시되었습니다. 이 틀이 힘을 얻기 위해서는 미지(未知)의 대상에 대해 그 속성을 미루어 짐작하고, 그렇게 파악한 짐작이 실제로 유용하게 활용될 수 있어야 하며, 여기서 얻어진 새로운 지식 정보가 최종적으로 기존의 오행론을 더욱 확장하고 보강할 수 있어야 합니다.

천지(天地)를 왕래하는 오행(五行)이 만물을 구성하는 근본이라는 의미는 만물이 오행의 어느 한 기(氣)로써 구성되었다는 것이 아니라 오기(五氣)의 상호 작용으로 구성되었다는 의미입니다. 따라서 모든 존재는 오행의 속성을 모두 지니고 있습니다. 다만 그중에서 보다 두드러지고 지배적인 속성에 대해 대표성을 부여하여 오행의 어느 한 기(氣)가 두드러진 존재로서 파악할 따름입니다. 예를 들어 나무는 오행의 속성을 모두 지니고 있지만, 목기(木氣)의 속성이 가장 지배적이므로 그 지배적 속성의 유사성에 주목하여 목성(木性)의 존재로 파악하는 것입니다.

이제 미지(未知)의 새로운 존재를 접했을 때, 그 존재에서 춘기(春氣)나 나무와 비슷한 특성 요소를 발견하게 되면 잠정적으로 목성(木性)의 유사성을 지닌 존재로 짐작하게 되고, 기존에 알고 있던 목기(木氣)의 여러 특성과 작용 관계 등의 지식 체계에 근거하여 해당 존재의 작용을 하나씩 접근하고 파악해 나갈 수 있게 됩니다. 이러한 과정을 거쳐, 잠정적 추론이 비교적 잘 부합한다고 판단하게 되면 최종적으로 목성(木性)의 존재라고 인식하게 됩니다.

이와 같이 유비추론(類比推論)은 만물을 오행(五行)의 속성 가운데 두드러진 대표적 속성을 취해 해당 오행의 범주 혹은 가족[family]으로 편입시킴으로써 만물에 대한 인식을 효율적으로 처리하고 비약적으로 증대시켰을 뿐만 아니라 미지(未知)의 대상에 대해서도 비교적 쉽게 접근하고 파악할 수 있는 유용한 방편의 소임을 담당했습니다. 그래서 옛사람들은 상관적 사고와 함께 유비추론을 중시했고, 이러한 사고와 추론은 오행론을 더욱 확고부동한 인식의 패러다임으로 자리 잡게 하였습니다.

도표를 통해 이러한 사고와 추론에 대해 다시 살펴보고자 합니다. 아래의 표에서 보는 것처럼 본래 춘기(春氣)가 지닌 a b c d e의 세부 속성 외에 나무나 동방(東方) 그리고 간(肝)이 목성(木性)의 범주로 새롭게 포함되면 그들이 지닌 기타 속성 f와 g 또한 새롭게 목성(木性)의 특성으로 포함되어 확장됩니다. 이제 미지의 존재 X의 특성을 파악하여 얻은 a d f h의 속성을, 기존에 알고 있던 목성(木性)의 세부 속성들과 비교할 때 a d f가 유사하므로 잠정적으로 목성(木性)의 범주 속에 포함시킬 수 있게

존재	존재가 지닌 세부 속성
춘기(春氣)	a b c d e
나무	a b c d f
동방(東方)	b c d f g
간(肝)	a c d g
미지의 존재 X	a d f h

됩니다. 이후 보다 많은 파악을 통해 최종적으로 목성의 family에 포함시키게 되면, 차후에는 세부 속성 h 또한 목성의 속성으로 포함하여 목성(木性)에 대한 인식을 확장하게 됩니다.

이와 같은 인식의 방법을 사용하여 얻어진 결과물이 다음에 제시한 오행 귀류 배속표입니다. 즉 만물이 각자 지니고 있는 대표적인 속성들을 파악한 이후에 그 속성의 유사성에 주목하여 오행(五行)의 어느 한 범주에 포함시켜 정리한 표입니다.

분류＼五行	木	火	土	金	水
계기(季氣)	춘기(春氣)	하기(夏氣)	간기(間氣)	추기(秋氣)	동기(冬氣)
오성(五性)	곡직(曲直)	염상(炎上)	가색(稼穡)	종혁(從革)	윤하(潤下)
방위(方位)	동방(東方)	남방(南方)	중앙(中央)	서방(西方)	북방(北方)
오색(五色)	청색(靑色)	적색(赤色)	황색(黃色)	백색(白色)	흑색(黑色)
오미(五味)	신맛[酸]	쓴맛[苦]	단맛[甘]	매운맛[辛]	짠맛[鹹]
오장(五臟)	간(肝)	심(心)	비(脾)	폐(肺)	신(腎)
오부(五腑)	담(膽)	소장(小腸)	위(胃)	대장(大腸)	방광(膀胱)
천기(天氣)	풍(風)	열(熱)	윤습(潤濕)	조(燥)	한(寒)
오관(五官)	눈[眼]	혀[舌]	입[口]	코[鼻]	귀[耳]
정지(情志)	성냄[怒]	기쁨[喜]	생각함[思]	슬픔[悲]	두려움[恐]
체액(體液)	눈물[淚]	피[血]	침[唾]	땀[汗]	소변[尿]
행성(行星)	목성(木星; 歲星)	화성(火星; 熒惑星)	토성(土星; 鎭星)	금성(金星; 太白星)	수성(水星; 辰星)
작용(作用)	생(生)	장(長)	화(化)	수(收)	장(藏)
오신(五神)	혼(魂)	신(神)	의(意)[意智]	백(魄)	지(志)[精志]
오상(五象)	청룡(靑龍)	주작(朱雀)	황룡(黃龍)[27]	백호(白虎)	현무(玄武)

오행귀류표(五行歸類表)

---

27 황린(黃麟), 즉 기린(麒麟)을 제시하는 경우도 있습니다.

그런데 책마다 일부의 분류에 있어서는 서로 오행 배속이 상이한 경우가 있습니다. 이는 저자마다 대상의 대표성을 다르게 파악했기 때문입니다. 그러나 그 차이점에 대해 지나치게 걱정할 필요는 없습니다. 대부분의 항목에 대해서는 이미 옛사람들이 일정 수준의 논의를 거쳐 합의에 도달했고, 그로 인해 저자에 따른 차이점은 희소하기 때문입니다.

이러한 점은 우리가 오행(五行) 귀류(歸類)에 대해 공부할 때 유의해야 하는 사항에 대해 시사하는 바가 있습니다. 즉 오행(五行)에 관한 공부를 함에 있어서 앞 쪽의 표와 같은 것을 단순히 암기하는 것은 큰 의미도 없고 그리 중요하지도 않습니다. 그것보다는 왜 그렇게 배속했는지를 파악해야 합니다. 다르게 말하면, 옛사람들이 주목한 대상이나 존재의 대표성과 유사성이 무엇인지 파악해야 합니다. 이것을 공부하는 것이 가장 중요하다는 의미입니다.

지금까지 오행의 개념을 이해하는 데에 반드시 필요한 내용들에 대해 살펴보았습니다. 이 외에 매우 중요한 사항들이 더 있는데, 이에 관해서는 뒤에 등장하는 십간론(十干論) 강의에서 추가로 설명하겠습니다.

（命式）

명식의
작성

강의 안내

두 마당을 거치면서 자평학(子平學)의 개념과 배경 지식에 대해 살펴보았습니다. 이제부터는 직접 명(命)을 논하기 위한 사전 준비에 해당하는 명식(命式)의 작성에 대해 자세히 알아보고자 합니다.

먼저 사회·문화적 합의 체계인 시간(時間)에 대한 다양한 개념과 사주(四柱) 작성의 기준이 되는 년월일시(年月日時)의 분계에 대해서 살펴본 이후에 실제 명식을 작성하는 과정과 그 과정에서 유의해야 할 사항들에 대해 매우 자세히 설명하고 있습니다.

시간(時間)의 정의

시간의 정의라고 하면 '무슨 의미일까?' 하고 궁금하게 여기는 분들이 많을 것입니다. 우리는 보통 이와 같은 개념을 잘 알지 못한 채 사용하면서 살아가고 있지만, 한 치의 오차도 없을 것 같은 시간이라는 체계 또한 사실은 합의를 통해 약속된 체계입니다.

우선 우리가 사용하는 시간의 개념과 약속된 사항에 대해서 간략히 알아보겠습니다.[28]

황도(黃道)와 백도(白道)

황도(黃道)는 천구(天球) 상의 태양의 궤도를 의미하고, 백도(白道)는 달의 궤도를 의미합니다. 용어의 의미를 살펴보겠습니다.

---

28 이와 관련한 자세한 사항에 대해서는 전문 서적을 참조하기 바랍니다.

＊ 천구(天球)：우리가 밤하늘을 쳐다보면 모든 천체가 우리를 중심으로 커다란 구면에 달라붙어 있는 것처럼 보입니다. 이 가상의 구면을 천구라고 합니다.

＊ 황도(黃道)：실제로는 지구가 태양의 주위를 공전하지만, 관측하는 우리의 처지에서는 태양이 천구 상에서 원 궤도를 그리면서 움직이는 것처럼 보입니다. 이때 관측되는 태양의 궤도가 바로 황도입니다.

＊ 백도(白道)：황도와 마찬가지로 달이 천구 상에서 원 궤도를 그리면서 움직이는 것처럼 보이는데, 이 궤도가 바로 백도입니다.[29]

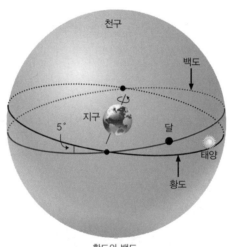

황도와 백도

---

29 아래 사이트의 도면 재구성
　：http://proi.edupia.com/contents/proicontents/proi/proi/middle/SchoolBook/seb/ssh_images/14703.jpg

1년의 정의

1년이라는 시간은 지구가 태양을 공전하는 주기인데, 관측하는 우리의 처지에서는 태양이 천구 상에서 황도면을 1회귀하는 주기에 해당합니다. 우리는 보통 1년을 365일로 알고 있지만, 황도 상에서 어느 지점을 기점으로 정하는가에 따라 실제로는 365일+α로 측정·계산됩니다. 통상적으로 적용하는 기점은 평균 춘분점[30]인데, 이와 같이 약속할 경우에 관측되는 시간은 대략 365일 5시간 48분 46초가 되고, 이를 **'1태양년(太陽年)'** 혹은 **'1회귀년(回歸年)'**이라고 부릅니다.

1월의 정의

1월이라는 시간은 달이 지구를 공전하는 주기인데, 태양과 달리 백도를 1회귀하는 시간을 통상적인 기준으로 삼지 않고, 달이 삭(朔)으

---

30 춘분점이란 지구의 적도를 무한히 확장하여 천구에 적용한 천구의 적도와 황도가 교차하는 두 지점 가운데 적도의 남쪽에서 북쪽으로 통과할 때의 지점을 의미합니다. 그런데 실제로는 황도면 자체가 평면이 아니고, 궤도 또한 타원 궤도이며, 적도면 또한 완전한 평면이 아닙니다. 따라서 우리가 가정한 원 궤도의 평면인 황도면과는 필연적으로 차이가 생기게 됩니다. 여기서 계산을 쉽게 하기 위해 편의상 가정한 원형 평면의 황도면과 적도면의 교차점 가운데 하나인 춘분점을 **'평균 춘분점'**이라고 부릅니다. 1태양년은 이를 기점으로 삼아 1회귀 시간을 측정·계산한 값입니다.

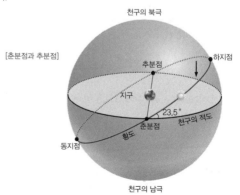

[춘분점과 추분점]

로부터 다음 삭(朔)에 도달하기까지 또는 망(望)으로부터 다음 망(望)에 도
달하기까지의 평균 시간인 삭망월(朔望月)을 통상적인 기준으로 삼고 있습
니다. 여기서 삭(朔)이란 달과 태양이 같은 방향에 있을 때이고, 망(望)이란
달과 태양이 지구를 중심으로 반대 방향에 있을 때입니다. 태음력에서는 삭
일(朔日)을 매월 초하루로 정하고, 망일(望日)을 보름으로 정합니다. 그리고
삭망월은 29.530588일로 측정·계산됩니다.[31]

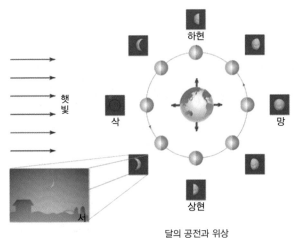

달의 공전과 위상

: 1일의 정의

하루라는 시간은 지구가 자전하는 주기이지만, 관측하는 우리
의 처지에서는 태양이 천구 상에서 북극 주위를 1회전하는 일주 운동을 하

---

31 아래 사이트의 도면 재구성
　 :http://sungho.homejoa.com/web/data/cheditor4/1102/xqTXL3umlvJAcQrKscHw6P39SXzYAID.jpg

조선 시대의 해시계 : 앙부일구

는 데 걸리는 시간으로 측정·계산되거나 혹은 정오에서 다음 정오까지 걸리는 시간으로 측정·계산됩니다. 여기서 정오(正午)란 하루 중 태양의 고도가 가장 높아서 물체의 그림자 길이가 가장 짧은 시점[→ 이를 **남중(南中)**[32]이라고 부름]의 시각을 의미합니다. 예전에는 이 값을 해시계를 사용하여 측정하였습니다.[33]

그런데 여러 복잡한 요인들의 작용이나 관계로 인해 이 측정값은 연중(年中) 동일하지 않습니다. 따라서 연중(年中) 동일한 속도로 일주 운동을 하는

---

32 남중(南中 ; culmination) : 지구가 자전을 하여 천체가 천구의 북쪽 위쪽으로 자오선을 통과하는 것을 의미합니다. 이때 천체의 고도는 최고가 됩니다.

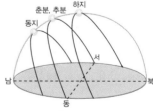

33 이미지 출처 : http://flickr.com/photos/bernatagullo/306392143/

가상의 태양[→ 이를 **평균 태양**이라고 부름]을 상정하고, 이 태양이 일주 운동하는 데 소요되는 시간[→ 이를 **평균 태양일**이라고 부름]으로 하루를 약속하였습니다. 이 하루의 길이가 바로 우리가 일상적으로 사용하고 적용하는 24시간입니다.

반면에 실제 관측을 통해 남중에서 다음 남중까지의 시간으로 측정·계산된 하루를 '**진태양일(眞太陽日)**'이라고 부릅니다. 그리고 진태양일은 평균 태양일보다 빠를 때도 있고, 느릴 때도 있습니다.

┊ 시(時)의 정의

1시간의 기준은 하루의 길이를 24등분하여 계산한 값입니다. 그런데 하루 길이의 기준으로 삼는 값이 평균 태양일과 진태양일이 따로 존재하므로, 1시간의 기준으로 삼는 값도 각각 다르게 계산됩니다.

여기서 평균 태양의 움직임을 기준으로 약속한 시간 체계를 '**평균 태양시**'라 부르고, 실제 태양의 움직임을 기준으로 약속한 시간 체계를 '**진태양시**'라 부릅니다. 평균 태양시에서의 1시간은 우리가 일반적으로 사용하고 있는 1시간과 같고, 진태양시에서의 1시간은 진태양일을 24등분하여 계산한 값입니다.

┊ 균시차(均時差)

평균 태양시와 진태양시는 동일하지 않습니다. 그런데 지상의 만물에 실질적으로 영향을 주는 것은 실제 태양의 움직임입니다. 따라서 진태양시를 계산하고자 균시차라는 개념을 도입하였습니다. 즉 평균 태양시에 균시차를 더해주면 진태양시가 얻어지는 것입니다.

> **균시차 = 진태양시 – 평균 태양시**

1년 동안 균시차의 값은 각각 두 번의 극대와 극소를 반복합니다.[34]

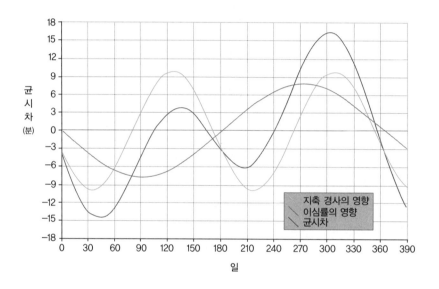

극댓값	극솟값
◆ ① 5월 15일경의 (+)3분 7초	◆ ① 2월 11일경의 (–)14분 19초
◆ ② 11월 3일경의 (+)16분 24초	◆ ② 7월 27일경의 (–)6분 4초

---

34 아래 사이트의 도면 재구성
  : http://sungho.homejoa.com/web/data/cheditor4/1103/6heOYkFHB57IEuA9yA3ytNUYaXL.png

평균 태양시의 시간 체계는 관측 지역의 경도에 따라 달라질 수밖에 없습니다. 이에 따른 혼란을 없애고자 세계는 영국 그리니치에서 적용하는 평균 태양시[→ **그리니치 평균시(Greenwich Mean Time)**]를 기준으로 삼아 나라마다 자국의 평균 태양시 기준으로 삼는 경도를 채택하여 국가별 표준시를 사용하고 있습니다.[35]

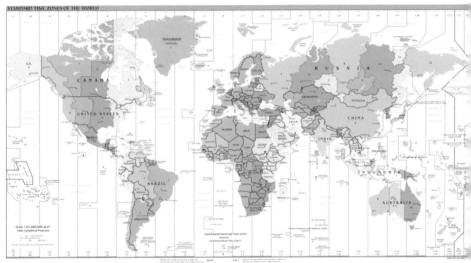

세계의 시간대

일반적으로 경도 15°차이마다 1시간씩 차이가 나는 24개의 시간대[Time zone]를 정하여 같은 경도대의 모든 지점은 동일한 시간을 사용합

---

35 영국 그리니치 천문대를 지나가는 자오선[경도]을 기준으로 적도를 따라 360°를 24시간으로 나누었습니다.
(http://commons.wikimedia.org/wiki/File:Standard_time_zones_of_the_world.png)

위도와 경도[36]

그리니치의 본초 자오선[37]

니다. 그 결과 영국 그리니치 천문대의 자오선[→ 경도 0°]을 기준으로 동쪽으로는 15°마다 1시간씩 빨라지고, 서쪽으로는 15°마다 1시간이 늦어지게 되며, 이에 따라서 동·서 경도가 만나는 180°에 날짜 변경선을 만들어 사용하고 있습니다. 가령 영국 표준시가 새벽 2시를 가리키고 있다면 우리나라에서는 오전 11시에 해당합니다.

◆ 우리나라의 표준시 변천[38]

＊ 조선 시대 : 『조선왕조실록』에 따르면 한양의 지역 표준시를 적용함으로

---

36   도면의 출처 : http://crab0.astr.nthu.edu.tw/~hchang/ga1/f0202-LatLon.JPG
37   도면의 출처 : http://ko.wikipedia.org/wiki/%ED%8C%8C%EC%9D%BC:Prime_meridian.jpg
38   표준자오선의 변경에 관한 내용은 KASI의 정보를 참조하였습니다.[http://astro.kasi.re.kr/Almanac/AlmanacInfoForm.aspx?AlmanacID=KASI_A227_Z_001&PageNum=171]

써 중국 북경의 지역 표준시를 사용하지 않고 조선 고유의 독자적인 지역 표준시를 사용했음을 알 수 있습니다.[39]

＊ 1908년 4월 1일：대한 제국 표준 자오선을 동경 127도 30분으로 공포하였습니다.

＊ 1912년 1월 1일：1910년 일제는 대한제국을 강제 병합한 후 표준시를 일본의 표준 자오선인 동경 135도로 변경하였습니다.

＊ 1954년 3월 21일：대통령령에 의해 동경 127도 30분을 대한민국의 표준

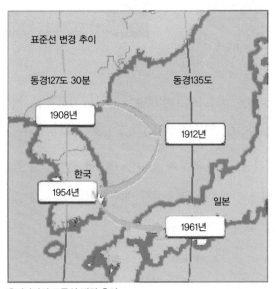

우리나라의 표준선 변경 추이

---

39 「世宗實錄(세종실록)」：16년[1434년] 10월 2일의 내용에 따르면 앙부일구를 한양에 설치하고 일영(日影)을 관측하여 시각을 파악했음을 알 수 있습니다.

자오선으로 변경하였습니다.

＊1961년 8월 10일：다시 표준 자오선을 동경 135도로 변경하여 공포하였습니다.[40]

이제까지 시간의 개념과 정의에 대해서 살펴보았습니다. 명확하게 인지해야 하는 사항은 사람들이 보통 시간(時間)이란 빈틈없이 매우 정확한 개념 체계로 이해하고 있지만, 사실 시간 체계라는 것은 일종의 사회적 합의에 따른 약속일 뿐이라는 점입니다. 따라서 합의가 변하면 시간의 개념과 정의도 새롭게 변경될 수 있고, 실제로 그렇게 변해서 지금에 이르렀습니다.

복잡하게 보이는 이와 같은 내용을 살펴본 이유는 자평학(子平學)에서 적용되는 시간 체계는 현재 우리가 사용하는 시간 체계와 상이하기 때문입니다. 그러므로 자평학의 시간 체계를 살펴보기에 앞서서 현재의 시간 체계를 살펴보았습니다.

---

40 아래 사이트 도면 재구성
    ： http://www3.seoul.co.kr/news/newsView.php?id=20050324020001&spage=6

년월일시(年月日時)의 분계(分界)

　　앞에서 사주 혹은 팔자란 생년월일시(生年月日時)의 간지(干支)를 의미한다
고 설명했습니다. 그렇다면 생년월일시(生年月日時)의 간지(干支)는 어떻게 알
수 있을까요? 가령 2013년은 계사년(癸巳年)입니다. 그렇다면 2013년의 시
작은 양력과 음력 가운데 무엇을 기준으로 삼았을까요?

　　이러한 사항에 대해서 정확히 알기 위해서는 먼저 자평학(子平學)에서 정
의하는 년월일시(年月日時)가 나뉘는 시점에 대해 명확하게 알아야만 합니다.

：年의 분계(分界)

　　자평학에서 정의하는 한 해의 시작은 양력 1월 1일이나 음력 1월
1일이 아니고 입춘(立春)이 시작되는 시각입니다. 이를 '입춘(立春) 절입(節入) 시
각(時刻)'이라고 합니다.

24절기 [二十四節氣]

24절기는 옛날 중국에서 계절의 변화를 파악하고 구분하기 위해 황도의 궤도면을 24등분한 지점입니다. 1년 중에서 낮의 길이가 가장 긴 날의 남중 시점[→ 하지(夏至)의 남중(南中)]과 낮의 길이가 가장 짧은 날의 남중 시점[→ 동지(冬至)의 남중(南中)]을 남북(南北)의 기준으로 삼고, 밤낮의 길이가 같은 날인 춘분(春分)과 추분(秋分)의 남중 시점을 동서(東西)의 기준으로 삼아 태양이 황도를 15°씩 돌 때마다 황하 유역의 기상과 동식물의 변화 등을 관찰하여 이름을 붙였습니다.[41]

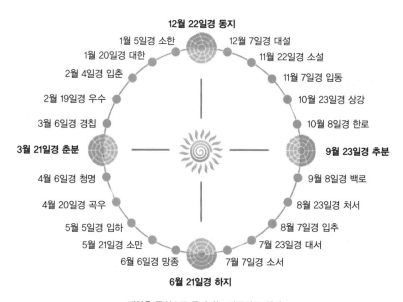

태양을 중심으로 돌아가는 지구의 24절기

---

41   아래 사이트 도면 재구성
     : http://dbscthumb.phinf.naver.net/1398_000_1/20120814123337380_UVMBVO9CX.jpg

계절(季節)의 구분

24절기 중에서 춘분(春分)·하지(夏至)·추분(秋分)·동지(冬至)는 사계절(四季節)의 중심이 되고, 4계절은 각각 3개월의 기간을 등분하여 파악하였습니다. 여기서 각 계절이 시작하는 시점이 각각 입춘(立春)·입하(立夏)·입추(立秋)·입동(立冬)입니다.

* 춘계(春季) : 입춘(立春) ~ 입하(立夏)

* 하계(夏季) : 입하(立夏) ~ 입추(立秋)

* 추계(秋季) : 입추(立秋) ~ 입동(立冬)

* 동계(冬季) : 입동(立冬) ~ 입춘(立春)

입춘 절입 시각

시간 체계는 사회적 합의의 결과라는 설명을 이미 했습니다. 마찬가지로 24절기의 절입 시각 역시 현재는 세계가 합의하에 동일하게 적용하고 있습니다. 우리나라의 표준 절입 시각을 공표하는 한국천문연구원[KASI]에서는 미국 해군 천문대(U.S. Naval Observatory)에서 편찬하는 천체력(The Astronomical Almanac)을 바탕으로 우리나라의 표준시에 맞게 절입 시각을 추산하여 공표한다고 합니다. 참고로 2013년 우리나라의 24절기와 토왕용사의 절입 시각은 다음과 같습니다.[42]

---

42 http://astro.kasi.re.kr/Life/AlmanacForm.aspx?MenuID=110에서 인용함

명칭	태양 황경	한국 표준시	
		날짜	간기(間氣)
소한	285°	01월 05일	13시 34분
대한	300°	01월 20일	06시 52분
입춘	**315°**	**02월 04일**	**01시 13분**
우수	330°	02월 18일	21시 01분
경칩	345°	03월 05일	19시 15분
춘분	0°	03월 20일	20시 02분
청명	15°	04월 05일	00시 02분
곡우	30°	04월 20일	07시 03분
입하	45°	05월 05일	17시 18분
소만	60°	05월 21일	06시 09분
망종	75°	06월 05일	21시 23분
하지	90°	06월 21일	14시 04분
소서	105°	07월 07일	07시 34분
대서	120°	07월 23일	00시 56분
입추	135°	08월 07일	17시 20분
처서	150°	08월 23일	08시 02분
백로	165°	09월 07일	20시 16분
추분	180°	09월 23일	05시 44분
한로	195°	10월 08일	11시 48분
상강	210°	10월 23일	15시 10분
입동	225°	11월 07일	15시 14분
소설	240°	11월 22일	12시 48분
대설	255°	12월 07일	08시 08분
동지	270°	12월 22일	02시 11분
토왕용사	297°	01월 17일	08시 08분
토왕용사	27°	04월 17일	05시 23분
토왕용사	117°	07월 19일	21시 29분
토왕용사	207°	10월 20일	14시 46분

2013년의 우리나라 24절기와 토왕용사의 절입 시각

1年의 시작 기준점: 입춘 절입 시각

자평학에서 1년의 시작이 되는 기준점은 입춘 절입 시각입니다. 입춘 절입 시작은 한 해의 시작이면서 동시에 봄의 시작이기도 합니다. 가령 2013년을 보통 계사년(癸巳年)이라고 부르고 있지만, 자평학의 기준을 적용하면 2013년 2월 4일 01시 13분부터 계사년(癸巳年)이 됩니다.

이 기준점 파악은 매우 중요합니다. 흔히 일반 사람들이 언급하거나 알고 있는 것처럼 사주는 음력으로 파악하는 것이 아닙니다. 정확하게는 태양력에 속하지만, 우리가 현재 사용하고 있는 양력의 체계와는 다른 절기력(節氣曆)입니다.

만약 2013년 2월 4일 01시 10분에 서울에서 태어난 아이의 경우에는 아직 입춘 절입 시각에 미치지 못하였기 때문에 계사년(癸巳年)이 아니라 임진년(壬辰年)에 태어난 것이 됩니다. 따라서 년주(年柱)는 임진(壬辰)이 됩니다.

﹕月의 분계(分界)

1년(年) & 12월(月)

1년의 시작은 입춘(立春)입니다. 그리고 1년의 첫 달인 정월(正月), 즉 1월은 인월(寅月)입니다. 계절에 따라 월(月)을 순차적으로 기록하면 다음과 같습니다.

봄	1월 인월(寅月)	⇒	2월 묘월(卯月)	⇒	3월 진월(辰月)
여름	4월 사월(巳月)	⇒	5월 오월(午月)	⇒	6월 미월(未月)
가을	7월 신월(申月)	⇒	8월 유월(酉月)	⇒	9월 술월(戌月)
겨울	10월 해월(亥月)	⇒	11월 자월(子月)	⇒	12월 축월(丑月)

월(月)과 24절기

계절의 구분을 위해 도입된 24절기는 절기가 24개 존재하는 것이 아니고 12개의 절(節)과 12개의 기(氣)가 존재하는 것을 함께 부른 명칭입니다. 여기서 절(節)이란 대나무의 마디처럼 한 달 한 달을 나누는 기준점이 됩니다. 따라서 매월(每月)이 시작하는 기준점은 12절(節) 각각의 절입 시각이 되는 것입니다. 양력이나 음력의 월(月)과 다름에 유의해야 합니다. 한편 기(氣)란 해당 월(月)의 기운이 본격적으로 발휘되기 시작하는 시점을 의미합니다.

매월(每月)의 시작 기준점 : 12節 각각의 절입 시각

24절기를 절(節)과 기(氣)로 나누어 월(月)에 따라 각각 배열하면 다음과 같습니다. 참고로 24절기의 명칭은 가급적 숙지하는 것이 좋습니다.

＊ 인월(寅月) : 입춘(立春) ⇒ 우수(雨水)

＊ 묘월(卯月) : 경칩(驚蟄) ⇒ 춘분(春分)

＊ 진월(辰月) : 청명(淸明) ⇒ 곡우(穀雨)

＊ 사월(巳月) : 입하(立夏) ⇒ 소만(小滿)

＊ 오월(午月) : 망종(芒種) ⇒ 하지(夏至)

＊ 미월(未月) : 소서(小暑) ⇒ 대서(大暑)

＊ 신월(申月) : 입추(立秋) ⇒ 처서(處暑)

＊ 유월(酉月) : 백로(白露) ⇒ 추분(秋分)

＊ 술월(戌月) : 한로(寒露) ⇒ 상강(霜降)

＊ 해월(亥月) : 입동(立冬) ⇒ 소설(小雪)

＊ 자월(子月) : 대설(大雪) ⇒ 동지(冬至)

＊ 축월(丑月) : 소한(小寒) ⇒ 대한(大寒)

가령 2013년 6월 5일 22시 05분에 서울에서 태어난 아이는 망종의 절입 시각인 6월 5일 21시 23분 이후에 태어났으므로 오월(午月)에 태어난 것입니다. 그러나 만약 같은 날 21시 05분에 태어난 아이의 경우에는 아직 망종의 절입 시각에 이르지 못했으므로 사월(巳月)에 태어난 것이 됩니다.

월간(月干)의 결정(決定)

12절의 절입 시각을 알면 태어난 달의 지지(地支), 즉 월지(月支)는 알 수 있습니다만, 아직 태어난 달의 천간(天干), 즉 월간(月干)은 알 수 없습니다. 다음의 표는 자평학에서 정의한 월간(月干)을 쉽게 파악할 수 있는 '월주(月柱) 참고표'입니다. 이 표에 의해 월간(月干)을 파악하여 기록합니다.

여기서 월간(月干)을 결정하는 것은 년간(年干)입니다. 가령 계사년(癸巳年)의 경우에는 년간(年干)이 계(癸)이므로 사월(巳月)과 오월(午月)의 월간(月干)은 각각 정(丁)과 무(戊)가 됩니다. 따라서 위에서 예를 든 두 아이의 경우에는 각각 무오월(戊午月)과 정사월(丁巳月)에 태어났으므로, 월주(月柱)는 각각 무오(戊午)와 정사(丁巳)가 됩니다.

月	節/氣	年干 甲/己	乙/庚	丙/辛	丁/壬	戊/癸
寅月 1월	立春 / 雨水	丙寅	戊寅	庚寅	壬寅	甲寅
卯月 2월	驚蟄 / 春分	丁卯	己卯	辛卯	癸卯	乙卯
辰月 3월	淸明 / 穀雨	戊辰	庚辰	壬辰	甲辰	丙辰
巳月 4월	立夏 / 小滿	己巳	辛巳	癸巳	乙巳	丁巳
午月 5월	芒種 / 夏至	庚午	壬午	甲午	丙午	戊午
未月 6월	小暑 / 大暑	辛未	癸未	乙未	丁未	己未
申月 7월	立秋 / 處暑	壬申	甲申	丙申	戊申	庚申
酉月 8월	白露 / 秋分	癸酉	乙酉	丁酉	己酉	辛酉
戌月 9월	寒露 / 霜降	甲戌	丙戌	戊戌	庚戌	壬戌
亥月 10월	立冬 / 小雪	乙亥	丁亥	己亥	辛亥	癸亥
子月 11월	大雪 / 冬至	丙子	戊子	庚子	壬子	甲子
丑月 12월	小寒 / 大寒	丁丑	己丑	辛丑	癸丑	乙丑

월주(月柱) 참고표

⠆日의 분계(分界)

일(日)의 간지(干支)

간지(干支)로 따지는 역법(曆法) 체계에서는 육십갑자(六十甲子)가 차례대로 끊임없이 돌아가면서 년월일시(年月日時)의 간지를 반복합니다. 여기서 육십갑자는 십간(十干)에 해당하는 10개의 간(干)과 십이지(十二支)에 해당하는 12개의 지(支)를 하나씩 순차적으로 대응하여 표시한 것입니다.

가령 오늘이 병오일(丙午日)이라면 내일은 정미일(丁未日)이고, 모레는 무신일(戊申日)이 됩니다. 이렇게 육십갑자(六十甲子)가 계속해서 반복하면서 그날의 간지(干支)를 기록하게 됩니다. 정확하게 언제부터 이렇게 기록하기 시작했는지 그 시점을 완전하게 파악하기는 어렵지만, 적어도 2000년이 넘

십천간(十天干)		십이지지(十二地支)	육십갑자(六十甲子)
갑(甲)	⟶	자(子)	갑자(甲子)
을(乙)	⟶	축(丑)	을축(乙丑)
병(丙)	⟶	인(寅)	병인(丙寅)
정(丁)	⟶	묘(卯)	정묘(丁卯)
무(戊)	⟶	진(辰)	무진(戊辰)
기(己)	⟶	사(巳)	기사(己巳)
경(庚)	⟶	오(午)	경오(庚午)
신(辛)	⟶	미(未)	신미(辛未)
임(壬)	⟶	신(申)	임신(壬申)
계(癸)	⟶	유(酉)	계유(癸酉)
갑(甲)	⟶	술(戌)	갑술(甲戌)
을(乙)	⟶	해(亥)	을해(乙亥)
병(丙)	⟶	자(子)	병자(丙子)
정(丁)	⟶	축(丑)	정축(丁丑)
⋮		⋮	⋮
경(庚)	⟶	신(申)	경신(庚申)
신(辛)	⟶	유(酉)	신유(辛酉)
임(壬)	⟶	술(戌)	임술(壬戌)
계(癸)	⟶	해(亥)	계해(癸亥)

도록 동아시아에서는 이와 같은 간지 기록 방식을 유지해왔습니다. 따라서 오늘의 간지(干支)를 알기 위해서는 달력이나 책자 혹은 인터넷 자료 등을 의지할 수밖에 없습니다.

하루의 시작 기준점 : 자정(子正)

하루의 시작은 자정(子正)입니다. 그런데 여기서의 자정이란 표준 태양시 체계의 자정이 아니고, 출생 지역의 진태양시(眞太陽時) 기준의 자정입니다.

이 부분에 대해서는 뒷부분에서 보다 자세히 설명하도록 하겠습니다. 어쨌든 자정을 기점으로 하루가 시작된다는 점을 기억해주시면 좋겠습니다.

:時의 분계(分界)

12시진(時辰)의 하루

오늘날 우리는 하루 24시간 체계를 사용하고 있습니다. 그러나 전통적인 동아시아의 시간 체계에서는 하루를 12시진(時辰)으로 나누었습니다. 지구에서 바라보는 관측자의 기준에서 1년 동안의 태양의 움직임을 12달로 나눈 것과 동일하게 하루 동안의 태양의 움직임을 12시(時)로 나눈 것입니다. 그리고 1년을 12절(節)과 12기(氣)로 나누어 파악한 것처럼 하루를 12초(初)와 12정(正)으로 나누어 파악하였습니다. 이를 표로 정리하면 다음과 같습니다.

시진(時辰)	초(初)	정(正)	진태양시
자시(子時)	자초(子初)	자정(子正)	23시~01시
축시(丑時)	축초(丑初)	축정(丑正)	01시~03시
인시(寅時)	인초(寅初)	인정(寅正)	03시~05시
묘시(卯時)	묘초(卯初)	묘정(卯正)	05시~07시
진시(辰時)	진초(辰初)	진정(辰正)	07시~09시
사시(巳時)	사초(巳初)	사정(巳正)	09시~11시
오시(午時)	오초(午初)	오정(午正)	11시~13시
미시(未時)	미초(未初)	미정(未正)	13시~15시
신시(申時)	신초(申初)	신정(申正)	15시~17시
유시(酉時)	유초(酉初)	유정(酉正)	17시~19시
술시(戌時)	술초(戌初)	술정(戌正)	19시~21시
해시(亥時)	해초(亥初)	해정(亥正)	21시~23시

여기서 적용된 시간 체계는 진태양시입니다. 따라서 우리가 현재 사용하고 있는 평균 태양시와는 차이가 있습니다. 이 점에 유의해야 합니다.

야자시(夜子時)와 조자시(早子時)

앞서서 하루의 시작 기준점은 자정(子正)이라고 설명했습니다. 그렇다면 자정(子正)을 기준으로 자시(子時)의 전반부는 어제에 해당하고, 자시(子時)의 후반부는 오늘에 해당함을 인지해야 합니다. 즉 진태양시 기준 23시~24시는 어제에 해당하는 자시(子時) 영역이고, 00시~01시는 오늘에 해당하는 자시(子時) 영역입니다. 이를 구별하기 위해 각각 '**야자시(夜子時)**'와 '**조자시(早子時)**'라고 부릅니다.

* 야자시(夜子時) : 출생지 진태양시 기준 23시~子正(24시)까지의 시간

  ⇒ 어제 끝나는 시점의 子時

* 조자시(早子時) : 출생지 진태양시 기준 子正(00시) ~01시까지의 시간

  ⇒ 오늘 시작하는 시점의 子時

시간(時干)의 결정(決定)

자신이 태어난 진태양시를 안다면 그 시간의 지지(地支), 즉 시지(時支)는 알 수 있습니다만, 아직 태어난 시간의 천간(天干), 즉 시간(時干)은 알 수 없습니다. 월간(月干)을 구했던 것처럼 다음의 '시주(時柱) 참고표'를 이용하여 시간(時干)을 파악합니다. 월간(月干)이 년간(年干)에 의해 결정되었던 것처럼 시간(時干) 또한 일간(日干)에 의해 결정됩니다.

時 / 日干	真太陽時	甲/己	乙/庚	丙/辛	丁/壬	戊/癸
早子時	00:00 ～ 01:00	甲子	丙子	戊子	庚子	壬子
丑時	01:00 ～ 03:00	乙丑	丁丑	己丑	辛丑	癸丑
寅時	03:00 ～ 05:00	丙寅	戊寅	庚寅	壬寅	甲寅
卯時	05:00 ～ 07:00	丁卯	己卯	辛卯	癸卯	乙卯
辰時	07:00 ～ 09:00	戊辰	庚辰	壬辰	甲辰	丙辰
巳時	09:00 ～ 11:00	己巳	辛巳	癸巳	乙巳	丁巳
午時	11:00 ～ 13:00	庚午	壬午	甲午	丙午	戊午
未時	13:00 ～ 15:00	辛未	癸未	乙未	丁未	己未
申時	15:00 ～ 17:00	壬申	甲申	丙申	戊申	庚申
酉時	17:00 ～ 19:00	癸酉	乙酉	丁酉	己酉	辛酉
戌時	19:00 ～ 21:00	甲戌	丙戌	戊戌	庚戌	壬戌
亥時	21:00 ～ 23:00	乙亥	丁亥	己亥	辛亥	癸亥
夜子時	23:00 ～ 24:00	丙子	戊子	庚子	壬子	甲子

시주(時柱) 참고표

가령 경술일(庚戌日) 사시(巳時)에 태어난 아이의 경우에는 일간(日干)이 경(庚)이므로 시간(時干)은 신(辛)이 됩니다. 따라서 시주(時柱)는 신사(辛巳)가 됩니다.

사주(四柱) 기록에 있어서의
유의 사항

　　년월일시(年月日時)의 분계(分界)를 잘 알아야 하는 이유는 사주(四柱)를 구성하는 년주(年柱)·월주(月柱)·일주(日柱)·시주(時柱)를 정확히 찾고 파악하여 기록하기 위해서입니다. 그런데 이러한 자평학적 정의를 아는 것 이외에도 정확한 사주를 기록하기 위해 유의해야 할 사항들이 매우 많습니다. 달리 말하면 잘못 기록하기 쉬운 함정들이 매우 많다는 의미입니다. 사주를 잘못 기록하면 그 이후의 논명은 아무런 의미가 없게 됩니다. 따라서 논명하기 이전에 정확한 사주 기록의 중요성은 아무리 강조해도 지나치지 않습니다. 이제 이 함정들에 대해 하나하나 자세히 살펴보겠습니다.

:함정1 : 절입 시각의 파악

　　한 해의 시작 기준점이 입춘(立春)의 절입 시각이고, 매월(每月)의 시작 기준점이 12절(節)의 절입 시각이므로, 절입 시각을 알아야 년주

(年柱)와 월주(月柱)의 분계(分界) 파악이 가능하다는 점에서 절입 시각은 매우 중요합니다. 이 절입 시각을 정확히 알기 위해서는 한국 천문 연구원 [KASI]에서 제공하는 정보가 필요합니다. 이 정보는 해당 홈페이지(http://astro.kasi.re.kr)에서 제공하는 자료를 활용하거나 KASI가 편찬한 『한국천문대만세력』(명문당)에서 찾아볼 수 있습니다.

참고로 만세력(萬歲曆)이란 여러 역법과 관련한 정보를 한데 모아 놓은 책입니다. 가령 태어난 날의 간지(干支)를 알기 위해서는 달력이 필요한데, 만세력에는 보통 100~150년 정도의 달력과 기타 유용한 정보가 담겨 있습니다. 시중에는 만세력이 여럿 출판되어 있습니다만, 내용의 정확성이 생명인 만세력의 특성상 KASI가 직접 편찬한 만세력을 활용하는 것이 가장 바람직하다고 생각합니다.

이제부터 시간의 보정 요소를 살펴보겠습니다.

ː함정2ː 경도 보정 ⇐ 1차 시간의 보정 요소

(표준시와 지역시의 차이 구별)

이미 설명한 것처럼 각 나라는 그리니치 표준시[GMT]에 맞춰서 나라별 표준시를 설정합니다. 현재 우리나라는 동경 135°를 표준 자오선으로 설정[43]하고 있으므로 한국 표준시는 GMT보다 9시간 빠르게 됩니다. 그런데 실제 우리나라의 영토는 동경 124°~132°에 위치하고 있습니다. 즉

---

43 일본의 明石市立天文科学館(아카시 시립 천문과학관)이 위치하는 곳입니다.

127°30′E   135°E
태양이 남중하는 시간

중국   한국   일본

태양이 남중하는 시간[44]

자오선의 마을/아카시 市(일본 표준시의 마을)

우리나라는 동경 135°보다 서쪽에 위치하므로 우리나라 어느 지역에서도 동경 135°보다 해가 늦게 뜰 수밖에 없습니다.

　구체적으로 우리나라의 수도인 서울의 동경은 약 127°입니다. 따라서 서울의 평균 태양시 체계에서의 표준시는 GMT보다 8시간 30분 빠르게 되고, 동경 135°를 기준으로 설정한 현재의 표준시보다는 30분 늦게 됩니다. 다른 시각에서 바라본다면, 보통 각 나라의 수도 근처의 경도를 기준으로 표준시를 설정하는 통념에 비추어 볼 때 우리는 현재 30분을 빠르게 사용하고 있다는 의미입니다.[45]

44　*태양이 남중하는 시간 아래 사이트 이미지 재구성
　　: http://blog.naver.com/PostView.nhn?blogId=ynj639&logNo=120105279552
　　*아카시 市 도면의 출처 : http://pds6.egloos.com/pds/200808/09/35/e0004635_489da6c7c71ce.jpg

45　참고로 여담입니다만. 표준 자오선을 변경하여 서울 중심의 표준시를 되찾으려는 시도가 그동안 몇 번 있었지만 아직도 국회를 통과하지 못하고 있습니다. 과연 19대 국회에서는 개정이 성공할 수 있을지 모르겠습니다. 만약 30분의 의미가 그리 크지 않은 것처럼 생각된다면, 아침에 바쁘게 출근하거나 등교할 때의 30분의 의미를 생각해보시기 바랍니다. 아울러 나라마다 수도 중심의 표준시 체계를 운용하는 것은 상식이라는 점 또

서울을 예로 들어 설명했지만, 이처럼 자신이 출생한 지역의 표준시[→ **지역시**]를 정확히 계산하려면 해당 지역의 경도를 알아야 합니다. 참고로 경도 1°는 표준시와 4분의 차이가 납니다. 예를 들어 대략 동경 129°에 위치하고 있는 부산의 경우에는 현재의 표준 자오선보다 6° 서쪽에 위치하므로 부산의 지역시는 표준시보다 24분 정도 늦게 됩니다.

¡함정3 : 균시차 보정 ⇐ 2차 시간의 보정 요소

자평학에서 취급하는 시간 체계는 진태양시(眞太陽時)입니다. 즉 출생 지역의 실제 태양의 움직임에 따른 시간 체계를 사용합니다. 그러므로 진태양시를 알기 위해서는 균시차를 알아야만 합니다. 왜냐하면 균시차는 진태양시와 평균 태양시의 차이이므로, 평균 태양시에 균시차를 더해주면 진태양시를 알 수 있기 때문입니다. 이 책의 부록에 보면 균시차 표가 제시되어 있습니다. 가령 1월 3일의 균시차는 4.3분이므로, 평균 태양시에 4.3분[4분 18초]을 더해주면 균시차 보정이 이루어집니다.

¡함정4 : 표준 자오선 변경에 따른 보정

표준 자오선은 나라별 표준시를 설정하는 근거가 됩니다. 따라서 표준 자오선이 달라지면 GMT와의 시간차도 달라질 수밖에 없습니다. 지난 100년 동안 우리나라는 여러 이유로 인해 표준 자오선이 몇 차례 변경

한 고려했으면 좋겠습니다. 무엇보다 일제로 인해 운용되기 시작한 동경 135°의 표준 자오선을 지금도 유지해야 하는 이유를 곰곰이 생각했으면 좋겠습니다.

혹자는 30분 차이의 표준시 변화는 불편함이 크다고 합니다만, 그렇다면 왜 동경 120° 중심의 표준시를 운용할 수는 없는지 또한 법률을 제정하는 국회의원들에게 묻고 싶습니다. 무엇보다 일제의 잔재를 탈피한다는 목적 자체가 가장 중요한 개정의 사유입니다.

되었습니다(143쪽, '우리나라의 표준시 변천' 참조). 그러므로 동경 127도 30분을 기준으로 적용할 때의 낮 12시와 동경 135도를 기준으로 적용할 때의 낮 12시는 실제로는 서로 같은 시각이 아닙니다. 표준 자오선의 경도차가 7.5도 발생하므로 30분의 오차가 발생하기 때문입니다.

예를 들어 1956년 12월[46]에 서울에서 출생한 어떤 사람이 자신의 출생시를 13시 20분으로 알고 있다면, 당시의 표준 자오선은 지금과 다른 127도 30분이었으므로 지금의 기준으로는 13시 50분에 태어난 사람과 같은 시각이 됩니다.

:함정5 : 일광 절약 시간제 적용에 따른 보정

일광 절약 시간제(日光節約時間制)[47]는 통상 봄~가을에 걸쳐서 인위적으로 일정 기간 동안 지역시를 원래 시간대의 시간보다 한 시간 앞당기는 제도입니다. 가령 모일(某日) 00시에 일광 절약 시간제를 실시하기로 공포하면 인위적으로 시계를 01시로 변경하여 적용하게 됩니다.

이와 같은 일광 절약 시간제는 인위적인 조정이므로 이 기간 동안 태어난 사람의 경우에는 출생시를 1시간 환원해야 합니다. 가령 이 제도를 시행하였던 1988년에 서울에서 7월 15일 오전 9시 50분에 출생한 사람의 경우에는 이 제도를 시행하지 않는 시간대의 오전 8시 50분과 같은 시각에 해당합니다. 따라서 1시간의 보정을 고려하지 않는다면 전혀 다른 시주(時柱)를 기록할 수도 있으므로 유의해야 합니다.

---

46 특별히 음력이라고 지칭하지 않는 한 이 책에서의 시간은 모두 양력임을 미리 밝혀둡니다.
47 이를 DST(daylight saving time) 혹은 서머 타임(summer time)이라고 부르기도 합니다.

한편 일광 절약 시간제를 해제하는 시점에 태어난 사람의 경우에는 같은 시간대가 겹쳐서 나타나는 혼란이 발생합니다. 가령 1988년의 경우에는 10월 9일 03시를 기준으로 시간을 02시로 환원하였습니다. 이로 인해 변경 전 02시~03시에 태어난 사람과 변경 후 02시~03시 태어난 사람이 모두 존재하는 혼란이 발생하게 됩니다. 만약 본인이 어느 시간인지 정확하게 알고 있지 못할 경우에는 정확한 생시(生時) 파악은 매우 어렵게 됩니다.

우리나라에서 일광 절약 시간제를 실시했던 시기는 다음과 같습니다.[48]

일광 절약 시간제 실시 시기		
시작 시점		종료 시점
1948. 06. 01. 00:00	~	1948. 09. 13. 00:00
1949. 04. 03. 00:00	~	1949. 09. 11. 00:00
1950. 04. 01. 00:00	~	1950. 09. 10. 00:00
1951. 05. 06. 00:00	~	1951. 09. 09. 00:00
1955. 05. 05. 00:00	~	1955. 09. 09. 00:00
1956. 05. 20. 00:00	~	1956. 09. 30. 00:00
1957. 05. 05. 00:00	~	1957. 09. 22. 00:00
1958. 05. 04. 00:00	~	1958. 09. 21. 00:00
1959. 05. 03. 00:00	~	1959. 09. 20. 00:00
1960. 05. 01. 00:00	~	1960. 09. 18. 00:00
1987. 05. 10. 02:00	~	1987. 10. 11. 03:00
1988. 05. 08. 02:00	~	1988. 10. 09. 03:00

---

48 일광 절약 시간제에 관한 내용은 KASI의 정보를 참조하였습니다. [http://astro.kasi.re.kr/Almanac/AlmanacInfoForm.aspx?AlmanacID=KASI_A227_Z_001&PageNum=171]

인터넷 정보의 활용

지금까지 살펴본 여러 함정들은 정확한 사주 기록을 위해 유의해야 할 사항들입니다. 정리하자면, 자평학에서 취급하는 출생시(出生時)는 진태양시이므로 정확한 출생 시각을 알기 위해서는 경도 보정과 균시차 보정은 기본적으로 해야 하고, 추가적으로 표준 자오선 변경이나 일광 절약 시간제 적용에 따른 표준시 변경 사항에 대해서도 보정해야 한다는 의미였습니다.

그런데 한 사람의 사주를 기록하기 위해서 이렇게 많은 보정을 하나하나 계산하여 적용한다는 것은 매우 곤란하고 피곤한 일입니다. 따라서 보다 쉬운 방법을 강구해야만 합니다.

우리가 알고자 하는 시간 정보는 출생 지역의 진태양시 정보입니다. 그런데 진태양시 체계는 태양이 남중한 시각을 정오(正午)로 삼는 체계입니다. 따라서 출생 지역에서의 당일 태양이 남중한 시각을 알 수 있다면, 그 시각이 해당 지역의 진태양시 정오(正午)가 되므로, 이를 기준으로 삼아 정확한 시진(時辰)을 파악할 수 있게 됩니다.

예를 들어 2013년 2월 1일 서울의 남중 시각은 12시 46분입니다. 이는 당일 서울의 진태양시 정오(正午)가 12시 46분이라는 의미입니다 따라서 이를 기준으로 당일의 12시진(時辰)을 파악하면 다음과 같습니다.

시진(時辰)	실제 시간대	시진(時辰)	실제 시간대
早子時	00:46 ∼ 00:45	未時	13:46 ∼ 15:45
丑時	01:46 ∼ 03:45	申時	15:46 ∼ 17:45
寅時	03:46 ∼ 05:45	酉時	17:46 ∼ 19:45
卯時	05:46 ∼ 07:45	戌時	19:46 ∼ 21:45
辰時	07:46 ∼ 09:45	亥時	21:46 ∼ 23:45
巳時	09:46 ∼ 11:45	夜子時	23:46 ∼ 2월 2일 00:45
午時	11:46 ∼ 13:45		

따라서 출생 지역의 출생 당일 남중 시각을 알면 복잡하게 경도 보정과 균시차 보정을 할 필요가 없다는 의미입니다. 그리고 지역별 남중 시각에 관한 정보는 한국 천문 연구원[KASI]의 '천문우주지식정보'에서 친절하게 제공하고 있습니다(166쪽 참조).

다만 우리나라의 모든 지역에서의 정보를 제공하는 것이 아니라 69지역의 정보를 제공하고 있습니다. 따라서 자신의 출생 지역이 정보를 제공하는 69지역에 해당하지 않을 경우에는 자신의 출생 지역과 경도가 같은 곳을 69지역 중에서 찾아 그 지역의 정보를 적용하면 됩니다. 이제 인터넷을 접속할 수 있는 곳이라면 어느 곳에서든 우리나라의 지역별 진태양시를 쉽고 정확하게 파악할 수 있다는 의미입니다.

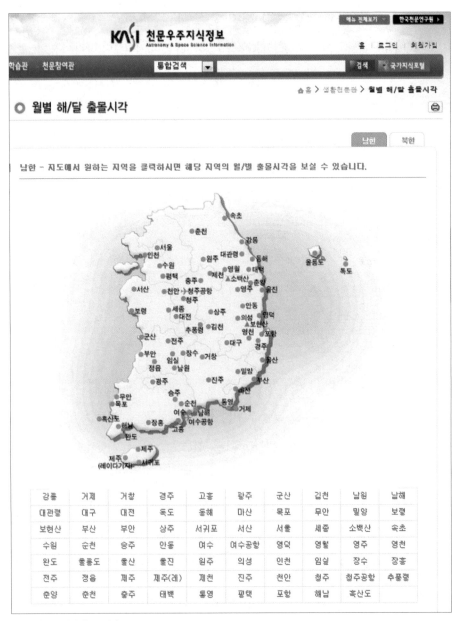

월별 해/달 출몰 시각

:[http://astro.kasi.re.kr/Life/SunMoonMapForm.aspx?MenuID=112]

:함정6:KASI 정보를 활용할 때의 유의 사항

KASI 정보를 활용하여 쉽게 진태양시를 파악할 수 있게 되었지만, 여전히 유의해야 할 함정들이 곳곳에 존재하고 있습니다.

KASI 제공 시각의 기준: 동경 135° 표준 자오선

KASI에서 편찬하고 명문당에서 출판한 『한국천문대만세력』에는 1900년부터 2100년까지 201년간의 월력(月曆) 정보가 수록되어 있고, 인터넷의 천문우주지식정보에서 제공하는 남중시각에 관한 정보는 1896년부터 2051년까지 찾아볼 수 있습니다. 그런데 이 모든 자료에서 제공하는 시간에 대한 정보는 현재 우리가 표준 자오선으로 사용하고 있는 동경 135°를 기준으로 계산한 값입니다. 따라서 표준 자오선의 변경이나 일광 절약 시간제 적용 등에 관한 보정은 이루어지지 않은 값이라는 의미입니다. 그러므로 이러한 인위적인 변경이 이루어진 시기에 태어난 사람의 시간 정보를 활용할 때에는 이에 따른 부차적인 보정을 반드시 해야 합니다.

• 부차적인 보정 적용 사례

[사례 A]

예를 들어 1956년 8월에 태어난 사람의 경우에는 표준 자오선 변경에 따른 보정과 일광 절약 시간제 적용에 따른 보정을 모두 해줘야만 합니다. 즉 이때 오후 1시 55분에 태어난 사람의 경우에는 표준 자오선 보정에 따라 30분을 더해주고, 일광 절약 시간제 보정에 따라 1시간을 빼줘야 하므로 지금의 1시 25분과 같은 시각이 됩니다.

[사례 B]

예를 들어 만세력에 적혀 있는 1960년의 입춘 절입 시각은 2월 5일 04시 23분입니다만, 이 정보는 동경 135도 표준 자오선 기준으로 계산된 값이므로, 당시의 표준 자오선 기준으로는 03시 53분이 됩니다. 따라서 이날 03시 53분이 기해년(己亥年)과 경자년(庚子年)의 분계(分界)가 됩니다.

[사례 C]

예를 들어 1988년 8월 7일 16시 59분에 서울에서 출생한 사람은 일광 절약 시간제 적용에 따른 보정을 해주면 지금의 15시 59분과 같습니다. 그런데 당일 16시 20분이 입추(立秋) 절입 시각이므로, 이 사람은 절입 시각 이전에 태어났기에 미월(未月)이 생월(生月)입니다. 만약 이와 같은 보정을 꼼꼼하게 적용하지 않고, 당사자가 말한 생시(生時) 정보를 그대로 적용하여 만세력과 대조하게 되면 입추 절입 시각을 넘어서 출생한 것으로 파악하여 생월(生月)을 신월(申月)로 기록하는 착오를 범하기 쉽습니다.

표준 자오선 및 일광 절약 시간제 적용 보정 일람표

1912년 이후 우리나라에서 출생한 사람들에게 적용해야 하는 표준 자오선 보정값과 일광 절약 시간제 적용 보정값을 모두 고려하여 정리하면 다음의 표와 같습니다. 따라서 해당 기간 출생자의 생시(生時)에 아래 표에서 제시한 보정값을 보정한 이후에 KASI에서 제공하는 남중 시각을 기준으로 출생지의 진태양시 정오를 구하면, 출생 당일의 정확한 시진(時辰)의 경계를 파악할 수 있습니다.

출생 시기	135° E 표준시 보정값
1912년 1월 1일 00시~48년 5월 31일 24시	동일[49]
1948년 6월 1일 01시~48년 9월 13일 01시	⊖ 1시간
1948년 9월 13일 00시~49년 4월 2일 24시	동일
1949년 4월 3일 01시~49년 9월 11일 01시	⊖ 1시간
1949년 9월 11일 00시~50년 3월 31일 24시	동일
1950년 4월 1일 01시~50년 9월 10일 01시	⊖ 1시간
1951년 9월 10일 00시~51년 5월 5일 24시	동일
1951년 5월 6일 01시~51년 9월 9일 01시	⊖ 1시간
1951년 9월 9일 00시~54년 3월 21일 00시 30분	동일
1954년 3월 21일 00시~55년 5월 4일 24시	⊕ 30분
1955년 5월 5일 01시~55년 9월 9일 01시	⊖ 30분
1955년 9월 9일 00시~56년 5월 19일 24시	⊕ 30분
1956년 5월 20일 01시~56년 9월 30일 01시	⊖ 30분
1956년 9월 30일 00시~57년 5월 4일 24시	⊕ 30분
1957년 5월 5일 01시~57년 9월 22일 01시	⊖ 30분
1957년 9월 22일 00시~58년 5월 3일 24시	⊕ 30분
1958년 5월 4일 01시~58년 9월 21일 01시	⊖ 30분
1958년 9월 21일 00시~59년 5월 2일 24시	⊕ 30분
1959년 5월 3일 01시~59년 9월 20일 01시	⊖ 30분
1959년 9월 20일 00시~60년 4월 30일 24시	⊕ 30분
1960년 5월 1일 01시~60년 9월 18일 01시	⊖ 30분
1960년 9월 18일 00시~61년 8월 9일 24시	⊕ 30분
1961년 8월 10일 00시 30분~87년 5월 10일 02시	동일
1987년 5월 10일 03시~87년 10월 11일 03시	⊖ 1시간
1987년 10일 11일 02시~88년 5월 8일 02시	동일
1988년 5월 8일 03시~88년 10월 9일 03시	⊖ 1시간
1988년 10월 9일 02시~현재	동일

---

49 여기서 동일하다는 의미는 현재 우리가 사용하고 있는 표준시와 동일하므로 KASI에서 제공하는 정보를 보정 없이 활용할 수 있다는 의미입니다.

위 표에서 24시와 00시의 차이는 당일과 다음날의 구별을 두기 위한 차이입니다. 가령 1948년 5월 31일 밤 23시 59분을 지나서 6월 1일 00시를 기해 일광 절약 시간제 도입에 따라 01시로 변경하게 되면 당일은 00시~01시가 존재하지 않게 됩니다. 이러한 의미에서 변경 이전과 이후를 구별하기 위해 같은 시각을 의미하지만 전자(前者)는 24시로 표기하고, 후자(後者)는 01시로 표기했습니다.

또한 일광 절약 시간제가 종료되는 48년 9월 13일 01시를 기해 00시로 다시 변경하게 되므로 이 시기에는 00시~01시의 시간대가 두 번 존재하게 됩니다. 이를 각각 나눠 표기했습니다.

명식(命式)의 작성

　　명식(命式)이란 사람의 명운(命運)을 파악하기 위해 기본적으로 작성하는 내용의 일정한 형식을 의미합니다. 여기에는 사주(四柱)와 지장간(地藏干), 월령(月令), 대운(大運) 등등 다양한 내용이 포함되어 있습니다. 그렇지만 가장 중요한 내용이 사주이므로, 간략하게는 사주를 명식(命式)이라 부르기도 합니다.[50]

　　:명식을 정확하게 기록하기 위해서 필요한 정보

＊필수 항목

・출생 년월일시(年月日時)

・출생 지역

50　장야오원(張耀文) 선생에 따르면 명식(命式)이라 부르는 이유는 사람의 명운(命運)을 파악하기 위한 사주(四柱)이기 때문이라고 합니다. 사람이 아닌 국가나 단체 등의 명운을 파악하기 위해 사용하는 사주는 군식(群式)이라고 하고, 이 외에도 국식(局式)과 잡식(雜式) 등이 존재한다고 합니다. 이에 대해서는 『子平命理·基礎篇』(FIVE ARTS)을 참조하기 바랍니다.

＊추가 항목

• 출생지의 기후·지형적 특성

• 출생 당시의 기상 정보

한 사람의 명식을 작성하기 위해 생년월일시(生年月日時)는 제일 중요한 정보에 해당합니다. 그런데 그중에서도 정확한 생시(生時)는 특히 중요합니다. 간혹 자신의 음력 생일과 양력 생일을 다르게 알고 있는 경우가 있기는 하지만, 대부분 부정확한 정보는 생시(生時)에서 발생합니다. 최근에는 병·의원에서 출생하는 경우가 대부분이어서 비교적 정확하게 작성된 출생기록부를 받고 관청에 신고하지만, 수십 년 이전에 태어난 사람들의 경우에는 자신의 생시(生時)를 정확하게 알지 못하는 경우가 의외로 많습니다. 또 어떤 경우에는 본인이 태어난 시진을 인시(寅時)·오시(午時)와 같이 구체적으로 제시하는 사람들도 있지만, 이미 살펴본 것처럼 시간의 오차는 의외로 크기 때문에 이러한 정보는 정확한 정보가 되지 못합니다. 따라서 정확한 출생시(出生時)가 필요합니다. 만약 본인의 생시(生時)를 애매하게 알고 있는 경우에는 조금 다른 절차를 거쳐야만 합니다. 이에 대해서는 뒷부분에서 다시 설명하겠습니다.

생년월일시(生年月日時) 이외에 출생 지역 정보도 꼭 필요합니다. 진태양시를 파악하기 위해서입니다. 그 밖에 출생지의 기후·지형적 특징이나 출생 당시의 기상 정보는 논명을 위해 반드시 필요한 정보는 아니지만, 파악할 수 있으면 보다 세밀한 논명에 도움을 줄 수 있습니다.

- 생시(生時) 보정 및 진태양시 시진(時辰) 파악
- 만세력이나 인터넷을 활용하여 생년월일시의 간지(干支) 파악 및 기록
- 대운(大運) 기록 및 첫 번째 대운의 진입 시점 계산
- 기타 정보 기록 : 지장간(地藏干), 월령(月令), 십이운성(十二運星), 십신(十神) 등
  등의 기록

명식 작성에 있어서 가장 먼저 해야 할 일은 진태양시 시진(時辰)을 파악하는 것입니다. 이를 위해서는 KASI 정보를 활용하여 출생지의 출생 당일 남중 시각을 파악하고, 표준 자오선이나 일광 절약 시간제 적용에 따른 보정이 필요한 경우에는 선행해야 합니다.

다음으로는 생년월일시(生年月日時)의 간지(干支), 즉 사주(四柱) 혹은 팔자(八字)를 찾아서 기록합니다. 만세력을 찾아서 기록할 수도 있고, 인터넷에서 제공하는 정보를 이용할 수도 있으며 스마트폰 애플리케이션을 이용할 수도 있습니다. 다만 인터넷 등에서 제공하는 정보는 월력 사항에 관해 보증할 수 없으므로, 년(年)이나 월(月)의 분계에 태어난 경우에는 KASI 자료를 통해 세심하게 어느 쪽에 해당하는지 파악해야 합니다.

: 대운의 기록 및 대운 진입 시점의 계산

사주를 적고 난 이후에는 대운(大運)에 관한 사항을 기록해야 합니다.

사람의 명운(命運) 파악

사람의 명운(命運) 파악은 크게 원명(原命) 파악과 운로(運路) 파악으로 나 눕니다. 원명 파악은 사주 분석을 통해 명주(命主)의 타고난 여러 특성과 재 능 및 암시적 요소들을 파악하여 명주가 어떠한 사람인가를 알아보려는 과정이고, 운로 파악은 명주가 살아가면서 맞이하게 되는 여러 외적인 변수 등을 파악하여 구체적인 인사(人事)의 성패(成敗)·득실(得失)의 시기와 결과 에 대해서 알아보려는 과정입니다.

옛사람은 명(命)과 운(運)의 관계를 나무와 나무가 맞이하게 되는 계절의 변화나 외적인 변수로 비유하여 설명했습니다. 용비어천가에도 등장하는 것처럼 뿌리 깊은 나무는 바람과 같은 외적인 변화 요인에 크게 동요하지 않지만, 뿌리가 얕고 근기(根氣)가 약한 나무는 외적인 변화 요인에 크게 흔 들리게 됩니다. 이때 나무의 근기(根氣)·근성(根性) 등을 파악하는 것이 원 명 파악이라면, 나무를 동요시키는 바람 등의 외적인 변화 요인과 그로 인 한 영향 등을 파악하는 것이 운로 파악에 해당합니다. 논명(論命) 과정은 원 명과 운로 파악 모두 중요합니다.

운로 파악은 다시 대운(大運)·유년(流年)·유월(流月) 파악으로 나눕니다. 대 운은 10년 주기로 바뀌는 변수인데, 이는 사람마다 다릅니다. 반면에 1년 주 기로 바뀌는 유년(流年)과 1월 주기로 바뀌는 유월(流月)은 모든 사람에게 동 일합니다.

대운 판단의 기준 : 월주(月柱)

대운 파악의 과정은 마치 플랫폼에서 기차를 타는 과정과 유사합니다. 예를 들어 대전역 플랫폼에 서서 서울로 가는 상행선 기차와 부산으로 가는 하행선 기차를 기다리는 두 명의 남자와 두 명의 여자 A, B, C, D가 있다고 생각해보겠습니다. 그중 두 사람은 상행선을 타고 다른 두 사람은 하행선을 타게 될 운명입니다. 현재 이 사람들은 누가 상행선을 타고 누가 하행선을 타게 될지, 또 최종 도착 시간은 언제인지 궁금하게 여기고 있습니다.

기차를 타기 위해 기다리는 사람들

이 비유에서 대전역은 월주(月柱)에 해당하고, 양남(陽男)·음녀(陰女)에 해당하는 남녀 두 사람은 상행선을 타게 되며, 음남(陰男)·양녀(陽女)에 해당하는 남녀 두 사람은 하행선을 타게 됩니다. 여기서 양남·음녀·음남·양녀의 개념은 다음과 같습니다.

＊ 양남(陽男) : 사주의 년간이 갑(甲) · 병(丙) · 무(戊) · 경(庚) · 임(壬)인 남자

＊ 음녀(陰女) : 사주의 년간이 을(乙) · 정(丁) · 기(己) · 신(辛) · 계(癸)인 여자

＊ 음남(陰男) : 사주의 년간이 을(乙) · 정(丁) · 기(己) · 신(辛) · 계(癸)인 남자

＊ 양녀(陽女) : 사주의 년간이 갑(甲) · 병(丙) · 무(戊) · 경(庚) · 임(壬)인 여자

10개의 천간(天干)을 각각 음양(陰陽)으로 나누면 다음과 같습니다.

＊ 양간(陽干) : 갑(甲) · 병(丙) · 무(戊) · 경(庚) · 임(壬)

＊ 음간(陰干) : 을(乙) · 정(丁) · 기(己) · 신(辛) · 계(癸)

그리고 사람은 남자를 양(陽)으로, 여자를 음(陰)으로 파악합니다. 그래서 남자가 양간(陽干)의 해에 태어난 것과 여자가 음간(陰干)의 해에 태어난 것은 음양의 속성이 일치한다고 파악하여 그 배합이 순(順)하다고 파악하고, 이와는 반대로 태어난 것은 음양의 속성이 어긋난다고 파악하여 그 배합이 역(逆)하다고 파악합니다. 이때의 순역(順逆)은 좋고 나쁨의 가치 판단과는 무관합니다. 다만 순방향의 기차[→ **상행선**]를 탈 사람인지, 아니면 역방향의 기차[→ **하행선**]를 탈 사람인지를 파악하는 기준일 따름입니다. 전자(前者)의 흐름을 순행(順行)의 운(運)이라고 하고, 후자(後者)의 흐름을 역행(逆行)의 운(運)이라고 합니다.

예를 들어 어떤 사람의 월주(月柱)가 정사(丁巳)라고 한다면 순행한다는 것은 정사(丁巳) 다음의 육십갑자(六十甲子)인 무오(戊午) · 기미(己未) · 경신(庚

↑	상행선	서울역	신유(辛酉)	↑	순행
		수원역	경신(庚申)		
		천안역	기미(己未)		
		조치원역	무오(戊午)		
출발역	**대전역**	**정사(丁巳)**			**기준점**
↓	하행선	영동역	병진(丙辰)	↓	역행
		구미역	을묘(乙卯)		
		대구역	갑인(甲寅)		
		부산역	계축(癸丑)		

申·신유(辛酉)·임술(壬戌)…의 순서로 진행한다는 것을 의미하고, 역행한다는 것은 정사(丁巳) 이전의 육십갑자인 병진(丙辰)·을묘(乙卯)·갑인(甲寅)·계축(癸丑)·임자(壬子)…의 순서로 진행한다는 것을 의미합니다. 이를 기차의 상·하행선 정차역과 비유하면 위에 제시한 표와 같습니다.

정차역 도착 시간의 계산 : 첫 번째 대운 진입 시점의 계산

순행하는 사람은 순차적으로 무오(戊午) ⇒ 기미(己未) ⇒ 경신(庚申) ⇒ 신유(辛酉)…의 대운을 맞게 되는데, 각 대운이 명주(命主)에게 작용하는 기간은 10년입니다. 반대로 역행하는 사람은 순차적으로 병진(丙辰) ⇒ 을묘(乙卯) ⇒ 갑인(甲寅) ⇒ 계축(癸丑)…의 대운을 맞게 되는데, 역시 각각 10년씩 명주에게 작용합니다. 따라서 순행이든 역행이든 첫 번째 정차역의 정차 시간만 알 수 있다면, 다음 정차역의 정차 시간은 10년씩 더해주면 됩니다. 첫 번째 정차역의 정차 시간을 알기 위해서는 다음의 비례 관계를 이해해야 합니다.

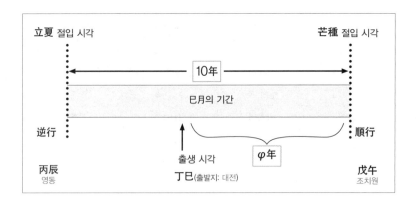

* 월주(月柱)에 대응하는 시간의 개념 : 10年

* 비례 관계를 통해 출생 시각을 기준으로

┌ **순행(順行)** : 다음 月의 절입 시각까지의 소요 시간이 대응하는 10年 내

│   차지하는 비율 계산

└ **역행(逆行)** : 출생 月의 절입 시각까지의 소요 시간이 대응하는 10年 내

         차지하는 비율 계산

    기본적으로 대운과 관련한 간지(干支)는 10년의 세월에 대응합니다. 따라서 생월(生月)의 간지 역시 10년의 세월에 대응합니다. 이제 출생 시점을 기준으로 순행하는 사람은 출생 시각에서 망종(芒種)의 절입 시각에 이르는 시간이 10년 가운데 몇 년에 해당하는지 계산하면, 출생 시각으로부터 그 시간이 지나고 난 이후에 첫 번째 대운인 무오(戊午) 대운이 시작되는 것입니다. 이 기간이 φ년이라고 한다면 φ년이 지나서 첫 번째 대운을 맞이하게 된다는 의미로 '교운(交運)'이라는 표현을 사용합니다. 그리고 출생 시각에 φ값을 더해주면 첫 번째 대운에 진입하는 시점을 알 수 있게 됩니다. 위에

서 비유를 든 경부선의 흐름으로 설명하면 조치원역의 도착 시각을 알 수 있다는 의미입니다. 반대로 역행하는 사람은 출생 시각에서 입하(立夏)의 절입 시각에 이르는 시간이 10년 가운데 몇 년에 해당하는지[→ 위 경우에는 10-φ값] 계산하면, 이 값을 출생 시각에 더해서 첫 번째 대운에 진입하는 시점을 알 수 있습니다.

가령 2013년[계사년(癸巳年)]의 입하(立夏) 절입 시각은 5월 5일 17시 18분이고, 망종(芒種)의 절입 시각은 6월 5일 21시 23분입니다. 이제 5월 23일 13시 15분에 태어난 사람이 순행하는 경우와 역행하는 경우에 각각 첫 번째 대운에 진입하는 시점을 계산해본다면 ⇨

입하 절입 시각	5월 5일 17:18	D값	역행(逆行) ⇑
출생 시각	5월 23일 13:15	B값	月柱 : 정사(丁巳)
망종 절입 시각	6월 5일 21:23	R값	순행(順行) ⇓

· R값−D값=31일 4시간 5분   ⇨   10년에 대응함

· R값−B값=13일 8시간 8분   ⇨   φ년에 대응함

· B값−D값=17일 19시간 57분 ⇨ 10−φ년에 대응함

이제 이 비례 관계를 계산기의 도움을 얻어 계산해보면

31일 4시간 5분 : 10년 = 13일 8시간 8분 : φ년

∴ φ ≒ 4.2794년 ≒ 4년 3개월 10일

따라서 순행하는 경우 첫 번째 대운인 무오(戊午) 대운에 진입하는 시점은

```
출생 시점:   2013년 5월 23일
    +  )   4년 3월 10일
          2017년 9월  2일
```

2017년 9월 2일이 됩니다. 역으로 역행하는 사람의 경우에는 첫 번째 대
운인 병진(丙辰) 대운에 진입하는 시점이 2019년 2월 13일이 됩니다.

```
10-φ값 = 5.7206년 ≒ 6년 - (3개월 10일)
출생 시점:   2013년 5월 23일
    +  )        6년
    -  )        3월 10일
          2019년 2월 13일
```

대운 진입 시점의 약식 계산

위에서 비례 관계를 계산하여 정확한 대운 진입 시점을 파악해보았습니
다만, 항상 이렇게 계산해야 한다면 매우 복잡하고 곤란스러운 문제일 것입
니다. 이로 인해 선현들은 약간의 가정을 통해 계산을 단순화하여 약식으
로 계산하는 과정을 취했습니다.

• 가정 ①: 한 달의 길이를 항상 30일로 간주함
• 가정 ②: 분(分) 단위의 간격은 그 차이가 작으므로 무시하고 계산에서 생략함

이렇게 가정하면 생월(生月)의 기간 30일이 10년에 대응하게 되므로 각각 아래의 대응 관계를 취할 수 있습니다.

- ◆ 3일의 간격 ⇨ 1년에 대응
- ◆ 1일의 간격 ⇨ 4개월에 대응
- ◆ 1시간의 간격 ⇨ 5일에 대응
- ◆ 1분의 간격 ⇨ 2시간에 대응

이를 위에서 적용한 사례에 대입해보면 다음과 같습니다.

- · R값-D값=30일 ⇨ 10년에 대응함
- · R값-B값=13일 8시간 8분 ⇨ φ년에 대응함

R값-D값이 항상 30일이므로 비례식을 계산할 필요 없이 R값-B값을 바로 약식 대응 관계로 계산하여 φ값을 구할 수 있게 됩니다. 식은 다음과 같습니다.

13일 = 3일×4 + 1일
　　　⇒ 1년×4 + 4개월 = 4년 4개월
8시간 ⇒ 8×5일 = 40일 ⇒ 1개월 10일
8분 ⇒ 8×2시간 = 16시간 ⇒ 무시함

∴ φ ≒ **4년 5개월 10일**

그러므로 순행하는 경우에 첫 번째 대운 진입 시점은 아래와 같이 계산할 수 있습니다.

```
출생 시각:   2013년 5월 23일
    +  )   4년 5월 10일
         2017년 11월  2일
```

정밀한 계산 결과 2개월의 오차가 있습니다만, 10년의 긴 흐름을 파악하는 대운의 시간 주기를 감안한다면 비교적 수용할 만한 오차라고 볼 수 있습니다.

매 대운의 진입 시점과 작용 기간

위에서 예를 든 2013년 5월 23일 13:15에 태어난 남녀(男女)에 대해 매 대운의 진입 시점과 작용 기간을 나타내면 다음과 같습니다.

＊ 2013년 : 계사년(癸巳年) ⇨ 年干이 음간(陰干)인 癸임

◆ **남자의 경우**

· 음남(陰男)에 해당하므로 역행(逆行)함

· 첫 번째 대운 : 병진(丙辰) ⇨ 2019년 2월 13일에 진입하여 10년간 작용함

· 두 번째 대운 : 을묘(乙卯) ⇨ 2029년 2월 13일에 진입하여 10년간 작용함

· 세 번째 대운 : 갑인(甲寅) ⇨ 2039년 2월 13일에 진입하여 10년간 작용함

· 네 번째 대운 : 계축(癸丑) ⇨ 2049년 2월 13일에 진입하여 10년간 작용함

• 다섯 번째 대운 : 임자(壬子) ⇨ 2059년 2월 13일에 진입하여 10년간 작용함

◆ **여자의 경우**

• 음녀(陰女)에 해당하므로 순행(順行)함

• 첫 번째 대운 : 무오(戊午) ⇨ 2017년 9월 2일에 진입하여 10년간 작용함

• 두 번째 대운 : 기미(己未) ⇨ 2027년 9월 2일에 진입하여 10년간 작용함

• 세 번째 대운 : 경신(庚申) ⇨ 2037년 9월 2일에 진입하여 10년간 작용함

• 네 번째 대운 : 신유(辛酉) ⇨ 2047년 9월 2일에 진입하여 10년간 작용함

• 다섯 번째 대운 : 임술(壬戌) ⇨ 2057년 9월 2일에 진입하여 10년간 작용함

유년(流年)과 유월(流月)의 의미

운로(運路)에는 대운 이외에 유년(流年)과 유월(流月)이 있습니다. 대운은 월주(月柱)를 기준으로 순행하거나 역행하므로, 개인의 월주(月柱)에 따라 각각 달라지고 복잡한 계산을 통해 해당 대운의 진입 시점을 파악합니다. 그러나 유년과 유월은 매년·매월 흘러가는 기운의 영향을 의미하므로 누구에게나 동일합니다. 가령 2014년 입춘 이후에 다가오는 해는 갑오년(甲午年)이고, 2015년 입춘 이후에 다가오는 해는 을미년(乙未年)입니다. 이때 갑오년과 을미년의 작용과 영향을 파악하는 것이 유년의 파악에 속합니다. 또한 갑오년(甲午年)은 병인월(丙寅月)로 시작하는데, 갑오년 중에서도 특정한 사오미(巳午未)월의 작용과 영향을 알고 싶다면 기사월(己巳月)·경오월(庚午月)·신미월(辛未月)의 흐름을 파악하면 되고, 이것이 유월의 파악에 속합니다. 이렇듯 모든 사람에게 동일하게 다가오는 년(年)과 월(月)의 기운을 파악

하는 것이 유년과 유월의 파악입니다. 따라서 명식(命式) 작성에 필수적으로 기록하기보다는 특정한 관심 시점만 기록하는 것이 일반적입니다.

기타 정보 기록

대운까지의 기록이 끝나면 지장간(地藏干), 월령(月令), 십이운성(十二運星), 십신(十神) 등등의 기타 정보를 기록하게 됩니다. 이와 관련해서는 다음 강의에서 자세하게 설명하고 여기서는 우선 생략하겠습니다.

명식(命式)의 작성

이제 앞에서 예를 든 2013년 5월 23일 13시 15분에 서울에서 태어난 남자와 여자의 명식을 직접 작성해보겠습니다.

＊ 진태양시 시진(時辰)의 파악

- KASI 정보에 의하면 당일 서울의 남중 시각은 12:29입니다. 따라서 12:29이 진태양시 정오이므로, 13:15은 11:29~13:28의 오시(午時)에 속하게 됩니다.

년주(年柱)의 파악: 계사(癸巳)

월주(月柱)의 파악

- 5월 23일은 입하와 망종 사이에 해당하므로 사월(巳月)이 생월(生月)입니다. 월주(月柱) 참고표에 의하거나 만세력에 의하면 월주는 정사(丁巳)가 됩니다.

일주(日柱)의 파악

- 일주를 파악하는 것은 직접 달력이나 만세력을 찾아보거나 인터넷 정보를 활용해야 합니다. 만세력에 의하면 일주는 기축(己丑)이 됩니다.

시주(時柱)의 파악

• 진태양시 시진이 오시(午時)이므로, 시주(時柱) 참고표에 의하면 시주는 경오(庚午)가 됩니다.

대운(大運)의 파악

• 남자의 경우에는 역행하고, 여자의 경우에는 순행합니다.

이렇게 알아낸 사항을 기록하는데, 특정한 기록의 양식에 반드시 따라야 하는 것은 아닙니다만, 필자는 아래와 같은 양식을 선호합니다.

◆ **남자의 경우**

[四柱]	庚 己 丁 癸	
	午 丑 巳 巳	男命
[大運]	庚 辛 壬 癸 甲 乙 丙	
	戌 亥 子 丑 寅 卯 辰	
	첫 번째 대운 진입 시점 : 2019년 2월 13일	

◆ **여자의 경우**

[四柱]	庚 己 丁 癸	
	午 丑 巳 巳	女命
[大運]	甲 癸 壬 辛 庚 己 戊	
	子 亥 戌 酉 申 未 午	
	첫 번째 대운 진입 시점 : 2017년 9월 2일	

185

이와 같은 세로쓰기는 전통적인 동아시아의 서체 방식입니다. 따라서 동아시아 고전의 책이나 한국을 제외한 대만·일본·홍콩의 명서(命書)를 볼 때에도 편리합니다. 그렇지만 최근의 중국과 한국·일본 등에서는 가로쓰기의 형태로 기록하는 경우도 적지 않습니다. 자신에게 가장 편한 방법을 익히는 것이 중요합니다.

인터넷 정보의 활용

명식의 작성을 보다 쉽게 하는 방법으로 인터넷 사이트에서 제공하는 명식 작성 프로그램을 활용할 수 있습니다. 다음 세 사이트는 대만의 웹사이트 2곳(필자가 애용하는 곳)과 한국의 웹사이트입니다. 위에서 작성한 명식과 비교하기 위해 여자의 명식을 작성해보았습니다. 참고로 제시된 이미지는 일부만 캡처한 자료입니다.

◆ 웹사이트 Ⓐ : http://destiny.xfiles.to/app/eightwords/Old

여기서 대운의 간지(干支) 위에 나타나 있는 숫자는 나이를 의미합니다. 즉 5세에 무오(戊午) 대운이 시작한다는 의미인데, 보다 구체적으로는 교운(交運)이라고 해서 5세 9월 27일에 시작한다고 나타나 있습니다.

이 사이트의 장점은 간편하게 명식을 알아볼 수 있고, 약식 계산에 의한 것이기는 하지만, 교운(交運) 시점을 계산해 줍니다. 다만 여기서 제시하는 나이와 교운 시점은 모두 음력 자료이고, 대만의 기년(紀年) 방식인 민국(民國)의 연도를 사용한다는 점에 유의해야 합니다.

◆ 웹사이트 Ⓑ : http://destiny.xfiles.to/app/eightwords/Wizard

이곳은 A 사이트를 업그레이드하여 새롭게 제공한 사이트입니다. 이 사이트의 장점은 구글의 지도 정보를 이용하여 태어난 곳을 지도에서 지정하면, 직접 해당 지역의 표준시를 파악하고 경도 보정을 실시하여 명식을 작성해주며, 정확한 절기(節氣)의 절입 시각을 계산하여 분계 파악을 정확하게 처리한 명식을 제공합니다. 기타 세부 옵션을 조정할 수 있는 항목이 다양하게 존재하고, 간략한 논명 결과까지 제공해줍니다. 다만 아직 불완전한 프로세싱으로 인해 대운 계산과 결과 표시는 오류가 나타나고 있다는 점에 유의할 필요가 있습니다.

◆ **웹사이트 Ⓒ** : http://lifesci.net/pod/plugin/ical/

			某氏			
남자 (목요일,)			시	일	월	년
(양력) 2013년 05월 23일 13:15			庚	己	丁	癸
(음/평) 2013년 4월 14일 13:15			午	丑	巳	巳

소운 순행	乙	癸	辛	己	丁	乙	癸	辛
	酉	未	巳	卯	丑	亥	酉	未

대운 역행	己	庚	辛	壬	癸	甲	乙	丙
	酉	戌	亥	子	丑	寅	卯	辰
	75	65	55	45	35	25	15	5.13

소운 순행	丙	甲	壬	庚	戊	丙	甲	壬
	戌	申	午	辰	寅	子	戌	申

- 현재 나이: 1 세
- 대운 시작: 5세 13월 14일
- 표준경도: 135
- 출생경도: 126.97797
- 자시시작: 23시 28분
- 균시차: 193초

- 대운수 나이 기준: 입춘(入春)
- 13월/14월: 다음해 입춘전의 1월과 2월을 뜻함
- 소수점 이하: 그 나이에 해당하는 해의 양력 월과 일

이 사이트의 장점은 양력과 음력 모두 입력이 가능하고, 균시차 보정도 이

루어지며, 구글의 지도 정보를 이용하여 출생지를 쉽게 입력 가능한 점입니다. 그러나 야자시(夜子時)에 관한 사항이 반영되지 않고, 불필요한 소운(小運)이 출력되는 한계점을 지니고 있습니다.

비록 웹사이트 자료를 통해 편리하게 명식을 알아낼 수는 있습니다만, 그 원리에 대해서는 명확하게 이해해야 합니다. 또한 분계 시점에 태어난 경우나 시간의 보정이 필요한 경우에는 웹사이트 자료만 의지해서는 곤란합니다. 그러므로 자신과 가족들의 명식을 직접 작성하면서 그 절차에 대해 숙지하시기를 권하고 싶습니다.

출생지의 기후·지형적 특성과 출생 당시의 기상 정보의 활용

논명 결과 명식에서 한기(寒氣)가 심하게 나타날 경우에는 상대적으로 저위도에서 태어난 사람이 고위도에서 태어난 사람보다 후천적 혜택을 받아 보다 나은 명(命)으로 파악합니다. 반대로 명식에서 열기(熱氣)가 심하게 나타날 경우에는 상대적으로 고위도에서 태어난 사람이 보다 나은 명으로 파악합니다. 또한 명식에서 건조함이 심하게 나타날 경우에는 내륙 지역보다는 강가나 해안가 근처에서 태어난 사람이 보다 나은 명으로 파악하고, 혹은 당일 비가 내린 지역에서 태어난 사람이 하늘이 맑은 지역에서 태어난 사람보다 나은 명으로 파악합니다.

이와 같은 모든 판단은 선천적인 명식에 대한 논명 결과에 후천적인 출생 환경 요인을 감안하여 정확한 논명을 하기 위해 이루어집니다. 따라서 출생 환경을 알고 있는 경우에는 보다 정확한 논명이 이루어질 수 있습니다.

그런데 대부분의 사람들은 자신이 태어난 환경 요인에 대해 잘 알지 못합니다. 따라서 출생지에 관한 기후·지형적인 요인에 대해서는 인터넷 정보 등을 활용할 필요가 있습니다. 특히 출생 당시의 기상 정보에 관해서는 기상청에서 제공하는 관측 자료가 존재하므로, 손쉽게 파악할 수 있습니다.

◆**기상청 관측 자료 중 과거 자료**:

[http://www.kma.go.kr/weather/observation/past_cal.jsp]

이곳에서는 전국의 기상 관측소에서 직접 관측한 기온·운량·강수량 등의 과거 정보가 상세하게 제공됩니다. 이 외에도 기상청에서는 다양한 기후·기상 자료들을 제공하므로 필요한 경우에는 많은 정보를 파악할 수 있게 해줍니다.

일별자료	요소별자료	순별자료

월별 지난 날씨 정보를 달력으로 조회하실 수 있습니다.

+ 지점정보 참고

유인관측	(청) : 본청, 지방기상청/(기) : 기상대	무인관측요소 + 날씨(기상현상), 구름, 적설
무인관측	(관) : 기상관측소/(공) : 공동협력기상관측소	기온, 강수량, 바람, 습도, 일조시간

+ 검색 전 확인사항
- 운량은 0.0 ~ 10.0 으로 표현되며 강수 유무와 관계없이 하루 평균 구름의 양입니다.
- 운량이 공백인 곳은 관측하지 않은 지점들입니다.
- 제공되는 값은 증명자료로 사용할 수 없으므로, 제출용 증명자료를 원하실 경우는 전자민원센터를 활용하시거나 기상청 민원실(Tel 02-2181-0233)로 문의 바랍니다.
- 당일 자료는 다음날 재수정 될 수 있습니다.
- 순천 자료 확인 시 2011.04.01 이전 자료는 '순천<구>'에서 확인 바랍니다.
- 고창 자료 확인 시 2010.12.01 이전 자료는 '고창<구>'에서 확인 바랍니다.

지점 서울(청) ▼ 선택　연도 2013 ▼ 선택　월 4 ▼ 선택　요소 기온/강수량 ▼ 선택

날씨달력 서울(청) / 2013년 4월

일요일	월요일	화요일	수요일	목요일	금요일	토요일
	1일	2일	3일	4일	5일	6일
	평균기온:9.2℃ 최고기온:13.4℃ 최저기온:3.3℃ 평균운량:7.3 일강수량:0.5mm	평균기온:7.2℃ 최고기온:9.5℃ 최저기온:5.8℃ 평균운량:7.6 일강수량:8.5mm	평균기온:7.9℃ 최고기온:14.1℃ 최저기온:3.9℃ 평균운량:4.5 일강수량:-	평균기온:12.6℃ 최고기온:19.8℃ 최저기온:5.6℃ 평균운량:1.8 일강수량:-	평균기온:14.6℃ 최고기온:19.9℃ 최저기온:10.1℃ 평균운량:7.8 일강수량:-	평균기온:7.5℃ 최고기온:13.0℃ 최저기온:2.5℃ 평균운량:10.0 일강수량:14.0mm
7일	8일	9일	10일	11일	12일	13일
평균기온:5.1℃ 최고기온:9.6℃ 최저기온:2.0℃ 평균운량:4.0 일강수량:1.0mm	평균기온:8.0℃ 최고기온:13.8℃ 최저기온:2.5℃ 평균운량:5.1 일강수량:1.0mm	평균기온:6.2℃ 최고기온:10.7℃ 최저기온:3.2℃ 평균운량:4.0 일강수량:0.5mm	평균기온:5.0℃ 최고기온:8.1℃ 최저기온:1.3℃ 평균운량:4.4 일강수량:1.5mm	평균기온:5.5℃ 최고기온:9.6℃ 최저기온:3.7℃ 평균운량:3.6 일강수량:0.5mm	평균기온:6.9℃ 최고기온:11.9℃ 최저기온:2.2℃ 평균운량:1.1 일강수량:-	평균기온:11.4℃ 최고기온:17.5℃ 최저기온:3.4℃ 평균운량:3.5 일강수량:-

명식 작성 연습

지금까지 명식을 정확하게 작성하는 방법에 대해 살펴보았습니다만, 직접 작성해보는 과정을 반복하면서 그 절차와 과정을 숙지하는 것은 매우 중요합니다. 이제 잘못 작성하기 쉬운 여섯 사례를 통해 명식 작성 과정을 자세히 연습해보도록 하겠습니다.

[사례 A] 2012년 2월 4일 19시 23분 서울에서 태어난 남아의 명식 작성

◆ **진태양시 시진(時辰) 파악**

˙ KASI 정보에 의한 당일 서울의 남중 시각 ⇨ 12:46

˙ 진태양시 정오가 12시 46분이므로, 19시 23분은 17시 46분~19시 45분의 영역인 유시(酉時)에 속함

◆ **년주(年柱) 파악**

˙ 2012년의 입춘 절입 시각이 2월 4일 19시 22분이므로 19시 23분은 입춘을 막 지난 시점임 ∴임진년(壬辰年)에 해당함

◆ 월주(月柱) 파악

• 입춘을 막 지난 시점이므로 인월(寅月)에 속함 ⇨ 월주 참고표에 의하면 월

　주는 임인월(壬寅月)임

◆ 일주(日柱) 파악

• 만세력에 의하면 을미일(乙未日)임

◆ 시주(時柱) 파악

• 일간(日干)이 을(乙)이고 유시(酉時)에 태어났으므로, 시주 참고표에 의하면

　을유시(乙酉時)임

◆ 대운(大運)의 순역(順逆) 파악

• 년간(年干)은 임(壬)이고 남자이므로, 양남(陽男)에 해당하여 순행의 운에 속함

• 대운의 진행 순서 : 계묘(癸卯) ⇨ 갑진(甲辰) ⇨ 을사(乙巳) ⇨ 병오(丙午) ⇨ 정

　미(丁未) ⇨ ……

◆ 첫 번째 교운(交運) 시점 계산

• 입춘(立春) 절입 시각 : 2월 4일 19시 22분

• 경칩(驚蟄) 절입 시각 : 3월 5일 13시 21분

• 비례 관계

　28일 17시간 59분 : 10년 = 28일 17시간 58분 : φ년

　∴ φ ≒ 10년

• 첫 번째 교운 시점 : 2022년 2월 4일

[四柱]	乙 乙 壬 壬	男命
	酉 未 寅 辰	

[大運]	己 戊 丁 丙 乙 甲 癸
	酉 申 未 午 巳 辰 卯

첫 번째 대운 진입 시점 : 2022년 2월 4일

▶잘못 작성하기 쉬운 요소

시중에 잘못 인쇄되어 있는 여러 부정확한 만세력에 의지하여 입춘 절입 시각이 달라지면 년주(年柱)·월주(月柱)·대운을 모두 잘못 작성할 가능성이 큽니다.

[사례 B] 1987년 음력 5월 10일 14시 33분 속초에서 태어난 여자의 명식 작성

직접 작성해본 이후에 부록에 있는 과정과 비교해보시기 바랍니다(438쪽).

[사례 C] 1958년 8월 8일 09시 52분 광주에서 태어난 여자의 명식 작성

◆ 진태양시 시진(時辰) 파악

• KASI 정보에 의한 당일 광주의 남중 시각 ⇨ 12 : 38

• 1958년 8월에 태어난 사람은 ⊖30분의 보정이 필요함 ∴현재의 09시 22분 출생에 해당함

• 진태양시 정오가 12시 38분이므로, 09시 22분은 07시 38분~09시 37분의

영역인 진시(辰時)에 속함

◆ **년주(年柱) 파악 :** 무술년(戊戌年)

◆ **월주(月柱) 파악**

• 입추의 절입 시각이 8월 8일 10시 17분이므로 09시 22분은 아직 입추에

  이르지 못한 시점이기에 미월(未月)에 속함 ⇨ 월주 참고표에 의하면 기미

  월(己未月)임

◆ **일주(日柱) 파악 :** 만세력에 의하면 정사일(丁巳日)임

◆ **시주(時柱) 파악**

• 일간(日干)이 정(丁)이고 진시(辰時)에 태어났으므로, 시주 참고표에 의하면

  갑진시(甲辰時)임

◆ **대운(大運)의 순역(順逆) 파악**

• 년간이 무(戊)이고, 여자이므로 양녀(陽女)에 해당하여 역행의 운에 속함

• 대운의 진행 순서 : 무오(戊午) ⇨ 정사(丁巳) ⇨ 병진(丙辰) ⇨ 을묘(乙卯) ⇨ 갑

  인(甲寅) ⇨ …

◆ **첫 번째 교운(交運) 시점 계산**

• 소서(小暑)의 절입 시각 : 7월 8일 00시 33분

• 망종(芒種)의 절입 시각 : 8월 8일 10시 17분

• 비례 관계

  31일 9시간 44분 : 10년 = 55분 : φ년

  ∴ φ ≒ 0.0122년 ≒ 4.4일 ⇨ ∴10−φ = 10년 − 4.4일

• 첫 번째 교운 시점 : 1968년 8월 3일

[四柱]	甲 丁 己 戊	
	辰 巳 未 戌	女命
[大運]	壬 癸 甲 乙 丙 丁 戊	
	子 丑 寅 卯 辰 巳 午	

첫 번째 대운 진입 시점 : 1968년 8월 3일

▶ 잘못 작성하기 쉬운 요소

1958년도의 표준 자오선 변경과 일광 절약 시간제 적용에 따른 보정을 고려

하지 않으면 시주(時柱)를 잘못 작성할 가능성이 큽니다.

[사례 D] 1976년 음력 12월 20일 00시 38분 전북 전주에서 태어난 남자

의 명식 작성 ⇨ 교운 시점 약식 계산할 것

◆ 진태양시 시진(時辰) 파악

· 양력 변환 : 76년 음력 12월 20일은 양력 77년 2월 7일에 해당

· KASI 정보에 의한 당일 전주의 남중 시각 ⇨ 12 : 46

· 진태양시 정오가 12시 46분이므로, 00시 38분은 진태양시 자정인 00시

46분에 미치지 못함 ∴전일(前日)인 2월 6일 야자시(夜子時) 영역(2월 6일 23

시 46분 ~ 2월 7일 00시 45분)에 속함

◆ 년주(年柱) 파악

· 1977년의 입춘 절입 시각이 2월 4일 7시 33분이므로 2월 7일은 입춘을 지

난 시점임 ∴정사년(丁巳年)에 해당함

◆ **월주(月柱) 파악**

• 입춘을 지났으므로 인월(寅月)에 속함 ⇨ 월주 참고표에 의하면 월주는 임
  인월(壬寅月)임

◆ **일주(日柱) 파악**

• 야자시에 속하므로 전일인 2월 6일의 일주를 찾아야 함 ⇨ 만세력에 의하
  면 갑오일(甲午日)임

◆ **시주(時柱) 파악**

• 일간(日干)이 갑(甲)이고 야자시(夜子時)에 태어났으므로 시주 참고표에 의하
  면 병자시(丙子時)임

◆ **대운(大運)의 순역(順逆) 파악**

• 년간이 정(丁)이고 남자이므로, 음남(陰男)에 해당하여 역행의 운에 속함

• 대운의 진행 순서 : 신축(辛丑) ⇨ 경자(庚子) ⇨ 기해(己亥) ⇨ 무술(戊戌) ⇨ 정
유(丁酉) ⇨ ⋯⋯

◆ **첫 번째 교운(交運) 시점 계산**

• 입춘(立春) 절입 시각 : 2월 4일 7시 33분

• 약식 계산에 의하면 (10−φ)년은 2일 17시간 5분에 대응함

> 2일 ⟹ 2×4개월 = 8개월
> 17시간 ⟹ 17×5일 = 85일 ⟹ 2개월 25일
> 5분 ⟹ 무시함
>
> ∴ **10−φ ≒ 10개월 25일**

• 첫 번째 교운 시점 : 1978년 1월 2일

◆ 명식 기록

[四柱]	丙　甲　壬　丁	
	子　午　寅　巳	男命
[大運]	乙　丙　丁　戊　己　庚　辛	
	未　申　酉　戌　亥　子　丑	
	첫 번째 대운 진입 시점 : 1978년 1월 2일	

▶잘못 작성하기 쉬운 요소

• 음력 1976년이므로 년주를 병진(丙辰)으로 잘못 작성할 가능성이 큽니다.

• 진태양시 시진 파악이 잘못되면 2월 7일이 넘었으므로 2월 7일의 간지(干支)
  인 을미(乙未)로 일주를 잘못 작성할 가능성이 큽니다.

• 야자시(夜子時)와 조자시(早子時)를 구별하지 못할 가능성이 큽니다.

[사례 E] 1994년 1월 17일 15시 41분 인천에서 태어난 여자의 명식 작성
⇨ 교운 시점 약식 계산할 것

직접 작성해본 이후에 부록에 있는 과정과 비교해보시기 바랍니다(440쪽).

[사례 F] 1988년 음력 3월 23일 01시 57분 수원에서 태어난 남자의 명
식 작성 ⇨ 교운 시점 약식 계산할 것

직접 작성해본 이후에 부록에 있는 과정과 비교해보시기 바랍니다(442쪽).

명식 작성에 관한 논쟁 요소와
기타 유의 사항

지금까지 명식 작성에 관해서 자세하게 살펴보았습니다. 이제 앞에서 거론하지 않았던 명식 작성에 관련한 논쟁 요소와 기타 유의 사항에 관해 몇 가지 설명하고자 합니다. 이 부분에 대한 내용은 사실 어렵고 매우 복잡한 요소가 있으므로, 자평학에 대해 처음 학습하시는 분들은 일단 이 부분은 넘어가고 차후에 다시 보시는 방법이 적절하다고 생각합니다. 그러나 명학에 이미 입문하였거나 혹은 전공하고 있는 학생들이라면 꼭 필요한 지식이 될 것입니다.

출생 시각의 정의

출생 시각은 정확히 언제를 의미하는 것인가에 관한 논쟁이 있습니다만, 자평학에서 정의하는 출생 시각이란 아기가 출생하고 나서 첫 호흡을 하며 첫울음을 우는 시점의 시각입니다. 산도 밖으로 얼굴이 나온 시점도 아니고, 탯줄을 자르는 시점도 아닙니다. 따라서 자연 분만이나 제왕절개 등을 통해 태아가 자궁 밖을 벗어났을지라도 아직 첫울음을 울지 않았다면 출생 시각으로 간주할 수 없습니다.

이러한 첫울음에 의미를 부여하는 것은 태중(胎中)에서 종속적인 개체로 존재하던 태아가 비로소 세상과 조우(遭遇)하며 독립적으로 천기(天氣)를 들이마시고 내쉬면서 호흡을 행하는 것에 의미를 두는 것입니다. 또한 사주(四柱)는 바로 이 첫 번째 들이마신 천기(天氣)가 어떠한 것인지를 살펴보는 것이기도 합니다. 다시 말해서 사주(四柱) 논명(論命)의 정확한 의미는 첫 호흡 과정에서 처음으로 들이마신 천기(天氣)를 시간적으로 잘라서[→ 달리 **단시(斷時)**라고 부름] 그 기(氣)의 구성이나 배합 등을 살펴보는 것입니다. 앞서서 자평학의 명관(命觀)을 설명하면서 개인의 사주가 명주의 운명을 결정하는 것이 아니라 명주의 심리적·생리적 특성을 사주로써 판단하여 명주를 둘러싼 인(人)·사(事)·물(物)·경(境)과의 관계 속에서 일어나고 귀결되는 사정(事情)의 성패(成敗)와 득실(得失)을 예측하고 파악한다고 하였습니다.

첫 호흡 과정에서 들이마신 천기(天氣)는 개체가 세상에 태어나서 가장 먼저 접하는 외기(外氣)입니다. 그래서 이 천기(天氣)와 개체와는 절대로 분리될 수 없는 상관관계나 인연(因緣)이 매우 크다고 생각하는 것입니다. 그러므로 이 외기(外氣)를 파악하여 매우 높은 상관관계를 맺고 있는 개체를 파악하는 중요한 방편으로 삼는 것입니다. 그러므로 첫울음으로 확인되는 첫 호흡의 성공 시점을 기록하여 출생 시각으로 파악합니다.

：내담자(來談者)가 자신의 정확한 출생 시각에 대한 정보
를 제공하지 못하는 경우에 접근하는 방법

실제 상담 과정에서는 내담자가 자신의 출생 시각을 정확하게
알지 못하는 경우가 적지 않습니다. 예전의 출생 기록을 분실하였거나 혹
은 부모님이 정확하게 기억하지 못해 제대로 출생 정보를 알 수 없는 경우
가 대부분입니다. 이러한 경우에는 다음과 같은 접근 방법을 사용해볼 수
있습니다. 다만 이러한 방법은 완전한 해결책이라기보다는 중요하게 참고하
고 적용해볼 만하다는 점에 유의해야 합니다.

출생 시간대를 해 뜰 무렵이나 혹은 해 질 무렵으로 제시하는 경우

해가 뜰 무렵이나 해가 질 무렵, 또는 동트기 전 아직 어두컴컴한 무렵
이나 해는 졌지만 아직 밤이 되기 전 무렵 등으로 애매하게 출생 시간대
를 제시하는 경우에는 KASI에서 제공하는 일출·일몰 시각이나 시민 박명
(civil twilight) 정보를 활용하는 것이 좋습니다. 이 정보들은 남중 시각 정
보와 함께 제공됩니다.

◆ 일출(日出)과 일몰(日沒) 시각의 정의

천문학적인 기준에서 정의하는 일출 시각은 태양이 지평선 아래에서부터
떠오를 때 태양의 윗부분[**상단(上端)**]이 지평선에 닿았을 때의 시각이고, 일
몰 시각은 태양이 지평선 위에서 아래로 사라질 때 태양의 윗부분[**상단(上
端)**]이 지평선에 닿았을 때의 시각입니다.

따라서 아침에 해가 보이기 시작했거나 혹은 저녁에 아직 마지막 지는 해

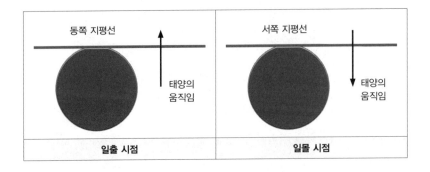

동쪽 지평선	서쪽 지평선
태양의 움직임	태양의 움직임
일출 시점	일몰 시점

가 보였다면 이 시점은 각각 일출 시각을 지난 시점과 일몰 시각에 도달하기 전 시점에 해당합니다.[51]

◆ 박명(薄明 ; twilight)의 의미

박명이란 천문학적으로 해 뜨기 전이나 해 진 후에 하늘이 어느 정도 밝은 상태를 유지하는 시간을 의미합니다. 박명 시각은 장소[**위도, 경도**]에 따라 달라지고, 박명 시각 이후[→ **아침**] 또는 박명 시각 이전[→ **저녁**]시간의 주위의 밝기는 일기 조건이나 주위 환경에 크게 좌우됩니다.

세부적으로는 밝기에 따라 시민 박명(civil twilight), 항해 박명(nautical twilight), 그리고 천문 박명(astronomical twilight)으로 나뉘지만 논명에서 참고할 만한 자료는 시민 박명입니다.

---

51 부록에 2013년 기준 서울의 일출·남중·일몰 및 시민 박명의 시각표를 제공하였습니다. 비록 출생 년도가 다르다고 할지라도 시각의 오차는 1분 이내에 불과하므로 참고 자료로써는 충분한 활용 가치가 있습니다. 또한 하지(夏至)에 해당하는 6월 21일을 기준으로 전국 주요 지역의 일출·남중·일몰·시민 박명 시각을 제시하여 서울과의 오차를 감안하고 적용할 수 있도록 하였습니다.

◆ **시민 박명**(civil twilight)

시민 박명이란 해가 아직 떠오르지 않았거나 혹은 해가 이미 졌지만 인간이 활동하는 데 큰 지장이 없는 시각으로, 태양이 지평선 아래 6° 정도에 위치하고 있을 때로 정의됩니다.

보통 서울에서는 약 30분가량 시민 박명이 지속되는데, 이 시기에는 육안으로도 사물을 구분할 수 있을 만큼 밝고, 하늘에 떠 있는 금성을 관찰할 수 있으며, 조명 없이도 일상적인 야외 활동이 가능합니다.

따라서 해는 보이지 않지만 이미 날이 밝았다고 하거나 해는 이미 졌지만 아직 밝은 기운이 남아 있었다고 하면, 아침 시민 박명~일출 시각까지의 시간대와 일몰 시각~저녁 시민 박명까지의 시간대를 적용하면 비교적 실제 출생 시각에 가깝게 접근할 수 있습니다.

시진(時辰)의 경계에 태어났거나 혹은 구체적인 출생 시각을 제시하지 못하고 시간대를 제시하는 경우

KASI에서 제공하는 정보에서 오차의 한계는 분(分) 단위입니다. 따라서 진태양시를 파악했을지라도 시진의 경계에 해당하거나 혹은 14~16시경과 같이 일정한 범위의 시간대를 제시하는 경우에는 정확한 시진을 확정하기 어렵습니다.

이와 같은 경우에는 경계 양쪽의 명식(命式)을 모두 작성한 이후에 내담자의 이력이나 성향을 자세히 묻고 파악하여 비교·분석한 이후에 원명(原命) 파악이 잘 일치하는 시진(時辰)의 명식으로 판단하여 논명하게 됩니다.

　우리나라가 아닌 국외 출생자의 명식을 작성할 때에는 먼저 북반구 출생과 남반구 출생부터 구별해서 파악해야 합니다. 만약 북반구 출생이라면 본인이 기억하는 출생시에 대한 표준 자오선을 먼저 파악한 이후에 출생 지역에 대한 경도 보정과 균시차 보정 및 일광 절약 시간제 적용 여부에 따른 추가적인 보정을 해서 명식을 작성합니다. 기본적으로는 국내에서 태어난 사람의 명식 작성에서 적용하는 보정 절차와 동일합니다. 다만 해당 지역의 표준 자오선에 대한 정보를 명확하게 알기 어려운 경우나 일광 절약 시간제 적용 여부를 잘 알지 못하는 경우에는 정확하게 명식을 작성하기가 어렵습니다. 그럼에도 불구하고 우리나라의 KASI 제공 자료처럼 세계의 많은 나라들도 인터넷으로 이와 비슷한 정보들을 제공하고 있으므로, 이 자료들을 찾아서 가급적 보정이 정확하게 이루어지도록 노력할 필요가 있습니다.

　북반구에서 태어난 경우와 달리 남반구에서 태어난 사람에 대해 명식을 작성하는 방법에 대해서는 현재 논란이 많습니다.

　세계에 존재하는 모든 명운(命運) 파악의 방법과 연구·시도들은 근본적으로 각 문화의 산물입니다. 문화마다 가치 판단과 명운을 받아들이는 자세가 다르므로, 문화마다 각 문화권에서 가장 성공적인 방법론이 존속할 수밖에 없습니다. 자평학은 동아시아 문화권에서 가장 성공적인 논명의 학술 체계입니다. 따라서 동아시아 문화권에 속한 사람들을 대상으로 논명할 때 가장 접근도가 높고 의미성이 큽니다. 그리고 비슷한 기후를 지닌 북반구의 다른 지역에 대해서도 그 문화에 대한 이해가 충분하다면 어느 정도 성공적인 접근이 가능합니다.

하지만 남반구는 계절의 순환 자체가 북반구와 정반대이기 때문에 북반구와 동일한 시간의 주기를 가지고 시간의 분계를 적용하여 명식을 작성하고 논명해도 되는가에 대해 아직 정답을 알지 못하고 있는 상태입니다. 기껏해야 일부 개인들의 논명 보고가 있을 따름입니다. 따라서 현재로서는 남반구에서 태어난 사람에 대한 자평 논명의 그 의미성에 관해 아직 뭐라고 제시하기 어렵습니다.

:년주(年柱)의 분계에 관한 논쟁 ⇨ 동지(冬至) 기준설의 제기

년주(年柱)의 분계는 입춘의 절입 시각입니다만, 대만의 우쥔민(吳俊民) 선생을 비롯한 몇몇 명가(命家)들은 동지(冬至)의 절입 시각으로 변경할 것을 주장하고 있습니다. 이들의 주장 내용을 요약하면 다음과 같습니다.

"지구의 공전으로 인한 1년의 순환에서 동지(冬至) 이후에 다시 양기(陽氣)가 회복되고, 지구의 자전으로 인한 하루의 순환에서 자정(子正) 이후에 다시 양기가 증가하는 것에 주목하여 한 해는 동지에서 시작하고, 하루는 자정에서 시작하는 통일된 관점을 가져야 한다."

그러나 대만의 첸춘이(陳椿益) 선생도 지적하는 것처럼 우쥔민 선생의 논

거 역시 그렇게 적용해보니 경험상 논명의 정확도가 높아졌다는 정도가 전부입니다.

동지에서 입춘까지의 시기는 1년의 1/8에 해당하므로 단순하게 계산해보면 전체 인구의 1/8의 논명이 잘못 이루어지고 있다는 것인데, 정작 수많은 대만과 중국의 명가(命家)들은 오히려 기존의 관점인 입춘 절입 시각을 분계로 삼았을 때의 논명 결과가 오히려 더 정확도가 높다고 보고하고 있습니다.

天開於子, 地闢於丑, 人生於寅

중국 역사에서 정치적인 목적에 의해 한 해의 시작인 세수(歲首)를 변경한 경우는 여러 차례 존재합니다. 그러나 자평학에서 입춘(立春)을 한 해의 시작으로 삼는 것은 이와 같은 정치적인 세수(歲首)의 공포와는 무관합니다.

삼재(三才)에서 설명했던 것처럼 선천(先天)의 형성 과정에서는 천(天) ⇒ 지(地) ⇒ 인(人)의 차서(次序)가 존재합니다. 그리고 후천의 작용에 있어서도 하늘의 양기(陽氣) 흐름의 동태에 따라 땅의 호응이 나타나고 그 이후에 인(人)의 생명 활동에 영향이 나타납니다. 이러한 과정을 설명한 것이 "天開於子(천개어자), 地闢於丑(지벽어축), 人生於寅(인개어인)"입니다. 즉 하늘은 자(子)에서 열리고, 땅은 축(丑)에서 열리며 지상의 만물은 인(寅)에서 발생한다는 의미입니다.

동지(冬至)를 지나면서 양기(陽氣)가 다시 소생하여 확장하는 것은 천기(天氣)의 흐름입니다. 대한(大寒)을 지나면서 양기가 보다 증가하여 지하(地下)에 충만하고 그로 인해 지중(地中)의 양기가 지상으로 나올 준비를 하며 변화를 꾀하는 것은 지기(地氣)의 흐름입니다. 우수(雨水)를 지나 천지(天地) 사이에 음양(陰陽)의 기(氣)가 균형을 이루면서 만물이 화생(化生)하고 생명력이 약진하는 것은 인기(人氣)의 흐름입니다.

따라서 인기(人氣)의 흐름 가운데 하나인 인생(人生)은 인(寅)에서 새로운 변화가 나타나는 것이고, 이를 반영하여 인월(寅月)을 정월(正月)로 삼게 된 것입니다.[52] 즉 동지는 천기(天氣) 순환의 출발점에 해당하는 것이고, 입춘은 인기(人氣) 순환의 출발점에 해당하는 것입니다.

┆ 일주(日柱)의 분계에 관한 논쟁 ⇨ 자초(子初) 기준설의 제기

일주(日柱)의 분계는 자정(子正)입니다만, 일부 명가(命家)들은 자초(子初)가 분계의 기준이라고 주장하고 있습니다. 다른 시각에서 설명하자면 야자시(夜子時)를 인정하지 않는 관점입니다. 이들의 주장 내용을 요약하면 다음과 같습니다.

◆"하루는 12시진으로 이루어져 있고, 12시진은 자시(子時)에서 시작하여

---

52 명대(明代)의 저명한 의가(醫家)인 장개빈(張介賓) 선생은 "자월(子月)에 양기(陽氣)가 처음 생기기는 하지만, 아직은 지하에 깊이 잠복하여 발생(發生)의 역량이 드러나지 않다가 축월(丑月)을 지나고 인월(寅月)에 이르러서야 조화로운 바람이 불면서 만물이 태어나고 싹이 움트며 강한 생명력의 발동이 일어나므로 봄 기운은 인월이 되어야만 일어난다"고 설명한 바 있습니다.[『類經圖翼』《氣數統論》中에서 인용함]

해시(亥時)에서 끝난다. 따라서 하루의 시작은 자시(子時)가 시작하는 시
점이다."

◆"명학 고서(古書)에는 야자시(夜子時)와 조자시(早子時)를 구별하여 설명
한 문헌이 없다."

◆"야자시(夜子時)의 개념을 도입한 것은 20세기 초반의 일부 명학가(命學家)
들인데, 이 시기에는 서양 문물의 영향을 받아 하루를 24시간 체계로 나
누어 자정에 시작하는 역법 체계가 적용되었기 때문이다. 따라서 전통적인
역법 체계와 부합하지 않는 야자시의 개념을 몇몇 명학가들이 새로운 견해
인 것처럼 포장하고 알린 덕분에 현대에 와서야 야자시의 개념이 생겼다."

확실히 청대 이전의 명학의 고서(古書) 중에서 이미 출판된 책 중에는 야
자시와 조자시에 대해 별도로 자세히 설명한 문헌을 필자는 아직 보지 못
했습니다.

그러나 근대 이전에 중국과 동아시아에서는 하루의 시작을 정말 자시(子
時)가 시작하는 시점, 즉 자초(子初)로 정했을까요? 정말 24시간 체계가 서
양 문물의 영향일까요? 사료적으로는 야자시(夜子時)에 대한 기록이 없을
까요? 다음의 역사적 문헌 자료들을 살펴보겠습니다.

하루의 시작은 야반(夜半), 즉 자정(子正)임을 설명하는 역대 문헌 자료들
◆『史記(사기)』·《曆書(역서)·第四》에 실려 있는 내용
 · 태초력(太初曆)의 기준점에 대한 설명에서 "太初元年, 歲名焉逢攝
  提格, 月名畢聚, 日得甲子, 夜半朔旦冬至.(태초력의 첫해는 태세가 갑

인세이고[53] 월은 갑자월이며 일은 갑자일이고, 자정에 음력 초하루가 되면서 동지가 된다.)"

- 정북(正北)에 대한 주석에서 "十一月甲子朔旦時加子爲冬至.(11월, 즉 子月 갑자일에 음력 초하루이면서 子時에 동지가 되다.)"

→ 태양력과 태음력 및 육십갑자 기일법(紀日法)이 동일하게 시작하는 첫 시점으로 야반(夜半) 자시를 언급하면서, 이때가 방위적으로는 정북(正北)이 됨을 이르고 있습니다. 여기서 정북(正北)이란 시공간이 일치하는 지점으로 태양력 상의 신년(新年), 태음력 상의 초하루, 그리고 하루의 시작이 동시에 일치하는 시점이자, 기일법(紀日法) 상으로 갑자일이 되는 시점입니다.

◆ 『後漢書(후한서)』·《志(지)·律曆下(율력하)》에 실려 있는 내용

- 故律首黃鍾, 曆始冬至, 月先建子, 時平夜半.(고로 율려는 황종이 으뜸이고 역법은 동지에서 시작하는데, 이때의 월의 간지를 먼저 자월(子月)로 하고 시각은 균등한 야반, 즉 자정이 된다.)

◆ 『新唐書(신당서)』·《志(지)·第十五》와 『全唐文(전당문)』·《第10部·卷九百六十四》에 실려 있는 내용

- 당대의 저명한 역가(曆家)·명가(命家)인 이순풍(李淳風)이 정관(貞觀) 十四年[서기 640년]에 인덕력(麟德歷)을 제정하고 황제에게 아

---

53 태세(太歲)가 갑인세(甲寅歲)라는 의미가 지금의 간지 기년법상으로 갑인년(甲寅年)이라는 뜻은 아닙니다. 당시의 태세란 목성의 움직임에 따른 기년 방식으로 지금은 사라진 태세 기년법에 따른 것입니다.

뢴 내용 중에서 "古曆分日, 起於子半.(고대의 역법에서 하루는 나누는 것은 자반, 즉 자정에 시작하였습니다.)"

→ 현재까지의 밝혀진 문헌 근거 중에서 가장 명확하게 자정(子正)이 하루의 시작임을 알려주는 중요한 사료입니다. 이후의 수많은 기록에서 자반(子半)이 하루의 시작이 되는 중요한 유래가 됩니다. 1시진(時辰)을 세부적으로 초(初)와 정(正)으로 나누어 하루를 24시진(時辰)의 개념으로 확장한 것은 이미 송대(宋代)에 도입되었고, 명·청대(明·淸代)에는 일반화되었습니다.

◆ 남송대(南宋代) 주희(朱熹)와 제자들의 문답을 기록한 『주자어류(朱子語類)』에 실려 있는 내용

· 卷第二 : "只如子正四刻方屬今日, 子初自屬昨日.(단지 자정 이후의 4각[54] 이 오늘에 속하고, 자초[부터의 4각]은 본래 어제에 속한다.)"[55]

◆ 원대(元代) 조우흠(趙友欽)이 편찬한 『혁상신서(革象新書)』에 실려 있는 내용

· 《卷一·曆法改革(역법개혁)》 : "…夜半以後屬次日, 界于子時正中…(야반 이후는 다음날에 속하는데 자시의 한가운데, 즉 자정에서 나뉜다.)"

· 《卷二·時分百刻(시분백각)》 : "…子時之上一半在夜半前屬昨日 ; 下一半

---

54 이는 고대에 1시진(時辰)을 8각(刻)으로 나눈 개념에 따릅니다. 여기서 1각이란 지금의 15분에 해당하는 시간입니다. 따라서 4각이란 지금의 1시간에 해당합니다.

55 다만 이 대목에서 주자는 제자들에게 노중력(虜中曆)과 중국력(中國曆)의 차이에 대해 자초(子初)에 하루가 시작하는 역법과 자정(子正)에 하루가 시작하는 역법의 차이로, 이로 인해 자초와 자정 사이에는 하루의 차이가 있었다고 설명하고 있습니다. 노중력과 중국력이 중국 남북조 시대의 북조와 남조의 역법으로 추정되므로, 5~6세기 무렵에는 하루의 시작에 대해 자초와 자정의 견해가 혼재했던 경우도 있었던 것으로 추정됩니다.

在夜半後屬今日 … (자시의 전반부는 야반의 이전 시간으로 어제에 속하고, 후반부는 야반의 이후 시간으로 오늘에 속한다 …)"

→ 이 내용에 따르면 야반(夜半)이란 자정(子正)임을 명확하게 알 수 있습니다.

◆ 명대(明代) 만육오(萬育吾)의 『三命通會(삼명통회)』·《論時刻(론시각)》에 실려 있는 내용

· "若子时, 則上半時在夜半前, 屬昨日, 下半時在夜半後, 屬今日, …(마치 자시에서 전반부는 야반 이전으로 어제에 속하고, 후반부는 야반 이후로 오늘에 속하는 것처럼 …)"

『조선왕조실록』

우리나라의 『조선왕조실록』에는 자정이 하루의 시작임을 밝히는 귀중한 사료가 적지 않고, 그 내용 또한 매우 정확하고 자세합니다.

◆ 「太祖實錄(태조실록)」 七年[1398年] 8月 26日의 내용 중에서

· 石柱曰：“上疾篤, 今夜子時, 欲避病于西小涼亭.”(석주가 말하였다. “임금의 병환이 위독하므로 오늘 밤 자시에 병을 피하여 서쪽 작은 양정으로 거처를 옮기고자 한다.”)

→ 당일 밤 자시라고 해서 아직 자정이 되기 이전의 야자시임을 명백히 기록하고 있습니다.

◆「世宗實錄(세종실록)」十九年[1437年] 4月 15日의 내용 중에서

• 日晷環, 刻百刻, 每刻作六分, 星晷環亦刻如日晷, 但子正過晨前子正, 如周天, 過一度爲異耳. … 日晷環用, 如簡儀. 用星晷環之術. 初年冬至初日晨前夜半子正爲始, 當周天初度之初.(일구환은 일백 각을 새기되, 매각을 6분으로 하였다. 성구환도 일구환과 같이 새겼으나, 다만 자정이 새벽 이전 자정에 지나서 하늘이 일주 운동하는데, 1도를 더 지나가는 것과 같이 다름이 있다. … 일구환의 사용은 간의(簡儀)와 같고, 성구환을 사용하는 법은 첫해 동지 첫날, 새벽 이전 야반 자정을 시초로 하여 주천환 초도의 초에 맞게 한다.)

→ 시각을 측정하는 기구를 제작하고 이의 사용법을 설명하면서 자정이 계산의 출발점임을 밝히고 있습니다.

◆「成宗實錄(성종실록)」六年[1475年] 6月 2日의 내용 중에서

• "且入節時刻, 或早或晚, 吉凶用事, 甚爲未便. 今後子正以後日出以前入節, 則乃用來朔節氣, 日出以後子正以前入節, 則前後兩節相考, 具注抽出, 用之何如?" 從之.("또 절기에 드는 시각이 혹은 이르고 혹은 늦으니, 길흉용사(用事)에 매우 적당하지 못합니다. 금후로는 자정 이후와 일출 이전에 절(節)이 들면 곧 다음 달 초하루의 절기를 쓰고, 일출 이후와 자정 이전에 절이 들면 전후 두 절을 서로 상고하여 주(注)를 갖추고 뽑아내어서 쓰는 것이 어떻겠습니까?" 하니, 그대로 따랐다.)

→ 명확하게 자정을 기준으로 월(月)이 바뀌는 것을 제시해주는 중요한 기록입니다.

◆「中宗實錄(중종실록)」十年[1515年] 9月의 내용 중에서

· 26日[己酉日] : 臺諫啓安瑭事, 不允.(대간이 안당의 일을 아뢰었으나
윤허하지 않았다.) ; 夜三更, 微雷下雨.(밤 3경에 조금 천둥이 치고 비
가 내렸다.)

· 27日[庚戌日] : 臺諫啓安瑭事, 不允.(대간이 안당의 일을 아뢰었으나
윤허하지 않았다.)

→ 26일은 기유일(己酉日)로 기록하면서, 이날 밤의 기사 중에 야삼경
(夜三更)의 표현이 등장합니다. 그리고 27일은 경술일(庚戌日)이라
기록합니다. 여기서 삼경(三更)이란 자정을 전후한 시간대입니다. 오
경(五更) 제도에 따른 매 경(更)의 시간대가 계절에 따라 밤의 길이
가 달라지기 때문에 항상 일정하지는 않지만, 음력 9월에 자정을
전후한 일정한 시간대이므로 2시간을 조금 넘는 정도에서 크게 벗
어나지 않습니다. 그런데 야삼경(夜三更)이라고 기록한 것은 야자
시(夜子時)라고 기록한 것과 비슷한 인식에 따른 기록입니다. 왜냐
하면 해당 사건을 26일 기유일(己酉日)의 내용으로 기록했기 때문
입니다. 만약 자초(子初)를 기준으로 하루의 시작을 파악하고 있었
다면 이 기록은 27일 경술일(庚戌日)의 내용으로 기록해야 마땅하
기 때문입니다.

◆「中宗實錄(중종실록)」十一年[1516年] 7月 2日의 내용 중에서

· 鄭光弼等議啓曰: "須於初五日, 奉安新位版, 而卽行別祭, 初五日四更
一點行祭, 則初四日三更三點題主矣. … (정광필 등이 의논하여 아뢰

기를, "초닷샛날에 새 위판을 봉안하고서 곧 별제(別祭)를 거행해야 하므로, 초닷샛날 4경 1점에 제사를 거행한다면 초나흗날 3경 3점에 제주(題主)할 것입니다.)

→ 이 기록은 중종이 문소전(文昭殿)에서 장순왕후의 위판을 도둑맞아 새 위판을 봉안하는 문제에 대해 널리 의견을 청취하는 과정에 대한 내용입니다. 그런데 당시의 신하들이 별제와 제주를 행하는 시점에 따라 날짜를 다르게 인식하고 있음을 명확하게 보여주고 있습니다. 즉 제주는 7월 4일 밤 3경 3점이고, 별제는 5일 4경 1점이라고 해서 3경 3점까지는 아직 4일로 인식하고 있는 것입니다. 이는 야삼경(夜三更)의 기록과 동일한 인식입니다.

◆「英祖實錄(영조실록)」 卽位年[1724年] 12月 4日의 내용 중에서

· 黃海監司狀啓, 長淵府使金浹牒呈, 十一月二十二日, 夜子時, 雷聲大作(황해 감사가 민정을 살피고 올린 보고에 따르면, "장연 부사 김협의 첩정[56]에 '11월 22일 밤 자시에 뇌성이 크게 일어났다.'고 하였습니다.")

→ 태조실록과 마찬가지로 당일 밤 자시라는 의미에서 야자시라고 기록하고 있습니다.

◆「正祖實錄(정조실록)」 24年[1800年] 1月 12日의 내용 중에서

· 九月中氣霜降, 淸爲九月初六日 夜子時三刻六分, 鄕爲初七日 子正二

---

56 첩정(牒呈) : 서면(書面)으로 상관에게 보고하는 것.

刻三分, 差以一日. 而我國節氣時刻, 加四十二分, 故如當子時初正交
換, 則相差一日. 自前已例, 此皆詳載於《皇圭》, 各省時刻下, 朝鮮間.

(9월 중기의 상강의 경우 청나라는 9월 초6일 밤 자시 3각 6분에 들고,
우리나라는 초7일 자정(子正) 2각 3분에 들어 하루의 차이가 납니다. 이
것은 우리나라의 절기가 드는 시각에다 42분을 더하였기 때문에 만일
자시 초정이 교환하는 때를 당하면 서로 하루가 차이나는 것입니다. 이
는 이전부터 전례가 있으니 《황규(皇圭)》의 각성(各省) 시각 아래에 있는
조선간(朝鮮間)에 자세히 기재되어 있습니다.)

→ 이 기록은 조선의 역법이 청나라의 역법에 기준을 두기는 했지만,
서로 입기(入氣) 시각이 자정을 중심으로 차이가 나서 하루의 차
이가 발생하는 문제에 관한 내용입니다. 동시에 이러한 경우 조선
의 기준대로 행하자는 견해를 보임으로써 조선의 역법 체계가 중
국에 따르지 않고 조선 고유의 역법 체계에 따라 적용했음을 알려
주는 중요한 기록입니다.

이와 같이 적지 않은 문헌 자료에서 하루의 시작이 야반(夜半), 즉 자정(
子正)임을 알려주고 있고, 이와 같은 논의의 시작은 매우 오래되었다는 것
을 알 수 있습니다. 또한 24시진 체계 역시 서양 문물의 영향으로 인하여
도입한 것이 아니라 이미 송대(宋代) 이후로 동아시아에서는 일반화된 체
계입니다. 따라서 하루의 분계는 자정(子正)으로 취하는 것이 자평학에서
의 바른 견해입니다.

215

．우리나라의 설날과 중국의 춘절이 서로 다른 경우
⇨ 음력 생일을 적용할 때 유의할 점

역법(曆法)은 사회적·문화적 약속 체계입니다. 현재 태양력은 전 세계가 동일하게 약속하며 초 단위까지 정밀하게 계산하므로 차이가 발생하지 않지만, 음력의 정의는 음력을 사용하는 나라에 한해 각 나라마다 한정된 약속 체계이므로, 때로는 같은 음력을 사용하면서도 서로 하루 정도 차이가 발생할 수 있습니다.

매월의 음력 1일이란 해-달-지구가 일직선이 되는 합삭(合朔)이 발생하는 날로 정합니다. 하루 중 합삭이 되는 시각과는 상관없습니다. 따라서 한국과 중국의 표준시는 1시간의 차이가 발생하는데, 합삭(合朔)이 일어나는 시각이 우리나라 표준시로 00시 30분일 경우에는 아직 전일(前日) 밤 23시 30분인 중국과는 서로 다른 날이 될 수 있습니다. 즉 한국에서는 오늘이 음력 1일이지만, 중국에서는 어제가 음력 1일이 되는 것입니다. 실제로 1997년에 한국은

2월 7일이 설날이었지만, 중국은 2월 6일이 춘절이었습니다.[57]

이로 인해 중국·대만의 인터넷 자료를 활용하거나 혹은 중국·대만 등에서 태어난 사람에 대해 음력으로 된 출생 정보를 바탕으로 논명하거나 또한 정확한 계산이 이루어지지 못해 오류가 생긴 일부 만세력을 이용할 경우에 간혹 음·양력이 상이할 수 있습니다. 또한 윤달에 태어난 경우에도 본인이 윤달 출생임을 정확하게 알지 못해서 간혹 오차가 발생할 수 있습니다. 따라서 기본적으로 명식을 작성할 때에는 출생 정보를 양력으로 확인하는 것이 바람직합니다.

대운수(大運數)

시중의 만세력에는 대운수(大運數)라는 것이 적혀 있습니다. 이 대운수는 생일(生日)을 기준으로 대운이 순행하는 경우에는 생월(生月) 다음 달이 시작하는 절일(節日)까지의 날의 수를 계산하고, 대운이 역행하는 경우에는 생월(生月)이 시작하는 절일(節日)까지의 날의 수를 계산하여 3으로 나눈 후에 반올림하여 정숫값 만을 취한 것입니다. 그리하여 간단하게 대운 진입 시점을 년(年) 단위로 파악하기 쉽도록 제시합니다. 여기서 3으로 나누는 이유는 대운 진입 시점의 약식 계산에서 3일이 1년에 대응되었는데, 이 관계를 취했기 때문입니다.

그러나 한 달의 실제 길이는 29~31일을 오가기 때문에 이와 같은 단순

---

57 동경 135°를 표준 자오선으로 설정하고 있는 연유로 인해 만약 합삭(合朔)이 00시 15분에 발생하는 경우에는 비록 오늘이 초하루가 되겠지만, 실제 서울을 지나가는 동경을 기준으로 했을 때에는 지나간 어제가 초하루였다는 웃지 못 할 상황이 발생하기도 합니다.

계산에 의하면 1년 이상의 오차가 발생하기 쉽습니다. 사실 이러한 오차의 문제는 인터넷 사이트에서 제공하는 만세력 정보를 이용할 경우에도 동일하게 발생합니다. 그 어떤 만세력을 제공하는 사이트의 정보도 KASI 수준의 정밀한 프로그램과 데이터를 구축하고 있지 못하고, 대운 진입 시점 계산에 대한 정확한 원리를 알지 못해서 잘못된 알고리즘을 작성하고 처리하기 때문에, 대운 계산에 있어서는 모두 오차가 발생합니다. 특히 가장 웃지 못 할 오차는 절대로 대운 진입 시점은 생일을 기준으로 10년을 초과할 수 없음에도 불구하고, 절입 시각 근처에서 태어난 사람의 정보를 이들의 프로그램에 입력하면 10년을 초과하는 잘못된 결과를 도출한다는 점입니다.

따라서 만세력에 나타나 있는 대운수를 사용하실 때나 인터넷의 정보를 활용하실 때에는 1년 정도의 오차[58]가 항상 발생할 수 있다는 점을 염두에 두셔야 합니다.

또한 대운수를 사용하거나 기록하는 것보다는 대운 진입 시점을 사용하여 현재의 서력 기원 체제로 기록하는 것이 보다 정확합니다. 그러므로 필자는 서력 기원 체제로 기록하는 습관을 권하고 있습니다.

: 본질적인 질문 : 2013년은 왜 계사년(癸巳年)인가?
⇨ 간지(干支) 기년법(紀年法)·기일법(紀日法)의 문제점
자평학(子平學)을 비롯한 동아시아 술수학(術數學)이 갖고 있는

---

58 1년 정도의 오차는 우리의 나이 셈법으로는 두살까지 차이가 벌어질 수 있습니다.

가장 근본적이고 결정적인 약점은 간지(干支) 기년법(紀年法)과 간지(干支) 기일법(紀日法)의 신뢰 근거입니다. 가령 2013년은 왜 계사년(癸巳年)이고 2013년 석가탄신일은 왜 계미일(癸未日)인지 논리적으로 답변하기에는 아직 잘 모르거나 밝혀지지 않은 요소들이 많아서 많은 무리가 따르는 것이 사실입니다.

역산(曆算)의 원점(原點) : 갑자 야반 삭단 동지일[59]

이러한 문제 인식은 간지(干支) 기년(紀年)의 기원으로 거슬러 올라갑니다. 본래 고대 중국에서 기년 방식의 연원으로 추정한 역법(曆法) 대순환의 시작점은 '갑자(甲子) 야반(夜半) 삭단(朔旦) 동지일(冬至日)'이었습니다. 갑자 야반 삭단 동지일이란 동지(冬至)의 절입 시각이 갑자일(甲子日) 야반(夜半; 자정)이면서 동시에 이 시각에 음력 초하루가 되는 합삭(合朔)이 발생하는 날을 의미합니다.

태양의 움직임에서 동지는 새롭게 양기(陽氣)가 소생(蘇生)하는 시점인데, 만약 이 시각에서 음력이 새롭게 시작하는 초하루와 일치하게 되면 양기와 음기가 동시에 소생하는 길일(吉日)이 되고, 또 다시 이 날이 60갑자 간지(干支) 기일법(紀日法) 순환의 시작일인 갑자일(甲子日)과 일치하게 된다면 모든 시작이 일치하는 대길일(大吉日)이자 상서로운 시점으로 인식하였던 것입니다.

---

59 이 부분의 내용은 김일권의 『동양 천문사상 하늘의 역사』(202~207쪽)의 내용을 참조하였습니다.

사실상 현재 사용하고 있는 간지 기년법의 실질적인 기원은 중국 최초의 반포력인 태초력(太初曆)이 됩니다. 태초력은 기원전 104년 한(漢) 무제(武帝) 때 제정되어 사용된 중국의 역법(曆法)인데, 이때 태초 원년(元年)으로 기원 전 104년을 삼은 이유는 바로 전년(前年)인 기원전 105년 11월의 동지가 바로 갑자 야반 삭단 동짓날이었기 때문입니다.

간지(干支) 기년(紀年) 방식의 불연속성[60]

사실 이 당시에 사용한 주된 기년 방식은 간지(干支) 기년법이 아니었습니다. 이 시기에는 목성인 세성(歲星)의 움직임 관측에 따른 태세(太歲) 기년법을 주된 방식으로 사용하였고, 이를 간지로 환원하여 표현하는 기년 방식은 보조적인 수단으로 사용하였습니다. 하지만 이와 같은 세성 기년법은 12년이 조금 안 되는 세성의 주기를 12년 주기로 산정하였기 때문에 84년째마다 1년의 오차가 발생[61]하여 이 오차를 수정하는 번거로운 절차[62]를 어김없이 겪어야만 했습니다.

그래서 서기 50년인 후한(後漢)의 광무제 건무(建武) 26년에 다시 초진(超辰)을 해야 할 시기가 되었는데, 기존 방식의 간지 기년(紀年)으로는 경술년(庚戌年)이지만 초진(超辰)을 시행하면 신해년(辛亥年)으로 정정해야 하는 시점이

---

60 이 부분의 내용은 김일권의 『동양 천문사상 하늘의 역사』(204~205쪽, 220~230쪽)의 내용을 참조하였습니다.
61 목성의 공전 주기는 11.8565년이어서 12년이 흐르면 태양의 연주 운동과 약 52일의 오차가 생깁니다. 그리고 다시 7년이 지나게 되면 거의 1년 정도의 오차가 발생하게 됩니다.
62 이를 초진법(超辰法)이라고 합니다. 인위적으로 세성의 위치와 대응하는 간지(干支)의 선택을 하나 건너뛰는 방식을 택하여 1년의 오차를 보정하였습니다.

었습니다. 그런데 이 시기의 역법가(曆法家)들은 초진을 시행하지 않고 기존 간지 방식을 그대로 고수하여 기년하였으며, 이후 얼마 안되어 장제(章帝) 원화(元和) 2년(서기 85년)에 이르러서는 사분력(四分曆)으로 새롭게 개력(改曆)하면서 기존의 태세 기년법과 초진하는 방식을 전면 폐지하고 오직 간지(干支)만으로 기년하는 방식을 표준화된 것으로 제정·반포하였습니다.

그 결과 기원전 104년 이래 지금까지 2100년이 넘도록 동일한 간지 기년 방식을 유지하게 된 것입니다. 만약 사분력으로 개진하지 않고 기존의 초진하는 방식을 고수했다면 매 84년 마다 1년의 간지를 건너뛰면서 기년하는 방식이 계속되었을 것입니다. 이 대목에서 육십갑자의 순환 기록으로 표기하는 간지 기년 방식이 실제로는 계속 이어지는 것이 아니라 불연속되는 시점이 있었다는 중요한 사실을 알 수 있습니다.

이처럼 한나라보다 앞선 시대에도 오래도록 간지로써 기년하는 방식이 사용되었지만, 그 정확한 유래를 현재 밝힐 수는 없습니다. 반면에 초진하는 오차 수정 없이 간지(干支)로 기일(紀日)하는 방식은 간지로 기년하는 방식보다 더 오랜 전통을 가지고 있습니다. 문헌적으로도 상나라까지 소급할 수 있어서, 현재까지 무려 3000년이 넘는 시간 동안 일정하게 유지되고 있지만, 이 또한 정확한 기원과 유래 과정에 대해서 아직 알지 못합니다.

다만 역법을 연구하는 전문적인 역법가(曆法家)들이 추정하기로는 간지로 년월일시(年月日時)를 표현하는 방식이 단순한 인위적인 선택의 결과가 아니라, 태초력 반포의 기준이 되었던 것처럼 '갑자 야반 삭단 동지'라는 천문 현상에 대한 관측 결과의 반영으로 보고 있습니다. 즉 이와 같은 천문 현상이 반복되는 주기는 매우 길지만[63] 기원전 105년에 이 현상이 발생하였기 때문에 그 이후에 간지로 년월일시(年月日時)를 표현하는 방식의 유래는 일종의 연원(淵源)이 존재한다고 보는 것입니다. 물론 이에 대한 전문화되고 과학적인 설명은 보다 많은 연구가 요구됩니다.

황제의 개국(開國) 시점에 대한 전설

한편 중국 전설에 따르면 황제가 처음 개국(開國)할 때의 시기가 갑자년(甲子年) 갑자월(甲子月) 갑자일(甲子日) 갑자시(甲子時) 야반 삭단 동지이었고, 이때 하늘에서는 다섯 행성이 구슬처럼 동일선상에 나열하는 오성(五星) 연주(連珠)와 개기 일식의 성스러운 현상이 나타났다고 합니다. 이후 간지(干支)의 역법 체계가 시작되었다는 것입니다.[64] 그러나 이와 같은 내용은 전설일 따름입니다. 다만 이 내용에서 다음과 같은 사항을 유추해볼 수 있습니다.

즉 월주 참고표에 의하거나 무조건 암기해야만 하는 사항이었던, 갑년(甲年)·기년(己年)의 시작이 병인월(丙寅月)인 이유를 유추할 수 있다는 것

---

63 이와 같은 대(大)주기를 원법(元法) 혹은 기법(紀法)이라고 합니다. 태초력인 삼통력에서는 이 주기를 4617년으로 보고 원법(元法)이라 불렀고, 후한 시기에 개력한 사분력에서는 이 주기를 1520년으로 보고 기법(紀法)이라 불렀지만, 60년 주기인 간지 기년법까지 동일하게 회귀하는 삼기(三紀)의 대 주기인 4560년에 대해서는 원법(元法)이라 불렀습니다.

64 萬民英의 『三命通會·卷一』·《論支干源流》와 김일권의 『동양 천문사상 하늘의 역사』(205~207쪽)의 내용을 참조하였습니다.

전설에 의한 개국 시점 이후의 역법(曆法)			
甲子 夜半 朔旦 冬至	甲子年	甲子月 乙丑月 丙寅月 ⋮ 乙亥月	甲子日 甲子時
	乙丑年	丙子月 丁丑月 戊寅月 ⋮ 丁亥月	

↓

세수(歲首)를 인월(寅月)로 변경한 역법(曆法)			
甲子 夜半 朔旦 冬至	 甲子年	甲子月 乙丑月 丙寅月 ⋮ 乙亥月 丙子月 丁丑月	甲子日 甲子時
	乙丑年	戊寅月 ⋮ 丁亥月 ⋮	

입니다. 갑일(甲日)·기일(己日)의 시작이 갑자시(甲子時)인 것은 비교적 쉽게 수용하면서도 갑년·기년의 시작이 갑인월(甲寅月)이 아니고 병인월(丙寅月)인 것에 대해서는 혼란스러워 하는 태도가 적지 않았는데, 실제로는 위와 같이 전설적인 천기(天氣) 중심의 역법 체계에서 인사(人事)에 맞는 역법 체계로 세수(歲首)를 변경하면서 발생한 것이 아닐까 하고 필자는 추정하고 있습니다.

간지 기년법의 신뢰도 문제와 자평 논명의 의미성

비록 기원전 104년 이래 지금까지 2100여 년 동안 변함없이 일관되게 내려온 기년 방식이고, 천문 현상 관측 결과에 따른 간지 표현 방식으로 그 연원을 추정하기는 하지만, 확실히 간지 기년법의 신뢰 근거가 약하다는 점은 부인할 수 없는 사실입니다. 혹자는 동양 의학의 운기(運氣) 이론과 접목하여 오랜 기상 관측 결과를 바탕으로 통계 처리한 결과, 간지 기년 방식에 의한 운기론 예측의 의미성과 타당성이 상당하다는 주장을 펴기도 하지만,[65] 아직 충분한 논거를 갖춘 설명은 등장하지 않거나 보고되고 있지 않습니다.

그럼에도 불구하고 이에 근거하여 자평 논명의 유용성을 모두 부정하려는 시도는 실제적 유용성의 가치를 제대로 알지 못한 이해 부족에서 초래된 결과라는 것이 필자의 생각입니다. 이 부분의 약점에 대해서는 천문 현상 관측 연원설을 일정 부분 수용하고, 명운 학술 체계 또한 문화의 산물이라는 특성을 감안한다면, 오랜 세월 정교하게 다듬어온 명운 파악의 모델링을 바탕으로 전개하는 자평 논명의 유용성은 상당하기 때문입니다. 모든 사람이 자평학을 수용하고 학습할 필요는 없습니다만 일단 이 수용의 시도와 모험이, 현존하는 세계 최고 수준의 접근성과 의미성을 자랑하는 명운 학술 체계를 지금까지 발전시켜온 원동력이었다는 점은 부정할 수 없는 사실이라는 것 또한 기억할 필요가 있습니다.

---

65 이에 관해서는 충남대학교 김현경의 박사 학위 논문인 「황사·태풍 장기예측을 위한 『黃帝内經』 運氣論의 현대 기상학적 연구」(2010년)를 참조하기 바랍니다.

（子平學）

자평학의 기본이론

강의 안내

이 마당의 주제는 '자평학(子平學)의 기본 이론'입니다.

논명하기 위한 사전 준비인 명식(命式)의 작성이 종료되고 나면 구체적인 논명 과정으로 들어가게 됩니다. 이때 여러 세분 논의들을 전개하기 위해 반드시 익혀야 하는 기본 이론들로 십이운성(十二運星)·지장간(地藏干)·월령용사(月令用事)·통근(通根)·투간(透干) 등의 개념이 존재합니다. 특히 십이운성(十二運星)과 통근(通根)·투간(透干)의 개념은 천간(天干)과 지지(地支)의 관계성을 설명하는 초보 수준의 관계론(關係論)에 해당합니다.

비록 내용의 절대적인 수준 자체는 자평학 논의 전체와 비교할 때 초보적 수준이기는 하지만, 이를 모르고서는 결코 정확한 논명을 진행할 수 없다는 점에서 내용의 중요성마저 낮은 수준은 결코 아니라는 점을 강조하고 싶습니다. 어느 분야의 학문이든 충실하게 기초를 다지는 것은 매우 중요한 과업에 해당합니다.

따라서 이 마당에서는 이들의 개념에 대해서 자세히 살펴서 구체적인 논명을 진행하기 위한 토대를 정확하게 구축할 수 있도록 설명하고 있습니다.

십이운성(十二運星)

오행(五行)이 하늘에서 작용하는 것과 땅에서 작용하는 것은 서로 다릅니다. 비록 오행이 방위성(方位性)을 지니고 있기는 하지만, 천기(天氣)의 작용은 방위에 한정되지 않으므로 방위성의 의미를 지니지 않습니다. 그러나 지기(地氣)의 작용은 방위에 한정되므로 방위에 따른 오기(五氣) 작용의 한계가 명확합니다. 이로 인해 십이지지(十二地支)는 항상 방위의 의미와 함께 오행의 의미를 동시에 지니고 있습니다.

	[火]	[土]	
	巳 午	未	
[土] 辰	南方		申 [金]
卯	東方 西方		酉
[木] 寅	北方		戌 [土]
	丑 子 亥		
	[土] [水]		

십이운성(十二運星)은 본래 점성술에서 비롯한 개념인데, 목화금수(木火金水)의 사기(四氣)가 사방(四方)을 순환하면서 어떻게 기(氣)의 성쇠(盛衰)·변화(變化)가 나타나는지에 대해 설명하는 개념입니다.

⦂ 왕상휴수사(旺相休囚死)

본래 중국에서 십이운성보다 먼저 등장한 개념은 왕상휴수사(旺相休囚死) 이론입니다. 이는 춘하추동(春夏秋冬)의 사기(四氣)가 1년 동안 어떠한 성쇠·변화의 흐름을 보이는가에 관한 설명이었습니다.

방위적(方位的) 관점

가장 먼저 등장한 설명은 춘하추동(春夏秋冬)의 사기(四氣)가 계절과 방위에 따라 나타내는 기(氣)의 흐름으로, 왕상휴수(旺相休囚) 네 단계의 차등적인 변화가 있습니다.

＊ 왕(旺) : 제왕(帝王)의 위치를 언급하는 것으로 기세가 가장 정점에서 전성(全盛)을 누리는 단계입니다. 참고로 『淮南子(회남자)』에서는 '장(壯)'이라고 표현했습니다.

旺

＊ 상(相) : 재상(宰相)의 위치를 언급하는 것으로 왕 다음의 위치를 점유하며, 차기의 왕위(王位)에 오르기 위해 성장하고 있는 단계입니다. 참고로 『회남자』에서는 '생(生)'이라고 표현했습니다.

相

＊ 휴(休) : 왕위에서 물러나 퇴임한 이후에 휴식(休息)을 취하고 있는 처지를 언급하는 것으로 정점을 지나 서서히 기세가 쇠락하

休

는 단계입니다. 참고로 『회남자』에서는 '노(老)'라고 표현했습니다.

＊ 수(囚) : 현재의 왕기(旺氣)와 맞서는 상황을 언급하는 것으로
왕기(旺氣)와의 대립으로 인해 감옥에 갇혀 억압을 받고 기세
가 흩어져 약화된 단계입니다.

囚

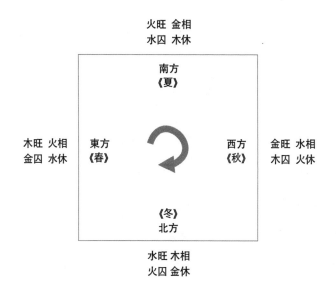

가령 춘기(春氣)인 목기(木氣)는 겨울과 북방에서는 점차 다가올 전성기
를 준비하는 상(相)의 단계에 있고, 봄과 동방에서는 전성의 기세를 떨치는
왕(旺)의 단계에 있으며, 여름과 남방에서는 전성기를 지나 한발 물러나 휴
(休)의 단계에 있고, 가을과 서방에서는 추기(秋氣)인 금기(金氣)에 크게 억
눌려 기세가 약화된 수(囚)의 단계에 있다고 보는 것입니다.

계절적(季節的) 관점

방위적 관점의 왕상휴수 이론이 등장한 이후에 새롭게 오행의 순환성과 오계(五季)의 상응성을 강조하면서 보완된 왕상휴수사(旺相休囚死) 이론이 등장하였습니다. 왕상휴수(旺相休囚)이론이 토기(土氣)에 대한 언급이 없다는 것을 보완하려는 시도로, 오행론이 크게 확장되면서 등장한 개념입니다.

왕상휴수사 이론에서는 기존의 단계 이외에 사(死)의 단계를 추가하여 기세(氣勢)의 차등적 단계를 늘렸습니다. 즉 기존에 기세가 약화된 단계로 제시했던 수(囚)의 개념을 보다 확장하여 수(囚)·사(死)의 단계로 나눈 것입니다.

＊왕(旺)·상(相)·휴(休)의 단계는 기존 이론과 설명이 같습니다.

＊ 수(囚) : 오행 관계에 있어서는 왕기(旺氣)를 극(剋)하는 위치이기 때문에, 오히려 왕권에 저항하고 거스르는 상황에 처하게 되어 감옥에 갇혀 행동의 제약을 받고 약화된 단계입니다.

＊ 사(死) : 왕기(旺氣)의 극(剋)을 받는 처지이므로, 왕기(旺氣)의 강력한 기세로 인해 억압을 받고 크게 약화되어 기(氣)가 흩어져 가사(假死) 상태에 빠진 단계입니다.

死

왕상휴수사 이론에서는 춘계(春季)·하계(夏季)·간계(間季)·추계(秋季)·동계(冬季)의 오계(五季)에 각각 용사(用事)하는 목화토금수(木火土金水)의 오기(五氣)가 왕기(旺氣)를 담당하고 있다는 것을 우선 파악해야 합니다. 이후 각 계절의 상태에 처한 오기(五氣)의 처지는 오행의 생극(生剋) 관계에 따라 파악합니다.

	相	旺	休	囚	死
木氣	冬季	春季	夏季	四季土用《間季》	秋季
火氣	春季	夏季	四季土用《間季》	秋季	冬季
土氣	夏季	四季土用《間季》	秋季	冬季	春季
金氣	四季土用《間季》	秋季	冬季	春季	夏季
水氣	秋季	冬季	春季	夏季	四季土用《間季》

가령 화기(火氣)의 경우에는 하계(夏季)에 왕(旺)의 단계를 점유하고 있고, 하계에 이르기 이전의 춘계(春季)에서는 상(相)의 단계에 처하고 있으며, 하계를 지나 간계(間季)에 이르면 휴(休)의 단계에 있게 됩니다. 추계(秋季)에 이르면 추계의 왕기(旺氣)를 거스르는 기운이 되어 수(囚)의 단계에 처하게 되고, 동계(冬季)에 이르면 동계의 왕기(旺氣)인 수기(水氣)의 극(剋)을 받아 사(死)의 단계에 처하게 됩니다.

천기(天氣)의 십이지(十二支) 순환

천기(天氣)의 다섯 계절 순환에 따른 기세의 변화를 설명한 왕상휴수사(旺相休囚死) 이론은 당대(唐代)를 지나면서 십이운성(十二運星)의 이론으로 더욱 확장됩니다. 즉 계절에 따라 달라지던 천기(天氣)의 처지(處地) 변화를 매월(每月)의 변화에 따라 열두 단계로 더욱 세분화하여 표현한 것입니다. 필자의 생각으로는 불교 이론인 십이인연법(十二因緣法)의 영향을 받은 것으로 보고 있습니다.

천기(天氣) 순환(循環)의 12단계

* 장생(長生) : 아기가 세상에 태어난 단계에 해당합니다. ⇨ 약칭 : **생(生)**

* 목욕(沐浴) : 목욕의 과정은 본능의 욕망과 고통이 따르는 적응의 의미를 동시에 지니고 있습니다. 아이가 성장하면서 세상에 적응해 나가는 시기로, 사회화의 과정을 겪는 성장 단계에 해당합니다.

  ⇨ 약칭 : **욕(浴)** 혹은 **패(敗)**[66]

* 관대(冠帶) : 관대는 옛날 관리들이 관면(冠冕 ; 갓과 면류관)을 쓰고 신대(紳帶 ; 허리에 매고 남는 부분을 늘어뜨려 장식으로 하는 고귀한 신분의 의관용 큰 띠)를 두르던 공복(公服) 차림을 의미합니다. 즉 성인이 되어 관원(官員)이 되고자 노력하는 시기에 해당합니다. ⇨ 약칭 : **관(冠)**

* 건록(建祿) : 관리가 되어 녹봉(祿俸)을 받는 시기에 해당합니다. 달리 **임관(臨官)**이라고도 합니다. 사회적 지위를 획득하는 단계입니다.

  ⇨ 약칭 : **록(祿)**

* 제왕(帝旺) : 인생의 정점에 이른 전성기의 중년에 해당합니다.

  ⇨ 약칭 : **왕(旺)**

* 쇠(衰) : 인생의 정점을 지나 점차 노쇠(老衰)함이 나타나는 초로(初老)의 시기에 해당합니다.

* 병(病) : 기력(氣力)이 쇠약(衰弱)해지고 병고(病苦)에 시달리는 노년기에 해당합니다.

---

[66] '패(敗)'라고 부르는 것은 목욕의 단계가 아직 완전하게 이성적 자아가 중심이 되지 못하고 본능적 자아의 중심이 강하여, 그로 인해 욕망대로 처신하기 쉬워 패가(敗家)할 가능성이 높다는 의미에서 비롯하였습니다. 이는 마치 프로이트의 이론 중에서 이드(id)가 쾌락의 원리에 따라 본능적 욕구를 충족시키려는 성향과 유사합니다.

＊ 사(死) : 병고(病苦)를 이기지 못하고 결국 생명(生命)이 휴지(休止)된 상태에 해당합니다.

＊ 묘(墓) : 사망 이후에 무덤에 들어간 상태로 혼(魂)이 떠난 시기에 해당합니다. 달리 장사지낸다는 의미로 **장(葬)**이라고도 합니다.

＊ 절(絶) : 육체(肉體)가 사멸(死滅)하여 백(魄)마저 사라진 단계로, 이승과의 모든 인연의 끈이 완전히 단절(斷絶)되고 소멸된 시기에 해당합니다.

＊ 태(胎) : 새롭게 기(氣)를 받아 모친의 자궁 속에 최초로 생명(生命)이 깃든 수정(受精) 단계에 해당합니다.

＊ 양(養) : 어머니의 자궁 속에서 태아가 자라나고 있는 시기에 해당합니다.

절(絶) & 포(胞)

고서(古書)에 따라서는 절(絶)의 단계를 '포(胞)'의 단계 혹은 '**수기(受氣)**'의 단계라고 표현하기도 했습니다. 절(絶)의 의미는 백산(魄散)하여 현생(現生)과 완전히 단절한다는 뜻이고, 수기(受氣)나 포(胞)의 의미는 내생(來生)에서 새롭게 태어나기 위해 천지의 기(氣)를 받아 임신하기 위한 하나의 시작점이라는 뜻입니다. 현생의 상황과 내생의 상황이 서로 교차하는 동시에, 한 과정의 끝은 곧 새로운 단계의 시작이라는 순환론적 세계관과 윤회의 사상이 들어간 표현입니다.

그래서 생(生)을 중시하는 관점에서는 십이운성을 달리 '**십이장생법(十二長生法)**'이라고 부르기도 하고, 포(胞)를 중시하는 관점에서는 달리 '**포태법(胞胎法)**'이라고 부르기도 합니다. 자평학에서는 생(生)을 중시하는 것이 보편적인 관점입니다.

사기(四氣)의 순환

십이운성(十二運星)은 천기(天氣)와 지기(地氣)의 상호 작용 관계를 표현하려는 개념입니다. 방위성이 없는 천기와 방위성에 한정된 지기와의 상호 관계에서 천기와 지기의 상호 작용에 층차가 있음을 설명하는 시도로, 계절의 순환 혹은 사방(四方)의 순환 속에서 드러나는 성쇠(盛衰)의 변화를 사람의 윤회 과정에 비유하여 천기의 처지에서 표현한 것입니다.

이 순환은 마치 사인 곡선처럼 일정한 진폭 이내에서 성쇠(盛衰)를 반복합니다. 그러나 십이운성의 12단계는 기세(氣勢)의 편차가 균등한 똑같은 간격이 아니고 질적인 변화에 따른 차등적인 단계라는 점에서 사인 곡선과 같은 양적인 변화로 파악할 수는 없습니다.

그런데 이와 같은 순환에 참여하는 천기(天氣)는 목화금수(木火金水)의 사기(四氣)라는 점에 유의해야 합니다. 토기(土氣) 역시 천기의 일부입니다만, 엄밀하게 토기(土氣)는 지기(地氣)에서 작용할 때 일정한 긴 흐름의 변화를 나타내지 않고, 간계(間季)에 위치하여 토용(土用)의 시기에는 강화되고, 토용이 아닌 시기에는 약화되는 짧은 주기적 변화를 반복하기 때문입니다.

다음은 사기(四氣)의 12지지 순환에 따른 십이운성 단계를 나타낸 표입니다.

	生	浴	冠	祿	旺	衰	病	死	墓	絶	胎	養
木氣	亥	子	丑	寅	卯	辰	巳	午	未	申	酉	戌
火氣	寅	卯	辰	巳	午	未	申	酉	戌	亥	子	丑
金氣	巳	午	未	申	酉	戌	亥	子	丑	寅	卯	辰
水氣	申	酉	戌	亥	子	丑	寅	卯	辰	巳	午	未

이렇게 배치하게 된 연유는 왕상휴수사 이론에서 용사(用事)하는 계절에 오기(五氣)의 왕(旺)을 배치했던 것과 유사합니다. 사계절 중심 혹은 각 방위의 중심에 위치한 묘(卯)·오(午)·유(酉)·자(子)에 각각 목화금수(木火金水)의 왕(旺) 단계를 대응시키고 나머지 자리는 십이지지의 순환과 십이운성의 순환을 대응시켜 얻은 결과입니다.

3大 전환점: 生 ⇨ 旺 ⇨ 墓

십이운성의 12단계는 각 단계마다 모두 의미를 지니고 있습니다만, 이 중에서 특히 중요한 세 단계는 장생·제왕·묘의 단계입니다. 왜냐하면 생왕묘(生旺墓)의 세 단계는 인생의 가장 중요한 3대 전환점이기 때문입니다.

생(生)은 출생의 의미가 있고, 왕(旺)은 인생의 정점이라는 의미가 있으며, 묘(墓)는 혼(魂)이 떠나감에 의미가 있습니다. 보통 배우는 사람들에게 이 부분을 설명하면 생(生)과 대응하는 과정으로 사(死)를 언급하면서 사(死)를 제시하지 않고 묘(墓)를 제시한 것에 대해 매우 의아하게 생각합니다. 그러나 이 부분은 동아시아에서 생각하는 현생과의 작별에 대한 이해가 부족함에 기인하는 것입니다.

죽음은 매우 비통(悲痛)한 일이지만, 옛사람들은 죽음으로 모든 것이 끝났다고 생각하지 않았습니다. 비록 숨은 멈추었지만 아직 혼(魂)이 떠나가지 않았기에, 소생(蘇生)의 가능성을 포기하지 않았습니다.[67] 그래서 며칠

---

67 동아시아에서는 전통적으로 사람의 신령(神靈)한 작용은 혼백(魂魄)이 함께 작용한 결과라고 생각했습니다. 혼(魂)은 양적(陽的)인 신령한 활동이고, 백(魄)은 음적(陰的)인 신령한 활동입니다. 살아 있는 동안에는 혼백이 함께 작용하다가 죽게 되면 양(陽)의 성향을 지닌 혼(魂)이 먼저 하늘로 떠나가게 되고[→ 이것이 '혼비

동안 장례 절차를 밟으면서 애도하다가 혼이 완전하게 떠나갔다고 생각되는 시점에 비로소 하관(下棺)을 하고 묘지에 매장하였던 것입니다. 그러므로 진정한 현생과의 단절은 사망의 시점이 아니라 매장의 시점이었고, 그래서 생(生)과 대응하는 과정은 사(死)가 아니라 묘(墓)가 된 것입니다.

그러므로 12단계라는 윤회 과정을 현생에서의 삶에 초점을 둘 경우에는 생·왕·묘의 세 단계가 가장 극적인 시점이고, 함축적으로 인생의 시종(始終)을 표현할 수 있는 단계라고 하겠습니다.

국(局)의 생왕묘(生旺墓) & 방(方)의 생왕묘(生旺墓)

생왕묘(生旺墓)란 일련의 시종(始終)이 있는 작용 흐름의 중요한 핵심 세 단계를 단적으로 제시한 표현입니다. 자평학에서는 이 세 단계의 지지(地支)가 모여 함께 존재하는 경우에 '회국(會局)'이라고 표현하는데, '기국(氣局)을 형성했다'는 의미입니다.

예를 들어 가령 해묘미(亥卯未)의 세 지지가 모두 모이면 '회목국(會木局)' 혹은 '목국(木局)의 형성'이라고 부릅니다. 아래의 명식(命式) (a)는 원명(原命)에서 '회화국(會火局)'한 경우이고, (b)는 원명과 대운이 함께 작용하여 '회금국(會金局)'한 경우입니다.

(魂飛)'임], 음(陰)의 성향을 지닌 백(魄)은 홀로 시체와 함께 남아 있다가 백골(白骨)의 소진과 함께 서서히 땅으로 흩어지게 됩니다.[→ 이것이 '백산(魄散)'임] 만물을 화생(化生)한 근원인 천지(天地)로 각각 되돌아가는 것입니다.[→ 이것이 '귀천(歸天)→ 귀지(歸地)'임]

따라서 혼(魂)이 아직 죽은 사람의 육체를 완전히 떠나가기 전에는 여전히 소생할 가능성이 존재한다고 믿었습니다.

※ 참고로 혼(魂)을 불러서 망자(亡者)를 소생하게 하려고 노력했던 의식이 초혼(招魂) 의식이고, 백산(魄散)이 완전하게 이루어지는 데 소요되는 약 4세(世)의 기간 동안 후손과 선조와의 교감(交感)을 바탕으로 선조의 뜻을 기리고 받들고자 했던 의식이 제사(祭祀) 의식입니다.

명식 (a) : 男命	명식 (b) : 女命
戊 丙 壬 丁 戌 午 寅 丑	丁 癸 戊 甲 巳 酉 辰 子
현재의 대운 : 庚子	현재의 대운 : 乙丑

　자평학에서 '국(局)'이라는 표현은 어떤 정황이나 형세를 표현하는 용어로 영어의 situation이나 position에 해당합니다. 그러므로 기국(氣局)의 형성, 즉 회국(會局)이란 특정한 기(氣)가 짜임새 있게 모여서 어떤 상황을 구축했음을 의미합니다. 이로 인해 회국(會局)을 이루는 생왕묘(生旺墓)의 지지를 각각 '국(局)의 생지(生支)·국(局)의 왕지(旺支)·국(局)의 묘지(墓支)'라고 부르기도 합니다.

　예를 들어 오(午)는 화국(火局)의 왕지(旺支)가 되고, 축(丑)은 금국(金局)의 묘지(墓支)가 되며, 신(申)은 수국(水局)의 생지가 되는 것입니다.

　한편 '국(局)의 생왕묘'와 함께 '방(方)의 생왕묘'라는 표현도 있습니다. 방(方)이란 동방·남방·서방·북방처럼 방위를 의미하고, 각 방을 이루고 있는 세 개의 지지를 각각 방(方)의 생지·왕지·묘지라고 부르는 것입니다. 가령 북방

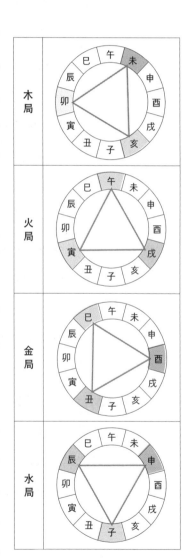

을 담당하는 세 지지인 해자축(亥子丑)에 대하여 해(亥)는 북방(北方)의 생지, 자(子)는 북방(北方)의 왕지, 그리고 축(丑)은 북방(北方)의 묘지라고 합니다. 북방은 곧 겨울과 밀접하게 연관되어 있는데, 해(亥)는 북방이 시작하는 곳이자 겨울이 시작하는 시기이고, 자(子)는 북방의 중심이 위치하는 곳이자 겨울의 정점이며, 축(丑)은 북방이 끝나는 곳이자 겨울이 마무리되는 시기입니다. 생왕묘(生旺墓)라는 의미가 각각 세상에 자신을 드러낸 시작과 자신의 절정기, 그리고 자신이 사라지는 끝을 뜻하므로, 이 표현을 방위나 계절에 적용하여 해자축(亥子丑)을 각각 '북방의 생지·왕지·묘지'라고 부르게 된 것입니다. 달리 '겨울의 생지·왕지·묘지'라고 불러도 무방합니다.

십이운성과 관련된 논쟁 사항

본래 왕상휴수(旺相休囚) 이론에서 목화금수(木火金水)의 사기(四氣)만을 거론했던 것처럼 십이운성 또한 사기(四氣)의 순환을 천기(天氣)와 지기(地氣)의 관계에서 설명하였습니다. 그런데 토기(土氣)를 함께 거론할 수 없는 불편함이 발생하자, 이를 해소해 보려는 몇 가지 설(說)이 제기되었습니다.

화토동궁설(火土同宮說)

여기서 궁(宮)은 지지(地支)를 의미합니다. 그리고 동궁(同宮)이란 지지를 공유한다는 의미입니다. 따라서 화토동궁설은 토기(土氣)를 어머니의 기운인 화기(火氣)와 함께 순환시키자는 제안으로 화기와 같은 십이운성의 단계를 밟게 합니다. 이는 술가(術家) 중에서 주로 명가(命家)에서 강조한 관점입니다.

수토동궁설(水土同宮説)

수토동궁설은 토기(土氣)를 수기(水氣)와 함께 순환시키자는 제안으로 주로 풍수가(風水家)에서 강조한 관점입니다. 풍수에서는 수(水)·토(土)의 개념이 가장 중요한 이론의 핵심을 형성하기 때문입니다. 또한 지기(地氣)와 가장 밀접한 토기(土氣)는 사기(四氣) 중에서도 특히 지기(之氣)와 밀접한 수기(水氣)와 함께 배합하는 것이 가장 타당성과 상관성이 크다고 판단했기 때문이기도 합니다.

양간(陽干)과 음간(陰干)의 상반된 순환

초기의 십이운성 이론에 대해 후대에 천기(天氣)를 양간(陽干)과 음간(陰干)으로 나눠 양간과 음간은 각각 상반된 순환을 거치게 된다는 이론이 제기되었습니다. 고대부터 양기(陽氣)와 음기(陰氣)는 서로 상반된 순환의 흐름·방향을 나타낸다는 '陽順·陰逆(양순·음역)'의 주장이 있었습니다. 즉 양기는 순행을 따르고 음기는 역행을 따른다는 설명입니다. 이 설(説)에 근거하여 양간과 음간의 차별적인 십이운성 적용을 제기한 것입니다.

◆ 양생음사(陽生陰死)·양사음생(陽死陰生)

구체적으로는 양기(陽氣)가 사(死)하는 자리에서 비로소 음기(陰氣)는 생(生)하게 되고, 역으로 음기가 사(死)하는 자리에서 비로소 양기는 생(生)하게 된다는 것이 이론의 핵심입니다. 가령 목기(木氣)의 순환을 예를 들어 설명하자면,

- 오행의 목기(木氣)는 오궁(午宮)에서 사(死)하게 되는데, 이를 갑(甲)은 오궁(午宮)에서 사(死)하지만 을(乙)은 역으로 생(生)하는 것으로 파악합니다.
- 갑(甲)은 … ⇨ 巳 ⇨ 午 ⇨ 未 ⇨ … 의 순서로 십이운성의 순환을 겪지만, 이와는 반대로
- 을(乙)은 … ⇨ 未 ⇨ 午 ⇨ 巳 ⇨ … 의 순서로 십이운성의 순환을 겪게 됩니다.

	胎	養	生	浴	冠	祿	旺	衰	病	死	墓	絕
甲	酉	戌	亥	子	丑	寅	卯	辰	巳	午	未	申
乙	申	未	午	巳	辰	卯	寅	丑	子	亥	戌	酉
丙	子	丑	寅	卯	辰	巳	午	未	申	酉	戌	亥
丁	亥	戌	酉	申	未	午	巳	辰	卯	寅	丑	子
戊	子	丑	寅	卯	辰	巳	午	未	申	酉	戌	亥
己	亥	戌	酉	申	未	午	巳	辰	卯	寅	丑	子
庚	卯	辰	巳	午	未	申	酉	戌	亥	子	丑	寅
辛	寅	丑	子	亥	戌	酉	申	未	午	巳	辰	卯
壬	午	未	申	酉	戌	亥	子	丑	寅	卯	辰	巳
癸	巳	辰	卯	寅	丑	子	亥	戌	酉	申	未	午

한편 토기(土氣)에 대해서는 화토동궁설(火土同宮說)에 따르기도 하고, 수토동궁설(水土同宮說)에 따르기도 하는데, 보통의 명가(命家)에서는 화토동궁설을 적용하여 무(戊)는 병(丙)과 함께 순환시키고, 기(己)는 정(丁)과 함께 순환시켰습니다. 이와 같은 설명을 표로 정리하면 위와 같습니다.

미왕진장설(未旺辰葬說)

미왕진장이란 미(未)에서 왕이 되고, 진(辰)에서 장사지낸다는 의미로 『五行大義(오행대의)』에 등장하는 개념입니다.

	受氣	胎	養	寄行	生	浴	冠	祿	旺	衰病	死	葬
土氣	亥	子	丑	寅	卯	辰	巳	午	未	申	酉	辰

이 표와 같이 사기(四氣)의 순환과 달리 기행(寄行)이라는 새로운 단계가 있는 대신에 쇠·병의 단계를 하나의 단계로 처리하였습니다. 의미적으로는 화토동궁설의 시각을 받아들여 해(亥)에서 수기(受氣)하지만, 인(寅)에서 기행(寄行)이라는 변화를 취해 결국 미(未)에서 왕에 이르도록 하였으며, 신(申)에서 쇠와 병을 동시에 겪고 술(戌)이 아닌 진(辰)에서 장사지내는 것이 특징입니다.

『오행대의』에 따르면, 본래 술(戌)에서 장사를 지내려고 했지만 술(戌)은 모기(母氣)인 화기(火氣)의 묘지이므로 부모와 함께 장사를 지낼 수 없어서 새롭게 입장(入葬)할 곳을 찾게 됩니다. 먼저 앞으로 나아가 술(戌) 다음의 묘기(墓氣)인 축(丑)으로 이행하지만, 축(丑)에서는 자기(子氣)인 금기(金氣)의 묘지이므로 자녀와 함께 장사를 지낼 수 없어서 다시 뒤로 나아가 미(未)로 이행하게 됩니다. 그러나 미(未)는 토기(土氣)를 극(剋)하는 목기(木氣)의 묘지이므로 함께 묻히게 된다면 묻혀서도 편할 수가 없어서 마지막으로 진(辰)으로 이행합니다. 그런데 진(辰)은 토기(土氣)가 극(剋)하는 수기(水氣)의

묘지이므로, 비로소 마음 편하게 묻힐 수 있어서[68] 진(辰)에서 장사를 지내
게 된다는 것입니다.

십이운성을 이해하는 관점

십이운성의 본래의 의미는 불교의 십이인연설의 영향을 받아
초기의 왕상휴수 이론을 확장한 개념입니다. 즉 춘하추동(春夏秋冬)의 사기
(四氣)가 계절과 방향에 따라 달라지는 기세(氣勢)의 변화를 설명하려는 시
도였습니다. 따라서 필자는 사기(四氣)의 십이운성 순환이 가장 적절한 설
명이라는 점을 강조하고 싶습니다.

또한 토기(土氣)의 순환에 대해서는 엄밀하게 그 필요성을 느끼지는 않
지만, 굳이 시도하겠다면 기존의 주장들은 모두 논리적 근거가 매우 부족
하여 이를 그대로 수용하는 것은 바람직하지 못한 자세입니다. 오행의 상
생 작용 자체도 그리 수월하게 발생하지 않아서 전화율이 매우 부족한데,
이와 같은 작용 특성을 무시하고 화기(火氣)와 토기(土氣)가 완전히 동일한
기세(氣勢) 흐름의 궤적을 밟는다는 것 자체가 어불성설(語不成說)입니다.

실제로 근·현대 중국 명징파(明澄派)의 왕원저(王文澤) 선생과 장야오원(張

---

68 육친의 대응 관계에 있어서 내가 극(剋)하는 대상으로 남자의 경우에는 처(妻)를 대응시키는 시각이 있습니
    다. 따라서 진토(辰土)에 묻히는 것은 부처(夫妻)가 합장(合葬)한다는 의미를 지니게 됩니다. 그래서 마음 편
    하게 묻힌다는 설명이 가능했던 것입니다.
    물론 이와 같은 시각은 남자 중심의 시각이므로 일반적인 설명으로서는 부족한 근거에 해당합니다. 왜냐하
    면 육친의 대응 관계에 있어서 여자의 경우에는 나를 극(剋)하는 대상을 부(夫)로 대응시키기 때문입니다.
    따라서 부처(夫妻) 합장(合葬)의 의미라면 여자의 경우에는 미토(未土)에 묻혀야 할 것입니다. 그렇지만 이
    와 같이 설명하지는 않습니다.

耀文) 선생은 기존의 토기(土氣) 순환 이론을 부정하고 각각 자신만의 수정된 관점을 제시하면서 기존 이론의 문제점을 크게 지적한 바 있습니다.

왕원저(王文澤)의 관점[69]

		生	浴	冠	祿	旺	衰	病	死	墓	絶	胎	養
木氣		亥	子	丑	寅	卯	辰	巳	午	未	申	酉	戌
火氣		寅	卯	辰	巳	午	未	申	酉	戌	亥	子	丑
土氣	戊	卯	辰	巳	午	未	申	酉	戌	亥	子	丑	寅
	己	酉	戌	亥	子	丑	寅	卯	辰	巳	午	未	申
金氣		巳	午	未	申	酉	戌	亥	子	丑	寅	卯	辰
水氣		申	酉	戌	亥	子	丑	寅	卯	辰	巳	午	未

장야오원(張耀文)의 관점[70]

		生	浴	冠	祿	旺	衰	病	死	墓	絶	胎	養
木氣		亥	子	丑	寅	卯	辰	巳	午	未	申	酉	戌
火氣		寅	卯	辰	巳	午	未	申	酉	戌	亥	子	丑
土氣	戊	辰	巳	午	未	戌	丑	申	酉	亥	子	寅	卯
	己	戌	亥	子	丑	辰	未	寅	卯	巳	午	申	酉
金氣		巳	午	未	申	酉	戌	亥	子	丑	寅	卯	辰
水氣		申	酉	戌	亥	子	丑	寅	卯	辰	巳	午	未

이들의 이론들을 살펴보면 그나마 기존의 이론들보다 타당성 측면에서 다소 개선된 측면은 있지만, 역시 완전하게 수용하기에는 여전히 무리가 따

---

69 張耀文의 『子平命理 象意篇』(21~26쪽)을 참조하였습니다.
70 張耀文의 『四柱推命術密儀 –子平の哲理–』(79~83쪽)를 참조하였습니다.

르는 것 또한 사실입니다. 십이운성에 대한 보다 세부적이고 전문적인 이야기는 이 책이 논의 수준을 넘으므로, 훗날 다른 책에서 자세하게 설명할 것을 기약하며, 이 책에서는 필자가 제시하는 관점을 충분히 이해하고 수용하는 측면에서 넘어가시기를 제안합니다.

지장간(地藏干)

옛사람들의 천지(天地)에 대한 기본 관점은 상이했습니다. 하늘에서 나타나는 변화는 그 내용을 지상에서 명백하게 관찰할 수 있기 때문에, 이를 통해 하늘이 인간에게 보여주는 상의(象意)[71][→ 이를 '천수상(天垂象)' 혹은 '천문(天文)'이라 부름]를 해석하여 인사(人事)에 반영하려고 했습니다. 그러나 땅속에서 나타나는 변화에 대해서는 분명 그 내용의 존재성은 인정하면서도 하늘과 달리 뚜렷하게 상의를 보여주지 않아 해석하는 과정에서 많은 어려움을 호소하였습니다.

지장간(地藏干)이란 이와 같이 존재하지만 파악하기 곤란한 지중(地中)의 변화 주체에 대해 설명하려는 관점입니다. 즉 천간(天干)이 천수상(天垂象)

---

71 술수학에서 상의(象意)란 상징과 의미를 뜻합니다. 술수학을 활용해서 파악할 수 있는 내용은 상징과 암시가 대부분입니다. 이 상징과 암시는 1:1의 상징이 아니라 1:다(多)의 상징이기 때문에 그 의미는 다양한 암시를 품고 있고, 의(意)라는 글자가 뜻하는 것처럼 주관적으로 해석될 요소가 많습니다. 술가(術家)의 소임(所任) 이란 당사자나 해당 사건 및 정황에 대해서 이 상의를 어떻게 해석하고 적용하여 설명하는가 하는 것입니다.

의 주체인 것처럼, 지중(地中)에도 상의(象意)를 드러내는 간(干)의 존재를 제시하여 다층적이고 복잡한 지지(地支)의 속성을 표현한 것으로 볼 수 있습니다.

지장간(地藏干)의 성립 원리

지장간의 개념 자체는 역사적으로 매우 일찍 등장하였습니다만, 그 유래나 성립 배경에 대해서는 알려진 바가 없습니다. 이에 대해 필자는 십이운성(十二運星)이 지장간의 도입 과정과 밀접한 상관관계가 있다고 생각하고 있습니다. 십이운성 자체가 천간과 지지의 상호 작용을 표현하는 한 형태이기 때문입니다. 이제 이 도입 과정에 대한 필자의 가설을 제시하고 설명하고자 합니다.

＊가설①: 목기(木氣)·화기(火氣)·금기(金氣)·수기(水氣)는 모두 용사(用事)하는
　　계절과 방위에서는 지기(地氣)와 깊은 상관관계를 형성하고 교류합니다.

십이운성의 모태(母胎)는 왕상휴수 이론이고, 왕상휴수 이론에서는 용사(用事)하는 계기(季氣)에 대해 왕(旺)의 단계에 있다고 파악합니다. 따라서 십이운성 역시 용사하는 계절과 방위에 해당하는 지지(地支)에 대해서는 깊은 관계성을 형성하므로, 해당 천기(天氣)가 지중(地中)에 존재해야 타당합니다. 이에 따른 대응 결과는 다음과 같습니다.

· 동방의 인(寅)·묘(卯)·진(辰)에 목기가 내재(內在)함

- 남방의 사(巳)·오(午)·미(未)에 화기가 내재(內在)함

- 서방의 신(申)·유(酉)·술(戌)에 금기가 내재(內在)함

- 북방의 해(亥)·자(子)·축(丑)에 수기가 내재(內在)함

✻ 가설② : 십이운성의 흐름에서 가장 중요한 3대 전환점인 생·왕·묘에 해

당하는 지지에 대해서는 천지(天地)가 깊게 상호 작용합니다.

십이운성의 12단계 흐름 중에서 가장 중요한 세 단계는 생왕묘(生旺墓)입
니다. 따라서 천지 사이의 상호 작용으로 인해 해당하는 지지 속에는 상
응하는 천기(天氣)가 존재해야 타당합니다. 이에 따른 대응 결과는 다음과
같습니다.

- 목기의 생왕묘인 해묘미(亥卯未) 속에는 목기가 내재함

- 화기의 생왕묘인 인오술(寅午戌) 속에는 화기가 내재함

- 금기의 생왕묘인 사유축(巳酉丑) 속에는 금기가 내재함

- 수기의 생왕묘인 신자진(申子辰) 속에는 수기가 내재함

✻ 가설③ : 토왕용사(土旺用事)가 나타나는 시기에 해당하는 지지에는 토기

(土氣)가 중요한 소임을 담당하므로 지중(地中)에 존재합니다.

- 토왕용사(土旺用事)의 시기는 입춘·입하·입추·입동 전(前) 18일 동안 토기

(土氣)가 왕성하게 활동하는 시기입니다.

- 따라서 진미술축(辰未戌丑)이 이에 해당하는 지지인데, 이 속에는 토기(土氣)

가 내재해야 타당합니다.

* **가설 ④** : 생지(生支)에는 양간(陽干)이 암장(暗藏)[72] 되어 있고, 왕지(旺支)와 묘

  지(墓支)에는 음간(陰干)이 암장되어 있습니다.

• 십간의 양간과 음간은 다음과 같습니다.

  * **양간(陽干)** : 갑(甲) · 병(丙) · 무(戊) · 경(庚) · 임(壬)

  * **음간(陰干)** : 을(乙) · 정(丁) · 기(己) · 신(辛) · 계(癸)

• 생지(生支)는 방(方)의 생지와 국(局)의 생지가 있습니다. 방의 생지는 방위나

  계절의 시작을 의미하고, 국의 생지는 기(氣) 흐름의 출생을 의미하는데, 시

  작이나 출생은 강하게 발산하는 기(氣)에 해당하므로 양기(陽氣)의 속성이

  강합니다. 따라서 생지(生支)에는 양간이 암장되어야 타당합니다. 구체적인

  대응 결과는 다음과 같습니다.

  * 인(寅)은 동방(東方)의 생지이고 화국(火局)의 생지이므로 각각 갑(甲)

    과 병(丙)이 내재함

  * 사(巳)는 남방(南方)의 생지이고 금국(金局)의 생지이므로 각각 병(丙)

    과 경(庚)이 내재함

  * 신(申)은 서방(西方)의 생지이고 수국(水局)의 생지이므로 각각 경(庚)

    과 임(壬)이 내재함

  * 해(亥)는 북방(北方)의 생지이고 목국(木局)의 생지이므로 각각 임(壬)

---

72 암장(暗藏)이란 '모르게 숨겨 있다'는 의미로, 지중(地中)에 존재해서 노출되어 있지 않아 직접 보이지 않는
    다는 뜻을 지닙니다.

과 갑(甲)이 내재함

• 왕지(旺支)는 방(方)의 왕지와 국(局)의 왕지가 동일한데, 모두 정점의 역량을 발휘하는 자리입니다. 이와 같은 왕위(王位)는 직접 본인이 부지런히 움직이는 자리가 아니라 만인이 숭앙하고 주목하는 자리로, 좀처럼 쉽게 움직이지 않는 정적(靜的)인 자리입니다. 따라서 왕지(旺支)에는 음간이 암장되어야 타당합니다. 구체적인 대응 결과는 다음과 같습니다.

*묘(卯)는 동방과 목국의 왕지이므로, 을(乙)이 내재함

*오(午)는 남방과 화국의 왕지이므로, 정(丁)이 내재함

*유(酉)는 서방과 금국의 왕지이므로, 신(辛)이 내재함

*자(子)는 북방과 수국의 왕지이므로, 계(癸)가 내재함

• 묘지(墓支)는 방(方)의 묘지와 국(局)의 묘지가 있습니다. 방의 묘지는 방위나 계절의 끝을 의미하고, 국(局)의 묘지는 기(氣) 흐름의 소멸을 의미하는데, 소실(消失)되는 기(氣)는 쇠잔하고 움직임이 감소하는 기이므로 음기(陰氣)의 속성에 해당합니다. 따라서 묘지(墓支)에는 음간이 암장되어야 타당합니다. 구체적인 대응 결과는 다음과 같습니다.

*진(辰)은 동방(東方)의 묘지이고 수국(水局)의 묘지이므로 각각 을(乙)과 계(癸)가 내재함

*미(未)는 남방(南方)의 묘지이고 목국(木局)의 묘지이므로 각각 정(丁)과 을(乙)이 내재함

*술(戌)은 서방(西方)의 묘지이고 화국(火局)의 묘지이므로 각각 신(辛)과 정(丁)이 내재함

*축(丑)은 북방(北方)의 묘지이고 금국(金局)의 묘지이므로 각각 계(癸)
와 신(辛)이 내재함

＊가설⑤ : 천문(天門)과 지호(地戶)의 방향이면서 태양(太陽)의 기(氣)가 작용하
는 진술(辰戌)은 양토(陽土)가 암장되어 있고, 인문(人門)과 귀문(鬼門)의 방
향이면서 태음(太陰)의 기(氣)가 작용하는 축미(丑未)는 음토(陰土)가 암장되
어 있습니다.

사유(四維)와 사문(四門)

중국 최고(最古)의 지리서(地理書)인 『산해경(山海經)』에는 세상의 사유(四維) 끝에 존재하는 사문(四門)의 개념이 등장합니다. 여기서 사유(四維)란 사각형의 네 귀퉁이를 의미합니다. 다음 그림을 참조하시기 바랍니다.

고대 중국인들은 땅이 사각형으로 이루어져서 세상의 방위는 동남서북의 사방(四方)이 있다고 생각하는 세계관을 지니고 있었습니다. 이때 사유에 해당하는 동북·동남·서북·서남의 귀퉁이에서는 커다란 기류(氣流)가 존재한다고 생각했고 이를 '문(門)'이라고 표현했습니다.

문(門)이란 출입(出入)의 경계입니다. 문을 경계로 내외(內外)의 기류(氣流)가 달라지기 때문에 큰 흐름이 발생하게 됩니다. 이 중에서 동북의 문(門)은 밤에서 낮으로 전환하는 경계에 해당하여 밤에 활동하던 귀신들이 모두 이 문을 통해 들어간다고 해서 '귀문(鬼門)'이라 불렀고, 서남의 문(門)은 이와는 반대로 낮에서 밤으로 전환하는 경계에 해당하여 낮에 활동하

던 사람들이 모두 활동을 멈추고 이 문을 통해 들어간다고 해서 **'인문(人門)'**이라 불렀습니다.

한편 서북쪽은 지대가 높은 곳으로, 수많은 신(神)들이 거주하는 전설의 곤륜산(崑崙山)이 위치하는 곳입니다. 곤륜산의 정상부는 하늘까지 닿아 있어 천지(天地)가 만나는 곳입니다. 그래서 이곳의 기류를 **'천문(天門)'**이라 불렀습니다. 반면에 동남은 지대가 낮은 곳으로, 지상의 모든 강하(江河)가 이쪽으로 흘러갑니다. 이 극단의 곳에 지기(地氣)가 드나드는 큰 기류가 있어서 이를 **'지호(地戶)'**라고 불렀습니다.

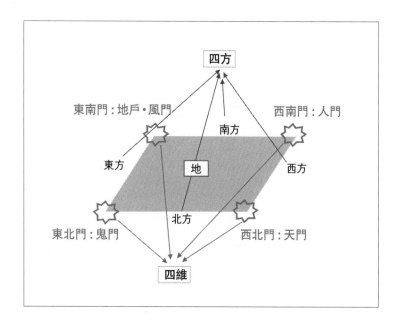

천문(天門)과 지호(地戶)

사실 천문(天門)과 지호(地戶)는 동아시아 고대 우주관에서부터 등장한 오래된 개념입니다.[73] 그러나 전설에 의하지 않고 양기(陽氣)와 음기(陰氣)의 큰 순환을 통해 이 개념에 접근할 수도 있습니다.

즉 동지(冬至)를 지나면서 소생하는 양기(陽氣)는 점차 역량이 성장하지만 이에 반하여 음기(陰氣)는 시간이 지날수록 점차 쇠잔해지는데, 이 음기가 마지막으로 잔존하는 곳이 진월(辰月)이고 진방(辰方)입니다. 옛사람들은 이러한 변화를 직관적으로 표현하고자 64괘 가운데 12괘를 뽑아 매월(每月)의 변화를 표시하기도 했습니다. 이를 '십이벽괘(十二辟卦)'라고 합니다. 여기서는 그 직관적인 이미지만 보시기 바랍니다.

괘상(卦象)에서 빨간색의 효(爻)가 양효(陽爻)이고, 파란색의 효가 음효(陰爻)인데, 자월(子月)에서 처음 양효가 생긴 이래 점차 양효가 증가하다가 사월(巳月)에 최대가 됩니다. 따라서 진방(辰方)이란 음기(陰氣)의 한계가 되므로, 음기(陰氣)를 지기(地氣)로 대체하여 이해한다면 지기(地氣)의 역량이 미치는 한계가 되어 지기(地氣)가 들어가는 지호(地戶)의 개념을 연상할 수 있습니다.

---

73 오른쪽 그림은 고대에 천기(天氣)의 신묘한 변화를 표현한 오천오운도(五天五運圖)입니다. 고대의 술수학에서는 매우 중시했던 개념인데, 직접적으로는 의서(醫書)인 『素問(소문)』에 관련 설명이 등장합니다. 진사(辰巳)의 사이에 지호(地戶)가 위치하고, 술해(戌亥)의 사이에 천문(天門)이 위치하고 있습니다.

오천오운도

자평학 강의 255쪽 정오표

255쪽 하단의 표 두 번째 행의 내용을
아래와 같이 수정하였습니다

◆ 자월(子月)부터 사월(巳月)까지의 천기(天氣)의 흐름

二十四節氣	大雪	冬至	小寒	大寒	立春	雨水	驚蟄	春分	淸明	穀雨	立夏	小滿
曆月	十一月 [子]		十二月 [丑]		正月 [寅]		二月 [卯]		三月 [辰]		四月 [巳]	
辟卦의 象	䷗		䷒		䷊		䷡		䷪		䷀	
陰陽	一陽生		二陽生		三陽生		四陽生		五陽生		六陽最盛	

　반면에 하지(夏至)를 지나면서 소생하는 음기(陰氣)는 점차 역량이 성장하지만 이에 반하여 양기(陽氣)는 시간이 지날수록 점차 쇠진해지는데, 이 양기가 마지막으로 잔존하는 곳이 술월(戌月)이고 술방(戌方)입니다. 따라서 술방(戌方)이란 양기(陽氣)의 한계가 되므로, 양기(陽氣)를 천기(天氣)로 대체하여 이해한다면 천기(天氣)의 역량이 미치는 한계가 되어 천기(天氣)가 들어가는 천문(天門)의 개념을 연상할 수 있습니다.

◆ 오월(午月)부터 해월(亥月)까지의 천기(天氣)의 흐름

二十四節氣	芒種	夏至	小暑	大暑	立秋	處暑	白露	秋分	寒露	霜降	立冬	小雪
曆月	五月 [午]		六月 [未]		七月 [申]		八月 [酉]		九月 [戌]		十月 [亥]	
辟卦의 象	䷫		䷠		䷋		䷓		䷖		䷁	
陰陽	一陰生		二陰生		三陰生		四陰生		五陰生		六陰最盛	

二十四節氣	大雪	冬至	小寒	大寒	立春	雨水	驚蟄	春分	清明	穀雨	立夏	小滿
曆月	十一月 [子]		十二月 [丑]		正月 [寅]		二月 [卯]		三月 [辰]		四月 [巳]	
辟卦의 象												
陰陽	一陽生		二陽生		三陽生		四陽生		五陽生		六陽最盛	

반면에 하지(夏至)를 지나면서 소생하는 음기(陰氣)는 점차 역량이 성장하지만 이에 반하여 양기(陽氣)는 시간이 지날수록 점차 쇠잔해지는데, 이 양기가 마지막으로 잔존하는 곳이 술월(戌月)이고 술방(戌方)입니다. 따라서 술방(戌方)이란 양기(陽氣)의 한계가 되므로, 양기(陽氣)를 천기(天氣)로 대체하여 이해한다면 천기(天氣)의 역량이 미치는 한계가 되어 천기(天氣)가 들어가는 천문(天門)의 개념을 연상할 수 있습니다.

◆ 오월(午月)부터 해월(亥月)까지의 천기(天氣)의 흐름

二十四節氣	芒種	夏至	小暑	大暑	立秋	處暑	白露	秋分	寒露	霜降	立冬	小雪
曆月	十一月 [子]		十二月 [丑]		正月 [寅]		二月 [卯]		三月 [辰]		四月 [巳]	
辟卦의 象												
陰陽	一陰生		二陰生		三陰生		四陰生		五陰生		六陰最盛	

이로써 진술(辰戌)은 천지(天地)의 큰 기류가 출입하는 곳이므로 기류의

활동성과 규모가 크고, 축미(丑未)는 천지(天地)의 산물인 인귀(人鬼)의 작은 기류가 출입하는 곳으로 기류의 활동성과 규모가 작다는 것을 알 수 있습니다. 따라서 보다 양적(陽的)인 기류인 진술(辰戌)에는 양간(陽干)의 토기(土氣)가 내재하고, 보다 음적(陰的)인 기류인 축미(丑未)에는 음간(陰干)의 토기(土氣)가 내재하는 것으로 볼 수 있게 됩니다.

충기(沖氣) 이론에서의 태양(太陽)과 태음(太陰)

또 다른 설명으로 마주보는 지지의 기운끼리 서로 부딪쳐서 새로운 화기(和氣; 조화로운 기운)를 생성한다는 충기(沖氣)의 이론이 있습니다. 이는 고대 의서(醫書)인 『소문(素問)』에 등장하는 개념인데, 그중에는 진술(辰戌)의 기(氣)가 충돌하여 태양·한수(太陽 寒水)의 새로운 기류(氣流)가 발생하고, 축미(丑未)의 기(氣)가 충돌하여 태음·습토(太陰 濕土)의 새로운 기류(氣流)가 발생한다는 내용이 있습니다.[74]

여기서 진술(辰戌)의 자리에 태양(太陽)의 양기를 대응시키고, 축미(丑未)의 자리에 태음(太陰)의 음기를 대응시킨 점에 주목하여 진술(辰戌)은 양토(陽土)와 연관시키고 축미(丑未)는 음토(陰土)와 연관시킬 수 있게 됩니다.

결론적으로 진미술축(辰未戌丑)의 네 지지에는 토용(土用)의 자리이므로 토기(土氣)가 암장되어 있는데, 세부적으로는 진술에 양토가 내재하고 축미에 음토가 내재해야 타당하다는 의미입니다. 구체적인 대응 결과는 다음과 같습니다.

---

74 이에 관한 자세한 내용이나 설명은 매우 어려워서 이 책의 논의 수준을 크게 넘으므로 여기서는 생략합니다.

ᵒ진(辰)과 술(戌)에는 무(戊)가 내재함

ᵒ축(丑)과 미(未)에는 기(己)가 내재함

아래의 표는 이렇게 다섯 가설을 통해 얻어진 결과를 정리한 것입니다.

地支	子	丑	寅	卯	辰	巳	午	未	申	酉	戌	亥
地藏干	癸	己辛癸	甲丙	乙	戊癸乙	丙庚	丁	己乙丁	庚壬	辛	戊丁辛	壬甲

주기(主氣)와 객기(客氣)

지장간에는 주기(主氣)와 객기(客氣)가 존재합니다. 주기(主氣)란 달리 본기(本氣)라고도 하는데, 각 지지의 주인이 되는 본연의 기(氣)를 의미합니다. 본질적으로 12지지를 오행에 따라 귀속시키면 아래의 표와 같이 됩니다. 이는 방위와 계절과 관련한 대응 결과입니다. 따라서 이 기(氣)에 해당하는 지장간(地藏干)이 주기(主氣)가 됩니다.

◆木氣:寅·卯   ◆火氣:巳·午

◆金氣:申·酉   ◆水氣:亥·子

◆土氣:辰·未·戌·丑

반면에 손님의 신분으로 암장되어 있는 기(氣)를 객기(客氣)라고 부르는데, 객기는 다시 맹기(萌氣)와 여기(餘氣) 및 묘기(墓氣)로 나뉩니다. 맹기(萌

氣)와 묘기(墓氣)는 각각 12운성 흐름의 장생의 기(氣)와 묘의 기(氣)에 해당합니다.[75] 그리고 여기(餘氣)는 방(方)과 계절이 끝나가는 방(方)의 묘기(墓氣)인데, 비록 조금 약해지기는 했지만 아직은 왕성했던 기운이 남아서 존속한다는 의미를 지니고 있습니다. 예를 들어 인(寅) 속의 병(丙)은 화국(火局)의 장생을 의미하고, 진(辰) 속의 을(乙)은 아직 남아 있는 봄과 동방의 기운을 의미하며, 진(辰) 속의 계(癸)는 수국(水局)의 묘(墓)를 의미합니다.

地支	寅		巳		申		亥	
藏干	甲	丙	丙	庚	庚	壬	壬	甲
	主氣	萌氣	主氣	萌氣	主氣	萌氣	主氣	萌氣
地支	卯		午		酉		子	
藏干	乙		丁		辛		癸	
	主氣		主氣		主氣		主氣	
地支	辰			未			戌			丑		
藏干	戊	乙	癸	己	丁	乙	戊	辛	丁	己	癸	辛
	主氣	餘氣	墓氣	主氣	餘氣	墓氣	主氣	餘氣	墓氣	主氣	餘氣	墓氣

지장간

고서(古書)의 지장간(地藏干)

지금까지 살펴본 지장간은 필자가 적용하는 지장간의 개념을 자세하게 설명한 것입니다. 그런데 고서(古書)에는 이와는 조금 다르게 다음과 같이 나타나 있습니다. 차이점은 인(寅)·사(巳)·신(申)에 무(戊)가 내재하

---

75 맹기(萌氣)는 새롭게 싹트는 기(氣)를 의미합니다.

地支	子	丑	寅	卯	辰	巳	午	未	申	酉	戌	亥
地藏干	癸	己辛癸	甲丙戊	乙	戊癸乙	丙庚戊	丁己	己乙丁	庚壬戊	辛	戊丁辛	壬甲

고, 오(午)에 기(己)가 내재하고 있습니다.

인(寅)·사(巳)·오(午)에 무(戊)·무(戊)·기(己)가 내재하고 있는 것은 화토동궁설(火土同宮說)의 영향 때문인 것으로 추정하고 있습니다. 화토동궁설에서는 화기(火氣)와 토기(土氣)를 함께 순환시켰습니다. 따라서 화기(火氣)가 암장되어 있는 곳에 동일하게 토기(土氣)를 암장시키면 아래의 표와 같이 됩니다. 그런데 미(未)와 술(戌) 중에는 이미 토기(土氣)가 존재하므로 인(寅)·사(巳)·오(午)에만 대응시킨 것으로 볼 수 있습니다.

	火局의 生支	南方의 生支	火局의 旺支	南方의 墓支	火局의 墓支
地支	寅	巳	午	未	戌
藏干	丙	丙	丁	丁	丁
火土同宮	戊	戊	己	己	己

한편 신(申) 중에 암장된 무(戊)에 대해서는 다른 관점이 필요합니다. 이 개념을 이해하려면 후천 팔괘(後天八卦)에 대한 인식이 있어야 합니다.

선천(先天) 팔괘(八卦) & 후천(後天) 팔괘(八卦)

전설에 따르면 복희(伏羲) 씨와 주나라 문왕(文王)이 하늘이 드리워준 상

(象)을 깨닫고 각각 팔괘(八卦)로써 표현했다고 합니다. 그러나 중국인의 오래된 가탁(假託) 습성을 감안한다면 이러한 전설에 커다란 의미를 부여할 필요는 없습니다. 다만 그 내용만 취해서 이해하면 될 뿐입니다.

◆ 복희 팔괘 : 선천 팔괘

복희 팔괘를 달리 '선천 팔괘'라고 부르는 것은 그 내용에서 세상을 구성하고 있는 요소들에 대한 관점이 드러나 있기 때문입니다. 즉 만물이 화생(化生)하며 번성할 수 있도록 터전을 이루고 있는 기반에 대하여 제시하고 있습니다.

팔괘를 처음 접하는 상황에서 우선 숙지(熟知)가 필요한 지식은 괘명, 괘상, 다양한 상의 가운데 자연에 대응하는 상의, 방위, 그리고 오행입니다. 그 중에서 복희 팔괘에서는 괘명과 괘상 및 상의에 중점을 두고, 문왕 팔괘에서는 방위와 상의 및 오행에 중점을 두는 것이 좋습니다.

복희 팔괘	괘명(卦名)	괘상(卦象)	자연의 象意	방위(方位)
乾一 二兌　巽五 三離　坎六 四震　艮七 坤八	건(乾)	☰	천(天)	남(南)
	태(兌)	☱	택(澤)	동남(東南)
	리(離)	☲	화(火)	동(東)
	진(震)	☳	뢰(雷)	동북(東北)
	손(巽)	☴	풍(風)	서남(西南)
	감(坎)	☵	수(水)	서(西)
	간(艮)	☶	산(山)	서북(西北)
	곤(坤)	☷	지(地)	북(北)

건괘(乾卦)와 곤괘(坤卦)는 천지(天地)를 의미하고 남북의 축을 형성합니다. 팔괘에서는 남북(南北)의 축과 동서(東西)의 축을 중심으로 살펴야 하는데, 이것이 세상의 중심축을 나타내기 때문입니다. 이 중에서 남북의 축은 현 시점에서의 중심축을 의미하고, 동서의 축은 미래 시점에서의 중심축을 의미합니다. 따라서 복희 팔괘에서는 천지(天地)가 세상의 중심축을 형성하고 있음을 제시하는 것입니다.

한편 리괘(離卦)는 화(火)를 의미하고 감괘(坎卦)는 수(水)를 의미합니다. 화(火)와 수(水)는 오행적인 의미가 아닙니다. 복희 팔괘 단계에서는 아직 오행에 대한 인식이 존재하지 않습니다. 음양의 인식만이 존재할 따름입니다. 따라서 화(火)와 수(水)는 불과 물을 지칭하기 보다는 해와 달을 의미한다고 보는 것이 좋습니다. 동서(東西)는 일월(日月)이 출몰하는 방위인데, 이 방위에서 부지런히 움직이면서 만물에게 생기(生氣)를 부여하는 중요한 임무를 담당합니다.

태괘(兌卦)는 호소(湖沼)를 의미하고 간괘(艮卦)는 산(山)을 의미합니다. 산과 호소는 각각 지상의 평원(平原)·고원(高原)과 수원(水源)으로 생명체가 살기 위해 반드시 필요한 기반입니다. 이 개념을 확장해서 바다와 육지에 대응하기도 하지만, 그보다는 생명체의 보금자리 여건이라는 의미가 더욱 중요합니다.

손괘(巽卦)는 바람을 의미하고, 진괘(震卦)는 우레를 의미합니다. 바람은 수평적으로 부는 기류(氣流)이고, 우레는 수직적으로 나타나는 기류(氣流)

입니다. 모두 지상(地上)에서 나타나는 기류(氣流)를 설명하는데, 이들은 지상의 생명 활동이 더욱 확산되도록 기여합니다.

◆ **문왕 팔괘:후천 팔괘**

이처럼 복희 팔괘는 만물이 화생하는 세상의 기반에 대해 제시하는 개념입니다. 이에 비하여 문왕 팔괘는 방위성과 오행성을 지니면서 지상에 작용하는 기(氣)의 흐름과 전설과 연계한 중국인의 세계관 혹은 지형관(地形觀)이 반영되어 있습니다. 그래서 달리 후천 팔괘라고 부릅니다.

북쪽의 감수(坎水)와 남쪽의 리화(離火)는 복희 팔괘에서의 동서(東西)의 축을 이루던 요소인데, 문왕 팔괘에서는 남북에 자리 잡아 세상의 중심축을 이루고 있습니다. 중국 남쪽의 따뜻한 기후와 북쪽의 추운 기후를 반영한 것입니다.

문왕 팔괘	방위(方位)	괘명(卦名)	오행(五行)	자연의 象意
離 巽 坤 震 兌 艮 乾 坎	북(北)	감(坎)	水	수(水)
	동북(東北)	간(艮)	土	산(山)
	동(東)	진(震)	木	뢰(雷)
	동남(東南)	손(巽)	木	풍(風)
	남(南)	리(離)	火	화(火)
	서남(西南)	곤(坤)	土	지(地)
	서(西)	태(兌)	金	택(澤)
	서북(西北)	건(乾)	金	천(天)

진목(震木)과 태금(兌金)은 동서(東西)의 축을 이루는데, 진방(震方)은 일출(日出)의 장소로서 전설의 부상(扶桑)[76]이 위치한 곳이고, 태금(兌金)은 일몰(日沒)의 장소로서 전설의 함지(咸池)[77]가 위치한 곳이면서 깨끗한 물이 위치하여 옥(玉)이 산출되는 곳입니다.

동남쪽의 손목(巽木)은 남동쪽에서 불어오는 계절풍과 태풍이 올라오는 방위이고, 서북쪽의 건금(乾金)은 전설의 곤륜산(崑崙山)이 위치하는 고산지대로 하늘과 맞닿은 신성한 곳이면서 매우 건조한 지역입니다. 간토(艮土)는 동북쪽의 평원과 고원으로 초원과 삼림이 발달한 곳이고, 곤토(坤土)는 남동쪽의 고원지대로 습윤하면서도 연중 내내 따뜻한 지역입니다.

이와 같은 문왕 팔괘의 방위성은 동아시아 술수학의 기본 방위를 형성합니다. 따라서 방위를 생각하거나 거론할 때에는 항상 문왕 팔괘의 의미와 방위성을 기본적으로 적용하거나 혹은 전제로 논의하였습니다. 그러므로 문왕 팔괘의 방위성은 꼭 숙지해야 하는 사항입니다.

◆ 문왕 팔괘와 오행(五行)

문왕 팔괘는 방위성을 전제로 제시되었고, 지상(地上)의 방위성은 오행과 필연적으로 연관됩니다. 그런데 방위는 8개인데 비하여 오행은 5개이므로 반드시 어느 오행은 복수의 방위가 대응해야만 합니다. 이러한 대응의 문제

---

76   해가 뜨는 동쪽 바다 속에 있다는 전설상의 신령스러운 나무[→ 신목(神木)]를 의미합니다.
77   해가 지는 서쪽에 위치한 곳으로, 해가 목욕한다는 전설상의 연못을 의미합니다.

에 대해 세상의 축을 형성하고 있는 남북의 화수(火水)는 하나만 대응시키고, 나머지 6개의 방위는 2개씩 대응시켜 해결하고자 했습니다.

기본적으로 동서(東西)는 각각 목기(木氣)와 금기(金氣)의 방위이므로 이에 대응시켰고, 간(艮)과 곤(坤)은 상의(象意)가 산(山)과 지(地)이므로 토기(土氣)에 대응시켰습니다. 그리고 바람의 상의를 지닌 손(巽)은 풍(風)이 목기(木氣)에 배속되는 귀류(歸類) 관계에 따라 목기(木氣)에 대응시켰고, 하늘의 상의를 지닌 건(乾)은 하늘의 굳건한 기상이 강건함을 특징으로 하는 금기(金氣)와 상응하므로 금기(金氣)에 대응시켰습니다.

간방(艮方)의 축인(丑寅) & 곤방(坤方)의 미신(未申)

문왕 팔괘에서 살펴본 것처럼 간방과 곤방은 모두 토기(土氣)에 대응하는 방위입니다. 12지지는 방위성을 기반으로 하기 때문에 문왕 팔괘의 사상이 반영되는 것은 매우 당연한 일이라 하겠습니다. 따라서 간방(艮方)에 위치한 축인(丑寅)과 곤방(坤方)에 위치한 미신(未申)에는 모두 토기(土氣)가 내재해야 타당하다고 여겼던 것입니다.

그러므로 이미 토기(土氣)가 내재하고 있는 축(丑)과 미(未)를 제외하고, 인(寅)과 신(申)에도 토기의 존재를 반영했을 것이고, 이때 인(寅)과 신(申)은 생지(生支)이므로 당연히 양간(陽干)이 존재할 것이므로 무(戊)가 내재하게 되었으리라 추정할 수 있습니다. 이것이 바로 신(申)에 무(戊)가 내재하게 된 배경입니다.

참고로 문왕 팔괘와 12지지의 대응 및 지장간의 관계성을 정리하면 다음의 표와 같이 나타낼 수 있습니다.

방위(方位)	문왕 팔괘(文王八卦)	오행(五行)	지지(地支)	지장간(地藏干)
북(北)	감(坎)	水	子	癸水
동북(東北)	간(艮)	土	丑 寅	己土 戊土
동(東)	진(震)	木	卯	乙木
동남(東南)	손(巽)	木	辰 巳	乙木 •78
남(南)	리(離)	火	午	丁火
서남(西南)	곤(坤)	土	未 申	己土 戊土
서(西)	태(兌)	金	酉	辛金
서북(西北)	건(乾)	金	戌 亥	辛金 •79

결과적으로 인(寅)에는 화토동궁설에 의한 토기(土氣)의 반영과 간토(艮土) 사상에 의한 토기(土氣)의 반영이 모두 일어난 셈입니다.

---

78 사화(巳火)는 이미 남방(南方)에 해당하므로 목기(木氣)가 대응하지 않습니다.
79 해수(亥水)는 이미 북방(北方)에 해당하므로 금기(金氣)가 대응하지 않습니다.

: 월령(月令) 분일(分日) 용사(用事)

월령(月令)이란 ①월(月)의 기후(氣候)나 물후(物候)[80] ②하늘이 해당 월(月)에 부여한 명령·임무 ③월(月)을 담당하고 있는 책임 관료 등의 의미를 지니고 있습니다. 정리하자면 만물의 변화에 커다란 영향을 끼치는 월(月)의 변화에 대해 그러한 변화를 유발하도록 하늘이 명령을 부여했다고 생각했고, 따라서 마치 이러한 영향력을 발휘하는 실질적인 책임자가 존재하는 것처럼 설정한 개념입니다. 고대의 정치 시스템은 군주(君主)가 지방의 관리를 임명하면 해당 관리는 군주의 명을 받들어 담당하는 지방을 통치하였습니다. 월령의 개념에서는 하늘이 군주이고, 월령이 지방관인 셈입니다.

이렇게 큰 소임을 담당하므로 옛사람들은 월령의 변화에 대해 깊이 분석하고 알고 싶어 했습니다. 자평학에서 이러한 결과로 등장한 개념이 바로 '월령(月令) 분일(分日) 용사(用事)'입니다. 즉 매월을 날짜별로 분할해서 일정 기간마다 주된 소임을 담당하는 책임자가 다르므로, 이를 정확히 인식해야 한다는 관점입니다.

다만 이에 대한 통일된 관점이 완전하게 정립되지 못한 까닭인지 고서(古書)마다 세부 내용이 조금씩 다릅니다만, 대표적으로 명대(明代)의 『삼명통회(三命通會)』와 청대(淸代)의 『명리약언(命理約言)』 두 책에서 제시된 내용을 다음의 표로 나타냈습니다.

---

80 물후 : 철이나 기후에 따라 변화하는 만물의 현상 → 동면(冬眠)하고 싹트고 꽃 피고 열매 맺는 것과 같은 동식물의 주기성 현상 혹은 자연계의 첫얼음이나 해동(解凍)같은 무생물 변화와 계절 기후의 관계를 의미합니다.

◆『三命通會(삼명통회)』의 월령 분일 용사

	初氣의 기간	中氣의 기간	本氣의 기간
寅月	己土(艮土) 5日	丙火 5日	甲木 20日
卯月	甲木 7日		乙木 23日
辰月	乙木 7日	壬水 5日	戊土 18日
巳月	戊土 5日	庚金 5日	丙火 20日
午月	丙火 7日		丁火 23日
未月	丁火 7日	甲木 5日	己土 18日
申月	己土(坤土) 5日	壬水 5日	庚金 20日
酉月	庚金 7日		辛金 23日
戌月	辛金 7日	丙火 5日	戊土 18日
亥月	戊土 5日	甲木 5日	壬水 20日
子月	壬水 7日		癸水 23日
丑月	癸水 7日	庚金 5日	己土 18日

◆『命理約言(명리약언)』의 월령 분일 용사

	初氣의 기간	中氣의 기간	本氣의 기간
寅月	7日 2分 半 己	7日 2分 半 丙	16日 5分 甲
卯月	10日 3分 半 甲		20日 6分 半 乙
辰月	9日 3分 乙	3日 1分 癸	18日 6分 戊
巳月	7日 2分 半 戊	7日 2分 半 庚	16日 5分 丙
午月	10日 3分 半 丙	9日 3分 己	11日 3分 半 丁
未月	9日 3分 丁	3日 1分 乙	18日 6分 己
申月	7日 2分 半 戊己	7日 2分 半 壬	16日 5分 庚
酉月	10日 3分 半 庚		20日 6分 半 辛
戌月	9日 3分 辛	3日 1分 丁	18日 6分 戊
亥月	7日 2分 半 戊	7日 2分 半 甲	16日 5分 壬
子月	10日 3分 半 壬		20日 6分 半 癸
丑月	9日 3分 癸	3日 1分 辛	18日 6分 己

제시된 내용에 따르면 매월의 책임자는 적게는 두 명에서 많게는 3~4명까지 나타나고 있고, 해당 책임자가 관할하는 날짜는 3일에서 최대 23일까지 이르고 있습니다. 비록 날짜가 서로 다르기는 하지만, 등장하는 책임자에 대해서 살펴본다면 대략 다음의 특징을 지니고 있다는 것을 알 수 있습니다.

- 매월의 초반에는 일정 기간 전월(前月)의 책임자가 관할하여 월(月)의 변경에 따른 급격한 변화를 피하고자 했습니다. ⇨ 여기(餘氣)의 개념을 확장한 것으로 파악할 수 있는데 이것이 **초기(初氣)의 작용**입니다.
- 매월의 중반에는 맹기(萌氣)나 묘기(墓氣)의 책임자가 잠시 등장하여 향후 시작되거나 사라질 기운에 대해서 고지합니다. ⇨ 이것이 **중기(中氣)의 작용**입니다.
- 매월의 중·후반에는 해당 월의 주기(主氣)가 등장하여 비로소 실질적인 책임 정치를 실시합니다. ⇨ 이것이 **본기(本氣)의 작용**입니다.

예를 들어 인월(寅月)의 초반에 기토(己土)[81]가 등장하는 것은 앞선 축월(丑月)의 책임자가 당분간 계속 담당한 결과이고, 이후 병화(丙火)가 등장하는 것은 화기(火氣)가 장생(長生)하는 자리이므로 이에 대해 신고한 것이며, 중반에 갑목(甲木)이 등장하는 것은 인월(寅月)의 주기(主氣)가 비로소

---

81 자평학에서는 전통적으로 십간(十干)이나 십이지(十二支)에 대하여 해당 오행을 붙여서 함께 부르는 오랜 관습이 존재합니다. 가령 갑(甲)과 을(乙), 인(寅)과 묘(卯)는 목기(木氣)에 해당하므로 이를 각각 갑목(甲木)·을목(乙木)·인목(寅木)·묘목(卯木)이라고 부르는 방식입니다. 이는 간지의 오행의 대한 의미를 명확하게 하고 이를 잊지 않으려는 목적에서 비롯한 것입니다. 이 책에서도 이후 거론하는 간지에 대해서는 이와 같은 관습을 적용하여 표현할 것입니다.

실질적인 구실을 수행하게 되었음을 의미하는 것입니다.

월령 분일 용사의 문제점

『삼명통회』와 『명리약언』에서 거론한 십간(十干)의 관할 날짜에서 나타난 특징을 정리하면 다음과 같습니다.

◆ 『삼명통회』

• 매월은 30일로 설정 ⇨ 1년은 360일로 설정함

• 甲木·丙火·庚金·壬水는 각각 37일씩 담당함

• 乙木·丁火·辛金·癸水는 각각 30일씩 담당함

• 戊土·己土는 각각 46일씩 담당함

◆ 『명리약언』

• 매월은 31일로 설정 ⇨ 1년은 372일로 설정함

• 甲木·丙火·庚金·壬水는 각각 34.1일씩 담당함

• 乙木·辛金·癸水는 각각 33.05일씩 담당함

• 丁火는 23.75일 담당함

• 戊土는 55.325일, 己土는 57.375일[82]을 담당함

1년을 360일이나 372일로 설정하는 오차는 감안하여 수긍한다손 치더

---

82 신월(申月) 초기에 무기토(戊己土)가 함께 담당하는 7.25일을 각각 3.625일씩 등분하여 반영한 값입니다.

라도, 1년에 십간(十干)의 책임자가 각각 골고루 관할하지 않는다는 것은 천기(天氣) 운행의 규칙성에 크게 어긋날 수밖에 없습니다. 이러한 문제점 때문에 일찍이 진소암 선생도 이와 같은 날짜를 금과옥률(金科玉律)처럼 적용하는 것은 전혀 이치에 부합하지 않는다고 비판했던 것입니다.[83]

월령 분일 용사의 재정립

월령 분일 용사의 본래의 의미는 월령(月令)의 주체를 달마다 세밀하게 파악하려는 것입니다. 그런데 이러한 개념은 이미 1년을 오계(五季)로 나누고 토왕용사(土旺用事)의 개념을 설정하면서 각 계절의 용사(用事)하는 기운을 파악했던 것과 다를 바가 없습니다. 다만 오행으로 파악하는 것과 십간으로 파악하는 것의 차이가 존재할 따름입니다.

또한 천기(天氣) 운행의 규칙성을 생각한다면 1년을 십간이 균등하게 관할해야 한다는 것은 지극히 당연한 상식에 해당합니다. 그리고 날짜를 아무리 세밀하게 분할할지라도 실제 매달의 길이가 동일하지 않기 때문에 오차는 필연적으로 발생할 수밖에 없습니다. 이 문제는 사실 날짜가 아니라 황경의 개념을 적용해야 해결이 가능해집니다. 마치 24절기의 절입 시점도 황경으로 계산하는 것과 동일합니다.

결론적으로 이와 같은 개념을 적용하여 정리하면 다음과 같이 됩니다.

---

83 陳素庵의 『命理約言』·《看月令法二》를 참조하였습니다.

月	황경	기간	月令	비고
寅月	315°~345°	月中	甲木	春季
卯月	345°~351°	月初~약[84] 6일		
	351°~15°	7일째~月末	乙木	
辰月	15°~27°	月初~약 12일		
	27°~45°	13일째~月末	戊土	土旺用事
巳月	45°~75°	月中	丙火	夏季
午月	75°~81°	月初~약 6일		
	81°~105°	7일째~月末	丁火	
未月	105°~117°	月初~약 12일		
	117°°~135°	13일째~月末	己土	土旺用事
申月	135°~165°	月中	庚金	秋季
酉月	165°~171°	月初~약 6일		
	171°~195°	7일째~月末	辛金	
戌月	195°~207°	月初~약 12일		
	207°~225°	13일째~月末	戊土	土旺用事
亥月	225°~255°	月中	壬水	冬季
子月	255°~261°	月初~약 6일		
	261°~285°	7일째~月末	癸水	
丑月	285°~297°	月初~약 12일		
	297°~315°	13일째~月末	己土	土旺用事

새롭게 정리한 개념에서는 모든 십간이 골고루 황경 36°에 해당하는 기간을 관할하고 있어서 실질에 부합합니다. 다만 세부적인 황경을 계산하여

---

84 실제로는 황경 6° 만큼의 기간입니다만, 대략적으로 이 기간에 해당하는 날짜가 6일이어서 '약 6일'이라고 표현했습니다. 정확하게는 6일을 조금 넘는 기간입니다. 그 아래의 '약 12일'도 역시 황경 12°에 해당하는 기간을 대략적으로 표시한 것입니다.

날짜를 적용하기가 조금 불편하게 느껴질 수 있습니다만, KASI에서 24절기와 토왕용사의 절입 시각은 고지하고 있으므로 이를 활용하고, 자묘오유(子卯午酉)월의 초반에서는 6일 정도의 기간을 더하여 감안한다면 큰 어려움 없이 정확하게 월령(月令)의 개념을 적용할 수 있습니다. 참고로 이와 같은 재정립의 적절성과 필요성에 대해서 진소암 선생이나 장야오원(張耀文) 선생 모두 역설한 바 있습니다.

⠿ 월령 분일 용사 & 지장간

이제 우리나라에서 가장 잘못 알려져 있는 월령 분일 용사와 지장간의 관계에 대해서 살펴보겠습니다. 『명리약언』에서 제시한 월령 용사에 대해 날짜 개념을 제외하고 월령의 주체만 월별로 대응시키면 다음과 같습니다.

	寅月	卯月	辰月	巳月	午月	未月	申月	酉月	戌月	亥月	子月	丑月
月令	己丙甲	甲乙	乙癸戊	戊庚丙	丙己丁	丁乙己	戊己壬庚	庚辛	辛丁戊	戊甲壬	壬癸	癸辛己

참고로 『명리약언』 이외의 고서(古書)인 명대(明代)의 『淵海子平(연해자평)』이나 『命理正宗(명리정종)』 등을 살펴보면 책마다 기간의 차이는 있지만 대동소이합니다. 다만 인월(寅月)에 대해 기토(己土) 대신에 무토(戊土)로 대체되었을 뿐입니다.

그런데 이 표를 앞에서 이미 살펴보았던 고서(古書)의 지장간 표와 비교해보면 서로 비슷한 요소가 매우 많습니다. 비교를 위해 서로 다른 부분에 대해서 색상을 달리 표시했습니다.

地支	子	丑	寅	卯	辰	巳	午	未	申	酉	戌	亥
地藏干	癸	己辛癸	甲丙戊	乙	戊癸乙	丙庚戊	丁己	己乙丁	庚壬戊	辛	戊丁辛	壬甲

일본 명가(命家)의 오해와 한국 명학의 비극

19세기 후반과 20세기 전반에 일본에서는 이름난 몇몇 명가(命家)들이 자평학에 대한 저술 활동과 임상 및 강의 활동을 활발하게 전개하였습니다. 그중에서도 아베타이잔(阿部泰山)이 정점에 선 인물인데, 일본에서는 점술의 제왕으로 불리고 추존(推尊)되는 사람입니다. 당시 그는 일제의 아시아 팽창과 함께 중국에 넘어가 직접 명가(命家)들과 교류하고 학습한 후에 일본으로 돌아가 활발한 활동을 전개하였습니다.

그런데 정확한 연유는 알 수 없지만, 그는 월령 분일 용사의 개념과 지장간의 개념을 혼동하여 두 개념을 같은 것으로 설명하였고, 이후 일본에서는 월령 용사와 지장간의 차이를 구별하지 못한 채 다음과 같이 하나의 개념으로 통일하여 사용해오고 있습니다. 고전과 무관한 새로운 지장간 표가 정리된 것입니다.

◆ 일본 명가(命家)의 그릇된 인식에 따른 지장간 정립

地支	子	丑	寅	卯	辰	巳	午	未	申	酉	戌	亥
地藏干	壬癸	癸辛己	戊丙甲	甲乙	乙癸戊	戊庚丙	丙己丁	丁乙己	戊壬庚	庚辛	辛丁戊	戊甲壬

문제는 일제 강점기에 한국에서 사주를 공부하던 사람들이 바로 이와 같은 일본 책에 근거하여 학습하거나 혹은 이렇게 알고 있던 일본 사람으로부터 배우게 되었고, 결과적으로 해방 이후 한국에서는 지금까지도 이렇게 학습한 영향이 대를 이어서 전해지는 바람에 현재 대부분의 책에서 이 오류를 전혀 인지하지 못하고 있다는 것입니다. 잘못 익힌 습관은 좀처럼 시정되지 않은 채 계속 유행하였고, 최근에는 인터넷을 통한 정보 교류를 통해 잘못된 오류가 더욱 번성하고 범람하게 되었습니다.

근래에는 중화권의 원서나 고전을 직접 학습하는 사람들이 예전보다 많이 늘었습니다만, 그럼에도 불구하고 이 오류는 좀처럼 시정되지 않고 있습니다.

월령 분일 용사와 지장간의 구별

월령 분일 용사와 지장간은 엄밀하게 서로 다른 개념입니다. 월령 용사는 월(月)의 깊이[85]에 따른 용사(用事)의 주체를 파악하는 개념이고, 지장간은 십이지지 내에 암장되어 있는 변화의 주체에 대해 설명하는 개념입니다. 월령은 오직 생월(生月)에 대해서 파악하며, 논명의 중요한 요소인 왕쇠(旺衰)

---

85 여기서 월의 깊이란 매월이 시작하는 절일(節日) 이후 날짜가 진행되는 정도를 의미합니다. 예를 들어 3월 5일이 묘월(卯月)의 시작인 경칩(驚蟄)이라면 3월 20일은 3월 10일보다 더욱 깊어진 것입니다.

판단과 격국(格局) 설정의 기초가 되고, 원국에 존재하는 모든 간지(干支)들의 기본 무대가 됩니다. 무대의 의미에 대해서는 후술할 왕쇠(旺衰) 판단에 관한 내용을 참조하시기 바랍니다.

반면에 지장간은 원국의 지지와 운(運)의 지지를 살피고 논명할 때 기본적으로 고려하는 대상이 되는 것으로, 천간(天干)과 지지(地支)의 관계나 지지(地支) 상호 관계 파악 등에 활용됩니다.

⋮지장간에 대한 바른 관점

지금까지 지장간의 성립 원리에 대해서 살펴보고, 고서(古書)에 실려 있는 지장간과 월령 분일 용사의 개념에 대해서 자세히 살펴보았습니다. 결론적으로 필자는 여러분이 기억해야 할 지장간에 관한 내용으로는 성립 원리 가설을 통해 정리한 다음의 개념을 제시하고 강조합니다.

◆ **지장간**

地支	寅		巳		申		亥	
藏干	甲	丙	丙	庚	庚	壬	壬	甲
	主氣	萌氣	主氣	萌氣	主氣	萌氣	主氣	萌氣
地支	卯		午		酉		子	
藏干	乙		丁		辛		癸	
	主氣		主氣		主氣		主氣	
地支	辰			未			戌			丑		
藏干	戊	乙	癸	己	丁	乙	戊	辛	丁	己	癸	辛
	主氣	餘氣	墓氣	主氣	餘氣	墓氣	主氣	餘氣	墓氣	主氣	餘氣	墓氣

원리적인 설명은 물론이고, 생지·왕지·묘지별 배합의 균등함이라는 측면에서도 이 표는 매우 타당합니다. 화토동궁설(火土同宮說)을 무리하게 적용하는 과정에서 기인하는 폐단도 존재하지 않습니다. 따라서 앞으로는 명식을 작성하는 과정에서 상기의 지장간을 원국의 지지(地支) 아래에 기록합니다. 예를 들면 다음과 같습니다. 명식 작성 연습에서 검토한 [사례 A]입니다.

◆ 2012년 2월 4일 19시 23분 서울 출생 남자

[四柱]					男命
	乙	乙	壬	壬	
	酉	未	寅	辰	
	辛	己乙丁	甲丙	戊癸乙	
[大運]	己	戊 丁 丙	乙 甲	癸	
	酉	申 未 午	巳 辰	卯	

첫 번째 대운 진입 시점 : 2022년 2월 4일

왕지(旺支)의 장간(藏干)에 관한 논란

월령 분일 용사와 지장간은 서로 다른 개념입니다만, 그럼에도 불구하고 일부에서는 왕지(旺支)에는 양간(陽干)과 음간(陰干)이 모두 내재해야 타당하다는 주장을 펼치기도 합니다. 즉 가장 왕성한 자리이므로 왕성하게 발산하는 양간(陽干)도 존재해야 한다는 의미입니다.

그러나 왕지(旺支)의 바른 의미는 작용의 발산에 있는 것이 아니라 자리의 점유에 있습니다. 즉 전통적인 왕위(王位) 체제에서 왕은 중궁(中宮)에 머

무르면서 제후와 신하들을 통해 팔방(八方)의 상황을 보고 받고 신민(臣民)들을 통치하였습니다. 다르게 말하면 왕위(王位)는 역동적인 자리가 아니라 주변으로부터 관심을 한 몸에 받는 수렴적인 자리이면서 좀처럼 변동해서는 안 되는 자리어야 했습니다.

방위나 계절에 있어서도 마찬가지입니다. 왕지(旺支)는 변화(變化)가 많은 시기가 아니라 안정되게 자리를 유지하면서 생지(生支)와 묘지(墓地)를 함께 묶어주는 소임을 담당합니다. 참고로 서양 점성술에서는 왕지(旺支)에 해당하는 지궁(地宮)들을 함께 묶어서 "fixed modality"라고 표현했습니다. 이를 동아시아에서는 '고정궁(固定宮)'이라고 번역했는데, 바로 왕지(旺支)의 수렴성을 단적으로 제시한 표현에 해당합니다.

정리하자면 방(方)이나 계절의 생지(生支)는 기세(氣勢)의 외적인 확산에 주력하고, 왕지(旺支)는 그러한 역량을 유지하는 데에 주력하며, 묘지(墓地)는 이때까지 유지해온 역량을 잘 거두어서 보존하고 물러날 준비를 하는 것에 주력합니다.[86] 그러므로 생지(生支)에는 양간(陽干)의 기세(氣勢)가 대응하고, 왕지(旺支)와 묘지(墓地)는 역동성과 소임에 있어서는 서로 차이가 있지만 모두 음지(陰地)의 기세(氣勢)가 대응하게 됩니다. 따라서 왕지(旺支)에는 음간(陰干)만 존재하게 되는 것입니다.

---

86 서양 점성술에서는 생지(生支)·왕지(旺支)·묘지(墓地)에 해당하는 지궁(地宮)에 대한 기세(氣勢)의 특징과 과업에 대해 각각 'new beginning(새로운 시작)'으로 진취력이 있는(enterprising) 시기, 'stabilizing(안정화)'를 통해 유지하는(maintaining) 시기, 그리고 'subject to change(변화를 준비해야 함)'을 위해 조정·적응하는(adapting) 시기라고 표현합니다.

주기(主氣)와 객기(客氣)의 역량 차이

지장간에 대한 오랜 궁금증 가운데 하나는 주기(主氣)와 객기(客氣)에 대해 어느 정도의 역량을 감안해서 파악해야 하는가 하는 점입니다. 이에 대해 대만의 허지앤종(何建忠) 선생이 제시한 지장간의 역량은 다음과 같습니다.

地支	寅		巳		申		亥	
藏干	甲	丙	丙	庚	庚	壬	壬	甲
力量	70%	30%	70%	30%	70%	30%	70%	30%
地支	卯		午		酉		子	
藏干	乙		丁		辛		癸	
力量	100%		100%		100%		100%	
地支	辰			未			戌			丑		
藏干	戊	乙	癸	己	丁	乙	戊	辛	丁	己	癸	辛
力量	50%	30%	20%	50%	30%	20%	50%	30%	20%	50%	30%	20%

◆ 수치 분석의 한계성

그런데 이와 같은 수치적인 분석은 본질적으로 자평학을 비롯한 술수학 분야에서 그렇게 적절한 접근법이 아닙니다. 동아시아 술수학은 정성적이고 질적인 분석 관점이 정량적인 분석 관점보다 우선하기 때문입니다.

다르게 살핀다면 인목(寅木) 중에 있는 갑목(甲木)의 역량도 꼭 70% 수준의 역량이 아니라 상황에 따라서는 100%에 가까울 만큼 증가할 수도 있고 또는 50%에도 못 미칠 만큼 감소할 수도 있다는 의미입니다. 허지앤종 선생이 이와 같은 정량적인 수치를 사용한 이유는 기세(氣勢)의 파악을 수

치의 연산으로 시도했기 때문이지만, 이는 근본적으로 무리한 시도였습니다. 여타 모든 수치 계산을 통해 기세(氣勢)를 파악하려 했던 일부 현대 명학에서의 접근 관점 역시 모두 무리한 시도입니다. 수량으로 측정하거나 계산할 수 없는 기(氣)라는 측면의 질적인 변화를 근본적으로 반영할 수 없기 때문입니다.

◆ 주기(主氣) 중심의 파악

지지에 복수로 존재하는 지장간의 존재는 명확하게 분할할 수 있는 대상이 아닙니다. 혼재된 상태의 전체로 바라보는 관점이 가장 타당합니다. 명식 전체를 보면서 그중에 나타나는 역량의 변화를 파악하여 명학가(命學家)가 자연스럽게 반영할 따름입니다. 다만 그 어떤 경우에도 진소암(陳素庵) 선생이 이미 지적했던 것처럼 주기(主氣) 위주의 변화를 가장 먼저 중시한다는 점은 기억하시기 바랍니다.

통근(通根) & 투간(透干)

명식에서 천간과 지지의 관계를 보는 관점 가운데 통근(通根)과 투간(透干)이라는 중요한 개념이 있습니다. 먼저 두 개념의 정의부터 살펴보겠습니다.

* 통근(通根): 천간(天干)의 중심에서 **동일(同一)한 오행(五行)**의 지장간(地藏干)이 존재하는 지지(地支)와의 관계를 지칭합니다.
* 투간(透干): 지장간(地藏干)의 중심에서 **동일한 십간(十干)**이 원국(原局)의 천간(天干)에 존재하는 경우를 지칭합니다.

통근과 투간의 개념을 쉽게 이해하기 위해서는 십간(十干)과 십이지(十二支)의 오행 배속과 지장간에 대한 숙지가 먼저 요구됩니다. 다시 한 번 이 내용을 점검하고 다음으로 넘어가겠습니다.

◆ 오행 배속

五行	木氣	火氣	土氣	金氣	水氣
天干	甲木 乙木	丙火 丁火	戊土 己土	庚金 辛金	壬水 癸水
地支	寅木 卯木	巳火 午火	辰土 戌土 未土 丑土	申金 酉金	亥水 子水

◆ 지장간

地支	子	丑	寅	卯	辰	巳	午	未	申	酉	戌	亥
地藏干	癸	己 辛 癸	甲 丙	乙	戊 癸 乙	丙 庚	丁	己 乙 丁	庚 壬	辛	戊 丁 辛	壬 甲

통근(通根)

　　통근의 개념은 천간을 나무에 비유하여 얼마나 튼튼한 뿌리를 지닌 존재인가를 파악하려는 시도입니다. 통근(通根)이라는 의미 자체가 뿌리와 통하고 있다는 뜻입니다. 즉 근기(根氣)가 있다는 의미와 같습니다. 뿌리가 튼튼할수록 강인함과 굳건함을 지니고 외적인 변화에 대해서도 쉽게 흔들리거나 손상 받지 않습니다. 다음의 두 명식 [Case 1]과 [Case 2]를 통해 통근의 개념을 살펴보겠습니다.

◆ [Case 1] 女命

庚	壬	丁	甲
戌	戌	卯	寅
戊丁辛	戊丁辛	乙	甲丙

◆ [Case 2] 男命

戊	乙	甲	辛
寅	卯	午	酉
甲丙	乙	丁	辛

[Case 1]에서

- 년간(年干)의 갑목(甲木)과 같은 오행인 목기(木氣)가 암장되어 있는 지지는 년지(年支)의 인목(寅木)과 월지(月支)의 묘목(卯木)입니다.

- 월간(月干)의 정화(丁火)와 같은 오행인 화기(火氣)가 암장되어 있는 지지는 년지(年支)의 인목(寅木), 일지(日支)와 시지(時支)의 술토(戌土)입니다.

- 일간(日干)의 임수(壬水)와 같은 오행인 수기(水氣)가 암장되어 있는 지지는 존재하지 않습니다.

- 시간(時干)의 경금(庚金)과 같은 오행인 금기(金氣)가 암장되어 있는 지지는 일지(日支)와 시지(時支)의 술토(戌土)입니다.

따라서 [Case 1]에서 천간의 통근 상황은

- **甲木**：**寅木**과 **卯木**에 통근

- **丁火**：**寅木**과 두 개의 **戌土**에 통근

- **壬水**：통근한 지지가 없음

- **庚金**：두 개의 **戌土**에 통근

과 같이 됩니다.

같은 방식을 적용하면 [Case 2]에서 천간의 통근 상황은

- **年干**의 **辛金**：**年支**의 **酉金**에 통근

- **月干**의 **甲木**：**日支**의 **卯木**·**時支**의 **寅木**에 통근

- **日干**의 **乙木**：**日支**의 **卯木**·**時支**의 **寅木**에 통근

- **時干**의 **戊土**：통근한 지지가 없음

과 같이 됩니다.

통근(通根)과 무근(無根) 그리고 착근(著根)

두 사례에서 살펴본 것처럼 천간의 중심에서 원국의 어느 지지든 관계없이 지장간 중에 동기(同氣)가 존재하면 그 지장간이 암장되어 있는 지지에 대하여 해당 천간은 통근하고 있는 것입니다.

한편 [Case 1]의 임수(壬水)와 [Case 2]의 무토(戊土)는 어느 지지에 대해서도 통근하고 있지 않습니다. 이러한 경우를 근이 없다는 의미에서 **'무근(無根)'**이라고 하거나 혹은 뿌리가 없어서 튼튼하지 못하고 허(虛)하게 떠 있다는 의미에서 **'허부(虛浮)'**라고 표현합니다.

그런데 비록 원국에서는 무근(無根)의 상태로 존재하는 천간일지라도 운(運)에서 만나는 지지(地支)와의 관계에서 새롭게 근(根)을 얻을 수도 있습니다. 가령 [Case 1]에서 을축(乙丑)·갑자(甲子)와 같은 대운이 다가오면 원국에서는 무근(無根)이었던 임수(壬水)도 대운의 지지[➡ 이를 줄여서 **운지(運支)**라고 부름]인 축(丑)이나 자(子)에서 근(根)을 만나게 됩니다. 또한 을해(乙亥)·병자(丙子)와 같은 유년(流年)이 다가오면 유년의 지지[➡ 이를 달리 **세지(歲支)**라고 부름[87]]인 해(亥)나 자(子)에서도 근(根)을 만나게 됩니다. 이렇게 운지(運支)나 세지(歲支)에서 근기(根氣)를 만나 통근하게 되는 것을 달리 **'착근(著根)'**이라고 부릅니다.

착근이라는 명칭은 원국에서의 통근이라는 개념과 구별하기 위한 명칭으로, 그 정의는 다음과 같습니다.

---

87 유년(流年)의 다른 명칭이 태세(太歲)입니다. 그래서 유년(流年)의 천간(天干)을 달리 '세간(歲干)'이라 부르고, 유년의 지지(地支)를 '세지(歲支)'라고 부릅니다.

＊착근(著根) : 무근(無根)인 원국(原局)의 천간이 대운이나 유년의 지지에

　　　통근하거나 혹은 대운이나 유년의 천간이 원국의 지지에 통근하는 경우

　　　를 지칭합니다.

즉 원국과 운 사이에 교차하여 통근하는 경우를 의미하는데, 특히 원국
에서 무근의 상태에 있던 천간이 운지(運支)나 세지(歲支)에 통근하는 경우
를 중요하게 살피기 위하여 별도로 지칭하게 되었습니다.

통근(通根) 지지의 차등성

통근(通根)에는 주기(主氣)에 통근하는 경우와 객기(客氣)에 통근하는 경
우에 각각 역량적인 측면에서 차이가 있습니다. 토기(土氣)를 제외한 목화금
수(木火金水)의 경우에는 국(局)의 생왕묘와 방(方)의 생왕묘에 통근하게 됩
니다. 가령 갑목(甲木)이나 을목(乙木)이 통근하는 지지는 다음과 같습니다.

- 목국(木局)의 생지(生支) : 해수(亥水)

- 목국(木局)의 왕지(旺支) : 묘목(卯木)

- 목국(木局)의 묘지(墓支) : 미토(未土)

- 동방(東方)의 생지(生支) : 인목(寅木)

- 동방(東方)의 왕지(旺支) : 묘목(卯木)

- 동방(東方)의 묘지(墓支) : 진토(辰土)

이 중에서 국(局)과 방(方)의 왕지는 동일한 지지이므로 모두 5개의 지지

에 통근하게 되는 것입니다. 이들의 통근 역량을 단순하게 비교하여 순차적으로 나열하면 다음과 같습니다.

卯木	〉	寅木	〉	亥水	〉	辰土	〉	未土
⇑		⇑		⇑		⇑		⇑
旺氣		祿氣		生氣		餘氣		墓氣

즉 주기(主氣)에 통근한 것이 객기(客氣)에 통근한 것보다 우수한 역량을 지니게 되는데, 세부적으로는 왕기(旺氣)·록기(祿氣)·생기(生氣)·여기(餘氣)·묘기(墓氣)의 역량별 차례가 발생합니다.

한편 토기(土氣)의 경우에는 이와 같은 단순 비교가 곤란한 측면이 있습니다. 간기(間氣)인 토기(土氣)는 사유(四維)에 흩어져서 목화금수(木火金水)의 사기(四氣)를 조율하는 태도를 취하기 때문입니다.

『窮通寶鑑(궁통보감)』을 비롯한 일부 서적에서는 남방(南方)에 위치한 미토(未土)가 가장 으뜸이라고 설명하기도 하지만, 토기(土氣)의 역량을 단순히 화생토(火生土)라는 오행 관계로만 판단하는 것은 편협한 사고입니다. 오행의 속성 이전에 지기(地氣)라는 대지모의 기(氣)에 모태(母胎)를 두고 있기 때문입니다. 이에 대하여 장야오원(張耀文) 선생은 사견(私見)을 전제로 다음과 같은 역량의 근소한 차이를 고려할 수 있다고 제시한 바 있는데,[88] 필자도 이러한 견해에 대하여 상당히 타당하게 생각하고 있습니다(이와 같

---

88 張耀文의 『四柱推命術密儀 -子平の哲理-』(79~83쪽)를 참조하였습니다.

이 판단하는 연유에 대해서 설명하는 것은 이 책의 수준을 넘으므로 여기서는 생략합니다).

- 戊土 : 戊土 > 未土 > 辰土 > 丑土
- 己土 : 辰土 > 丑土 > 戊土 > 未土

투간(透干)

투간의 개념은 지장간(地藏干)의 중심에서 하늘에 해당하는 천간을 바라본 시각입니다. 즉 지지 속에 숨겨져 있던 장간(藏干)과 동일한 천간이 원국에 존재하는 경우에, 해당 장간(藏干)은 해당 천간으로 자신이 기(氣)가 드러났다는 의미에서 '**투간(透干)**'이라는 용어를 도입하게 되었습니다. 앞에서 살펴본 명식을 가지고 예를 들어 설명한다면,

◆ **[Case 1] 女命**

庚	壬	丁	甲
戌	戌	卯	寅
戊丁辛	戊丁辛	乙	甲丙

◆ **[Case 2] 男命**

戊	乙	甲	辛
寅	卯	午	酉
甲丙	乙	丁	辛

[Case 1]에서

- 인중갑목(寅中甲木)은 년간(年干)에 투간(透干)함
- 술중정화(戌中丁火)는 월간(月干)에 투간(透干)함

[Case 2]에서

- 유중신금(酉中辛金)은 년간(年干)에 투간(透干)함

• 묘중을목(卯中乙木)은 일간(日干)에 투간(透干)함

• 인중갑목(寅中甲木)은 월간(月干)에 투간(透干)함

과 같이 됩니다.

투간(透干)과 암장(暗藏) 그리고 출간(出干)

[Case 1]에서 인중갑목(寅中甲木)과 술중정화(戌中丁火)는 투간(透干)하였지만, 인중병화(寅中丙火)·묘중을목(卯中乙木)·술중무토(戌中戊土)·술중신금(戌中辛金)은 투간하지 못하였습니다. 이렇게 원국에서 투간하지 못하고 있는 장간(藏干)의 상태를 '암장(暗藏)' 혹은 '불투(不透)'라고 표현합니다.

그런데 암장(暗藏)하고 있던 장간(藏干)이 운에서 대운의 천간인 운간(運干)이나 유년의 천간인 세간(歲干)을 만나 드러나게 되면, 이를 달리 '출간(出干)'이라고 부릅니다. 가령 [Case 1]의 명식이 을축(乙丑) 대운을 만나게 되면 이 기간 동안 묘중을목(卯中乙木)은 출간(出干)하게 되는 것이고, 신유(辛酉) 대운을 만나게 되면 이 기간 동안 술중신금(戌中辛金)은 출간(出干)하게 되는 것입니다.

통근과 투간의 개념에서 유의할 사항

이제까지 통근과 투간의 개념에 대해서 자세히 살펴보았습니다. 그런데 고금의 명서(命書)를 읽다 보면 이와 같은 정확한 개념의 정립이 없이 혼용하는 사례가 종종 있어서 유의를 요합니다.

＊ 천간이 지지에서 오행 관계적으로 생(生)해주는 모기(母氣)를 만난 것

　과 통근(通根)은 서로 다른 처지에 해당합니다. 즉 모기(母氣)가 무조

　건 근(根)이 되는 것이 아닙니다.

　가령 [Case 1]에서 정화(丁火)가 묘목(卯木)을 만난 것이나 [Case 2]에서 무토(戊土)가 오화(午火)를 만난 것은 통근(通根)이 아닙니다. 통근(通根)의 정확한 뜻을 알지 못해 무조건 오행 관계적으로 모기(母氣)를 만난 것을 모두 통근(通根)이라고 인식하는 것은 잘못된 관점입니다. 구체적으로 갑목(甲木)이 해수(亥水)를 만난 것은 통근(通根)의 관계이지만, 자수(子水)를 만난 것은 무근(無根)의 관계입니다. 절대로 수생목(水生木) 관계를 적용하여 대등한 역량 수준으로 파악하는 것은 명백한 오류에 해당합니다. 이는 오행의 상생 관계가 무조건적으로 힘을 부여하는 관계로 전환된다는 잘못된 인식에서 출발한 오류입니다. 또한 干:支의 관계는 干:干의 관계보다 더욱 상호 작용이 약하다는 점 또한 유념해야 합니다.

＊ 통근(通根)과 투간(透干)을 같은 개념으로 인식하는 경우가 있는데,

　두 개념은 명백히 서로 다른 개념입니다.

　통근과 투간은 바라보는 관점의 주체가 서로 다릅니다. 통근은 천간의 처지에서 바라본 관점이고, 투간은 지장간의 처지에서 바라본 관점입니다. 구체적으로 갑목(甲木)이 묘목(卯木)을 만난 것은 갑목이 통근한 것이지만, 묘중을목(卯中乙木)은 불투(不透)한 것입니다.

＊그 밖에 투간(透干)의 개념을 정확히 인지하지 못해 허부(虛浮)한 것
  도 투(透)한 것으로 표현하는 경우가 있지만, 이는 명백히 잘못된 표
  현입니다.

따라서 독자들께서는 이와 같은 사항들을 유념하면서 고금(古今)의 명서
(命書)를 읽는 것이 바람직합니다.

（關係性）

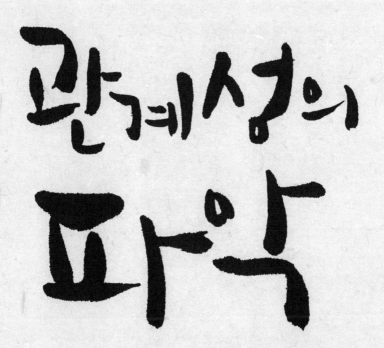

강의 안내

이 마당의 주제는 명학(命學)의 본질에 해당하는 '관계성(關係性)의 파악'입니다. 필자가 생각하는 명학(命學)의 본질(本質)은 **'관계론(關係論)'**입니다. 즉 사람과 사람 및 사람과 자연—혹은 사람과 사물—의 상호 관계와 그 관계 속에서 일어나는 사정(事情)과 결과를 알고자하는 것이 명학의 핵심이라는 의미입니다. 철학이나 종교처럼 사람 그 자체의 존재성과 본질을 파악하고, 모든 인간관계에서 존재하고 나타나는 기저 사상이나 어떤 원리·철리(哲理)를 파악하고자 하는 것은 명학의 본질과는 다소 거리가 있습니다.

자평학에서 다루는 관계성의 내용은 매우 풍부합니다. 사실 관계성에 대한 논의가 자평학의 전부라고 해도 과언이 아니기 때문입니다. 그렇지만 이 마당에서는 왕쇠론(旺衰論)·십간론(十干論)·십신론(十神論)·지지론(地支論)·간지론(干支論)에 대해서 소개하는 정도의 수준으로 설명하고 있습니다.[89]

---

[89] 참고로 자평학의 관계론은 이보다 폭이 깊고 다양해서 각각의 논의만으로도 능히 별도의 주제를 삼아 몇 권에 걸쳐 설명할 수 있을 만큼 내용이 풍부합니다.

명식(命式)에서 나타나는 관계성

명학 중에서도 다시 자평학(子平學)은 명주(命主) 주변의 실제 현실에서 발생하는 관계성에 대해 명식(命式)에서 드러나는 관계성을 바탕으로 이해하고 해석하며 예측합니다. 바꾸어 말하면 자평학의 핵심은 "명식(命式)에서 드러나는 관계성을 파악하는 것"이라고 볼 수 있습니다. 이를 장야오원(張耀文) 선생은 일찍이 '명식의 본질'이라고 단언한 바 있습니다.[90] 명식(命式)에서 나타나는 관계성은 다음과 같이 그 단계를 나누어볼 수 있습니다.

관계성(關係性)의 차원(次元)

- 0次 : 월령(月令)의 Base ⇨ 왕쇠론(旺衰論), 격국론(格局論), 조후론(調候論)
- 1次 : 干 ⇔ 干 ⇨ 십간의 간관계(干關係) [십간론]
- 2次 : 支 ⇔ 支 ⇨ 십이지지의 지관계(支關係) [지지론]
- 3次 : 干 ⇔ 支 ⇨ 근(根), 투간(透干), 십이운성(十二運星), 육십갑자(六十甲子) [간지론]
- 4次 : 干支 ⇔ 干支 ⇨ 육십갑자 상호 관계 [간지론]
- 5次 : 命式 ⇔ 命式 ⇨ 합팔자(合八字)

---

90 張耀文의 『四柱推命術密儀 -子平の哲理-』(87~88쪽)를 참조하였습니다.

0차원의 관계성

먼저 월령(月令)은 마치 연극의 배우들이 연기를 펼치는 공간인 연극의 무대와 같이 비유할 수 있습니다. 즉 명식(命式)에 존재하는 모든 간(干)과 지(支) 및 지장간(地藏干)이라는 배우들의 무대이자 동시에 시공간적 한계이기도 합니다. 따라서 근본적인 0차원의 관계성은 월령의 인식, 즉 어느 시기에 태어났는가를 파악하는 것에서부터 시작하게 됩니다. 이러한 내용과 깊이 관련된 자평학 이론으로는 왕쇠론(旺衰論), 격국론(格局論), 그리고 조후론(調候論) 등이 있습니다.

1차원의 관계성

다음으로 논명(論命)에서 가장 중요한 관계성은 간(干)과 간(干) 사이에 존재하는 간관계(干關係)입니다. 일간(日干)은 명주(命主)의 정신주체아(精神主體我)이자 육체아(肉體我)로서 해당 연극의 가장 중요한 주인공입니다.[91] 기타 년간(年干)·월간(月干)·시간(時干) 및 운(運)에서 출몰하는 운간(運干)·세간(歲干)은 다른 주·조연 배우에 비유할 수 있습니다. 연극에서 벌어지는 사정(事情)은 결국 배우들 사이의 관계에서 일어나는 갈등과 해소의 과정이 대부분인 것처럼 命式(명식)에서 일어나는 사정(事情)의 대부분은 간관계(干關係)에서 발생합니다. 따라서 명식 내 관계성 파악의 가장 중심은 바로 간관계의 파악에 있습니다.

---

91 허지앤종(何建忠) 선생은 일간(日干)의 대표성으로 '정신주체아(精神主體我)'를 강조하였고[→『八字心理推命學』(177~178쪽)], 얀자오보어(顏昭博) 선생은 '육체아(肉體我)'를 강조한 바 있습니다.[→『子平八字大突破』(201~202쪽)] 이렇게 명가(命家)에 따라 관점의 차이가 존재할 수는 있겠습니다만, 필자는 기본적으로 명주(命主)의 심신주체아(心身主體我)를 대표하는 것으로 보고 있습니다.

이와 같은 간관계(干關係)를 잘 이해하기 위해서는 두 가지를 꼭 유념해야 합니다. 하나는 십간 상호 간의 관계 특성에 관해 잘 알아야 한다는 점입니다. 다른 하나는 명주(命主)를 대표한다고 해서 일간(日干)과 타간(他干)의 관계 파악에만 주목하는 일간 중심의 좁은 관점에만 국한되지 말고, 타간(他干) 상호 간의 관계 파악 및 타간(他干)의 처지에서 바라보는 일간(日干)에 대한 관계성 파악에도 주력하는 넓은 관점을 지향해야 한다는 점입니다. 이와 같은 내용과 깊이 관련된 자평학 이론으로는 십간론(十干論)과 십신론(十神論)이 있습니다.

:2차원의 관계성

2차원의 관계성은 지(支)와 지(支) 사이에 존재하는 지관계(支關係)입니다. 지지(地支)의 관계성은 지지 끼리의 관계성 외에 각 지지 내에 존재하는 지장간(地藏干) 상호 간의 관계성도 존재하는 복합성을 지니고 있습니다. 이와 관련된 자평학 이론에는 지지론(地支論)과 신살론(神殺論)이 있습니다.

:3·4차원의 관계성

3차원의 관계성은 간(干)과 지(支) 사이에 작용하는 관계입니다. 대표적인 것으로 근(根)의 인식[→ 통근(通根)과 무근(無根)], 투간(透干), 십이운성(十二運星) 및 간지(干支)의 특성 등이 존재합니다. 여기서 더 나아가 하나의 간지와 다른 간지 사이의 상호 관계를 살피는 것이 4차원의 관계성입니다. 명식 내 년월일시(年月日時) 각 주(柱) 사이의 관계뿐만 아니라 대운과 세운의 간지(干支)와 원국(原局)의 간지(干支) 사이의 관계성도 중요합니다. 이와 같은 3·4차원의 관계성과 관련된 자평학 이론에는 앞에서 이미 설명했던 통근(通根)·투간론(透干論)과 십이운성론(十二運星論) 외에 간지론(干支論)이 있습니다.

5차원의 관계성

마지막으로 5차원의 관계성으로는 하나의 命式과 다른 命式 사이의 관계를 살피는 합팔자(合八字)가 있습니다. 우리는 흔히 남녀 사이의 관계성이 어떠한지 그 좋고 나쁨[好惡(호오)]의 여부를 파악하는 것에 대하여 "궁합(宮合)을 본다"라고 합니다만, 보다 정확하게는 비단 특정 남녀 사이뿐만 아니라 성별에 관계없이 모든 사람과 사람 사이의 명식을 비교 검토하는 것이 합팔자(合八字)입니다. 이와 관련된 자평학 이론으로는 합혼론(合婚論)이 있습니다.

왕쇠론(旺衰論)_
월령(月令) & 왕쇠(旺衰)

앞에서 월령 분일 용사를 설명하면서 월령을 파악하기 위해 필요한 내용을 다음의 표와 같이 정리했습니다(298쪽 참조).

그런데 월령이 정말 중요한 이유는 논명(論命)의 출발점이고 해당 명식의 기본 무대가 되기 때문입니다. 즉 논명을 하나의 연극에 비유한다면, 주인공들은 원국의 천간[→ 이를 줄여서 **국간(局干)**이라고 부름]이고, 운간(運干)은 매우 비중이 있는 조연이며, 세간(歲干)은 중요한 변화를 몰고 오는 조연입니다.

아무리 훌륭한 연기력을 지닌 배우일지라도 무대를 벗어나서 연기할 수는 없는 일이고, 설 무대가 없다면 배우들은 자신의 능력을 발휘할 수 있는 공간이 없어지게 될 것입니다. 이처럼 명식에서의 월령이란 명주(命主)의 인생이라는 대본을 바탕으로 주연과 조연들이 한바탕 열연을 펼치는 무대

月	황경	기간	月令	비고
寅月	315°~345°	月中	甲木	春季
卯月	345°~351°	月初~약 6일		
	351°~15°	7일째~月末	乙木	
辰月	15°~27°	月初~약 12일		
	27°~45°	13일째~月末	戊土	土旺用事
巳月	45°~75°	月中	丙火	夏季
午月	75°~81°	月初~약 6일		
	81°~105°	7일째~月末	丁火	
未月	105°~117°	月初~약 12일		
	117°°~135°	13일째~月末	己土	土旺用事
申月	135°~165°	月中	庚金	秋季
酉月	165°~171°	月初~약 6일		
	171°~195°	7일째~月末	辛金	
戌月	195°~207°	月初~약 12일		
	207°~225°	13일째~月末	戊土	土旺用事
亥月	225°~255°	月中	壬水	冬季
子月	255°~261°	月初~약 6일		
	261°~285°	7일째~月末	癸水	
丑月	285°~297°	月初~약 12일		
	297°~315°	13일째~月末	己土	土旺用事

이기 때문에, 논명의 시공간적 토대[base]이자 곧 그 이상 벗어날 수 없는 명백한 한계[limit]가 됩니다.

月令 : 숙명적인 생활의 場 [Life Field]

이와 같이 명식에 존재하는 모든 천간·지지·지장간 및 그들 사이에 벌어지는 사정(事情)과 관계성조차도 월령(月令)은 벗어날 수 없는 숙명적인 생활의 장[life field]입니다.

득령(得令) & 실령(失令)

0차원의 관계성은 명식 내 존재하는 모든 간(干)과 지(支)에 대해서 월령과의 관계를 파악하는 것입니다. 앞에서 학습했던 왕상휴수사(旺相休囚死) 이론이 바로 여기에 해당합니다. 즉 월령이 파악되면 계절이 파악되는데, 이 계절의 기운[→ 계기(季氣)의 오행]과 간(干)이나 지(支)의 오행과 비교하여 간(干)과 지(支)의 오행이 왕상휴수사(旺相休囚死) 가운데 어떤 단계에 처해 있는지를 파악합니다. 먼저 왕상휴수사의 관계를 다시 떠올려보겠습니다.

	春季	夏季	四季土用 (間季)	秋季	冬季
木氣	旺	休	囚	死	相
火氣	相	旺	休	囚	死
土氣	死	相	旺	休	囚
金氣	囚	死	相	旺	休
水氣	休	囚	死	相	旺

예를 들어 [Case 3]의 경우 월령은 癸水이므로 동계(冬季)에 해당합니다. 이때 간(干)과 지(支)의 왕상휴수사를 파악해보면 ⇨ 갑목(甲木)은 상(相)의 단계, 병화(丙火)와 오화(午火)는 사(死)의 단계, 무토(戊土)와 술토(戌土)는 수(囚)의 단계, 신금(申金)은 휴(休)의 단계, 그리고 임수(壬水)와 자수(子水)는 왕(旺)의 단계에 있습니다.

◆ [Case 3] 男命

丙	壬	甲	戊
午	戌	子	申
丁	戊丁辛	癸	庚壬

★ 동지 이후 출생

이와 같이 원국(原局) 내의 모든 간(干)과 지(支) 및 지장간(地藏干)은 근본적으로 월령과의 관계를 통해 왕상휴수사 가운데 어느 한 단계로 결정됩니다. 이때,

• 旺의 단계에 해당하면 ⇨ "당령(當令)"·"왕령(旺令)"이라고 부름

• 相의 단계에 해당하면 ⇨ "상령(相令)"이라고 부름

- **休**의 단계에 해당하면 ⇨ "휴령(休令)"이라고 부름

- **囚**의 단계에 해당하면 ⇨ "수령(囚令)"이라고 부름

- **死**의 단계에 해당하면 ⇨ "사령(死令)"이라고 부름

과 같이 됩니다.

득령(得令) & 실령(失令)

◆ **득령 : 당령(當令) · 상령(相令)**

득령이란 월령과의 관계에서 당령이나 상령에 해당하는 경우를 의미하는데, 임의의 대상에 대해서 월령의 오행이 해당 대상을 오행 관계적으로 생(生)하거나 혹은 동일한 경우입니다. 이처럼 월령(月令)의 기(氣)가 해당 대상에게 우호적인 관계를 형성할 때, 이 월령의 기(氣)를 얻었다는 측면에서 **"득령(得令)"**이라고 부릅니다. 가령 [Case 3]에서 갑목(甲木)과 임수(壬水) 및 자수(子水)는 득령(得令)한 상태입니다.

◆ **실령 : 휴령(休令) · 수령(囚令) · 사령(死令)**

실령이란 월령과의 관계에서 휴령이나 수령, 혹은 사령에 해당하는 경우를 의미하는데, 임의의 대상에 대해서 월령의 오행이 해당 대상을 오행 관계적으로 설(洩)하거나 혹은 극(剋)하거나 분(分)하는 경우입니다. 이는 월령(月令)이 기(氣)가 해당 대상과 우호적인 관계를 형성하지 못했으므로 월령의 기(氣)를 얻지 못했다는 의미에서 **"실령(失令)"**이라고 부릅니다. 가령 [Case 3]에서 무토(戊土) · 병화(丙火) · 신금(申金) · 술토(戌土) · 오화(午火)는 모두 실령(失令)한 상태입니다.

득령의 의미와 질적 차이

득령(得令)이란 계절의 책임관인 월령을 얻었다는 의미로, 해당 시기의 기운[→ 이를 **시기(時氣)**라고 부름]을 얻어서[→ 달리 **득시(得時)**라고도 함] 선천적으로 우수한 기(氣)의 자질을 갖고 태어난 상태임을 강조하는 것입니다.

그러나 엄밀히는 당령(當令)과 상령(相令)의 큰 차이를 인지해야 합니다. 득령이란 말 자체가 오행 관계의 상호 작용을 그대로 차용했기 때문입니다. 즉 상생 작용의 관계가 실제로는 수월한 기(氣)의 화생(化生)으로 진행되지 않는다는 것을 떠올린다면, 당령의 경우에는 진정한 의미의 득령이 인정되지만 상령의 경우에는 그대로 수용하기에는 조금 부족한 바가 있습니다.

◆ 상령(相令): 진기(進氣)의 의미

당령(當令)은 말 그대로 월령을 담당하는 기(氣)와 동기(同氣)여서 타고난 기세(氣勢)가 상당합니다. 반면에 상령은 기세의 인식이 중요한 것이 아니라 앞으로 성장할 진기(進氣)라는 의미가 매우 중요합니다. 진기(進氣)의 중요성은 마치 성장하는 어린 아이처럼 아직 세(勢)를 형성하지는 못해 드러나는 역량이 강하거나 당당하지는 못하지만, 순수한 기(氣)의 방향성은 명확하다는 데에 있습니다.

예를 들어 10년이라는 혹독한 수련의 세월을 견뎌내고 성실하게 훈련을 마쳐야 비로소 자유롭게 생활할 수 있는 가상의 나라가 존재한다면, 이제 수련 과정에 막 들어가는 사람 A와 지난(至難)한 과정을 거의 마쳐가는 사람 B의 자세는 천양지차일 것입니다. 아직은 똑같이 제약된 조건하에 있지만, 오랜 세월을 어떻게 견뎌낼 수 있을지 두렵기만 한 A와 달리 이제 곧 세상에 나가서 자신의 역량을 마음대로 펼칠 꿈에 부풀어 있는 B는 희망에 가득 차 있을 것입니다.

이때 B와 같은 처지가 바로 진기(進氣)의 처지에 부합합니다. 실제로 세상에 나가면 또 어떠한 과정을 만나게 될지 알 수 없지만, 현 단계에서는 희망이라는 기(氣)가 가득하고 그래서 힘든 훈련의 과정도 쉽게 버틸 수 있는 것입니다.

참고로 이러한 진기(進氣)의 의미는 특히 양간(陽干)에게 있어서 더욱 중요하다는 점 또한 논명을 정확하게 하기 위해서는 잘 기억해야만 합니다.

실령의 의미와 질적 차이

같은 득령이지만 당령과 상령의 차이가 존재하는 것처럼, 실령 또한 세부적으로는 차이가 큽니다. 실령(失令)이란 계절의 책임관인 월령의 도움을 얻지 못했다는 의미이고, 달리 시기(時氣)가 도와주지 않는다는 의미이기도 합니다. 그래서 '실시(失時)'라고도 부릅니다.

실령 관계를 파악하면서도 단순히 오행의 작용 관계에 치우치지 않도록 유의해야 합니다. 오행 관계를 그대로 따른다면 역량의 차이에 있어서 휴령(休令)〉수령(囚令)〉사령(死令)의 순서가 명확하게 생기겠지만, 다음과 같은 측면도 또한 중요하게 고려해야 합니다.

◆ 사월(巳月)에 금기(金氣)는 사령(死令)에 해당하면서도 장생(長生)하는 시

기입니다. 수기(水氣)·목기(木氣)·화기(火氣)는 각각 신월(申月)·해월(亥月)·인월(寅月)에 태어날 경우에 장생(長生)의 자리이면서 동시에 상령(相令)의 시기에 해당하는데, 금기(金氣)는 사령(死令)의 시기에 해당합니다. 그럼 정말 사령(死令)의 의미만 존재하고, 장생의 의미는 없을까요?

◆ 토왕용사(土旺用事)에 해당하는 진미술축(辰未戌丑)월은 모두 간계(間季)이지만 각각 드러내는 기(氣)는 전혀 다릅니다. 이 시기를 모두 같은 시기로 파악하여 금기(金氣)는 모두 상령(相令)의 시기로 파악하고, 수기(水氣)는 모두 사령(死令)의 시기로 파악할 수 있을까요?

이와 같은 세밀한 차이를 자세히 기술하는 것은 이 책의 수준을 넘는 일이기에 모두 설명할 수는 없지만, 실제로는 그렇게 단순하게 파악할 수 없습니다. 먼저 사월(巳月)의 금기(金氣)에 대한 사령(死令)과 장생(長生)의 곤혹스러운 의문점에 대한 해답을 얻기 위해서는 월령(月令)과 월지(月支)와의 차이점을 명확히 인식하는 것이 중요합니다. 즉 사령(死令)은 맞지만 생지(生支)에 통근(通根)하고 있어서 힘없이 무너지지는 않는다는 의미입니다.

간계(間季) 파악의 난점(難點)은 의미 그대로 두 계절이 교차하는 기(氣)를 잘 인지해야 합니다. 가령 축월(丑月)은 동계(冬季)와 춘계(春季)가 교차하는 시기입니다. 따라서 수기(水氣)를 단순한 사령(死令)으로 파악하거나 금기(金氣)를 단순한 상령(相令)으로 파악하는 관점은 올바르지 못합니다. 오행 이전에 계절의 흐름을 파악하려는 관점이 바로 월령을 보는 바른 관점이기 때문입니다.

월령(月令)과 왕쇠(旺衰) 파악

득령(得令)과 실령(失令)은 사실 왕(旺)과 쇠(衰)의 다른 표현입니다. 즉 득령과 왕(旺)이 같은 표현이고, 실령(失令)과 쇠(衰)가 같은 표현입니다.

논명의 중요한 관점 가운데 하나로 강약(強弱)을 판단하는 관점이 있습니다. 강약의 판단은 천시(天時)·지리(地理)·인화(人和)라는 세부 3기준을 종합적으로 고려하여 내리게 되는데, 이 가운데에서 가장 으뜸이 되는 기준이 천시(天時)입니다. 그런데 천시 파악이 바로 왕쇠 파악을 가리킵니다. 즉 왕쇠는 오직 월령과의 관계 속에서 파악되는 것으로서 바로 득령과 실령을 일컫습니다.

같은 개념을 표현하는 용어가 다양한 것은 처음부터 한 사람이 만든 표현이 아니기 때문입니다. 다양한 사람들이 다양한 지역과 오랜 역사를 통해서 조금씩 발전시켜 온 개념들이 훗날 통합되는 과정에서 동의어가 다수 파생되는 것은 당연한 일로 볼 수 있습니다. 다만 강약의 판단은 주로 천간을 중심으로 파악하는 관점이기 때문에 왕쇠(旺衰)의 표현 역시 천간에 적용시켜 주로 사용되는 정도의 미세한 차이가 있을 따름입니다.

그러나 왕쇠(旺衰) 파악에 대한 정의는 명확히 인식해야 합니다. 그릇되게 기술된 책들로 인해 용어의 정의와 확립이 제대로 이루어지지 못한 자평학의 대표적 개념 가운데 하나가 바로 왕쇠 파악이기 때문입니다.

다만 글자가 같지만 구별해야 하는 것이 바로 왕쇠 파악에서의 왕(旺)과 왕상휴수사 관점에서의 왕(旺)입니다. 개념을 명확하기 위해 양자의 차이를 아래에 도표로 제시하였습니다.

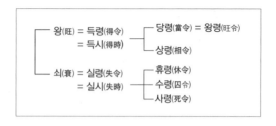

참고로 이러한 혼동을 피하고자 왕령(旺令)이라는 말보다는 당령(當令)이라는 말을 많이 사용하는 것입니다.

월령(月令) & 제강(提綱)

자평학 용어 가운데 제강(提綱)이란 표현이 있습니다. 강(綱)은 지금은 잘 사용하지 않지만 그물의 위쪽 코를 꿰어 오므렸다 폈다 하는 굵은 줄을 의미하는데 순우리말로는 '벼리'라고 합니다. 따라서 제강(提綱)이란 이 벼리를 끌어당김으로써 그물 전체를 끌어당기는 결과를 기대할 수 있기 때문에 핵심이 되는 대목이나 내용을 의미하는 표현이 되었습니다.

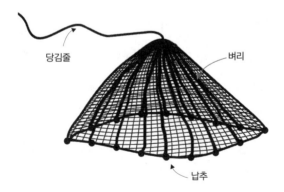

당김줄

벼리

납추

자평 논명에서의 제강(提綱)은 바로 월령(月令)입니다. 월령은 논명이라는 연극의 무대라고 앞에서 설명했습니다. 연극의 무대가 없으면 공연 자체가 이루어질 수 없는 것처럼, 논명에서 가장 중심이 되는 바탕은 바로 월령입니다. 그런데 일부 책에서는 제강으로 월지(月支)를 제시하기도 하고, '제강 = 월지 = 월령'이라는 그릇된 도식을 제시하기도 하지만, 월령과 월지는 명백히 다른 개념입니다.

따라서 명가(命家)에 따라 월지(月支)를 제강(提綱)으로 파악하고 논명할 수는 있으므로[92] 그 관점 하에서는 월지를 제강으로 제시할 수 있습니다만, '제강 = 월지 = 월령'의 도식은 전혀 범주가 다른 차원을 혼동한 명백한 오류에 해당하므로 유의해야 합니다.

월령(月令)은 태어난 시기를 장악하고 있는 책임관을 의미하고 십간(十干)으로 제시되는 개념이지만, 월지(月支)는 지지입니다. 전혀 같은 개념이 아니므로 명확하게 구별해야 합니다. 가령 [Case 4]의 명주(命主)인 2002년 7월 14일 오후 4시 10분 서울에서 태어난 여성의 경우 월령(月令)은 정화(丁火)이고 월지는 미토(未土)입니다.

◆ [Case 4] 女命

庚	癸	丁	壬
申	未	未	午
庚壬	己乙丁	己乙丁	丁

---

92 이 책의 수준을 넘기 때문에 직접 설명할 수는 없습니다만, 참고로 웨이치앤리(韋千里) 선생처럼 월지(月支)에서 투간(透干)된 대상을 중심으로 격국(格局)을 취하고 논명하는 관점에서는 월지(月支)를 제강으로 바라볼 수 있습니다.

- 월령(月令) : 소서인 7일은 지났지만 토왕용사의 시기에 접어드는 20일에는 이르지 못했으므로 정화(丁火)임

- 월지(月支) : 미토(未土)

- 왕쇠(旺衰) 파악

- 임수(壬水)와 계수(癸水) : 수령(囚令)의 시기에 태어났으므로 실령(失令)하였습니다. ⇨ 쇠(衰)

- 정화(丁火) : 당령(當令)의 시기에 태어났으므로 득령(得令)하였습니다.

  ⇨ 왕(旺)

- 경금(庚金) : 사령(死令)의 시기에 태어났으므로 실령(失令)하였습니다.

  ⇨ 쇠(衰)

십간론(十干論)_
관계론의 제일선(第一線)

십간론은 모든 술수학(術數學) 분야 이론 중에서 가장 정교하면서도 분화된 고급 이론입니다. 전통적인 동아시아 술수학의 패러다임은 2000년이 넘도록 음양오행론(陰陽五行論)이 전부였고, 지금도 여전히 음양오행론에서 크게 벗어나지 못한 채 그대로 답습하고 있습니다.

그런데 자평학에서 특히 두드러지게 발달한 십간론은 동아시아 술수학의 새로운 패러다임의 제시라고 부를 만하다는 점에서 자평학의 혁신적인 매력이 있습니다. 이는 십간에 관한 논의가 단순히 오행의 음양(陰陽) 분화로 이해되는 음양오행 차원의 논의를 넘어선다는 의미이고, 바로 이러한 특성은 도식주의적인 음양오행론을 벗어나야 하는 새로운 술수학의 방향성을 제시한 것이라고도 볼 수 있습니다.

전통적인 십간론은 단순히 오행을 음양의 관점에서 분화하여 논의한 수준을 크게 벗어나지 못했습니다. 가령 수기(水氣)를 양수(陽水)인 임수(壬水)

와 음수(陰水)인 계수(癸水)로 나누고, 목기(木氣)를 양목(陽木)인 갑목(甲木)과 음목(陰木)인 을목(乙木)으로 나눌 지라도, 기본적으로 오행의 상생 관계에 따라 수생목(水生木)의 특성이 유지되므로 임계수(壬癸水)가 갑을목(甲乙木)을 생(生)한다는 인식은 불변의 사항이었습니다.

그렇지만 새로운 십간론[→ 이하 이를 **신론(新論)**이라고 부름]에서는 壬水-甲木, 壬水-乙木, 癸水-甲木, 그리고 癸水-乙木의 관계를 각각 따로따로 인식하고 논의한다는 점에서 커다란 차이가 있습니다. 이와 같은 논의를 전개하기 위해서는 기본적으로 전통적인 오행의 생극론(生剋論)을 먼저 벗어날 필요가 있습니다.

상호 작용의 그릇된 인식

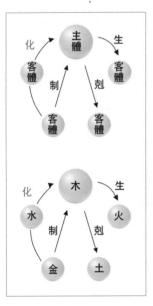

기존客의 생극(生剋) 논의는 '생극제화(生剋制化)'로 대표되는데 앞에서 설명했던 것처럼 왼쪽 그림과 같이 요약할 수 있습니다.

그러나 바른 인식의 출발은 상생(相生)과 상극(相剋)이 일방적이고 무조건적으로 발생한다는 관점부터 수정해야만 합니다. 오행론(五行論)이 정립된 이래 기계적으로 상생(相生)과 상극(相剋) 작용을 적용시켜온 결과 모든 술수학에서는 잘못된 오류가 끝없이 나타났습니다. 가장 대표적인 경우가 바로 상생과 상극 작용의 과다 인식 오류에 따른 접촉생(接觸生) 논의와 태과불급(太過不急) 논의입니다.

먼저 접촉생 논의의 사례 두 가지를 살펴보겠습니다.

　＊사례1(명학) : 가령 나의 원명(原命)에는 화기(火氣)가 부족한데, 운(運)

에서 수기(水氣)가 도래(到來)하면 몹시 흉(凶)할 것으로 예측되지만,

다행스럽게도 원국(原局)에 목기(木氣)가 존재하므로 水生木 → 木生

火의 상생 작용으로 접촉해서 생(生)하게 됨으로써 결국 흉(凶)을 만났

을지라도 길(吉)하게 바뀌어 작용할 것이다.

　이러한 상생 작용이 매우 원활하게 확장되어 나타날 것이라는 오류 인식

은 길흉(吉凶)을 정확하게 추단(推斷)하지 못하게 만드는 중요한 원인 가운

데 하나가 됩니다.

　＊사례2(한의학) : '虛則補其母, 實則瀉其子'의 관점에 따른 보사법의 운용

『難經(난경) · 69難(난)』의 "虛者補其母, 實者瀉其子(허자보기모, 실자사기자;

기운이 부족한 경우에는 그 어미를 택하여 기(氣)를 보충하고, 기운이 항진된 경우

에는 그 자식을 택하여 기(氣)를 누설시킨다)"에서 비롯한 보사(補瀉)[93]의 방법

을 운용하여 침을 놓는 행위는 오랜 세월 침구 분야의 대원칙이자 강령으

---

93 한의학에서는 인체 내에서 일정 수준으로 조절되면서 평형을 유지하는 기혈(氣血)의 순환을 중요하게 생각
합니다. 따라서 특정 부위에 기혈(氣血)이 평형 수준을 넘어서 지나치게 항진(亢進)된 경우에는 '實(실)하다'
고 판단하고, 평형 수준에 미치지 못하여 지나치게 부족한 경우에는 '虛(허)하다'고 판단합니다. 전자의 경우
에는 그 기혈(氣血)의 출로(出路)를 찾아 자연스럽게 누설되도록 조치하는데 이러한 방법론을 '瀉法(사법)'
이라고 부르고, 후자의 경우에는 그 기혈(氣血)의 源泉(원천)을 찾아 자연스럽게 채워지도록 조치하는데 이
러한 방법론을 '補法(보법)'이라고 부릅니다. 이는 마치 댐의 저수량이 적정 수량을 넘어서 위험한 수위에 도
달했을 때에는 수문을 열어 방출하지만, 지나치게 적정 수량에 미달했을 때에는 수문을 열지 않고 지속적으
로 水源(수원)에서 내려오는 수량을 모아두는 것과 유사합니다. 보법과 사법을 함께 부를 때 흔히 '補瀉法(보
사법)'이라고 합니다.

로 대두되었습니다. 여기서 어미나 자식을 택한다는 것은 오행의 상생 관계를 응용한 것인데, 가령 목기(木氣)가 허(虛)한 경우에는 수기(水氣)를 강화시켜 수생목(水生木)의 작용에 기대어 목기(木氣)를 보충하고, 이와는 반대로 목기(木氣)가 실(實)한 경우에는 화기(火氣)를 통해 목생화(木生火)의 작용에 기대어 출로(出路)를 확보하여 목기(木氣)를 누설시키겠다는 의도적 관점입니다.

다음으로 태과불급 논의의 사례 두 가지를 살펴보겠습니다. 먼저 태과(太過)란 특정 오행의 기운이 일정한 정상 범위를 넘어서 과다하게 증가하는 경우를 의미하고, 이와는 반대로 불급(不及)이란 과다하게 감소하는 경우를 의미합니다.

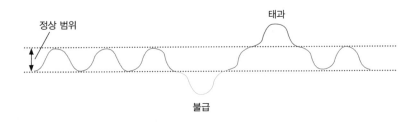

사례 1 : 금기(金氣)가 태과(太過)하게 되면 ⇨

• 가장 먼저 금기(金氣)의 극(剋)을 받는 목기(木氣)가 크게 허(虛)해지고, 금기(金氣)를 극(剋)하는 화기(火氣)가 허(虛)해집니다. 이는 힘의 불균형 관계로 인한 상호 작용은 상생(相生) 관계보다 상극(相剋) 관계에서 더욱 민감하게 나타나고, 금기(金氣)가 정상 수준을 넘어 태과하게 되었다는 것은 금기(金

氣)를 조절하는 화기(火氣)의 구실이 크게 허(虛)해졌다는 전제가 필요하기 때문입니다.

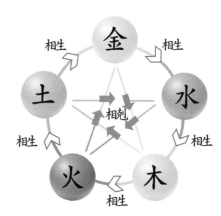

- 다음으로 크게 허(虛)해진 목기(木氣)로 인해 목기(木氣)의 극(剋)을 받는 토기(土氣)는 상대적으로 극(剋)의 작용이 크게 약화되어 2차적으로 실(實)하게 되어 태과(太過)하게 됩니다.

- 토기(土氣)가 태과하게 되므로 토기(土氣)의 생(生)을 받는 금기(金氣)는 더욱 태과하게 되고, 토기(土氣)의 극(剋)을 받는 수기(水氣)는 3차적으로 허(虛)하게 되어 수기(水氣)는 목기(木氣)를 생(生)해줄 역량이 약하게 됩니다.

- 결과적으로 금기(金氣)는 더욱 태과하게 되고, 목기(木氣)는 더욱 불급하게 되어 화기(火氣)를 생(生)하지 못하게 되므로, 화기(火氣)는 금기(金氣)를 제어할 힘을 얻지 못해 금기(金氣)의 태과는 보다 심각하게 됩니다.

사례 2 : 금기(金氣)가 불급(不及)하게 되면 ⇨

- 가장 먼저 금기(金氣)의 생(生)을 받는 수기(水氣)가 크게 허(虛)하게 되고,

- 그로 인해 수기(水氣)가 크게 허(虛)해지면 수기(水氣)의 생(生)을 받는 목기(木氣)가 이어서 허(虛)하게 되며,

- 목기(木氣)가 허(虛)해지면 목기(木氣)의 생(生)을 받는 화기(火氣)가 이어서 허(虛)하게 되고,

- 화기(火氣)가 허(虛)해지면 화기(火氣)의 생(生)을 받는 토기(土氣)가 이어서 허(虛)하게 되어,

- 결과적으로 토기(土氣)가 금기(金氣)를 자생(滋生)하지 못해 금기(金氣)의 불급(不及)은 더욱 심해져서 오행(五行)의 순환 전체가 어그러지게 됩니다.

위에서 제시한 사례들은 오행의 상생·상극 작용이 100%에 가깝게 전화(轉化)될 때 기대할 수 있는 극단적인 경우에 해당하는 논의입니다. 그러나 자연의 그 어떤 상호 작용에서도 100%에 가까운 전화율을 보이는 관계는 사실상 존재하지 않습니다. 그러므로 어떤 작용이든 그 작용의 전화율은 일부에 그친다는 것을 명확하고 중요하게 고려할 필요가 있습니다.

또한 흔히 상생 관계를 형성하는 양자(兩者)에 있어서 생(生)과 설(洩)이 동시에 일어난다는 인식 또한 잘못된 것입니다. 상생 관계를 모자(母子) 관계로 비유할 때, 생(生)이란 어머니가 자식에게 기운을 불어 넣어주는 작용이고, 설(洩)이란 자식이 어머니의 기운을 빼앗아 가는 작용입니다.

$$A \xleftarrow[\text{洩}]{} \quad \xrightarrow{\text{生}} B$$

위와 같은 양자(兩者)의 관계에 있어서 B를 생(生)하는 능력은 A가 능동적으로 행하는 것이지만, A를 설(洩)하는 능력은 B가 능동적으로 행하는 것이기 때문에 각각의 작용 전화율을 따로따로 생각해야만 합니다. 즉 A가 능동적으로 B를 생(生)하는 능력은 탁월할지라도 B가 그 생(生)의 역량을

얼마나 수용할 수 있는지의 역량은 별개이므로, 이를 모두 고려해야 진정한 양자(兩者) 사이에 작용하는 생(生) 작용의 결과를 제대로 파악할 수 있다는 의미입니다. 또한 A가 피동적으로 설(洩)을 당하는 것은 B의 누설시키고자 하는 역량과 함께 A의 저항 역량이 별개의 요소로 작용하므로 이를 모두 고려해야 진정한 양자(兩者) 사이에 작용하는 설(洩) 작용의 결과를 제대로 파악할 수 있다는 의미입니다.

이는 마치 어머니가 자식을 위해 희생하며 노력할지라도 그 자식이 어머니의 희생을 얼마나 이해하여 어머니의 기대에 잘 부합할 수 있는지의 여부는 별개의 것이라는 점과 자식이 어머니에게 무엇인가 요구한다고 해서 그 어머니가 무조건 그 요구에 응답하여 원하는 만큼 다 줄 수 있는지의 여부는 별개의 것이라는 점과 유사합니다.

그럼에도 불구하고 우리는 그저 생(生)과 설(洩)은 무조건적으로 동시에 일어난다고 인식하여 모든 술수학에 적용하고 있고, 이러한 그릇된 인식은 전혀 수정되지 못한 채 지금도 반복되고 있습니다.

: 상호 작용의 올바른 인식

五行的 相生 관계의 작용

$$A \xrightarrow{\;\;生\;\;} B \qquad \text{cf.}\; A \xrightarrow{\;\;反剋\;\;} B$$
$$A \xleftarrow{\;\;洩\;\;} B \qquad\qquad A \xrightarrow[\;反生,\;調節\;]{} B$$

일반적인 오행의 상호관계에 있어서 상생(相生) 관계에 있는 A와 B는 이미 언급한 것처럼 생(生)과 설(洩)은 각각 별도로 작용합니다. 이에 더하여 도리어 A가 B를 극(剋)하는 경우도 있고[→ 이와 같이 통상적인 상생 관계와 어긋나서 극(剋) 작용을 하는 경우 이를 **반극(反剋)**이라고 부름], B가 오히려 A를 생(生)하는 경우도 있으며[→ 이와 같은 생(生) 작용을 **반생(反生)**이라고 부름] 특별한 조절작용도 있습니다.

특히 조절작용은 잘 파악해야 하는데 이는 마치 화학이나 생화학에서 일정 수준의 수소이온농도[pH]를 유지시켜 주는 완충용액[buffer solution]과 유사한 작용으로, A의 역량이 지나치게 강하거나 약해지지 않도록 B가 적절하게 반생(反生)하거나 혹은 설기(洩氣)시켜서 일정 수준의 역량을 조절하는 구실을 의미합니다.

五行的 相剋 관계의 작용

상생 관계의 A와 B 사이에 다양한 작용이 있는 것처럼 상극 관계의 A와 B 사이에도 여러 정황과 작용이 존재합니다. 먼저 A가 능동적으로 B를 극(剋)하는 작용과 이에 대항하여 B가 A에게 강력하게 저항하면서 A의 역량을 소모시키고 분할하는 분(分) 작용이 일반적인데, 이 또한 A와 B의 처지에 따라 극(剋)과 분(分)은 별개로 작용합니다. 이 외에 특별한 작용으로 단순한 극(剋)이나 분(分)에 그치지 않고 서로 상보(相輔)·상조(相助) 작용을 하는 경우도 있고, 오히려 B가 A를 반생(反生)하거나 혹은 저항 수준을 넘어 A가 B로부터 역으로 극(剋) 작용을 받는 경우[→ 이를 **역극(逆剋)**이라고 부름]도 있습니다.

五行的 相比 관계의 작용

상비 관계의 A와 B 사이의 작용에 대해 흔히 쉽게 범하는 인식의 오류는 상비(相比)를 바로 상조(相助)로 이해하는 것입니다. 비(比)는 대등한 처지라는 의미이고 조(助)는 도와준다는 의미인데, 실제 인간관계에 있어서는 비(比)가 조(助)로 드러나는 경우보다 경쟁·대립 관계로 드러나는 경우가 보다 일반적인 것처럼 비(比)와 조(助)는 별개의 처지에서 일어나는 작용입니다.

또한 설사 A가 B를 조(助)한다고 해서 반드시 B도 A를 조(助)한다고 인식하는 관점 역시 별개의 작용을 동일하게 인식하는 오류에 해당합니다. 물론 A와 B가 서로 助力(조력)하는 경우도 존재하지만, 때에 따라서는 어느 한쪽의 조력(助力)만 작용하거나 혹은 도리어 서로 대립하며 약화시키는 반극(反剋) 작용이 일어나기도 합니다. 특별한 작용으로는 黨(당) 작용이 있는데, 이는 직접적으로 서로를 조력(助力)하지는 않지만 勢(세)를 불려 대외적으로는 집단의 효과를 발휘하는 작용입니다. 이는 마치 서로 목적은 달리하면서도 자신의 이익을 극대화하기 위해 임시로 야합하는 정당의 설립과 유사합니다.[94]

이처럼 오행의 생극비(生剋比) 작용은 단순하고 쉽게 전화되거나 일어나지 않는 복잡한 작용입니다. 그러므로 다양한 처지와 정황을 바르게 이해하고, 그들의 상호 작용을 세밀하게 파악할 수 있을 때 비로소 오행의 상호 작용을 올바르게 인식할 수 있게 된다는 점을 유념해야 합니다.

천간 관계의 특별한 작용 : 합화(合化)

간합(干合)	화기(化氣)
·甲己合	·甲己合 ⇨ 化土
·乙庚合	·乙庚合 ⇨ 化金
·丙辛合	·丙辛合 ⇨ 化水
·丁壬合	·丁壬合 ⇨ 化木
·戊癸合	·戊癸合 ⇨ 化火

천간 사이에는 특별한 상호 작용이 존재하는데, 하나는 합(合) [→ 이를 **간합(干合)**이라고 부름]이고 다른 하나는 화(化)입니다.

간합(干合)은 양간(陽干)과 음간(陰干)이 마치 남녀(男女) 관계처럼 서로 함

---

94 가령 일본의 도요토미 히데요시[豊臣秀吉]가 전국시대의 혼란기를 수습하고 정리한 이후에, 내부에 잠재하고 있던 불화(不和)의 에너지를 조선의 침공을 통해 하나로 통일하여 분출시키도록 유도한 것은 대표적인 당(黨) 작용에 부합하는 사건입니다.

께 하려는 움직임이고, 화기(化氣)는 함께 하는 정도를 넘어 새로운 기(氣)로 변화하는 작용입니다. 이렇게 나타나는 작용에 대해 설명한 가장 오래된 문헌적 근거는 의서(醫書)인 『素問(소문)』·《五運行大論(오운행대론)》인데, 이에 따르면 아주 오랜 옛날 천문 관측 결과 신성한 오기(五氣)의 흐름이 하늘에 나타났다고 합니다.

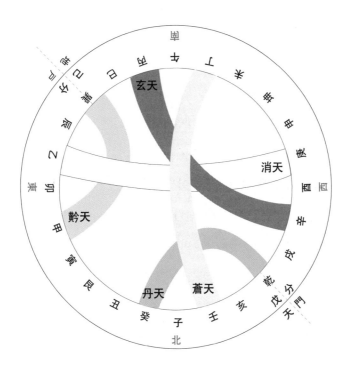

즉

- 화기(火氣)를 상징하는 붉은빛의 단천(丹天)의 기(氣)는 무토(戊土)와 계수(癸水)의 영역에 걸쳐서 나타났고,

- 토기(土氣)를 상징하는 노란빛의 금천(黔天)의 기(氣)는 갑목(甲木)과 기토(己

土)의 영역에 걸쳐서 나타났으며,

- 목기(木氣)를 상징하는 푸른빛의 창천(蒼天)의 기(氣)는 임수(壬水)와 정화(丁火)의 영역에 걸쳐서 나타났고,

- 금기(金氣)를 상징하는 하얀빛의 소천(素天)의 기(氣)는 경금(庚金)과 을목(乙木)의 영역에 걸쳐서 나타났으며,

- 수기(水氣)를 상징하는 검은빛의 현천(玄天)의 기(氣)는 병화(丙火)와 신금(辛金)의 영역에 걸쳐서 나타났습니다.

이렇게 하늘이 드리운 천수상(天垂象)을 깨달아 정리한 것이 바로 간합(干合)과 화기(化氣)의 관계에 대한 인식입니다.

그러나 실제 작용을 파악함에 있어서는 합(合)과 화(化)는 엄밀하게 구별해야 합니다. 즉 간합(干合)이 일어난다고 해서 모두 화(化)가 일어나는 것이 아니고, 특별한 여건이 조성되어야 비로소 화(化)가 일어날 수 있으며, 이 경우에도 전화율이 100%가 아니라는 점 또한 유의해야 합니다.

十干 상호 관계성과 작용

십간(十干)의 상호 관계성과 작용에 관한 내용은 자평학의 정수(精髓)에 해당하는 논의입니다. 따라서 자평학을 처음 접하는 사람들이 그 본의(本意)를 쉽고 간략하게 이해할 수 있도록 제시하는 것은 매우 어려운 일입니다.

신론(新論)의 관점을 볼 수 있는 고전 명서(命書)로는 『滴天髓(적천수)』와
취성자(醉醒子)의 「十干體象詩(십간체상시)」 및 『欄江網(란강망)』과 명징파
(明澄派)의 『子平大法(자평대법)』·『子平洩天機(자평설천기)』·『命詩群芳譜(명
시군방보)』 등이 있습니다. 그러나 이러한 고전을 통해서 학습할지라도 부
분적인 논설만 취할 수 있을 뿐 전체적인 내용을 자세히 살피기는 쉽지 않
은데, 다행스럽게도 장야오원(張耀文) 선생이 강의와 여러 저서를 통해 명징
파의 정리된 관점을 세상에 알리면서 보다 소상하게 파악할 수 있는 계기
를 마련했습니다.

본서에서는 방대한 신론(新論)의 내용 중에서 핵심이 될 만한 중요 내용
을 요약적으로서 제시하여, 기존의 오행론(五行論)과는 차별화된 십간론(十
干論)의 내용에 대해 소개하고자 합니다. 따라서 입문자에게는 상당히 어려
운 내용일 수 있습니다만, 이러한 관점에 대해 새롭게 만난다는 가벼운 마
음으로 대하시면 좋겠습니다.[95]

甲木

＊갑목(甲木)과 중요한 관계를 형성하는 타간(他干)으로는 갑목(甲木)·병
화(丙火)·정화(丁火)·기토(己土)·경금(庚金)·계수(癸水)가 있습니다.

◆ **甲甲** : 상조(相助)하고 서로 어울려 무리를 짓는 당(黨) 작용이 뛰어난
직·간접적 협력 관계입니다. 갑목(甲木)이 약(弱)할 경우에는 가장 직접

---

95 이하에서 설명하는 십간 관계성에 대한 내용은 여러 서적들을 폭넓게 참고하였습니다. 부록의 참고 문헌 목
록을 참조하시기 바랍니다.

적으로 지지하고 연대하는 효과가 있습니다.

◆ **甲乙** : 을목(乙木)에게 있어서 갑목(甲木)은 단순한 조력자(助力者) 정도
가 아니라 사실상 나이차가 많은 누나나 형님이 막내 동생을 돌보듯
부모-자식 관계에 가까울 만큼 일방적이고도 든든한 지지자이자 협력
자입니다. 이는 반생(反生) 관계에 해당합니다. 반면에 그만큼 갑목(甲
木)에게 있어서 을목(乙木)은 부담이 되는 삶의 짐으로 다가오지만 을
목(乙木)이 갑목(甲木)을 조력(助力)하지는 못합니다. 갑목(甲木)이 약(弱)
할 경우에 을목(乙木)은 무용(無用)할 뿐만 아니라 때에 따라서는 오히
려 상황을 더욱 악화시킬 수도 있습니다.

◆ **甲丙** : 갑목(甲木)의 본성에 가장 잘 부합하는 표현으로는 '參天(참천)'과
'植立千古(식립천고)'가 있습니다. 참천(參天)이란 나무가 하늘을 지향하
며 높이 커 나가는 자세를 표현한 것이고, 식립천고(植立千古)는 자리를
지키면서 오래도록 살아남는 처세의 방향을 이른 것입니다. 이 양쪽의
경우에 모두 필요한 것이 바로 병화(丙火)입니다. 갑목(甲木)은 병화(丙火)
에게 특별하게 작용하지 않지만, 병화(丙火)는 갑목(甲木)을 반생(反生)하
기도 하고 설기(洩氣)시키기도 합니다. 특히 병화(丙火)의 효과는 봄·여
름·가을에 걸쳐서 조영(照映 ; 밝게 비춤)하고, 겨울에는 한기(寒氣)를 완
화시키며 해동(解凍)함으로써 갑목(甲木)의 생명력을 강화시킬 때 더욱
특별하게 드러납니다.

◆ **甲丁** : 전통적으로 갑정(甲丁)의 관계는 '引火(인화)·文星(문성)'으로 대변해왔습니다. 갑목(甲木)과 정화(丁火)는 생(生)과 설(洩)이 모두 원활한 관계로, 인화(引火)는 갑목(甲木)의 탁월한 생(生) 작용을 표현한 것이고, 문성(文星)은 정화(丁火)의 우수한 설(洩) 작용으로 인해 갑목(甲木)의 재능이 밖으로 잘 드러나는 것을 표현한 것입니다.[➡ 이를 빼어난 기운을 토해낸다고 해서 **吐秀(토수)**라고 부르기도 함] 다만 정화(丁火)가 생(生) 작용을 받아들일 수 있는 수용량에는 한계가 있어서 갑목(甲木)은 지나치게 강(强)한 반면에 정화(丁火)는 지나치게 약(弱)한 경우에는 오히려 인화(引火)하지 못하고 소화(消火)될 수도 있다는 점에 유의해야 합니다.

◆ **甲戊** : 갑목(甲木)과 무토(戊土)는 특별한 관계에 있습니다. 기토(己土)는 갑목(甲木)에게 터전을 제공하여 식립(植立)이 가능하도록 도와주는 반면에 무토(戊土)는 갑목(甲木)의 식립(植立)을 저해할 뿐만 아니라 갑목(甲木)의 극(剋) 작용에 대하여 강력하게 저항하는 분(分) 작용을 통해 갑목(甲木)을 오히려 약화시킵니다. 그러나 다공성(多孔性)의 기토(己土)와 달리 부동성(不動性)이 강하고 쉽게 정체(停滯)되어 타자(他者)나 외부와의 소통성이 매우 떨어지기 쉬운 무토(戊土)를 극제(剋制)하여 정체(停滯)한 토기(土氣)를 트이게 함으로써[➡ 이를 **疏土(소토)**라고 부름] 영성(靈性;신령한 품성)을 획득하도록 도와주는 갑목(甲木)의 작용은 무토(戊土)에게 특별한 것입니다.

◆ **甲己** : 갑목(甲木)과 기토(己土)는 서로 극(剋)·분(分)의 작용 이외에 기

토(己土)가 갑목(甲木)을 북돋아 기르는 배목(培木) 작용에 주목해야 합니다. 이러한 반생(反生)의 배목(培木) 작용은 병화(丙火)·계수(癸水)와 잘 조화를 이룰 때 갑목(甲木)의 식립천고(植立千古)를 가능하게 합니다.

◆ **甲庚** : 전통적으로 경금(庚金)과 갑목(甲木)은 도끼와 아름드리나무로 비유하여 도끼질을 해야만 비로소 동량지재(棟梁之材)가 가능한 관계로 표현하곤 했습니다.[→ 이를 **砍木(감목)**이라고 부름] 갑목(甲木)은 경금(庚金)에게 작용하지 못하지만 경금(庚金)은 갑목(甲木)을 극제(剋制)하여 약화시킵니다. 그런데 甲庚의 감목(砍木) 관계를 잘 파악하기 위해서는 몇 가지 유의사항이 있습니다. ①갑목(甲木)이 봄에 태어난 춘목(春木)이라면 경금(庚金)의 조절은 결코 양책(良策)이 될 수 없다는 점, ②계수(癸水)가 직접적으로 드러나지 않아야 한다는 점, 그리고 ③갑목(甲木)은 경금(庚金)에 대해 마음속까지 진정으로 굴복하지 않아서 상대적으로 내적인 억울(抑鬱)이 많다는 점입니다.

◆ **甲辛** : 庚이나 辛 모두 금기(金氣)이지만 갑목(甲木)과의 관계는 천양지차(天壤之差)입니다. 근본적으로 신금(辛金)은 갑목(甲木)을 극제(剋制)하지 못하고 오히려 갑목(甲木)으로부터 역극(逆剋)을 당한다는 점에 특히 유의해야 합니다. 거송(巨松)과 달빛으로 비유되는 甲辛의 관계는 소슬(蕭瑟)한 맛이 강합니다.

◆ **甲壬** : 갑목(甲木)은 근본적으로 수기(水氣)를 설기(洩氣)시키거나 납수(納

水;수기(水氣)를 거두어들여 물길을 내는 작용)하지 못합니다. 그러므로 임계수(壬癸水)가 지나치게 강(强)해지면 갑목(甲木)의 식립(植立)은 매우 곤란해지는 측면이 있습니다. 특히 불안정하고 요동쳐서 표탕(漂蕩;부동(浮動)하고 유랑함)함을 특징으로 갖는 임수(壬水)는 정처(定處)에서 식립(植立)하고자 하는 갑목(甲木)을 자생(滋生;영양분을 공급하여 생명 활동을 유지시키는 작용)하지 못하고, 오히려 부목(浮木;강해(江海)로 인해 물 위에서 표류하며 떠돌아다니는 나무)의 폐해를 일으키기 쉽습니다. 『滴天髓(적천수)』에서는 이러한 위험에서 벗어나는 방법으로 '水宕騎虎(수탕기호)'라고 하여 인목(寅木)[96]에 통근(通根)하는 것이 중요함을 강조하고 있습니다. 참고로 납수(納水)의 구실은 지지(地支)에서 인목(寅木)이나 묘목(卯木)이 수행하는 작용인데, 인목(寅木)이 묘목(卯木)보다 훨씬 탁월하게 작용합니다.

◆ **甲癸** : 표부(漂浮)의 불안정성을 유발할 수 있는 임수(壬水)와 달리 계수(癸水)는 감로(甘露;생물에게 이로운 이슬)와 같아서 목기(木氣)를 자양(滋養)하는 생(生) 작용이 우수합니다. 식립천고(植立千古)를 위해서는 地潤天和(지윤천화;땅은 윤택하고 하늘은 화평하여 초목(草木)이 자라기 좋은 여건)의 환경적 요건이 필수적인데, 지윤천화(地潤天和)는 병화(丙火)와 계수(癸水)의 작용으로 이루어집니다. 특히 여름에 태어난 하목(夏木)이라면 계수(癸水)는 절대적으로 필요합니다. 다만 계수(癸水) 역시 정

---

96 호랑이란 인(寅)을 의미합니다.

도가 지나치면 갑목(甲木)의 내부를 손상시켜 썩게 만드는 부목(腐木)의 폐해를 유발하여 갑목(甲木)을 약화시킬 수 있습니다. 임수(壬水)가 갑목(甲木)을 외적(外的)으로 무너뜨린다고 한다면 계수(癸水)는 내적(內的)으로 무너뜨린다고 비유할 수 있겠습니다. 임수로 인한 부목(浮木)이나 계수(癸水)로 인한 부목(腐木) 모두 갑목(甲木)을 약화시키는 반극(反剋) 작용임에 유의해야 합니다.

乙木

＊을목(乙木)과 중요한 관계를 형성하는 타간(他干)으로는 갑목(甲木) · 병화(丙火) · 무토(戊土) · 기토(己土) · 경금(庚金) · 임수(壬水) · 계수(癸水)가 있습니다.

◆乙乙 : 을목(乙木)은 십간(十干) 중에서 자기중심성과 생존 본능이 가장 강하여 인간관계적 차원에서 바라보면 이기적인 측면이 다분합니다. 그렇기 때문에 을목(乙木)과 을목(乙木)은 직접적인 조력(助力) 관계를 형성하지 않고 각자의 처지만 중시할 뿐입니다.

◆乙丙 : 을목(乙木)을 갑목(甲木)과 비교하여 화초(花草)에 비유하는 것은 상대적으로 연약한 체성(體性) 때문이기도 하지만, 관상용(觀賞用)이라는 것도 중요한 이유입니다. 즉 미적(美的)인 매력이 커야한다는 점인데, 이는 생존 가능성이 증대하는 것과도 밀접한 관련이 있습니다. 이러한 미적(美的) 효과의 극대화에 기여하는 타간(他干)으로는 병화(丙火)

와 임수(壬水)가 있는데, 을목(乙木)에게는 특히 햇빛으로 비유되는 병화 (丙火)의 효과가 더욱 크게 작용합니다. 또한 병화(丙火)는 갑목(甲木)에 게 작용했던 조영(照映)·해동(解凍)·제한(除寒; 한기(寒氣)를 제거하거나 완화시키는 작용)의 공(功)을 을목(乙木)에게도 동일하게 발휘하여 을목 (乙木)의 생명력을 강화시킵니다. 이에 더하여 을목(乙木)이 가장 싫어하 는 금기(金氣)로부터 정화(丁火)와 함께 보호하는 임무까지 수행하므로 을목(乙木)에게는 가장 중요한 타간(他干)이 아닐 수 없습니다. 반면에 병 화(丙火)는 을목(乙木)으로부터 직접적인 작용을 받지 않습니다. 다만 **화초(花草)**[→ 乙木의 비유]의 미적(美的) 가치 증대 효과는 간접적으로 태양[→ 丙火의 비유]의 존재 가치를 보다 돋보이게 한다는 점에서 갑 목(甲木)과는 다르게 기여하는 요소가 있는 편입니다.

◆ **乙丁**: 甲丁처럼 乙丁 또한 생(生)·설(洩) 작용이 함께 나타나 인화(引火)가 일어나지만 약간의 차이점이 있습니다. ①을목(乙木)은 본래 인화용(引火 用)이 아니고 관상용(觀賞用)이기 때문에 갑목(甲木)보다 상대적으로 습성 (濕性)을 지니고 있어서 인화(引火)가 쉽지 않다는 점입니다. 이러한 특성 을 『窮通寶鑑(궁통보감)』에서는 "濕乙傷丁(습을상정; 습한 을목(乙木)이 오히 려 정화(丁火)의 불을 손상시킨다)"이라고 표현했습니다. ②만약 을목(乙 木)이 매우 건조하다면 인화(引火)의 속도는 甲丁보다 빠르지만 지속성과 세기에 있어서는 甲丁보다 떨어진다는 점입니다. 그러나 정화(丁火)는 을 목(乙木)에게 중요한 기여 요소가 있는데, 이는 바로 을목(乙木)이 가장 꺼려하는 신금(辛金)을 제압하여 을목(乙木)을 구제하고 보호하는 것입

니다. 이를 『滴天髓(적천수)』에서는 "抱乙而孝(포을이효 ; 을목(乙木)을 품 어서 효도를 행한다)"라고 표현했습니다.

◆ 乙戊 : 甲戊 관계에서도 언급한 것처럼 무토(戊土)는 기토(己土)와 같이 배 화(培花 ; 꽃을 배양함)하는 양토(壤土)가 아닙니다. 일찍이 김소월은 「산유 화(山有花)」라는 시를 통해 고독의 정서를 표현한 바 있는데, 보통 甲戊의 관계에서는 고목(孤木)의 정취를 읽어내지만 乙戊의 관계에서는 고화(孤 花)의 정취를 읽어내지는 않습니다. 갑목(甲木)은 무토(戊土)에 자리매김 하고자 많은 노력을 쏟지만, 을목(乙木)은 무토(戊土)에 기생하여 존속할 뿐 무토(戊土)와 대립하지 않기 때문입니다. 보통 나무가 없는 민둥산은 존재할 수 있어도 풀 한포기 없는 민둥산은 존재하지 않는 것처럼 을목 (乙木)은 많을지라도 무토(戊土)에게 주는 상처는 발생하지 않습니다. 오 히려 무토(戊土)에 기생하는 을목(乙木)은 정처 없이 떠돌아다니지 않고 자신의 거주 영역의 한계가 명확해지는 특징이 있습니다. 즉 을목(乙木) 은 무토(戊土)에게 작용하지 않지만, 무토(戊土)는 을목(乙木)을 일정 부 분 조절하는 특별한 작용을 합니다. 물론 갑목(甲木)처럼 무토(戊土)를 소 토(疏土)하지 못하고, 당연히 무토(戊土)에게 영성(靈性)을 부여하지도 못 합니다.

◆ 乙己 : 乙己의 관계는 甲己의 관계와 매우 흡사합니다. 즉 서로 극(剋) · 분 (分)의 작용을 할 뿐만 아니라 기토(己土)가 갑목(甲木)에게 배목(培木)을 통해 반생(反生) 작용을 했던 것처럼, 을목(乙木)에게도 배화(培花)작용을

합니다. 역시 병화(丙火)·계수(癸水)의 조화가 중요합니다.

◆ 乙庚 : 을목(乙木)의 근본적인 천명(天命)은 생존하여 오행·십간의 큰 순환이 이루어지도록 다음의 오행·십간을 생산하는 것입니다. 그렇기에 을목(乙木)의 생명력을 앗아갈 수 있는 금기(金氣)는 근본적으로 선호하는 대상이 아닙니다. 비록 천간(天干)에서 직접적인 위협을 주지 않고 다만 지지(地支)에만 존재할지라도 그 위협의 불안감을 극복하고자 병정화(丙丁火)의 호위(護衛)가 필요하다는 관점이 『滴天髓(적천수)』에서 언급한 "懷丁抱丙(회정포병), 跨鳳乘猴(고봉승후)"입니다. 즉 병정화(丙丁火)를 끌어안아야[→ 첩신(貼身)⁹⁷의 의미임] 비로소 봉황[→ 닭, 즉 酉의 비유적 표현임]과 원숭이[申]를 걸터앉고 올라탈 수 있다는 의미입니다. 따라서 을목(乙木)은 경신금(庚辛金) 모두에게 작용하지 않고 다만 경신금(庚辛金)의 극(剋) 작용을 받기만 합니다. 그렇지만 경금(庚金)과는 간합(干合)의 관계에 놓여 있기 때문에 첩신(貼身)하여 간합(干合)하게 되면 을목(乙木) 자체의 강약(強弱) 정도와 상관없이 강하게 경금(庚金)에게 예속되는 편향성(偏向性)을 나타냅니다. 그리고 나면 그 속에서의 제한적인 자유와 일상의 행복을 찾게 됩니다. 그 결과 타인들의 관점에서는 그 관계의 안정감에 주목하여 긍정적인 평가를 내릴 가능성이 높아지는데, 이러한 관계를 일찍이 가위로 화초를 손질하는 것에 비유한 바 있습니다. 그러나 이는 엄밀히 화초가 추구하는

---

97 첩신(貼身)이란 사주(四柱)에서 서로 인접하고 있는 관계를 의미합니다. 가령 년간(年干)은 월간(月干)과 첩신하고 있고, 월간(月干)은 년간(年干)·일간(日干)과 첩신하고 있습니다. 또한 일지(日支)는 월지(月支)나 시지(時支)와 첩신하고 있습니다.

본성적인 자연스러운 아름다움[美]이 아니라 잘 다듬어진 화초를 아름답다고 바라보는 제삼자의 인식에 해당합니다.

◆ **乙辛** : 신금(辛金)은 을목(乙木)이 가장 싫어하는 타간(他干)입니다. 을목(乙木)의 생명력과 아름다움[美]을 잔인하게 극해(剋害)하기 때문입니다. 경금(庚金)과는 복종·순응 등의 과정을 통한 타협점을 모색했던 것과 달리 신금(辛金)과는 어떠한 타협도 이루기 어렵다는 점이 근원적인 난제(難題)입니다.

◆ **乙壬** : 임수(壬水)의 표탕성(漂蕩性) 자체는 변화가 없지만 甲壬과 乙壬은 관계성이 서로 다른데, 결정적인 차이점은 갑목(甲木)이 정처(定處)에서의 존립 성향을 강하게 고수하는 것과 달리 을목(乙木)은 존립을 위해 정처(定處)의 고집이 없다는 점에 기인합니다. 이는 잡초의 성향과 상응하는 것으로, 관상용의 화초가 되지 못한 경우에 을목(乙木)을 잡초에 비유하여 인식하는 것도 같은 맥락에서 바라볼 수 있습니다. 그 결과 설사 갑목(甲木)이 부목(浮木)이 된 것처럼 을목(乙木) 또한 부초(浮草)의 처지가 될지라도 을목(乙木)은 생명력 자체를 유지할 수 있습니다. 이에 더하여 임수(壬水)는 을목(乙木)의 미적(美的) 효과의 극대화에 기여하는 측면이 있습니다. 그렇기에 임수(壬水)는 을목(乙木)을 생(生)한다고 파악하게 됩니다. 반면에 을목(乙木) 자체가 임수(壬水)에게 직접적으로 작용하지는 않지만, 乙丙 관계와 비슷하게 **화초(花草)**[➜ 乙木의 비유]의 미적(美的) 가치 증대 효과를 통해 간접적으로 맑은 강호(江湖)[➜ 壬

水의 비유]의 존재 가치를 더욱 돋보이게 할 수는 있습니다.

▸ 참고로 십간론(十干論)에서 인식하는 미적(美的) 구조에 대해 간략히 그 핵
  심만 정리하자면 다음과 같습니다. ⇨ 미적(美的) 구조의 삼재(三才)

＊천미(天美) : 丙火[→ 태양에 해당함]

＊인미(人美) : 乙木[→ 기화요초(琪花瑤草)에 해당함]

　　　　　　　　辛金[→ 명월(明月) 혹은 주옥(珠玉)에 해당함]

＊지미(地美) : 壬水[→ 강호(江湖)에 해당함]

◆ 乙癸 : 감로(甘露)로 비유되는 계수(癸水)는 갑목(甲木)과 을목(乙木) 모두
를 자양(滋養)하는 중요한 작용을 담당합니다. 다만 을목(乙木)의 경우
적극적으로 계수(癸水)를 설기(洩氣)시킨다는 점에서 차이가 있습니다.
이로 인해 수분이 부족한 여건에서는 자신만의 생존을 위해 을목(乙木)
은 적극적으로 설(洩) 작용을 하므로 주변의 타자(他者)들도 필요할 수
분의 고른 분배를 저해하는 측면이 발생할 수도 있다는 점에 유의해야
합니다. 그러나 역시 계수(癸水)가 지나치면 을목(乙木) 또한 부초(腐草)·부
화(腐花)가 되어 약해진다는 점 또한 갑목(甲木)과 동일합니다.

丙火

＊병화(丙火)와 중요한 관계를 형성하는 타간(他干)으로는 기토(己土)·임
  수(壬水)·계수(癸水)가 있습니다.

◆ **丙丙**：하늘의 태양으로 비유되는 병화(丙火)는, 십간론에서 가장 강력하게 타간(他干)에게 영향을 주는 인자인 반면에 자신은 타간(他干)의 영향을 크게 받지 않는 독특성과 강인한 독립성을 지닌 것으로 파악합니다. 이러한 병화(丙火)이기에 丙丙의 복수성은 공자님이 우려하셨던 "天無二日(천무이일), 土無二王(토무이왕)" [→ 하늘에는 두 해가 있을 수 없고, 땅에는 두 임금이 있을 수 없다][98]에 해당하는 상황으로 비유하여 인식합니다.   그러나 丙丙의 관계가 서로 직접적인 조력(助力)의 관계에 있지는 않지만 黨(당) 작용의 관계가 있는 것에는 유의해야 합니다. 즉 하늘에 두 개의 해가 떠 있어서 지상의 제반 환경에 미치는 커다란 광(光)·열기(熱氣)의 대외적 효과로 인해, 겨울 환경에서는 긍정적 의미를 어느 정도 검토할 수 있지만 여름 환경에서는 상대적으로 그 폐해가 더욱 심각해지게 됩니다.

◆ **丙丁**：丙丁의 관계 파악은 유의해야 합니다. 먼저 화기(火氣)의 인식에 있어서는 광성(光性)과 열성(熱性)의 이중성을 고려해야 하는데, 병화(丙火)는 상대적으로 광성(光性)의 의미가 크고 정화(丁火)는 상대적으로 열성(熱性)의 의미가 크다는 점입니다. 또한 병화(丙火)와 정화(丁火)는 각각 천상(天上)의 화(火)와 지상(地上)의 화(火)로 그 존재의 적절한 위치를 나누어 인식한다는 점입니다. 그러므로 천상(天上)의 빛[光]과 지상(地上)의 열적(熱的) 존재로서는 서로 무관하고 상호 작용이 거의

---

98 『孟子』·《萬章 上》: 孔子曰 "天無二日, 民無二王.", 『禮記』·《曾子問》: 孔子曰 "天無二日, 土無二王."

일어나지 않지만, 천상(天上)의 빛[光]과 지상(地上)의 광적(光的) 존재로서는 정화(丁火)의 빛이 강력한 햇빛으로 인해 탈광(奪光;빛을 빼앗김)되어 그 존재성이 잘 드러나지 못하게 됩니다.[➔ 이를 '丙奪丁光(병탈정광)'이라고 부름]

다만 병화(丙火)가 정화(丁火)에게 간접적으로 미치는 영향에 대해서는 세밀하게 파악해야 하는데, 주로 갑을목(甲乙木)이 정화(丁火)를 인화(引火)하는 관계에 있어서 병화(丙火)의 존재는 갑을목(甲乙木)을 쇄건(曬乾;햇볕에 쬐어 말림)함으로써 건조한 목(木)을 만들어서 결과적으로 인화(引火)가 더욱 잘 일어나도록 도와주는 효과를 유발하게 됩니다. 그렇지만 丙丁의 관계 인식에서 중요한 것은, 병화(丙火)는 근본적으로 정화(丁火)의 존재 자체를 의식하지 않지만 정화(丁火)는 병화(丙火)의 존재를 크게 의식하고 그로 인해 심각한 영향을 받는다는 점입니다.

◆ **丙戊** : 丙戊 관계의 핵심은 병화(丙火)가 생(生) 작용을 통해 무토(戊土)의 고항(高亢;오만하여 남에게 굽실거리지 않고 뻐기는 태도가 있음)함을 강화시키는 것에 있습니다. 거산(巨山)으로 비유되는 무토(戊土)의 자존감이 더욱 커지므로 대외적인 관계성은 저하되는 측면이 있지만, 표탕(漂蕩)하는 임수(壬水)를 유일하게 제압하고 조절할 수 있는 군건한 기백을 지니기도 합니다. 반면에 무토(戊土)는 병화(丙火)를 설기(洩氣)시키지 못하지만 드물게 회광(晦光;태양의 빛을 차단하여 어둡게 함)하는 경우가 있음에 유의해야 합니다.

회광(晦光)은 병화(丙火) 관계성의 파악에 있어서 매우 중요한 요소입니다. 병화(丙火)의 사회적 가치는 병화(丙火)의 광채(光彩)가 지상의 존재에게 얼마나 공평하고 균등하게 미칠 수 있는지 그 정도에 따라 결정됩니다. 이는 마치 군주(君主)의 다스림이 모든 백성에게 잘 도달하는 것이 치국(治國)의 중요 사항인 것과 유사합니다. 달리 말하면 군주의 다스림이 편벽되면 치국(治國)이 어지럽게 되고 군주의 존재성에 대해 회의가 생기는 것처럼 병화(丙火)의 광채가 두루 미치지 못하면 그 가치가 크게 훼손됩니다. 이러하기에 병화(丙火)의 존재 가치는 보영(輔映 ; 광채가 발하는 것을 도와줌)되면 길(吉)해지고 회광(晦光)되면 흉(凶)하게 되는데, 필자는 이를 "폼생폼사의 체성(體性)"으로 표현하곤 합니다. 참고로 폼생폼사의 체성을 지닌 십간으로는 병화(丙火) 이외에도 신금(辛金)이 있습니다.

◆ **丙己** : 양토(壤土)로 비유되는 기토(己土)에게 미치는 태양의 중요성에 대해 장야오원(張耀文) 선생은 "大地普照(대지보조)"라고 표현했습니다. 원래 대지보조(大地普照)는 부처님의 지혜와 광명이 일체 중생의 마음에 두루 비친다는 '佛光普照(불광보조)'에서 끌어온 비유적 표현인데, 그만큼 기토(己土)의 산출력(産出力)을 제고시키는 데에 크게 기여함을 강조한 표현입니다.

양토는 작물과 화초를 잘 배양할 수 있어야 하고, 그 배양 능력은 최종적인 작물과 화초의 생장 결과로서 확인되는 것처럼, 산출력(産出力)은 기토(己土) 능력의 평가 요소에 있어서 가장 핵심인자입니다. 그런데 이 능력을 극대화하기 위해서는 병화(丙火)와 계수(癸水)의 존재가 매우 중요하게 작용합니다.

또한 기토(己土)는 비습(卑濕;본성적으로 낮은 곳에 임하고 습함)한 체성(體性)으로 인해 쉽게 하함(下陷;기(氣)가 내려앉음)하기 쉬운 속성을 지니고 있는데 병화(丙火)는 이를 보기승제(補氣升提;기(氣)를 보충하고 위로 끌어 올림)시켜 구제하는 효과가 큽니다.[99] 한편 기토(己土)는 무토(戊土)와 달리 병화(丙火)에게 설(洩) 작용을 합니다. 이는 중생들이 부처님의 가피를 간절히 희구하는 것과 맥락이 닿아 있습니다. 결국 丙己의 관계에서는 생(生)·설(洩) 작용이 모두 일어나지만 병화(丙火)의 생(生) 작용이 보다 크다고 하겠습니다.

◆ **丙庚** : 丙庚의 관계는 태양과 숙살지기(肅殺之氣;쌀쌀하고 매서운 가을의 기운) 혹은 태풍의 관계입니다. 양자(兩者)의 대립은 양강(兩剛)의 충돌로 대비되기는 하지만, 언제나 병화(丙火)의 승리로 귀결됩니다. 이는 마치 이솝 우화에 등장하는 태양과 바람이 사람의 옷을 벗기려는 대결에서 태양이 승리하는 것과 흡사합니다. 결과적으로 병화(丙火)는 경금(庚金)에게 극제(剋制) 작용을 하지만 경금(庚金)은 병화(丙火)에게 특별한 작용을 하지 못합니다. 다만 경금(庚金)이 마음속까지 진심으로 병화(丙火)에게 굴복하지는 않는다는 점은 유의해야 합니다.

◆ **丙辛** : 丙辛의 관계는 폼생폼사의 체성(體性)을 가진 양자(兩者)의 만남이자, 乙丙과 함께 또 다른 천미(天美)와 인미(人美)가 이루는 미적(美的)

---

99 참고로 이러한 관계성은 한의학에서 중초(中焦)의 비기(脾氣)가 하함(下陷)된 상황에서 명문화(命門火)의 도움으로 회복하려는 노력과 거의 같은 개념입니다.

구조의 형성에 해당합니다. 신금(辛金) 스스로는 병화(丙火)에게 특별한 작용이 없지만 병화(丙火)는 신금(辛金)을 비추어 신금(辛金)의 광채(光彩)를 더욱 돋보이게 할 수도 혹은 묻히게 할 수도 있습니다.

◆ **丙壬** : 병화(丙火)가 가장 선호하는 타간(他干)은 바로 임수(壬水)입니다. 흔히 양자(兩者)의 조우(遭遇) 결과를 "日照湖海(일조호해 ; 해가 호수와 바다를 비춘다) · 江暉相映(강휘상영 ; 강과 햇빛이 서로 어울려 찬란하게 빛난다)"이라고 부르는데, 임수(壬水)가 병화(丙火)의 광채(光彩)를 보다 빛나게 하여 병화(丙火)의 가치를 극대화시켜 주는 것을 비유한 표현들입니다. 그러므로 병화(丙火)는 사시(四時) 어느 때든 관계없이 임수(壬水)가 꼭 필요합니다. 이러한 상호 작용은 임수(壬水)에게도 마찬가지로 작용하여, 표탕(漂蕩)에 따른 임수(壬水)의 단점을 완화시키면서 동시에 '流·淸·濟(류·청·제)'로 대표되는 임수(壬水)의 체성(體性)과 관계성을 긍정적인 방향으로 강화시킵니다. 즉 丙壬의 관계는 단순한 극(剋) · 분(分) 작용의 관계가 아니라 수화상제(水火相濟 ; 음기(陰氣)와 양기(陽氣)의 원활한 조화)의 특별한 관계를 형성하게 됩니다.

▶ 참고로 '流(류) · 淸(청) · 濟(제)'란, 임수(壬水)는 '周流不滯(주류불체 ; 두루 흐르면서 멈추지 않음)'와 '淸流(청류 ; 맑은 흐름)' 및 '相濟(상제 ; 주위와 서로 조화를 이룸)'를 중시함을 단적으로 이르는 표현입니다.

◆ **丙癸** : 임수(壬水)와는 달리 丙癸는 수화상제(水火相濟)를 형성하는 관

계가 아니라, 계수(癸水)는 병화(丙火)를 회광(晦光)시키고 병화(丙火)는 계수(癸水)를 산개(散開;흩어지게 하여 약화시킴)·오건(熬乾;볶아서 건조시킴)시켜 서로 약화시키는 대립 관계입니다. 계수(癸水)는 천지(天地)를 왕래하는 수기(水氣)인데, 흔히 천상(天上)에서는 운우(雲雨)로 비유하여 병화(丙火)의 태양을 회광(晦光)시키는 데에 가장 크게 기여하는 인자로 파악하고, 지상(地上)에서는 이슬[露水(로수)]로 비유하여 태양으로 인해 증발되어 쉽게 사라지는 존재로 파악합니다.

그러나 병화(丙火)와 계수(癸水)는 동시에 조후(調候(조후)[100]의 양대 핵심 인자이기도 합니다. 따라서 서로 극제(剋制)하는 작용을 통해 어느 한 쪽이 정상을 벗어나 지상의 모든 존재에게 미치는 폐해가 지나치게 강해지는 것을 억제하고 조절하기 위해 꼭 필요한 상대 인자로 작용한다는 점 또한 반드시 기억해야 하는 사항입니다.

丁火

＊정화(丁火)와 중요한 관계를 형성하는 타간(他干)으로는 갑목(甲木)·을목(乙木)·무토(戊土)·기토(己土)·경금(庚金)·임수(壬水)·계수(癸水)가 있습니다.

◆丁丁：본질적으로 개체성을 지향하고 자신의 효용성과 가치성 요구에 치중하는 정화(丁火)는 하나하나가 단독적인 등불[燈火(등화)]이므로,

---

100 조후(調候)란 자연의 상호 편향적인 기운인 차가움과 따뜻함, 건조함과 축축함의 균형을 유도하여 만물이 생장하기 좋은 여건을 조성하는 것입니다. 이를 보통 한난조습(寒暖燥濕)의 기후(氣候)를 조절한다고 표현합니다.

서로 함께 한다고 해서 각각의 개체 자체에 미치는 상호작용은 없습니다. 즉 서로 조력하지 않는다는 의미입니다. 그러나 마치 등불이 많을수록 그 주변의 전체적인 조도(照度)가 높아지는 것처럼 당(黨) 작용을 통해 전체적인 화세(火勢)와 열기(熱氣)를 강화시켜 외부에서 자신들을 쉽게 인식할 수 있도록 주변으로부터의 인식 가능성을 제고시킬 수는 있습니다.

◆丁戊 : 병화(丙火)는 자체적인 열원(熱源)을 지니고 있기에 명명(明明)하고 맹렬(猛烈)한 반면에, 정화(丁火)는 자체적인 열원(熱源)이 부재(不在)하기에 외부의 열원(熱源) 공급과 함께 그 화기(火氣)를 지킬 수 있는 보호막이 필요합니다. 이때 외적인 열원(熱源)으로 작용하는 것이 갑을목(甲乙木)이고, 보호막으로 작용하는 것이 무기토(戊己土)입니다. 그래서 정화(丁火)와 연관한 무기토(戊己土)를 보통 화로(火爐)에 비유하고 합니다. 다만 무토(戊土)가 튼튼하고 안정적인 화로라면 기토(己土)는 다공질(多孔質)이어서 방풍(防風)과 방수(防水) 작용이 뛰어나지 못해 조금 불안정한 화로라는 점이 차이점입니다. 그렇기에 정화(丁火)는 무토(戊土)가 행하는 조절 작용이 절실하고 중요합니다. 십간의 간관계(干關係)에서 丁戊와 같이 조절 작용을 이루어지는 것으로는 辛壬이 있습니다. 양자(兩者)의 조절 작용은 앞에서 언급한 것처럼 완충 용액과 같이 반생(反生)과 설기(洩氣)를 적절하게 수행하여 정화(丁火)와 신금(辛金)의 강약(強弱)을 조절한다는 점과 정화(丁火)와 신금(辛金) 모두 각각 무토(戊土)와 임수(壬水)에게는 작용력이 없다는 점에서 서로 같습니다.

◆**丁己** : 정화(丁火)는 끊임없이 흔들리고 변화가 많은 화기(火氣)로, 특히 타간(他干)의 존재와 상호 관계성에 따른 영향을 크게 받습니다. 그중에서도 가장 두려워하는 대상이 수습(水濕;수분과 습기)으로 대응되는 계수(癸水)입니다. 신금(辛金)이 을목(乙木)에게 치명적인 것처럼 계수(癸水)는 정화(丁火)의 생명력을 앗아갈 수 있는 치명적인 대상입니다. 만물의 관계성 인식에 있어서 현실적 생존을 위해 가장 중요한 것은 천적의 인식입니다. 이 인식을 바탕으로 만물은 각자 생존 전략을 구축하게 되는데, 음간(陰干)의 경우에는 대체로 천적에게 잡힌 이후에 구제하는 방책보다 보호막이나 보디가드를 통한 호위(護衛)와 사전 제압이 특히 중요합니다. 그래서 을목(乙木)의 경우에는 병정화(丙丁火)를 통해 신금(辛金)으로부터 보호하고자 하고, 정화(丁火)의 경우에는 무기토(戊己土)를 통해 계수(癸水)로부터 보호하고자 합니다. 그런데 이 호위 임무 수행력에 있어서 무토(戊土)와 기토(己土)는 차이가 있습니다. 즉 무토(戊土)는 호위 작용이 안정적인 반면에 기토(己土)는 기복이 큰 편이고, 다시 기토(己土)가 처한 상황에 따라 건조(乾燥)한 기토(己土)는 비교적 양호하게 임무를 수행하는 반면에 다습(多濕)한 기토(己土)는 도리어 정화(丁火)를 지키지 못하고 설기(洩氣)시키므로 임무 수행이 매우 불량합니다.

◆**丁庚** : 숙살지기(肅殺之氣)인 경금(庚金)은 그 무차별성[→ 가을의 숙살지기는 만물에 차별 없이 작용하여 결실을 이루도록 유도하는 것을 이름] 때문에 전통적으로 완둔(頑鈍;완고하고 무딤)한 철광석에 자주 비유하곤 했습니다. 보통 철광석에서 유용한 강철을 얻어내기 위해서는 고로(高爐)

와 막강한 화력 및 목탄·석탄 등이 필요합니다. 이를 십간에 비유적으로 대응시키면 고로는 무토(戊土)나 건조한 기토(己土), 화력은 정화(丁火), 철광석은 경금(庚金), 그리고 목탄·석탄 및 열원(熱源)은 갑목(甲木)이 됩니다. 즉 丁庚의 관계는 바로 "煉金(연금；금속을 제련함)"의 관계로 이해하였는데, 요체는 정화(丁火)가 경금(庚金)에게 극(剋) 작용을 행하여 경금(庚金)을 다소 약화시키지만 단순히 힘의 약화를 초래하는 것에 그치는 것이 아니라 완둔한 경금(庚金)을 세련되게 하여 차별성을 지니게 함으로써 주변과의 관계성을 오히려 제고시키는 데에 있습니다.[101] 이를 『滴天髓(적천수)』에서는 "得火而銳(득화이예；경금(庚金)이 화기(火氣)를 얻으면 예리해진다)"라고 표현했습니다.

◆**丁辛**：丁庚의 배합을 경금(庚金)의 가치를 증대시키는 '煉金(연금)'으로 이해한 것과 달리 丁辛의 배합은 보옥(寶玉)을 불로 훼손시켜 오히려 가치를 감소시키는 "燒玉(소옥；주옥을 불사름)"으로 이해해왔습니다. 그러므로 신금(辛金)이 가장 싫어하는 천적이 바로 정화(丁火)가 됩니다. 이와 같은 인식 차이의 주된 원인은 신금(辛金)의 존재를 경금(庚金)과 달리 이미 완성되고 결실을 이룬 문화적인 존재로 바라본 시각에서 기인합니다. 완성미를 이미 갖춘 것에 불필요하게 덧칠하려는 작업은 오히려 아름다움을 훼손하는 불필요한 노력일 뿐이라고 이해한 것입니다.

101　자연에서는 숙살지기(肅殺之氣)가 무차별적으로 작용하는 것이 바람직하지만, 인간관계에 있어서는 이와 같은 무차별성은 오히려 사회적 관계성을 약화시키는 쪽으로 그 결과가 드러나게 됩니다. 따라서 간관계(干關係)를 통해 인간관계를 바라보는 자평학의 관점에서는 차별성을 지닌 경금(庚金)이 오히려 성숙하고 세련된 인간관계를 구축하게 된다고 인식하는 것입니다.

일종의 화사첨족(畫蛇添足) 행위라고 볼 수 있겠습니다.

◆**丁壬** : 옛사람들은 정화(丁火)의 광채가 의미가 있으려면 밤에 태어나야 한다고 생각했습니다. 낮에는 밝은 해에 의해 탈광(奪光)이 일어나기 때문입니다. 그 결과 丁壬의 관계에 대해 장야오원(張耀文) 선생은 "漁火映水(어화영수 ; 고기잡이배의 등불이 고요한 호수에 비침)"라고 비유했습니다. 현대적 관점으로는 "호숫가에 비친 조명이 형성한 야경(夜景)" 정도에 해당할 것입니다. 일반적으로 정화(丁火)는 임수(壬水)와 간합(干合)을 이루면 그 결합에 집중되는 경향을 나타내면서 강한 예속 성향을 드러냅니다. 반면에 임수(壬水)의 처지에서는 거대한 스케일이 축소되면서 현실에 머무르며 안주하고자 하는 성향이 증가하기 때문에 그 흐름성이 저해됩니다. 결국 정화(丁火)가 임수(壬水)에 직접적으로 작용하는 것은 없고, 다만 임수(壬水)가 정화(丁火)를 극(剋)하여 약화시킬 뿐이지만, 임수 또한 보이지 않는 체성(體性) 가치의 하락이 이루어진다는 이면의 상황을 읽어내야만 합니다.

◆**丁癸** : 이미 언급한 것처럼 계수(癸水)는 정화(丁火)의 가장 큰 위협적 대상이자 무정(無情)한 존재입니다. 『滴天髓(적천수)』에서는 정화(丁火)의 체성(體性)에 대해 언급하면서 '丁火柔中(정화유중), 內性昭融(내성소융)' 이라고 표현했습니다. 여기서 '柔中(유중)'이라는 것은 팔괘(八卦)의 괘상(卦象)에서 세 개의 효(爻) 중에 가운데에 위치하는 중효(中爻)가 음효(陰爻)인 '離卦(리괘 : ☲)'를 가리키는 표현이고, '內性昭融(내성소융)'이라는

것은 "내부의 성정이 밝게 빛나고 융화한다"는 의미입니다. 이러한 체성

(體性) 때문에 정화(丁火)에 대해서 수많은 옛사람들이 군자(君子)의 기

풍(氣風)을 읽어냈지만, 역으로 생각해보면 외적으로 열광(熱光)을 드러

낼지라도 내적으로는 자체 열원(熱源)이 없어서 실(實)한 상태[→ 쇠하지

않고 힘 있게 밝은 상태]를 지속적으로 유지할 수 없다는 현실이 끊임

없이 내부를 밝히도록 노력해야하는 진정한 까닭이 된다는 점 또한 매

우 유념해야 합니다. 그런데 정화(丁火)에게 있어서 계수(癸水)의 존재는

계수(癸水)와의 대립 상황에 적극적으로 대응하고자 외적으로만 편중

해서 노력하게 함으로써 상대적으로 내적인 불안정성이 크게 증가하게

되므로, 그 결과 내성소융(內性昭融)하지 못하게 된다는 점이 가장 중요

하게 인식해야 할 사항입니다.

戊土

＊무토(戊土)와 중요한 관계를 형성하는 타간(他干)으로는 갑목(甲木)·병

화(丙火)·정화(丁火)·경금(庚金)·신금(辛金)·임수(壬水)·계수(癸水)가

있습니다.

◆ **戊戊** : 무토(戊土)는 고중(固重 : 견고하고 묵직함)하여 십간(十干) 가운데

가장 정적(靜的)인 체성(體性)을 지니고 있습니다. 그렇기에 안정적으로

외적인 형세(形勢)를 유지하는 것을 매우 중요하게 여기고 불안정하게

요동하는 것을 매우 꺼려합니다. 이러한 무토(戊土)가 서로 중첩된 戊

戊의 관계는 산과 산이 서로 연결되거나 이어진 산세(山勢)로 비유되는

데, 각자 자신의 위치를 점유하고 있을 뿐 서로 특별하게 작용하지 않습니다. 즉 서로 조력(助力)하지도 않고 대외적으로 무리를 짓는 당(黨) 작용도 없습니다.

◆ **戊己** : 무토(戊土)와 달리 기토(己土)는 비습(卑濕;낮은 쪽을 지향하고 습함)한 체성을 지니고 있어서 외형의 유지가 힘든 특성을 지니고 있습니다. 그렇지만 산출력으로 평가 받는 기토(己土)이기에 정적(靜的)인 형세(形勢)의 유지는 매우 중요한데, 무토(戊土)는 기토(己土)에게 배산(背山)을 둔 논밭처럼 든든한 지지 기반을 제공하는 도움을 베풉니다. 즉 기토(己土)는 무토(戊土)에게 작용하지 않지만 무토(戊土)는 기토(己土)에게 조력(助力)한다는 의미입니다. 이와 같은 관계는 甲乙의 관계와 유사한 측면이 많습니다. 모두 동기(同氣)의 관계이지만 사실상 부모-자식과 같은 보살핌을 주고받는 대상이 되기 때문입니다.

◆ **戊庚** : 외형의 유지가 중요한 무토(戊土)가 다른 양간(陽干)과 크게 다른 점은 생산(生産) 작용을 매우 중시한다는 점입니다. 즉 후중(厚重;두껍고 묵직함)하여 정체하기 쉬운 본연의 체기(體氣)를 유통시킴으로써 기(氣)의 순환을 도모한다는 것입니다. 그렇기에 무토(戊土)는 경신금(庚辛金)과 모두 생(生)·설(洩) 작용이 양호하게 이루어집니다. 무토(戊土)의 생금력(生金力;금기(金氣)를 생(生)하는 능력)과 경신금(庚辛金)의 설토력(洩土力;토기(土氣)를 누설하는 능력)을 비교하면 생금력(生金力)이 훨씬 큽니다. 따라서 경신금(庚辛金)에게 있어서 무토(戊土)는 든든한 근원(根源)

343

을 제공해주는 셈입니다. 다만 유의해야 할 사항은 무토(戊土)가 과중(過重)하고 금기(金氣)가 과약(過弱)할 경우에는 오히려 무토(戊土)에 의해 매금(埋金 ; 금기(金氣)가 토기(土氣)의 후중(厚重)한 기세(氣勢)를 감당하지 못하고 토(土) 속에 파묻히게 되는 상황)될 우려가 있다는 점입니다. 생금(生金)이나 매금(埋金) 모두 무토(戊土)가 금기(金氣)에 대하여 행하는 작용이지만 전자(前者)는 금기(金氣)를 강화시키는 반면에 후자(後者)는 오히려 금기(金氣)를 약화시킨다는 점에서 커다란 차이가 존재합니다.

◆ **戊辛** : 戊庚이나 戊辛의 작용 관계는 비슷한데, 차이점은 매금(埋金)의 우려가 신금(辛金)에게 있어서 더욱 두드러진다는 점입니다. 경금(庚金)은 매금(埋金)될 가능성이 비교적 적지만 신금(辛金)은 전부가 아닌 부분의 매몰만으로도 그 가치가 크게 하락합니다. 또 다른 차이점으로는 무토(戊土)의 생금(生金) 작용으로 인해 경금(庚金)은 더욱 완둔(頑鈍)해지기 때문에 세련미가 감소하는 것과 다르게, 戊辛의 관계에서는 戊庚에서는 찾아볼 수 없는 戊辛의 미적(美的) 구조를 형성한다는 점입니다. 즉 산 위에 명월(明月)이 떠오른 정취를 제시해줄 수 있습니다.

◆ **戊壬** : 표탕(漂蕩)하는 임수(壬水)를 유일하게 극제(剋制)할 수 있는 것이 무토(戊土)입니다. 반면에 그만큼 무토(戊土) 또한 상당한 희생을 감수해야만 합니다. 즉 戊壬의 관계에서는 극(剋) · 분(分) 작용이 활발하게 일어난다는 의미입니다. 그러나 조화를 이룬 戊壬의 관계는 "山明水秀(산

명수수;산 좋고 물 맑음)"라고 표현할 만큼 서로 균형과 조화를 이루는
상제(相濟) 작용이 잘 나타난다는 점 또한 유념해야 합니다.

◆ **戊癸** : 기본적으로 모든 간합(干合)의 관계는 양간(陽干)에게 있어서 스
케일의 감소를 초래하는데 무토(戊土) 또한 예외가 아닙니다. 戊壬의 관
계처럼 戊癸의 관계에서도 극(剋)·분(分) 작용이 일어납니다. 다만 계
수(癸水)의 분할 작용은 매우 장시간이 소요된다는 점과 상제(相濟) 작
용이 이루어지지 못한다는 점에서 차이가 있습니다.

己土

* 기토(己土)와 중요한 관계를 형성하는 타간(他干)으로는 갑목(甲木)·을
목(乙木)·병화(丙火)·무토(戊土)·경금(庚金)·계수(癸水)가 있습니다.

◆ **己己** : 비습(卑濕)한 체성(體性)의 기토(己土)끼리 중첩된 己己의 관계는
구심점이 없어 서로 조력(助力)하지도 못하고 당(黨) 작용도 이루지 못
하는 상호 무작용(無作用)의 관계입니다. 일종의 변화 없는 정체 상태
로 볼 수 있습니다.

◆ **己庚** : 戊庚과 비슷하게 己庚의 관계에서도 생(生)·설(洩) 작용이 이루어
지지만, 기토(己土)의 생금력(生金力)보다 경금(庚金)의 설토력(洩土力)이
보다 크다는 점에서 차이가 있습니다. 그런데 『滴天髓(적천수)』에서는 '土
潤則生(토윤즉생), 土乾則脆(토건즉취)'라고 해서 습윤한 토기(土氣)는 생

금(生金) 작용을 하지만 건조한 토기(土氣)는 매금(埋金) 작용을 한다고 언급했는데, 이를 각각 기토(己土)와 무토(戊土)의 작용으로 이해해서 오히려 기토(己土)의 생금력(生金力)이 무토(戊土)보다 우수하다고 보는 시각이 생겼습니다. 그러나 습토(濕土)와 조토(燥土)는 통근(通根)한 지지(地支)의 성질에 따라 상대적으로 달라지는 문제이지 절대적인 십간의 차이가 처음부터 존재하는 것이 아니라는 점에 유의해야 합니다. 즉 무토(戊土)·기토(己土)에 관계없이 전반적으로 지지(地支)가 조열(燥熱)하고 미토(未土)·술토(戌土)에 통근하고 있다면 조토(燥土)가 되는 것이고, 전반적으로 지지(地支)가 습윤(濕潤)하고 축토(丑土)·진토(辰土)에 통근하고 있다면 습토(濕土)가 되는 것입니다. 조토(燥土)보다는 습토(濕土)의 생금력(生金力)이 상대적으로 우수한 것은 사실이지만, 근본적인 스케일 측면에서 무토(戊土)가 기토(己土)보다 크다는 측면과 당령(當令)하지 못한 기토(己土)의 생금력(生金力)은 실제 그 수행 능력이 매우 제한적이라는 측면에서 무토(戊土)와의 차별성이 있습니다.

◆ **己辛** : 己辛의 관계에 대한 전통적인 관점은 취성자(醉醒子)의 체상시(體象時) 제4구 내용인 "資扶偏愛濕泥生(자부편애습니생 ; 물심양면으로 도와줌에 있어서 축축한 진흙이 생(生)해주는 것만을 좋아한다)"에 근거하여 신금(辛金)을 잘 생(生)하는 자모(慈母)로서 기토(己土)의 가치를 파악해 왔습니다. 그러나 장야오원(張耀文) 선생은 '偏愛(편애)'가 아니라 '不愛(불애)'임을 제시하여 '(설령 신금(辛金)이 매우 약할지라도) 도와줌에 있어서 축축한 진흙이 생(生)해주는 것은 좋아하지 않는다'라고 상반되게 해석했습니다.

이와 같은 논쟁은 신금(辛金)의 체성(體性)에 대한 정확한 이해가 선행되지 않고는 근본적으로 해결하기 어렵습니다.

신금(辛金)의 체성을 이해하는 핵심어는 '虛靈(허령)·潤(윤)·淸(청)'입니다. 먼저 허령(虛靈)이란 '虛靈不昧(허령불매;사람의 마음은 공허하여 형체가 없으나, 그 기능은 거울처럼 맑고 환함을 이름)'의 의미이고, 潤(윤)과 淸(청)은 윤택함과 맑음을 본위로 한다는 의미입니다. 즉 영묘(靈妙)하면서도 더 채울 수 있는 여지가 없거나[→ 이것이 '실(實)' 혹은 '만(滿)'의 상태로 '허(虛)'하지 않은 상태임] 혹은 신령스러운 기운[→ 영기(靈氣)] 자체가 사라진 불령(不靈)의 상태가 아니면서 밝고 영롱하며 윤택함을 유지하는 것이 생명이기 때문에, 이와 같은 신비주의적 외형(外形)을 얼마나 잘 유지할 수 있느냐에 따라 신금(辛金)의 가치 평가가 달라진다는 점이 핵심이라는 것입니다. 그러므로 신금(辛金)의 미적(美的) 가치를 극대화하는 최상의 짝은 임수(壬水)가 되고, 그 가치를 깎아내리는 좋지 않은 짝은 기토(己土)와 정화(丁火)가 됩니다. 기토(己土)는 윤택함[潤]과 맑음[淸]을 사라지게 하고 정화(丁火)는 직접적으로 외형(外形) 자체를 훼손하고 붕괴시키기 때문입니다.

이와 같은 모든 측면을 고려해서 己辛의 관계를 파악한다면, 일단 대내적 측면에서 기토(己土)의 생금(生金) 작용은 분명히 존재하지만 그 생(生) 작용 결과 파생되는 신금(辛金)의 오탁(汚濁;오염되고 탁해짐)은 신금의 외적인 가치의 하락을 초래하므로 대외적 관계성은 악화되는 점에 유의해야 합니다. 즉 존재적 생(生)이 가치적 생(生)으로 귀결되지 못하는 셈입니다. 바로 이러한 요소로 인해 장야오원(張耀文) 선생은 기토

(己土)의 생금(生金)을 신금(辛金)은 무조건적으로 좋아할 수 없다고 간
파했습니다.

◆ **己壬** : 임수(壬水)는 '流·淸·濟(류·청·제)'가 핵심입니다. 그런데 기토(己
土)는 임수(壬水)를 극(剋)하면서 탁(濁)하게 하여 청류(淸流)를 훼손시
킴으로써 약화시키고[→ 이를 '탁수화(濁水化)'라 부름], 임수(壬水)는 구
심점이 없고 비습(卑濕)한 기토(己土)를 산개(散開; 흩어져 모두 사라짐)시
켜 존립 기반과 정체성을 상실하게 함으로써 약화시킵니다.[→ 이를 '류
토화(流土化)'라 부름] 결국 양패구상(兩敗俱傷)을 초래하므로 서로 꺼
려하는 불편한 대상입니다.

◆ **己癸** : 기토(己土)에게 있어 계수(癸水)는 병화(丙火)와 함께 특히 중요합
니다. 丙己 관계에서 언급한 것처럼 기토(己土)의 산출력 제고를 위해서
는 햇볕[→ 병화(丙火)]과 수분[→ 계수(癸水)]의 적절한 조화가 가장 중
요하기 때문입니다. 따라서 조화를 이루는 정도에서의 己癸의 배합은
기토(己土)를 강화시켜 주지만, 그 정도를 넘어서 지나치게 습윤(濕潤)
해지면 오히려 분(分) 작용으로 약화시킵니다. 반면에 기토(己土)는 계
수(癸水)를 극제(剋制)하여 약화시킵니다.

庚金

*경금(庚金)과 중요한 관계를 형성하는 타간(他干)으로는 갑목(甲木)·정
화(丁火)·무토(戊土)·기토(己土)·임수(壬水)가 있습니다.

◆ **庚庚** : 숙살지기(肅殺之氣)로 잘 알려진 경금(庚金)은 역동성(力動性)을 지니고 있는데, 이 힘찬 기세(氣勢)는 신월(申月) 무렵에 많이 발생하는 태풍에 잘 비유할 수 있습니다. 따라서 庚庚의 관계는 마치 두 개의 태풍이 서로 근접하여 영향을 주고받는 '후지와라 효과'의 형국이라 할 수 있습니다. 기본적으로 서로 조력(助力)하지 않고 오히려 서로 극해(剋害)할 수도 있으며, 주변에는 당(黨) 작용의 여파가 크게 미칩니다.

◆ **庚辛** : 庚辛의 관계에 대해 장야오원(張耀文) 선생은 '철퇴쇄옥(鐵槌碎玉)'이라고 하여 쇠몽둥이로 보옥(寶玉)을 깨뜨려 부수는 것에 비유했지만, 부족한 감이 많습니다. 신금(辛金)을 명월(明月)에 비유한 것은 정적(靜的)인 '응청지기(凝淸之氣 ; 맑은 것이 응결된 기운)'이기 때문입니다. 이에 비해 경금(庚金)은 역동적(力動的)인 숙살지기(肅殺之氣)입니다. 태풍에 명월(明月)이 가리듯 성향이 상이한 두 기(氣)는 서로 조력(助力)할 수 없습니다. 오히려 응청지기(凝淸之氣)가 숙살지기(肅殺之氣)로 인해 산개(散開)될 가능성만 커질 뿐입니다. 그러므로 경금(庚金)은 신금(辛金)을 조력(助力)하기는커녕 오히려 극(剋)하여 약화시키는 결과를 낳게 됩니다.

◆ **庚壬** : 경금(庚金)과 임수(壬水)는 체성(體性)에서 공통점이 있습니다. 경금(庚金)은 역동적인 숙살지기(肅殺之氣)로서 무차별성(無差別性)과 완강(頑剛 ; 기질이 꿋꿋하고 곧으며 고집이 셈)함을 지니고 있고, 임수(壬水)는 역동적인 '凜烈之氣(늠렬지기 ; 살을 엘 듯이 심한 찬 기운)'로서 주류불체(周流不滯)의 기상을 지니고 있습니다. 모두 강건(剛健)하여 '이진이난

349

퇴(易進而難退 ; 나아가기는 쉽지만 물러서기는 어려움)'한 기상입니다. 경금(庚金)과 임수(壬水)는 서로 생(生)·설(洩) 작용이 긴밀하게 일어나 '청고(淸高 ; 맑고 고결함)'한 배합을 이룹니다. 이를 『滴天髓(적천수)』에서는 '得水而淸(득수이청 ; 경금(庚金)이 임수(壬水)를 얻으면 기상이 맑아진다)'과 '能洩金氣(능설금기 ; 임수(壬水)는 강건한 숙살지기를 설기(洩氣)시킨다)'로 표현했습니다.

◆ **庚癸** : 조후(調候)의 양축(兩軸)인 병화(丙火)와 계수(癸水)는 모두 천상(天上)의 존재이자 타간(他干)으로부터 직접적으로 생(生) 작용을 받지 못한다는 공통점을 지니고 있습니다. 즉 갑을목(甲乙木)은 병화(丙火)를 생(生)하지 못하고, 경신금(庚辛金)은 계수(癸水)를 생(生)하지 못합니다. 그렇다고 해서 동기(同氣)가 조력(助力)으로 강화시켜 줄 수도 없습니다. 오직 월령(月令)과 통근(通根)을 통해서 스스로 강해져야 한다는 점 또한 병화(丙火)와 계수(癸水)의 공통점입니다. 반면에 계수(癸水)는 경금(庚金)을 설기(洩氣)시켜 서서히 약화시키는데, 보통 이 관계를 금속이 녹스는 현상으로 비유해서 이해했습니다.[→ 이를 '수금화(銹金化)'라고 부름] 수금화(銹金化)는 결과적으로 경금(庚金)의 가치가 하락하게 되는 요인이 됩니다.

辛金

* 신금(辛金)과 중요한 관계를 형성하는 타간(他干)으로는 병화(丙火)·무토(戊土)·임수(壬水)가 있습니다.

◆ **辛辛** : 폼생폼사의 체성(體性)을 지닌 신금(辛金)은 보통 명월(明月)이나 주옥(珠玉)으로 비유되는데, 자신의 가치가 증가하여 주위의 이목이 자신에게 집중되는 것을 기뻐합니다. 그런데 이러한 신금(辛金)이 중첩되면 그만큼 주변의 관심도가 분산되고 맙니다. 서로 조력(助力)하지도 않고 함께 무리를 짓는 당(黨) 작용도 없는 무작용(無作用) 관계입니다.

◆ **辛壬** : 신금(辛金)이 가장 선호하는 타간(他干)이 바로 임수(壬水)입니다. 『滴天髓(적천수)』에서 '락수지영(樂水之盈 ; 수기(水氣)가 넘치는 것을 즐거워한다)'이라 표현한 것처럼 임수(壬水)의 流·清(류·청)한 체성(體性)은 신금(辛金)의 潤·清(윤·청)한 체성(體性)과 잘 어울리면서 동시에 신금(辛金)의 가치를 극대화합니다.[→ 이를 '세옥(洗玉 ; 주옥을 깨끗이 씻어냄)'이라 부름] 그렇기에 신금(辛金)에 대한 임수(壬水)의 작용은 정화(丁火)에 대한 무토(戊土)의 작용 관계처럼 조절하는 작용입니다. 그러나 丁戊보다 辛壬의 관계가 더욱 뛰어난 것은 천혜(天惠)의 미적(美的) 구조를 형성한다는 점입니다. 인미(人美)를 구성했던 을목(乙木)과 신금(辛金)은 각각 천미(天美)와 지미(地美)에 해당하는 병화(丙火)와 임수(壬水)를 가장 선호하고, 여기에 더하여 각각 임수(壬水)와 병화(丙火)로써 미적(美的) 구조를 완성합니다. 그렇게 형성된 丙乙壬이나 辛壬丙의 배합은 미적(美的) 구조의 정점(頂點)입니다.

◆ **辛癸** : 『欄江網(란강망)』에서는 임수(壬水)의 발수지원(發水之源 ; 수기(水氣)가 비롯하는 근원)으로 경금(庚金)을 제시하고, 계수(癸水)의 발수지

351

원(發水之源)으로 신금(辛金)을 제시하여 庚壬에 상응하는 辛癸의 관계를 설명했지만, 신금(辛金)은 근본적으로 생수력(生水力;수기(水氣)를 생(生)하는 능력)을 지니고 있지 않습니다. 오히려 辛癸의 관계는 丙癸의 관계와 유사하게 이해할 필요가 있습니다. 즉 운우(雲雨)[→ 계수(癸水)]로 인해 하늘의 해[→ 병화(丙火)]가 회광(晦光)되는 것처럼 역시 운우(雲雨)로 인해 밤하늘의 명월(明月)이 회광(晦光)되는 것처럼 파악할 수 있기 때문입니다. 또한 임수(壬水)와 달리 계수(癸水)는 세옥(洗玉)의 능력을 지니고 있지 못하면서, 도리어 己癸의 긴밀한 배합 효과로 인해 기토(己土)의 오금(汚金;신금(辛金)을 더럽게 함) 작용을 악화시킬 우려마저 지니고 있습니다. 이를 '癸水濁辛(계수탁신)'이라고 합니다.

壬水

* 임수(壬水)와 중요한 관계를 형성하는 타간(他干)으로는 을목(乙木)·병화(丙火)·무토(戊土)·경금(庚金)·신금(辛金)·계수(癸水)가 있습니다.

◆ **壬壬** : 팔괘 중에서 '離卦(리괘)'[☲]로 대응되는 정화(丁火)에 대해 '柔中(유중)'이라고 표현한 것처럼 '坎卦(감괘)'[☵]로 대응되는 임수(壬水)에 대해서는 '剛中(강중)'이라고 표현할 수 있습니다. 유중(柔中)한 정화(丁火)를 외강내유(外剛內柔)한 군자(君子)의 형상에 비유한다면, 강중(剛中)한 임수(壬水)는 외유내강(外柔內剛)한 군자(君子)의 형상에 비유할 수 있습니다. 이러한 임수(壬水)가 중첩된 壬壬의 관계는 두 바다가 만나듯 수량의 증가인 당(黨) 작용은 있을지라도 서로 조력(助力)하지

는 않습니다. 마치 두 사람의 외유내강한 군자가 만나 '화이부동(和而不同 ; 남과 사이좋게 지내기는 하나 무턱대고 어울리지는 아니함)' 하는 것과 유사합니다.

◆ **壬癸** : 壬癸와 壬壬은 서로 비교할 만합니다. 먼저 壬壬이 지상(地上)에서 동지(同志)끼리의 증수(增水) 과정에 해당한다면, 壬癸는 천상(天上)에서 지상(地上)으로의 증수(增水) 과정에 비유할 수 있습니다. 또한 壬壬의 결과는 수기(水氣)의 양적(量的) 증가로 파악할 수 있다면, 壬癸의 결과는 수기(水氣)의 유동성(流動性) 극대화로 이해할 수 있습니다. 그러나 壬壬이 서로 조력(助力)하지 않는 것과 달리 계수(癸水)는 임수(壬水)를 강하게 조력(助力)합니다. 이로 인해 임수(壬水)에게 나타나는 변화에 대해 『滴天髓(적천수)』에서는 '충천분지(沖天奔地 ; 하늘로 치솟고 땅을 내달린다)'라고 표현했습니다. 여기서 유의할 점은 임수(壬水)는 계수(癸水)에게 아무런 작용을 하지 않고 일방적으로 계수(癸水)만 임수(壬水)에게 조력(助力)한다는 점입니다. 그 결과 임수(壬水)는 심하게 요동(搖動)치고 불안정성이 커지게 됩니다.

癸水

* 계수(癸水)와 중요한 관계를 형성하는 타간(他干)으로는 을목(乙木)·병화(丙火)·무토(戊土)·기토(己土)가 있습니다.

◆ **癸癸** : 雲·雨·霜·雪(운우상설 ; 구름·비·서리·눈)로 비유되는 계수(癸水)

의 중첩은 서로 조력(助力)하지는 않지만, 양적(量的)인 증가로 인해 외적으로 당(黨) 작용이 발생하여 주위에 영향을 끼칩니다. 특히 겨울에 당(黨) 작용의 폐해가 가장 큰 점에 유의해야 합니다.

십신론(十神論)_
비아(非我)의 구별(區別)

앞서 강조했던 것처럼 자평학에서는 일간(日干)이 상징하는 아(我)와 기타 간지(干支)로 대변되는 비아(非我)와의 관계 파악이 핵심입니다. 이 비아(非我)들을 다시 세부적으로 구별하기 위해 자평학에서는 10가지의 명칭을 붙여 각각 호칭한 이후, 그 복합적인 관계성에 대하여 세부적인 이론을 광범위하고 세밀하게 전개하였는데, 이 분야에 관한 이론이 바로 **십신론(十神論)**입니다.

비아(非我)는 사실 아(我)와 음양·오행의 관계로 파악되는 대상이기 때문에 오행적으로는 5가지로 분류할 수 있고[→ 이를 **오성(五星)**이라고 부름], 이를 다시 음양으로 나누면 모두 10가지로 분류할 수 있습니다. 따라서 십신이라는 용어 자체는 엄밀히 비아(非我)에 대한 음양·오행 관계를 달리 부르는 것이라고 할 수 있습니다. 이를 도표로 나타내면 다음과 같습니다.

오성(五星)	십신(十神)		개념의 정의 [→ 陰陽五行的 관계]	
	전통적 명칭	약칭		
비성(比星)	비견(比肩)	比(비)	我와 같은 五行이면서	陰陽이 동일한 非我
	겁재(劫財)	劫(겁)		陰陽이 반대인 非我
식상성 (食傷星) /산성(産星)	식신(食神)	食(식)	我가 生한 五行이면서	陰陽이 동일한 非我
	상관(傷官)	傷(상)		陰陽이 반대인 非我
재성 (財星)	편재(偏財)	財(재)	我가 剋하는 五行이면서	陰陽이 동일한 非我
	정재(正財)	財(재)		陰陽이 반대인 非我
관성 (官星)	편관(偏官) 칠살(七殺)	殺(살)	我를 剋하는 五行이면서	陰陽이 동일한 非我
	정관(正官)	官(관)		陰陽이 반대인 非我
인성(印星) /교성(敎星)	편인(偏印)	倒(도)	我를 生하는 五行이면서	陰陽이 동일한 非我
	정인(正印)	印(인)		陰陽이 반대인 非我

용어의 명명(命名)

성(星)·신(神)·편(偏)·정(正)

'星(성)'이라는 표현은 옛날 점성술의 영향으로 붙여진 것으로서 오행적인 시각에서 호칭할 때 주로 사용합니다. '神(신)'이라는 표현은 어떤 작용의 주체를 의미하는 것으로 자평학에서는 간(干)에만 부여하는 것이 바른 시각입니다.[102] 간략하게 명명과 관련된 표현들에 대해서 살펴보겠습니다.

---

102 모든 술수학(術數學)의 모태가 되는 『周易(주역)』이나 동아시아 전통 의학의 바탕을 이루는 『素問(소문)』에서는 '陰陽不測(음양불측 ; 음과 양을 헤아릴 수 없음)'한 것을 '神(신)'이라고 표현했습니다. 이는 그 작용이 매우 신묘해서 음성(陰性)과 양성(陽性)으로 편향되지 않고, 어떠한 경우에는 음성인 듯하다가 또 어떠한 경우에는 양성인 듯하여 단순히 음양(陰陽)으로 파악하기에는 무엇인가 부족함을 표현한 것입니다. 바꾸어 말하면 음양의 탁월한 조화 작용과 변화 운동을 바탕으로 외적으로 신묘한 작용을 드러낸다는 의미입니다. 이처럼 '神(신)'이란 작용의 주체로서 활발한 움직임과 변화를 강조하는 표현입니다. 명식(命式)에서 이러한 작용을 할 수 있는 것은 간(干)이어서 천간(天干)이 가장 잘 부합하고 다음으로 지장간(地藏

'比(비)'란 일간(日干)과 같은 오행이므로 '대등하다'는 의미에서 취했고, '財(재)'란 일간이 극(剋)하는 오행이므로 "재화(財貨)처럼 임의로 부릴 수 있다"라는 의미에서 취했으며, '官(관)'은 "관청이나 벼슬아치가 백성을 관리하면, 백성은 이에 복종한다"는 의미에서 일간을 극(剋)하는 오행을 취했습니다. 또한 '印(인)'은 아이들이 부모의 은덕(恩德)에 의해 비음(庇蔭; 내리쬐는 햇볕을 가려주는 그늘처럼 두둔하여 보살펴 줌)을 받으면서 자라기 때문에 '蔭(음)'의 의미를 가지는 것과 관직에서 발행하는 문서는 관인(官印)에 의해 공적인 효력을 발휘하기 때문에 그 관인을 믿고 기댈 수 있는 것처럼 "사람은 부모에게 믿고 기댄다"는 의미에서 취하였습니다.

한편 음양(陰陽)의 분화(分化)에 따라 일간과 음양이 동일하면 음양의 균형감을 상실하고 치우쳤다는 의미에서 '偏(편)'을, 음양이 상반되면 균형감을 갖췄다는 의미에서 '正(정)'을 붙여서 호칭하였는데, 이래서 正財(정재)·偏財(편재), 正官(정관)·偏官(편관), 正印(정인)·偏印(편인)이 각각 나뉘게 되었습니다. 다만 비성(比星)은 正比(정비)를 劫財(겁재)라 하고, 偏比(편비)를 比肩(비견)이라 달리 불렀고, 내가 生(생)하는 비아(非我)에 대해서는 정(正)의 관계에 있는 대상을 傷官(상관)이라 하고, 편(偏)의 관계에 있는 대상을 食神(식신)이라 달리 불렀습니다.

일정한 규칙성을 지닌 호칭에서 벗어나 다른 명칭이 생긴 가장 큰 이유

干)이 여기에 부합합니다.

는, 옛사람들이 비아(非我)의 명칭을 부여함에 있어서 대상에 대해 차별적인 인식을 선행(先行)한 이후에 이에 따른 가치 판단 결과를 미리 용어의 명명 과정에서 반영했기 때문입니다. 이러한 연유를 이해하기 위해서는 전통 사회에서 중요하게 가치 판단의 기준으로 삼은 것에 대해 먼저 파악할 필요가 있습니다.

세속적 명리(名利) 성취의 핵심: 財와 官

전통 사회에서 관직은 명리(名利)를 취하는 가장 보편적인 경로였습니다. 명예를 얻는 과정은 통상 그 사람이 지닌 학덕(學德)을 높이 평가받는 과정과 관직에 따른 사회적 지위를 존귀하게 여기는 과정으로 대별(大別)되었습니다. 자평학에서는 전자(前者)의 과정은 인(印)에 의한 득명(得名 ; 명성이 널리 퍼짐)이고 후자(後者)의 과정은 관(官)에 의한 득명(得名)으로 파악합니다. 같은 득명(得名)이지만 전자(前者)가 물질적 생활 기반을 보장하지 않는 반면에, 후자(後者)는 국가로부터 물질적 생활 기반을 제공 받아 보장했다는 점에서 차이가 있었습니다. 출장입상(出將入相)이라는 최고의 영예에 이르기까지 관직에 몸담고자 노력한 사람들에게 '득관(得官 ; 관직을 얻음)'이란 명리(名利)를 모두 취하는, 보편적이면서도 유일에 가까운 경로였습니다.

한편 물질적 생활 기반을 뜻하는 재(財)는 사람이 살기 위해서 반드시 필요한 요소입니다. 득명(得名)하지 못해도 살 수는 있지만 필수적 기반조차 마련할 수 없을 정도로 재(財)를 획득하지 못한다면 정상적인 삶 자체를 영위할 수 없기 때문입니다. 따라서 과거 시험이나 학교의 과정 등을 통해 득관(得官)을 기대했던 지식인 집단을 제외한 모든 계층의 사람들에게 가장 중요한 요소는 바로 득재(得財)였습니다.

이와 같은 연유로 인해 전통적으로 자평학에서는 재(財)와 관(官)을 세속적인 명리(名利) 성취의 핵심으로 파악해 중시했습니다. 이제 이렇게 중요한 재(財)와 관(官)이 나와 친밀한 관계[103]를 형성해야 마땅하므로 음양의 조화를 이룬 정재(正財)와 정관(正官)을 매우 중시하면서 절대적인 선(善)의 가치를 부여하게 되었습니다. 동시에 이 정재와 정관을 무정(無情)하게[104] 극(剋)하는 대상은 자연스럽게 절대적인 악(惡)의 가치를 부여하게 되었습니다. 이들이 바로 劫財(겁재)와 傷官(상관)입니다.

다음의 도표는 아(我) 주위의 비아(非我)를 음양오행 관계별로 표시한 것입니다. 붉은 테두리는 아(我)와 음양이 동일한 대상이고, 노란 음영은 음양이 반대인 대상입니다. 무정(無情)하게 극(剋)한다는 의미는 같은 음양의 속성을 지닌 대상끼리의 상극 관계를 의미합니다. 따라서 절대적 선(善)의 대상인 정관(正官)과 정재(正財)를 각각 무정하게 극하는 상관(傷官)과 겁재(劫財)는 매우 부정적인 대상으로 인식하게 된 것입니다. 명칭 자체를 "정관을 손상시킨다"는 의미에서 '傷官(상관)'이라 정하여 부르고, "재물을 빼앗

---

103 음양의 속성으로 인한 친화함과 소원함은 자석의 N극과 S극의 속성과 유사한 측면이 있습니다. 즉 서로 같은 N극이나 S극끼리는 척력이 작용하여 밀어내지만 한쪽이 N극이고 다른 한쪽이 S극이면 인력이 작용하는 것과 유사합니다.

104 전통적으로 상극 관계에 놓여 있는 두 대상에 대하여 서로 음양의 속성이 반대이면 친화하려는 작용으로 인해 극(剋)하면서도 일정 부분 완화시키는 노력이 나타나게 되지만, 서로 음양의 속성이 동일하면 불화(不和)하거나 소원해지는 작용으로 인해 극(剋)하는 작용이 더욱 강화되는 쪽으로 흐르게 된다고 파악했습니다. 이에 대해 전자(前者)의 관계를 "유정(有情)한 관계"로 불렀고, 후자(後者)의 관계를 "무정(無情)한 관계"로 불렀습니다. 그러나 이는 극(剋)을 무조건 부정적으로 편향되게 파악한 관점에서 기인한 것으로 균형감 있는 올바른 평가라 할 수 없습니다.

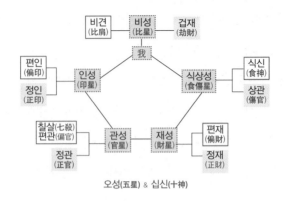

오성(五星) & 십신(十神)

는다"는 의미에서 '劫財(겁재)'라고 정하여 부른 이유가 바로 이 때문입니다.

* 재(財)는 정편(正偏)을 가리지 않지만 관(官)은 정편(正偏)을 가립니다.
* 정관(正官)은 나와 친화를 보이지만, 편관(偏官)은 때에 따라서는 살기(殺氣)
  로서 다가오기도 합니다.

현실 생활의 물질적 기반을 확보하고 풍요로운 생활을 영위하기 위해 재(財)는 절대적 선(善)의 대상일 뿐만 아니라 정재와 편재는 모두 필요한 다다익선(多多益善)의 대상입니다. 차이점은 정재(正財)는 나와 친밀하고 유정(有情)한 관계의 대상이므로 안정성을 지닌 최고의 선(善)에 해당하고, 편재(偏財)는 불안정하기는 하지만 그만큼 변동이 커서 때로는 크게 획득[→횡재(橫財)]할 수도 있는 대상이므로 차선(次善)에 해당한다는 점입니다.

공명(功名)의 성취 경로(經路)로서 정관은 '정로(正路)'로 인식했고, 편관(偏

官)은 '이로(異路)'로 인식했습니다. 여기서 정로(正路)란 과거 시험을 통해 실력에 따라 등용되는 과정이고, 이로(異路)는 문음(門蔭)·공적(功績)·특채(特採)·추천이나 납속(納粟) 등과 같이 과거 시험을 통하지 않고 등용되는 과정입니다.

명분으로 보나 고위직 진출 가능성으로 보나 정관(正官)이 당연한 최선(最先)의 대상입니다. 그런데 편관의 경우에는 득관(得官)의 과정에 해당하는 대상이기도 했지만, 동시에 아(我)를 무정(無情)하게 극(剋)하고 직접적으로 위협하는 대상이기도 해서 아(我)를 죽일 수도 있는 무서운 살기(殺氣)를 지니기도 했습니다. 그래서 이 대상이 지닌 위험성을 강조하고자 달리 '칠살(七殺)'이라고 호칭했는데, 사실 전통적으로 편관(偏官)이라는 용어보다는 칠살(七殺)이라는 표현을 더욱 많이 사용해왔습니다. 여기서 칠(七)이란 아(我)로부터 7번째의 순차에 해당하는 십간(十干)이라는 의미[105]이고, 살(殺)은 그 대상이 나에게 살기(殺氣)를 품고 있다는 의미입니다.

근본적으로 편관(偏官)에 대한 평가가 부정적으로 흐른 단적인 이유는 아(我)와 음양이 동일하여 서로 친화하지 못하고 멀리하게 되므로 유일한 성취 경로인 관직(官職)과의 친화도를 약화시킨다는 점에 기인했습니다. 서로 멀리하는 방향성의 결과는 관직이 아(我)로부터 멀어지게 되는 쪽이든 아니면 살기(殺氣)로 인해 아(我)의 생기(生氣)가 약화되는 쪽이든 모두 꺼리는 상황으로 흐르게 됩니다. 그래서 불선(不善) 혹은 악(惡)의 평가를 받게

---

105 가령 아(我)가 갑목(甲木)이라면 칠살(七殺)에 해당하는 경금(庚金)은 갑[1]·을[2]·병[3]·정[4]·무[5]·기[6]·경[7]과 같이 갑목(甲木)으로부터 일곱 번째에 해당합니다.

되고 칠살(七殺)이라는 명칭이 일반화된 것입니다.

좋은 출신 배경과 학덕(學德)의 기반 ⇨ 정인(正印)

인(印)은 아(我)를 생(生)해 주는 대상인데, 특히 정인(正印)은 주로 어머니의 지극한 보살핌과 같은 작용을 행함으로써 현실적으로는 좋은 배경과 든든한 후원, 그리고 안락한 의지 기반 등의 의미를 지니고 있습니다. 즉 좋은 집안의 자제(子弟)로 태어나 바른 교육을 받고 제반 교양을 수련(修練)하는 데 있어서 필수적인 것이 바로 정인(正印)입니다. 또한 군자(君子)로서의 인품과 학식을 습득하고, 득관(得官)을 위한 공부와 시험의 합격을 위해서도 정인(正印)의 혜택은 꼭 필요합니다. 따라서 정인(正印) 또한 절대적 선(善)의 대상이 됩니다.

삼보(三寶) 중심의 가치 판단

결과적으로 정관(正官)과 재(財), 그리고 정인(正印)은 인생(人生)의 성취(成就)와 안락(安樂)한 삶을 보장하는 세 가지 보배[→ **삼보(三寶)**로 부름]로까지 고귀하게 평가받게 되었습니다.

이후 이 세 가지 선(善)의 대상과 불선(不善) 혹은 악(惡)의 대상인 칠살(七殺)을 제외한 다른 십신(十神)에 대한 가치 평가는 철저하게 삼보(三寶)와 칠살(七殺)에 기여하는 요소인가 아니면 위해(危害)하는 요소인가에 따라 선악(善惡)의 평가[106]가 나뉘게 됩니다.

---

106 선악의 평가는 대상의 속성을 파악한 이후에 선(善)과 악(惡)의 가치를 판단하고 부여하는 것입니다. 참고로 시중의 명서(命書)들을 보면 선악의 판단과 희기(喜忌)의 판단을 같은 것으로 오인하는 경우가 종종 있는데, 양자(兩者)는 엄밀히 서로 다른 범주에 속합니다. 희기의 판단은 결과적으로 아(我)에게 기쁜 결과를

◆1차적 평가

* 상관(傷官) : 부정적 평가 ⇨ 악(惡)의 대상

* 겁재(劫財) : 부정적 평가 ⇨ 악(惡)의 대상

* 식신(食神) : 긍정적 평가 ⇨ 선(善)의 대상

상관(傷官)과 겁재(劫財)에 대한 평가가 부정적인 것은 절대적 선(善)의 대상인 정관(正官)과 정재(正財)를 각각 무정(無情)하게 극(剋)하기 때문입니다. 이로 인해 상관과 겁재는 각각 득관(得官)과 득재(得財)의 최대 위협인자로 판단하게 되었습니다. 따라서 명식에 상관(傷官)이 천간(天干)에 드러나면 스스로 직장을 그만둘 가능성이 높다는 쪽으로 상의(象意)를 파악·예측하고, 겁재(劫財)가 천간(天干)에 드러나면 성실하게 돈을 벌거나 모으는 일은 어렵다고 상의(象意)를 파악·예측하게 된 것입니다.

반면에 식신(食神)에 대한 평가가 긍정적인 것은 불선(不善) 혹은 악(惡)의 대상인 칠살(七殺)을 또한 무정(無情)하게 극제(剋制)하기 때문입니다. 이와 같은 작용을 칠살을 제압한다는 의미에서 '制殺(제살)'이라고 부르는데, 식신의 핵심 작용입니다. 이렇게 아(我)의 위협 요소를 제거한 상태에서 편안하게 식사를 하여 따뜻하고 입고 배부르게 먹을 수 있는 온포(溫飽)의 상태에 도달하게 해준다는 의미에서 명칭을 '식신(食神)'이라고 불렀습니다.

가져오느냐[→ 희(喜)] 아니면 꺼리는 결과를 가져오느냐[→ 기(忌)]에 따라 판단하는 것입니다. 따라서 선악(善惡)의 평가와 희기(喜忌)의 판단은 반드시 '선(善)＝희(喜)', '악(惡)＝기(忌)'의 대상으로 단순하게 귀결되지 않습니다. 대상의 속성은 선(善)할지라도 최종적인 작용의 결과는 기(忌)로 나타날 수도 있고, 그와는 반대로 악(惡)할지라도 작용의 결과는 희(喜)로 나타날 수도 있기 때문입니다.

◆ 2차적 평가

＊ 편인(偏印) : 부정적 평가 ⇨ 불선(不善) 혹은 악(惡)의 대상

편인(偏印)에 대한 부정적인 평가는 삼보(三寶)와 칠살(七殺)에 대한 작용 관계에서 비롯한 1차적 평가가 아니라, 1차적 평가 결과 선(善)의 대상이 된 식신(食神)을 무정(無情)하게 극제(剋制)하기 때문에 결과적으로 불선(不善) 혹은 악(惡)의 대상이 된다는 2차적 평가에 기인한 것입니다. 그래서 옛사람들은 달리 식신을 붕괴시킨다는 의미에서 '도식(倒食)'이라 불렀습니다.

◆ 가치중립적 대상

＊ 비견(比肩)

마지막으로 남은 십신(十神)인 비견은 본질적으로 나와 동간(同干)입니다. 따라서 직접적인 가치 판단의 대상이 될 수 없습니다.

이렇게 모든 십신(十神)에 대해서 내린 가치 판단의 결과를 정리하면 다음과 같습니다.

＊ 최종적인 십신의 가치 판단 결과

· 善 : 정관(正官), 재(財), 정인(正印), 식신(食神)

· 不善 or 惡 : 칠살(七殺), 상관(傷官), 겁재(劫財), 도식(倒食)

· 中 : 비견(比肩)

:전통적인 십신(十神) 인식의 문제점

옛사람들은 십신(十神)을 바라보는 관점이 객관적이지 못했습니다. 그래서 명칭 자체에 부정적인 가치 평가의 결과를 반영하여 명명했습니다.

그러나 이와 같은 인식의 가장 큰 첫 번째 문제점은 본질적으로 모든 십신은 가치중립적 대상임에도 불구하고 그릇된 가치 판단의 결과에 기초하여 명명함으로써, 후세에 자평학을 공부하는 사람들에게 선험적으로 각 명칭에 대한 호불호(好不好)의 인식을 내재(內在)하게 만들어 결과적으로 논명에 영향을 끼쳤다는 점입니다. 극단적으로는 지금도 어설프게 자평학을 공부한 사람들 중에 [Case 5]와 같이 천간에 불선(不善)한 상관·겁재·도식이 모두 존재하면 무조건 매우 안 좋은 명(命)으로 판단하고, [Case 6]과 같이 천간에 선(善)한 정인·정재·정관이 모두 존재하면 무조건 매우 좋은 명(命)으로 판단하는 경우가 종종 있습니다.

◆ [Case 5]

상관		겁재	도식
丙	乙	甲	癸
戌	亥	寅	酉
戊丁辛	壬甲	甲丙	辛

◆ [Case 6]

정인		정재	정관
戊	辛	甲	丙
戌	未	午	寅
戊丁辛	己乙丁	丁	甲丙

선악(善惡)의 가치가 반영된 명칭의 폐해는 이처럼 심대한데, 이와 같은 그릇된 논명은 비단 지금의 일부 사람들에게서만 일어나는 일이 아닙니다. 고서(古書)에도 이미 발생해서 오랜 세월 동안 시정하지 못한 채 지금까지

내려온 것입니다.

임의의 비아(非我)가 아(我)에게 희(喜)의 대상인지 아니면 기(忌)의 대상
인지에 대한 판단은 전체적인 논명(論命)에 따라 달라지고, 이렇게 내린 판
단 또한 운로(運路)에 따라 변화가 발생할 수 있습니다.

또한 전통적인 평가 방식에는 내재된 모순도 존재합니다. 가령 정재(正財)
는 정인(正印)을 무정(無情)하게 극(剋)하지만, 이에 대해서 부정적인 평가를
내리지 않습니다. 또한 음간(陰干)의 상관(傷官)과 양간(陽干)의 겁재(劫財)는
칠살(七殺)을 합(合)하여 오히려 칠살의 작용을 묶어둘 수 있지만, 양간(陽
干)의 식신(食神)은 정관(正官)을 합(合)하여 오히려 정관의 작용을 묶어두
고, 음간(陰干)의 식신(食神)은 정인(正印)을 합(合)하여 오히려 정인의 작용
을 묶어둘 수 있습니다.

❖양간(陽干)인 갑목(甲木)의 경우 :
• 칠살(七殺)은 경금(庚金)인데 겁재(劫財)인 을목(乙木)이 을경합(乙庚合)하여 칠살의 작용을 묶을 수 있음
• 정관(正官)은 신금(辛金)인데 식신(食神)인 병화(丙火)가 병신합(丙辛合)하여 정관의 작용을 묶을 수 있음

❖음간(陰干) 정화(丁火)의 경우 :
• 칠살(七殺)은 계수(癸水)인데 상관(傷官)인 무토(戊土)가 무계합(戊癸合)하여 칠살의 작용을 묶을 수 있음
• 정인(正印)은 갑목(甲木)인데 식신(食神)인 기토(己土)가 갑기합(甲己合)하여 정인의 작용을 묶을 수 있음

전통적인 인식의 두 번째 문제점은 십신을 명명한 이후에 그 명칭을 실제
인사(人事)의 대상과 동일한 것으로 간주하는 오류를 범한 것입니다. 즉 재(
財)와 관(官) 등의 명칭을 부여한 과정은 앞에서 설명한 것처럼 오행의 상극

(相剋) 관계를 빗대어 표현한 것에 불과한데, 이후 이를 실제의 재화나 관직과 동일한 것으로 간주하여 해석하였고, 이로 인해 절대적인 선악(善惡)의 가치 판단이 뒤따른 것입니다. 설사 상의(象意)의 측면에서 재(財)나 관(官)이 각각 재화나 관직을 암시하는 요소가 있다손 치더라도 이는 다양한 상의 가운데 어느 하나에 불과합니다. 따라서 다의(多意) 가운데 하나의 의미를 취해 그것이 해당 상의(象意)의 전부인 것처럼 오판했을 뿐만 아니라, 여기에 가치 판단까지 선행하여 논명의 다양한 상의(象意) 해석의 가능성을 원천적으로 매우 협소하게 만들고 말았습니다.

새로운 명명의 필요성

따라서 십신에 대한 선험적인 평가가 논명에 영향을 끼치지 않기 위해서는 가치중립적인 새로운 명칭이 반드시 요구됩니다. 이에 필자는 다음과 같은 원칙에 따라 새로운 명칭을 부여하여 사용하고 있습니다.

- 식상성(食傷星)은 산성(產星)으로 변경함
- 인성(印星)은 교성(敎星)으로 변경함
- 음양이 동일한 대상에 대해서는 '편(偏)' 대신에 '동(同)'을 사용하고
  음양이 반대인 대상에 대해서는 '정(正)' 대신에 '반(反)'을 사용함

식상성(食傷星)을 산성(產星)이라 개명한 것은 이들이 아(我)가 생산한 대상이므로 실질적인 산물(產物)의 의미를 연상시키기 위해서입니다. 그리고 인성(印星)을 교성(敎星)으로 개명한 것은 실질적으로 아(我)를 교육(敎育)하

는 대상임을 강조하기 위해서인데, 현대인에게 인(印)이라는 명칭은 직접적으로 연상되는 효과가 없다는 점 또한 중요한 이유에 해당합니다.

또한 '정·편(正·偏)'이라는 용어를 '반·동(反·同)'으로 변경한 것은 '정(正)'에는 '바람직하고 균형적인 관계 대상'이라는 의미가 내포하고 있는 반면에 '편(偏)'에는 '바람직하지 못하고 불균형적인 관계 대상'이라는 의미가 내포하고 있어서 이 또한 선험적인 가치 판단이 반영되어 있기 때문입니다. 그래서 모든 십신에게 가치중립적인 명칭을 부여함과 동시에 해당 명칭을 기억하기 쉽도록 단순화시켰습니다.

가령 병화(丙火)를 기준으로 설명하면 다음과 같습니다.

오성(五星)	십간(十干)	명칭	이전 명칭
비성(比星)	병화(丙火)	동비(同比)	비견(比肩)
	정화(丁火)	반비(反比)	겁재(劫財)
산성(産星)	무토(戊土)	동산(同産)	식신(食神)
	기토(己土)	반산(反産)	상관(傷官)
재성(財星)	경금(庚金)	동재(同財)	편재(偏財)
	신금(辛金)	반재(反財)	정재(正財)
관성(官星)	임수(壬水)	동관(同官)	칠살(七殺)
	계수(癸水)	반관(反官)	정관(正官)
교성(敎星)	갑목(甲木)	동교(同敎)	도식(倒食)
	을목(乙木)	반교(反敎)	정인(正印)

아(我)가 병화(丙火)인 경우의 비아(非我) 명칭

地支	同比	反比	同產	反產	同財	反財	同官	反官	同敎	反敎
甲木	甲	乙	丙	丁	戊	己	庚	辛	壬	癸
乙木	乙	甲	丁	丙	己	戊	辛	庚	癸	壬
丙火	丙	丁	戊	己	庚	辛	壬	癸	甲	乙
丁火	丁	丙	己	戊	辛	庚	癸	壬	乙	甲
戊土	戊	己	庚	辛	壬	癸	甲	乙	丙	丁
己土	己	戊	辛	庚	癸	壬	乙	甲	丁	丙
庚金	庚	辛	壬	癸	甲	乙	丙	丁	戊	己
辛金	辛	庚	癸	壬	乙	甲	丁	丙	己	戊
壬水	壬	癸	甲	乙	丙	丁	戊	己	庚	辛
癸水	癸	壬	乙	甲	丁	丙	己	戊	辛	庚

명식 작성 과정에서의 십신 기록

자평학을 처음 공부하는 사람들은 명식 작성 과정에서 십신의 명칭을 직접 천간과 지장간에 기록하는 습관을 들이는 것이 좋습니다. 아직 친숙하지 않기 때문에 적는 과정을 통해 더 잘 숙지할 수 있고, 이후 논명하는 과정에서 빠트리지 않고 모두 검토할 수 있도록 도와주기 때문입니다. 가령 [Case 7]의 경우처럼 아(我)인 일간을 중심으로 천간과 지장간에 각각 해당 십신을 기록할 수 있습니다.

◆ [Case 7]

반산	[我]	동산	반교
乙	壬	甲	辛
巳	戌	午	丑

丙 : 동재   戊 : 동관   丁 : 반재   己 : 반관
庚 : 동교   丁 : 반재   辛 : 반교
        辛 : 반교   癸 : 반비

일부 명서(命書)에서는 지지(地支)에 대해서도 십신을 대응시켜 기록하는 경우가 있습니다만, 이는 명백히 잘못된 것입니다. 십신(十神)이란 십간(十干)에 대응하는 명칭이기 때문입니다.

십신론을 이해하는 바른 관점

이 책의 수준에서는 자세하게 십신론에 대한 관점을 설명할 수 없습니다. 그러나 보다 자세하게 자평학을 공부하고 싶은 독자들께서는 다음과 같은 점을 유념한다면 비교적 올바른 십신론에 대한 관점을 지닐 수 있을 것입니다.

* 십신의 상징과 의미에 잘 부합하는 인사(人事)의 대상들을 찾아 대응시키는 연습을 열심히 합니다.

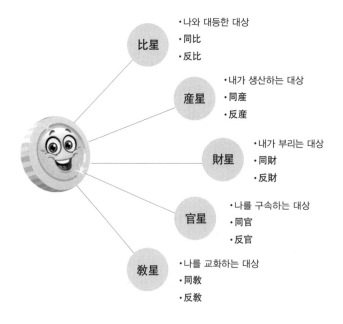

比星
• 나와 대등한 대상
• 同比
• 反比

産星
• 내가 생산하는 대상
• 同産
• 反産

財星
• 내가 부리는 대상
• 同財
• 反財

官星
• 나를 구속하는 대상
• 同官
• 反官

教星
• 나를 교화하는 대상
• 同教
• 反教

예를 들어 여성의 경우에 십신에 해당하는 가족이나 사람들을 다음과 같이 대응시킬 수 있습니다.

* 비성 : 나와 대등한 대상이므로, 가족으로는 형제·자매가 해당하고 사회관계에서는 친구·동료·동업자·경쟁자 등등이 해당합니다.

* 산성 : 내가 생산하는 대상이므로, 가족으로는 자녀가 해당합니다. 한편 생산한다는 의미는 곧 그 대상을 잘 만들어가는 과정이 뒤따릅니다. 단순히 자녀를 출산만 했다는 것으로 엄마로서의 소임이 끝나지 않는 것과 같습니다. 즉 가르치고 키우는 과정이 연계된다는 의미입니다. 따라서 사회관계에서는 교사 위치에서의 학생, 업무에 있어서 내가 지도하는 후배, 의사의 위치에서 돌보는 환자, 그리고 후원하는 대상 등등이 해당합니다.

* 재성 : 내가 부리는 대상이란 나의 명령에 따르는 대상이나 내가 관리하는 대상입니다. 따라서 가족에서는 직접적으로 해당하는 대상이 없고,[107] 사회관계에서는 내가 부리는 직원, 상명하복(上命下服)이 철저한 군대에서의 하급자, 그리고 불평등한 업무 관계에서의 을(乙)의 처지 등등이 해당합니다.

* 관성 : 나를 구속하는 대상이란, 내가 재성의 처지가 되는 상대방을 의미합니다. 전통적으로 가족에서는 남편이 이에 해당했는데, 이는 전통 사회가 남자 위주의 사회이고 가부장제 위주의 사회였기 때문입니다. 지금의 남녀평등 관점에서는 이러한 시각에 대해 부정적으로 해석할 수도 있겠습니다

---

107 아버지를 재성에 대응시키는 육친론(六親論)의 관점이 있습니다만, 이 대응 관계는 내가 부린다는 의미에 따른 것이 아니므로 여기에서는 배제했습니다.

만, 그래도 여전히 상당수의 가족 관계에서 남편이 가장으로서 가정의 중심이 되는 위치에 있고, 이러한 관계 속에서 여성이 남편으로부터 구속받는 경우가 매우 많기 때문에 현대 사회에서도 남편을 관성의 대상으로 바라보는 관점이 유효한 경우가 대부분입니다. 한편 사회관계에서는 나의 상급자, 나의 인사권을 쥐고 있는 담당자, 내가 부탁하고 눈치를 살펴야 하는 대상자, 그리고 법률적 측면에서 나를 실질적으로 구속할 수 있는 사법·행정 관계자 등등이 이에 해당합니다.

＊교성 : 나를 교화하는 대상이란 내가 산성의 처지가 되는 상대방을 의미합니다. 따라서 가족에서는 어머니가 이에 해당하고, 사회관계에서는 선생님, 롤모델(role model), 스승으로 여기고 따르는 역사적·사회적 인물, 그리고 나를 교화하는 종교인 등등이 이에 해당합니다.

＊십신에 관한 논의는 전통적인 논의 내용 이외에 현대 명가(命家)인 판쯔뚜안(潘子端)·허지앤쭝(何建忠) 선생 등의 신론(新論)을 반드시 학습해야 합니다.

　자평학의 많은 이론이 고금을 통해 꾸준하게 발전해 왔습니다만, 특히 십신(十神)에 관한 논의에 있어서는 판쯔뚜안(潘子端) 선생과 허지앤쭝(何建忠) 선생의 신론(新論)이 매우 중요합니다. 특히 이들이 심리적인 관점에 중심을 두고 천착(穿鑿)한 심리적 십신론은, 논명을 통한 양대 파악의 중심인 심리(心理)와 생리(生理) 특성 가운데 명주(命主)의 심리 특성 파악의 제고에 크게 기여한 바가 있습니다. 따라서 많은 현대 명가(命家)들의 논의를 모두 학습하지는 못할지라도 이 분들의 논의는 꼭 학습하기를 권하고 싶습니다.

* 십신의 상의(象意)는 십간론(十干論)과 전체적인 논명 결과에 의해 정확하게 드러납니다.

십신은 사실 비아(非我)에 대한 단순한 호칭에 불과합니다. 따라서 실제 그들의 작용은 명식에서 나타나는 십간(十干)의 작용을 먼저 이해한 이후에야 비로소 그 작용에 대한 자평학적 상의(象意) 해석이 가능하게 됩니다. 또한 십신의 상의(象意)만을 따로 학습하는 것은 실질적인 가치가 그리 크지 않습니다. 십신의 상의란 본질적으로 십간의 상의를 바탕으로 확장해야 비로소 정확한 상의에 도달할 수 있기 때문입니다.

그러므로 십신론과 십간론을 각각 따로 적용하고 공부하는 방식으로 논명과 자평학의 학습이 진행되는 것이 아니라, 십간론(十干論)에 대한 이해와 이를 바탕으로 한 논명이 선행(先行)한 이후에 비로소 십신론의 내용을 반영하고 적용하여 보다 정확한 논명이 이루어지게 되고 정확한 자평학의 학습이 가능하게 되는 것입니다. 결국 십신론의 상의(象意) 역시 십간론에 근거함을 반드시 유념해야 합니다.

지지론(地支論)_
미완(未完)의 관계론

중국의 명학 역사는 점성술로 시작하여 후에 간지(干支)를 가지고 판단하는 방법으로 변해 왔습니다. 현대에 이르러 중화권에서 가장 번성하고 있는 명학의 분야는 자평학과 자미두수입니다. 자평학은 점성술의 흐름에서 가장 먼저 탈피하여 오행의 생극제화(生剋制化) 위주의 논명을 전개하다가 이후 십간론(十干論) 위주의 논명 체계로 정립되었고, 자미두수는 점성술의 흐름을 계승하여 지지(地支) 위주의 논명 체계를 구축하였습니다. 장야오원(張耀文) 선생이 언급한 것처럼 자평학은 태양력을 바탕으로 명식(命式)을 작성하여 논명하는 양적(陽的)인 명운(命運) 학술이고, 자미두수는 태음력을 바탕으로 명반(命盤)을 작성하여 논명하는 음적(陰的)인 명운(命運) 학술입니다.

그런데 초기의 사주 논명은 지금과는 매우 달라서 점성술의 영향이 많이 남아 있었기 때문에 신살(神殺)을 중시하는 지지(地支) 위주의 논명이 중심을 이루었습니다. 이후 서자평(徐子平) 선생이 오행의 논리로 전개하는 자평학을 정립하였고, 원대(元代)·명대(明代)를 거치면서 일부 진보적인 관점의 명가(命家)들이 십간 중심의 논리로 재정립하면서 다른 술수학과는 차별화된 논명 체계를 구축하게 되었으며, 청대(淸代)에는 간지(干支) 중심의 논명 관점이 추가되면서 지금과 같은 체계를 갖추게 되었습니다. 그래서 자평학의 지지론은 십간론보다 이론적인 정비가 덜 이루어졌고, 논의의 수준 또한 아직 갈 길이 멉니다.

⋮지지(地支)의 원의(原義)

지지(地支)를 이해하기 위해서 지지의 원 뜻을 살펴보는 것은 매우 중요합니다. 다음의 내용은 『說文解字(설문해자)』[108]와 『五行大義(오행대의)』에 실려 있는 내용과 현대 한자학의 최고 권위자인 시라카와 시즈카(白川靜) 선생의 견해 및 장야오원(張耀文) 선생의 견해를 바탕으로 정리했습니다.[109]

✳ 자수(子水)

• 11월에 양기(陽氣)가 움직여서 만물이 불어난다.

• 子는 낳는 것이니, 양기가 이미 움직여서 만물이 새끼 낳고 싹튼다.

---

108 중국 후한(後漢) 시대 허신(許慎)이 편찬한 자전(字典)으로 진(秦)·한(漢) 이래의 한자의 자형(字形)·자의(字義)·자음(字音)을 연구하는 데 있어서 가장 기본적인 참고문헌입니다.

109 한자의 원형을 알 수 있는 옛 모양은 다음의 웹사이트에서 인용했습니다. ➔ [http://www.chineseety-mology.org/]

＊ 축토(丑土)

• 끈[紐(뉴)]의 의미가 있는데, **紐**(뉴)는 연결하는 것이니 계속 싹터서 연

  달아 자라는 것이다. 그러므로 子에서 싹터서 丑에서 어금니 같이 맺

  히게 된다.

• 축시(丑時)는 남녀가 손가락을 서로 얽히게 하는 시간이다. [→ 성적

  인 결합의 암시]

＊ 인목(寅木)

• 정월에 양기가 움직이는데, 음(陰)이 여전히 강하다.

• **寅**은 옮기는 것[移(이)]이며 또한 이끄는 것[引(인)]이다. 물건의 싹이 점

  차 몸 밖으로 나와서 이끌리고 펴져 땅으로 옮겨 나오는 것이다.

＊ 묘목(卯木)

• 문을 여는 형상을 본떴다. 그러므로 2월을 천문(天門)이라고 한다.

• **卯**는 무성한 것이니, 양기가 여기에 이르면 물건이 나고 커서 무성해

  진다.

• 눈[目]의 형태로, 묘시(卯時)는 눈뜨는 시간이다.

＊ 진토(辰土)

• 진동하는 것[震]이다. 3월에 양기가 움직여서 뇌전(雷電 ; 우레와 번개)

  이 떨린다.

• 백성들이 농사를 지을 때이다. 사물이 모두 생겨난다.

✳ 사화(巳火)

• 이미 그친 것[已]이다. 4월에 양기는 이미 나왔고 음기는 이미 숨었다.

• 제사[祀]의 원형으로, 사시(巳時)는 기원하는 시간이다.

✳ 오화(午火)

• 거스르는 것[牾(오)]이다. 5월에 음기가 양기에게 거스르면서 땅을 무릅쓰고 나오는 것이다.

• 절굿공이[杵(저)]의 원형이다. 꾸벅꾸벅 하는 모양에서 오시(午時)는 낮잠을 자는 시간임을 의미한다.

✳ 미토(未土)

• 맛[味(미)]이다. 6월에 만물이 성숙해져서, 모두 각자의 기운과 맛이 있다.

• 어두운 것[昧(매)]이다. 음기가 이미 자라나면서 만물이 점차 쇠퇴해져 몸체가 어둡게 덮이게 된다.

✳ 신금(申金)

• 神(신)이다. 7월에 음기가 체(體)를 이루어 스스로 신속해진다.

• 전광(電光 ; 번개)의 모습이다. 電(전)의 글자에서 우(雨) 아래에 있는 电이 본래 번개의 상형이고 신(申)이다.

• 물건을 묶는 형태로 신시(申時)는 사물을 묶어서 정리하는 시간이다.

＊ 유금(酉金)

• 술 단지·술병의 모습이다.

• 酉를 가을의 문으로 삼는다. 만물이 이미 들어간다.

＊ 술토(戌土)

• 滅(멸)하는 것이며 죽이는 것[殺(살)]이다. 9월에 만물이 쇠퇴하여 전부 멸하게 된다.

• 9월에 양기가 미약해지면서 땅속으로 들어간다.

• 무기를 들고 경비하는 것을 표현한 것으로, 술시(戌時)는 집의 주변을 순찰하는 시간임을 의미한다.

＊ 해수(亥水)

• 품에 안은 자식이 깔깔거리는[咳咳(해해)] 형상을 본떴다.

• 기침[咳(해)]하면서 子[자식]를 낳는다.

• 씨앗[核(핵)]이며 문을 잠그는 것[閡(애)]이다. 10월에 만물이 닫히고 숨어서, 모두 씨를 맺고 감추게 된다.

• 죽은 멧돼지를 나타내는 骸(해)의 원형으로, 해시(亥時)는 죽은 것처럼 자는 시간이다.

이와 같은 지지의 원뜻은 지지 자체가 지니고 있는 근본적 상의(象意)의 바탕을 형성하고 있습니다. 예를 들면 축(丑)과 관련해서는 지중(地中)에서의 얽힘을 통해 보이지 않는 곳에서 형성되는 은밀한 결합이나 사이버 공간에서 벌어지는 네트워크 등을 연상하고, 신(申)과 관련해서는 하늘에서 번개가 발생해서 지상에 전달되는 것처럼 메시지의 전송이나 전파의 송수신 등을 연상하는 것입니다.

지지의 음양(陰陽)

지지를 음양 속성에 따라 분류하는 방식은 몇 가지 다른 관점이 존재하는데, 이는 지지(地支)를 어떻게 이해하고 있는가를 보여주기 때문에 중요합니다.

체(體)의 관점에 따른 분류

＊양지(陽支)：子·寅·辰·午·申·戌

＊음지(陰支)：丑·卯·巳·未·酉·亥

자수(子水)부터 해수(亥水)까지 순차적으로 홀수 번째에 해당하는 지지는 양지(陽支)에 배속하고, 짝수 번째에 해당하는 지지는 음지(陰支)에 배속하는 관점이 전통적으로 가장 일반적인 분류였습니다. 이를 보통 '체(體)의 관점'이라고 불러왔는데 그 이유는 순차적인 배열이 지지(地支) 인식에서 가장 근본이라는 시각에서 비롯하였습니다. 그러나 필자는 이와 같은 시각이 체(體)라는 관점에 동의하지 않습니다. 체(體)의 관점은 용(用)의 관점에 대응하는 표현으로 좀처럼 변하지 않는 중심 속성이 존재하는 경우에 의미가 있습니다. 그런데 순차적인 배열은 그 어떤 속성적 연관성도 또한 실질적 의미성도 지니지 못합니다. 따라서 이와 같은 분류는 현실적으로 지지를 이해하는 데 도움을 주지 못합니다.

용(用)의 관점에 따른 분류

＊양지(陽支)：寅·辰·巳·申·戌·亥

＊음지(陰支)：子·丑·卯·午·未·酉

소위 용(用)의 관점이란 지장간 가운데 주기(主氣)의 음양 속성에 따라 지지의 음양을 분류하는 관점으로, 이와 같은 음양 파악이 실제 자평학에서 가장 일반적으로 적용하는 방식이라는 의미를 담고 있습니다. 달리 말하면 역동적이고 발산하는 생지(生支)는 양지(陽支)이고, 정적이고 중심성을 지닌 왕지(旺支)는 음지(陰支)이며, 묘지(墓支)는 음양을 모두 지닙니다.

양기(陽氣)와 음기(陰氣)의 순환에 따른 분류

＊양지(陽支)：子·丑·寅·卯·辰·巳

＊음지(陰支)：午·未·申·酉·戌·亥

12벽괘

12벽괘는 동지 이후에 양기(陽氣)가 소생(蘇生)하면서 이후 점차 증가하여 곡우 이후에 최대에 이르고, 하지 이후에 음기(陰氣)가 소생(蘇生)하면서 이후 점차 증가하여 상강 이후에 최대에 이르는 모습을 직관적으로 보여줍니다. 이러한 변화는 1년의 흐름이나 하루의 흐름에서 모두 감지할 수 있는 것으로 지지의 음양 흐름 파악에 있어서 매우 중요합니다.

계절의 기(氣)가 춘생(春生)·하장(夏長)·추수(秋收)·동장(冬藏)하는 작용에 대응시킨 분류

＊양지(陽支)：寅·卯·辰·巳·午·未
＊음지(陰支)：申·酉·戌·亥·子·丑

겨울 동안 칩거하던 양기(陽氣)가 지상에 드러나서 만개하는 춘기(春氣)·하기(夏氣) 혹은 동방(東方)·남방(南方)은 양지(陽支)에 배속하고, 숙살지기(肅殺之氣)가 활동하면서 발산했던 기(氣)를 수렴시키고 이를 다시 저장하는 추기(秋氣)·동기(冬氣) 혹은 서방(西方)·북방(北方)은 음지(陰支)에 배속하는 관점입니다.

이는 사실 온열(溫熱)한 지지[➡ 양지(陽支)]와 한량(寒涼)한 지지[➡ 음지(陰支)]를 파악하는 데 더 적당한 시각으로, 조후(調候)적인 관점과 연관되어 있습니다. 여기서 조후(調候)란 앞에서 설명했던 것처럼 차갑고 더운 기후와 습하고 건조한 기후를 가급적 어느 한쪽으로 치우치지 않도록 조율하는 노력을 의미합니다. 가령 사주가 전체적으로 차가운 기운이 강하다면 따듯한 기운을 제공해줄 수 있는 온열한 지지가 필요하고, 반대로 뜨거운 기운이 강하다면 차가운 기운을 제공해줄 수 있는 한량한 지지가 필요하다고 바라보는 것입니다.

참고로 조습(燥濕)의 관점에서 지지의 음양을 배속하는 시각도 존재합니다. 이 경우에는 지장간 가운데 화기(火氣)와 수기(水氣)의 존재를 중심으로 다음과 같이 파악합니다.

* 건조(乾燥)한 지지 : [양적(陽的) 속성]
  · 지장간에 병화(丙火) 존재 ⇨ **寅·巳**
  · 지장간에 정화(丁火) 존재 ⇨ **午·未·戌**
* 윤습(潤濕)한 지지 : [음적(陰的) 속성]
  · 지장간에 임수(壬水) 존재 ⇨ **申·亥**
  · 지장간에 계수(癸水) 존재 ⇨ **子·丑·辰**
* 평(平)한 지지 : **卯·酉**[→ 음양 평균 속성]

지지의 상호 관계성

지지의 상호 관계를 보여주는 개념으로는 방(方)·국(局)·충(沖)·합(合)·형(刑)·뇌(腦)·해(害) 등이 있습니다. 이러한 관계 형성은 먼저 원국(原局)에서 이미 존재하는지 1차적으로 검토하고, 원국에서 존재하지 않는 경우에는 운로(運路)의 지지(地支)와의 관계에 의해서 2차적으로 형성되는지 검토하여 논명하게 됩니다.

방(方)

방(方)은 계기(季氣) 혹은 방위(方位)의 기(氣)가 모두 모인 경우에 형성되는 관계입니다. 가령 [Case 8]은 원국에서 북방(北方)을 형성하고 있고, [Case 9]는 해당 대운에서 운지(運支)와 국지(局支)가 함께 남방(南方)을 형성하고 있습니다.

- 동방(東方) ⇨ **寅卯辰**
- 남방(南方) ⇨ **巳午未**
- 서방(西方) ⇨ **申酉戌**
- 북방(北方) ⇨ **亥子丑**

◆ [Case 8]

丙	乙	甲	癸
午	丑	子	亥
丁	己辛癸	癸	壬甲

◆ [Case 9]   대운:己未

丙	辛	戊	癸
申	巳	午	亥
庚壬	丙庚	丁	壬甲

국(局)

국(局)은 십이운성에서 설명했던 것처럼 기(氣)의 흐름에 있어서 중요한 생지·왕지·묘지의 결합을 의미합니다. 이 삼자(三者)가 온전하게 모두 존재하는 경우를 '완국(完局)'이라 부르고, 생지·왕지나 왕지·묘지만 존재하는 경우를 '반국(半局)'이라 부르며, 생지·묘지만 존재하는 경우는 '공국(拱局)'이라 부릅니다.

	완국(完局)	반국(半局)	공국(拱局)
목국(木局)	亥卯未	亥卯·卯未	亥未
화국(火局)	寅午戌	寅午·午戌	寅戌
금국(金局)	巳酉丑	巳酉·酉丑	巳丑
수국(水局)	申子辰	申子·子辰	申辰

그런데 반국이나 공국은 첩신(貼身)하고 있지 않으면 의미가 없습니다. 첩신이란 년지(年支)·월지(月支), 월지(月支)·일지(日支), 일지(日支)·시지(時支)와 같이 바로 옆에 붙어 있는 관계를 의미합니다. 따라서 국지(局支)와 운로의 지지 사이에 형성하는 반국이나 공국은 실질적인 의미를 취할 것이 없습니다. 이는 그만큼 그들의 결합력이 느슨하다는 것을 의미합니다. 심지어 공국(拱局)의 의미에 대해서는 인정하지 않는 명가(命家)들도 많습니다. 국(局)의 대표인 왕지(旺支)가 빠진 결합은 결합의 핵이 부재(不在)하기 때문입니다.

다만 반국이나 공국이 유의미하게 부상하는 경우는 운로의 지지(地支)가 보충하여 완국(完局)을 형성하게 만들어 주는 경우입니다. 이 시기에는 상당한 역량을 발휘하면서 국(局)의 작용을 발휘하게 되므로 유의해서 해석해야 합니다.

방(方)과 국(局)의 유의 사항

방(方)이나 국(局)은 지지 사이에 나타날 수 있는 가장 강력한 연대나 결합입니다. 이 결합은 필연적으로 지기(地氣)의 불균형을 초래하게 하여 1차적으로는 지지(地支) 사이에 실허(實虛)의 세력 분할을 꾀하고, 2차적으로는 원국

전체에 영향을 끼치게 됩니다. 따라서 기세(氣勢)의 실허(實虛)를 파악하여 실세(實勢)와 허세(虛勢)에 처한 지지를 구별하는 것이 가장 중요하고, 다음으로는 실세(實勢)의 지기(地氣)가 울체(鬱滯)되어 있는지 아니면 유통(流通)되어 있는지 파악하는 것이 중요합니다.

방(方)이나 국(局) 모두 계기(季氣)와 밀접하여 당령(當令)할 때 가장 강력한 기반을 구축할 수 있습니다. 다만 결집력의 역량은 방(方)이 국(局)보다 우수하다는 점과 허세(虛勢)의 지지를 파악함에 있어서 방(方)은 방위적으로 대방(對方)에 위치한 지지가 가장 허(虛)하고, 국(局)은 오행적으로 대립관계에 있는 지지가 가장 허(虛)하다는 차이점이 있습니다.

가령 [Case 10]에서는 여름에 태어나 당령한 남방(南方)의 세력이 실세(實勢)이고, 이 남방과 마주보는 방위에 처한 북방(北方)의 지지가 허세(虛勢)인데 시지(時支)인 해수(亥水)가 여기에 해당하여 허세(虛勢)로 위협을 느끼면서 매우 불안정한 상태에 처하고 있습니다.

또 [Case 11]에서는 봄에 태어나 당령한 목국(木局)의 세력이 실세(實勢)이고, 시지(時支)의 자수(子水)마저 수기(水氣)로서 목세(木勢)를 방조(幫助)하는 처지가 되어 원국의 지지(地支) 전체가 심한 세력의 불균형에 처하고 말았습니다. 보통 이러한 경우에는 사화(巳火)가 있어서 수렴하여 울결(鬱結)한 목기(木氣)를 시원하고 화창하게 발산하도록 유도해주는 것이 기세(氣勢)의 유통을 위해 바람직한 배합인데, 오히려 자수(子水)는 울결을 조장하여 바람직하지 못한 기능을 담당하고 있습니다.

◆ **[Case 10]**

辛	丁	丙	丁
亥	未	午	巳
壬甲	己乙丁	丁	丙庚

⇨ 실세(實勢) : 남방(南方)

◆ **[Case 11]**

庚	丁	乙	癸
子	未	卯	亥
癸	己乙丁	乙	壬甲

⇨ 실세(實勢) : 목국(木局)

◆ 기세(氣勢)의 유통(流通)

기세의 유통을 쉽게 이해하는 방법은 홍수로 인해 댐의 수위가 점점 높아져서 급기야 위험 수위에 이르면 방류(放流)를 통해 위기를 모면하는 것을 떠올리면 좋을 것입니다. 여기서 댐의 수위가 계속 높아지는 상황이 실세(實勢)가 점차 강화되는 상황이고, 지나치게 불어난 수량 자체가 댐에 가하는 과중한 수압으로 인해 만일 댐이 붕괴라도 된다면 대형 사고가 발생하는 것처럼 지기(地氣)가 지나치게 불균형하게 편중되면 그 자체만으로도 원국의 안정성을 저해하게 됩니다. 이때 댐의 수문을 열어 방류하는 것이 바로 유통의 묘(妙)를 발휘하는 것입니다.

이러한 관점은 논명(論命)에서의 테크닉 가운데 하나입니다. 과도하게 강해지면 길을 터서 출로(出路)를 열어주는 원리에 해당합니다. 보통 방(方)과 국(局)이 당령(當令)하여 특정한 기(氣)가 과중하게 편중되는 경우에는 다음의 출로(出路)를 기억하면 좋습니다.

＊ 東方이나 木局이 과중한 실세(實勢)를 구축했을 경우에는
　　巳火와 丙火의 透干이 중요합니다.

＊南方이나 火局이 과중한 실세(實勢)를 구축했을 경우에는
申金과 戊己土의 透干이 중요합니다.

＊西方이나 金局이 과중한 실세(實勢)를 구축했을 경우에는
亥水와 壬水의 透干이 중요합니다.

＊北方이나 水局이 과중한 실세(實勢)를 구축했을 경우에는
寅木과 甲木의 透干이 중요합니다.

충(沖[衝])

충(衝)이란 본래 천문 관측에서 유래한 용어로, 관측자를 중심으로 임의의 두 대상이 서로 마주보고 있는 경우를 의미합니다. 지금도 오른쪽 그림과 같이 외행성의 궤도에서 '충(衝)'이라는 용어를 사용하고 있습니다.

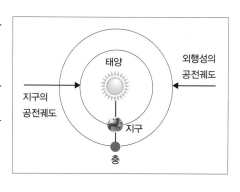

· 子午沖 · 卯酉沖
· 丑未沖 · 辰戌沖
· 寅申沖 · 巳亥沖

이러한 개념이 지지 관계로 도입되어 왼쪽 그림과 같이 방위적으로 마주보고 있는 관계를 충(衝)이라 하는데 충(沖)이라는 글자를 사용하기도 합니다. 보통은 충(沖)이 충(衝)보다 글자 표현이 간략하여 일반적으로 널리 사용되고 있습니다.

◆ 천간(天干)의 충(沖)

일부의 명서(命書)에서는 천간의 충(沖)을 거론하면서 마치 매우 중요한 관계인 것처럼 기술하기도 하지만, 이는 전혀 사실이 아닙니다. 본래 충(沖)이란 방위성(方位性)을 전제로 대대(待對) 관계를 의미하는데, 천간은 고정된 방위성(方位性)이 부재(不在)하기 때문에 충(沖)의 관계도 존재하지 않습니다. 오직 지지의 관계에서 거론할 따름입니다.

◆ 충(沖)의 변동성

충(沖)은 지지 관계에서 가장 강력한 변동의 요소로 실제 논명에서는 매우 중시하는 관계입니다. 일반적으로 충(沖)을 매우 부정적인 시각에서 거론하는 관점이 많습니다만, 충(沖)이 중요한 이유는 부정적인 요소 때문이 아니고, 정체되어 있는 지지를 가장 역동적으로 변동(變動)하게 하여 명식 전체에 큰 영향을 주기 때문입니다. 다만 일반적으로 변동과 변화를 꺼려하는 보통 사람의 속성으로 인해 변동의 결과로 발생하는 부정적인 사정(事情)에 대해서만 유독 거론하고 강조하게 되면서 충(沖)에 대한 부정적인 시각이 강화된 것으로 볼 수 있습니다.

충(沖)으로 인한 명식의 여러 변화에 대해서 기술하는 것은 이 책의 수준을 넘기에 생략합니다만, 충의 영향은 단순히 지지에 한정되지 않고, 지장간에도 영향을 줄 뿐만 아니라 이로 인해 천간에까지 영향을 미친다는 점은 기억해두는 것이 좋습니다.

합(合) & 화(化)

합(合)은 두 지지가 서로 결합하는 것이고, 화(化)는 그 결과 새롭게 만들어지는 기(氣)가 존재한다는 관점입니다.

그런데 오랫동안 이와 같은 합(合)과 화(化)가 어디에서 유래하게 되었고, 또 어떻게 명식에서 적용하여 논명해야 하는지 관해 여러 설(說)만 있었을 뿐 통일된 견해는 없었습니다.

· 子丑合 ⇨ 土	· 寅亥合 ⇨ 木	· 卯戌合 ⇨ 火
· 辰酉金 ⇨ 金	· 巳申合 ⇨ 水	· 午未合 ⇨ 日月

먼저 합(合)을 이해하기 위해서는 천문 관측에서 사용하는 '합(合)'과 '신(辰)'의 개념에 대해서 이해해야 합니다. 옛사람들은 천문을 관측하면서 일월성신(日月星辰)을 중요한 4요소로 파악하였는데, 이 중에서 일·월·성(日·月·星)은 해·달·별입니다만, 신(辰)은 실제 존재하는 별, 즉 실성(實星)이 아닌 허성(虛星)으로 복수의 별이 만나는 고정된 장소입니다.

가령 오른쪽 그림에서처럼 시계 방향으로 움직이는 A별과 반시계 방향으로 움직이는 B별이 시간이 지나서 같은 관측선상에 위치하여 관측자의 눈에 하나로 겹친 것처럼 보이는 것이 합(合)입니다. 즉 천문 관측에서 두 별이 만나는 현상이 합(合)이고 이러한 장소가 고정되게 존재하는 경우 그 자리가 신(辰)이 됩니다. 아래의 그림은

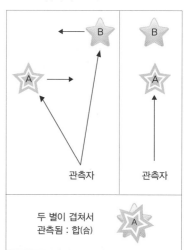

일식과 월식이 발생하는 경우를 알려주는 그림[110]인데. 일식이 바로 일월 합삭(日月合朔)의 가장 극단적인 경우에 해당합니다. 이와 같은 자리가 1년에 12회 발생합니다.

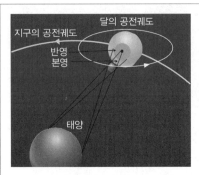

· 달에 의해 태양이 가려지는 일식은 항상 그믐에 발생합니다.
⇨ 해와 달이 합(合)에 이름

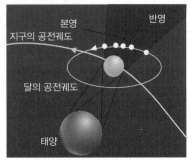

· 지구의 그림자에 의해 달이 가려지는 월식은 항상 보름에 발생합니다.
⇨ 해와 달이 충(沖)에 이름

◆ **천문의 관측**

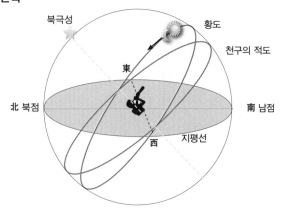

110   도면의 출처 : http://gokseong.go.kr/cms/upload/board/B0560//UNI00000ac40086.gif

위의 그림은 천구상에서 해와 달이 합삭(合朔)하는 현상을 관측하는 상황을 표현한 것입니다. 이제 합삭(合朔)의 위치를 지평면 위에 방위를 나누어 표시하면 아래의 그림과 같습니다.

참고로 옛사람들은 천체의 중심을 북극성으로 인식했기 때문에 북극성이 황제처럼 남쪽을 바라보는 관점의 상황을 도면에 표시하였습니다. 그래서 아래쪽이 북쪽이 되고 위쪽이 남쪽이 되며 왼쪽과 오른쪽이 각각 동쪽과 서쪽이 되었습니다.

해와 달은 반시계방향으로 회전하기 때문에 사궁(巳宮)[111]에서 합삭(合朔)을 이루는데 이때의 시기가 신월(申月)이었습니다. 이와 같이 매월 합삭(合

---

111 방위를 표시할 때 보통 궁(宮)이라는 표현을 많이 사용하였습니다. 따라서 사궁(巳宮)이란 사화(巳火)가 위치하는 방위[→ 자정(子正)을 기준으로 135°~165°]를 의미합니다.

朔)을 이루는 시기와 합삭(合朔)이 일어나는 장소를 표시한 결과 아래와 같이 나타났습니다.

합삭의 위치	시기	합삭의 위치	시기
자궁(子宮)	축월(丑月)	오궁(午宮)	미월(未月)
해궁(亥宮)	인월(寅月)	사궁(巳宮)	신월(申月)
술궁(戌宮)	묘월(卯月)	진궁(辰宮)	유월(酉月)
유궁(酉宮)	진월(辰月)	묘궁(卯宮)	술월(戌月)
신궁(申宮)	사월(巳月)	인궁(寅宮)	해월(亥月)
미궁(未宮)	오월(午月)	축궁(丑宮)	자월(子月)

양기(陽氣)의 근원인 태양(太陽)의 해와 음기(陰氣)의 근원인 태음(太陰)의 달이 합(合)하는 것은 음양의 합(合)으로 이해했고, 이것이 일어나는 시기와의 관련을 중시하였는데, 그 위치와 시기의 관계를 정리한 것이 바로 지지의 합(合)의 기원이 된 것입니다. 그러므로 지지의 합(合)은 음양의 합의 의미가 커서 부부의 합(合)이라는 상의(象意)도 갖게 되었습니다.

◆ 화(化)의 발생

그러나 화(化)는 합(合)과는 전혀 다른 관점에서 유래하였습니다. 고대에 행성의 움직임에 관한 관점은 천동설이었습니다. 다음 그림은 지구의 중심에서 생각한 칠정(七政)의 움직임을 표현한 것입니다. 칠정(七政)이란 일월(日月)과 오성(五星)을 의미합니다.

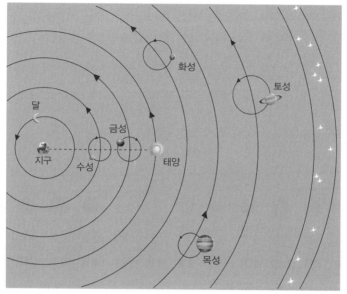

천동설에 따른 칠정(七政)의 움직임

이때 태양을 중심으로 달과 오성의 공전에 따른 움직임의 폭을 관측하여 일직선상에 표시하면 다음과 같이 됩니다.

토성	목성	화성	금성	수성	해	달	수성	금성	화성	목성	토성

이와 같은 좌우 편차가 생기는 이유는 공전 주기의 차이에서 기인합니다. 오성 중에서 공전 주기가 가장 긴 토성이 가장 좌우로 멀리 퍼지는 것이고, 가장 짧은 수성이 가장 좁게 퍼지게 됩니다. 해와 달은 사실 위치가 달라질 수 있습니다.

이제 이를 십이궁(十二宮)에 각각 대응시키는데, 해와 달은 태양과 태음으로써 우주의 부모로서의 소임을 담당하므로 유일성을 적용하여 각각 하나씩 대응하고, 나머지 오성(五星)은 음양의 관점에서 각각 두 개씩 대응하며, 지지(地支)에서는 오화(午火)가 남중(南中)에 해당하므로 이를 해에 대응하면 결과적으로 다음과 같은 지지의 대응이 나타나게 됩니다.

土星	木星	火星	金星	水星	해	달	水星	金星	火星	木星	土星
丑宮	寅宮	卯宮	辰宮	巳宮	午宮	未宮	申宮	酉宮	戌宮	亥宮	子宮
양적(陽的) 궁위(宮位)						음적(陰的) 궁위(宮位)					

이것이 바로 화(化)가 나타나게 된 배경입니다. 즉,

＊축궁(丑宮)·자궁(子宮) : 자축합화토(子丑合化土)

＊인궁(寅宮)·해궁(亥宮) : 인해합화목(寅亥合化木)

＊묘궁(卯宮)·술궁(戌宮) : 묘술합화화(卯戌合化火)

＊진궁(辰宮)·유궁(酉宮) : 진유합화금(辰酉合化金)

＊사궁(巳宮)·신궁(申宮) : 사신합화수(巳申合化水)

＊오궁(午宮)·미궁(未宮) : 오미합불화(午未合不化)

가 되는 것입니다.

그런데 여기서 유의해야 할 사항은 비록 오성(五星)이 해당 궁위(宮位)와 밀접한 상관관계를 지니고 있을 지라도 이것이 궁위(宮位)의 근본 오행의 속성을 변화시킨다는 관점은 지나친 비약이라는 점입니다. 서역에서 유래한 점성술의 관점에서는 이를 ruler의 개념으로 정리했습니다. 즉 해당 궁위(宮位)를 담당하는 지배자로서 이해한 것입니다.

따라서 점성술이 아닌 자평학에서는 화(化)의 의미는 취할 필요가 없다고 하겠습니다. 즉 합(合)의 의미는 취하지만 본래 점성술의 부산물인 화(化)의 개념은 불필요하게 결부된 개념이라는 의미입니다. 그럼에도 불구하고 이러한 연유를 알지 못하는 대부분의 명서(命書)에서는 무조건 합(合)을 이루면 모두 오행이 변하는 것처럼 설명하거나 혹은 오미합(午未合) 또한 화(火)나 토(土)로 변해야 마땅하다는 새로운 견해를 표명하고 있는데 이는 모두 불필요한 사족(蛇足)에 해당합니다.

한편 논명에 있어서 합(合)의 중요성을 어느 정도 둘 것인가에 대해서는 정론(定論)이 없습니다. 장야오원(張耀文) 선생처럼 충(沖)과 대등한 수준으로 강조하는 관점부터 실질적인 의미가 미약하다는 관점까지 다양합니다. 참고로 필자는 합(合)의 유래가 일월합삭(日月合朔)이므로 부부의 합(合)에 주로 의미를 두고 있습니다. 즉 원국에서는 첩신(貼身)하는 두 지지 사이의 합(合)에 의미를 두고, 운의 지지를 고려할 경우에는 운의 지지가 원국의 어느 지지와 합(合)을 형성하는 가에 의미를 두는데, 어느 경우든 일지(日支)와의 결합을 가장 중시해서 해석합니다. 왜냐하면 일지(日支)는 자신의 육체와 배우자(配偶者)를 상징하기 때문입니다.

형(刑)

[三刑]
·寅申·寅巳·巳申
·丑未·未戌·丑戌
[相刑]
·子卯
[自刑]
·辰辰·午午
·酉酉·亥亥

전통적으로 내려오는 형(刑)에 대한 내용은 왼쪽과 같은데 이렇게 된 연유에 대해서는 방(方)과 국(局)의 갈등에서 주로 찾았습니다. 즉 방(方)과 국(局)은 세력이 결집하여 기세(氣勢)가 왕성한 결합인데 이로 인해 양측이 서로 대립하여 급기야 심한 갈등을 낳게 되어 형(刑)이 발생한다고 설명합니다.

이때의 대립 관계는 다음과 같습니다.

東方	⇔	水局	木局	⇔	北方	南方	⇔	火局	西方	⇔	金局
寅 卯 辰	⇔	申 子 辰	亥 卯 未	⇔	亥 子 丑	巳 午 未	⇔	寅 午 戌	申 酉 戌	⇔	巳 酉 丑

이 대립 관계를 순차대로 대응시킨 결과를 정리하면 다음과 같습니다.

＊삼형(三刑) : 寅巳申과 丑戌未의 순환 대립

＊상형(相刑) : 子卯의 대립

＊자형(自刑) : 辰辰·午午·酉酉·亥亥의 대립

여기서 삼형이란 세 개의 지지가 서로 맞물려 대립한다는 의미이고, 상형은 두 개의 지지가 대립한다는 의미이며, 자형이란 스스로 동일한 지지끼리 대립한다는 의미입니다.

　이와 같은 형(刑) 관계의 가장 큰 논리적 약점은 대립 관계 형성의 당위
성이 확보되지 않는다는 점입니다. 가령 남방：화국과 서방：금국의 대립을
각각 화기(火氣)와 금기(金氣)의 맞섬이라고 설명할 수 있다면, 동방：수국과
북방：목국의 대립은 어떠한 연유에 따른 것인지 알기 어렵습니다. 달리 동
방：목국과 북방：수국으로 대립하는 목기(木氣)와 수기(水氣)의 맞섬은 어째
서 설정하지 않았나 하는 점입니다.

　이에 대해 일부에서는 하도(河圖)와 낙서(洛書)의 문제를 거론하기도 하지
만 이는 개인적인 연문(衍文)에 불과할 뿐 당위적 근거가 되지 못합니다. 사
실 형(刑) 관계의 기원은 점성술의 aspect 이론 가운데 지궁(地宮)의 90° 관
계에서 기인했기 때문입니다. 여기서 aspect란 점성술에서 중요하게 여기
는 두 별이 형성하는 각도에 따른 관계성입니다. 구체적으로 점성술에서는
180°·150°·120°·90°·60°·0° 등을 특히 중요하게 파악하는데, 앞에서 살펴
본 지지의 관계와 비교하자면 충(沖)과 국(局)은 각각 180° 와 120° 관계
에 해당합니다.

90°의 관계란 위의 그림처럼 두 지궁(地宮)이 이루는 관계이고, 구체적으로는 다음과 같이 나타납니다.

*생지(生支)의 갈등 : 寅−巳, 巳−申, 申−亥, 亥−寅

*왕지(旺支)의 갈등 : 子−卯, 卯−午, 午−酉, 酉−子

*묘지(墓支)의 갈등 : 丑−辰, 辰−未, 未−戌, 戌−丑

실제로 점성술에서도 서로 이질적이면서 불편하여 직접적인 파국의 종결보다는 심한 내적인 갈등으로 인해 감정적인 조절이 잘 이루어지지 못하는 상의(象意)로 해석하고 있습니다. 필자는 이러한 점성술의 유래에 충실한 관점이 형(刑)의 관계를 비교적 정확하게 이해하는 관점으로 생각하고 있습니다. 따라서 전통적인 형(刑)의 관계를 적용하지 않습니다.

뇌(惱)

뇌(惱)란 점성술의 150° aspect를 지지의 관계에 도입한 개념으로, 극단적인 별리(別離)의 선택을 취하여 행동을 옮기지는 못하면서 끊임없이 서로 반목질시(反目嫉視)하고 고뇌(苦惱)하는 상의(象意)를 지니고 있습니다. 반드시 첩신하는 경우에만 적용하는데, 특히 일지(日支)에 나타나는 경우에 의미성을 크게 두고 논명합니다.

• 子巳·午亥	• 丑午·未子	• 寅未·申丑
• 卯申·酉寅	• 辰酉·戌卯	• 巳戌·亥辰

해(害)

해(害)는 합(合)과 충(沖)의 응용에서 나온 개념으로 충으로 인해 합(合)
이 방해(妨害)를 받는 관계입니다. 가령 자축합(子丑合)과 오미합(午未合)의
형성을 방해하는 자오충(子午沖)과 축미충(丑未沖)의 변동성으로 인해 자
축(子丑)과 오미(午未)가 각각 원활하게 합(合)에 도달하지 못하게 된다고 보
는 것입니다.

고서(古書)에 따르면 이로 인해 결과적으로 자수(子水)와 미토(未土), 축토
(丑土)와 오화(午火)가 각각 서로 원망하게 된다고 설명합니다. 십이지의 모
든 해(害) 관계를 정리하면 다음과 같습니다.

* 子丑合의 방해 인자 ⇨ 午未   ∴子未·丑午의 相害

* 寅亥合의 방해 인자 ⇨ 申巳   ∴寅巳·亥申의 相害

* 卯戌合의 방해 인자 ⇨ 酉辰   ∴卯辰·戌酉의 相害

* 辰酉合의 방해 인자 ⇨ 戌卯   ∴辰卯·酉戌의 相害

* 巳申合의 방해 인자 ⇨ 亥寅   ∴巳寅·申亥의 相害

* 午未合의 방해 인자 ⇨ 丑子   ∴午丑·未子의 相害

지지와 12동물의 대응

일반적으로 지지(地支)에 대해서 가장 많이 연상하는 것이 십이지신(十二
支神)이라 불리는 동물과의 대응입니다. 보통 명학을 공부하지 않는 사람들
도 띠와 연관해서는 잘 알고 있고, 이러한 띠의 개념은 우리 문화 속에 깊

이 자리 잡고 있습니다.

역사적으로도 십이지신에 대한 관점은 매우 오래전부터 존재했습니다. 한대(漢代)의 지식인인 왕충(王充)이 1세기에 지은 『논형(論衡)』에는 지금과 동일한 12동물에 대한 이야기가 등장하고, 20세기 후반에 출토된 죽간본(竹簡本)인 『日書(일서)』에도 지금과 대부분 동일한[112] 십이지신의 개념이 등장하여 적어도 전국시대에는 이미 십이지신에 대한 개념이 존재했던 것으로 추정하고 있습니다. 심지어 수대(隋代)에 소길(蕭吉)이 지은 『五行大義(오행대의)』에는 각 지지별로 3개의 동물을 배속한 36금(禽)에 대한 시각이 등장하기도 합니다.

그런데 이미 왕충 선생이 2000년 전에도 신랄하게 비판했던 것처럼 지지(地支)를 12동물과 연결시켜 자평학적으로 접근하고 해석하려는 시도는 정말 어처구니없는 관점이고, 이는 장야오원(張耀文) 선생이 지적한 것처럼 논명에서 반드시 배격해야 하는 독단적(獨斷的)인 무식(無識)에 해당하는 태도입니다.

우선 지지와 십이지신의 대응 자체가 필연적인 연관성이 전혀 없습니다. 다음은 중국 내 여러 소수 민족들과 세계 여러 나라에서 전승하고 있는 십이지신에 대해 나타낸 표입니다.[113]

---

112 지금의 대응과 일부 순서가 다르거나 혹은 사슴이 대응하고 있거나 합니다.
113 인용 : [http://114.xixik.com/12birthpet/]

나라 / 地支	중국 / 한국	중국 소수 민족[114]	일본	베트남	인도	이집트 / 그리스	바빌로 니아
子	쥐	참새	쥐	쥐	쥐	황소	고양이
丑	소	황소	소	물소	소	산양	개
寅	호랑이	벌레	호랑이	호랑이	사자	사자	뱀
卯	토끼	뱀	토끼	고양이	토끼	당나귀	말똥구리
辰	용	천산갑 큰 뱀 물고기	용	용	용	게	당나귀
巳	뱀	봉황	뱀	뱀	말	뱀	사자
午	말		말	말	양	개	숫양
未	양	개미 산양	양	양	뱀	고양이	황소
申	원숭이	사람 여우	원숭이	원숭이	원숭이	악어	매
酉	닭		닭	닭	공작	따오기	원숭이
戌	개		개	개	개	원숭이	따오기
亥	돼지	코끼리	멧돼지	돼지	돼지	매	악어

중국의 소수 민족들은 각기 그들만의 십이지신 전승 신화를 가지고 있는데, 일부 대응하는 동물이 다르거나 혹은 아예 순서 자체가 다른 경우도 존재합니다. 또한 나라마다 비슷한 대응 개념이 존재하기는 하지만, 그 나라 상황에 맞게 다른 동물들로 대응하고 있는 것을 알 수 있습니다. 이러하듯 필연적인 연관성이 없는 동물의 대응을 지지론(地支論)의 내용에 포함하여 지지의 관계를 거론할 수는 없습니다.

---

114 중국 내 소수 민족의 경우에는 다양한 소수 민족들의 모든 대응을 나타내지 않고, 일부 특이하게 대응된 동물들만 선택적으로 취합하여 제시하였습니다.

또한 년지(年支)를 띠로 대응시켜서 충(沖)의 관계를 적용하여 쥐띠와 말띠는 충돌이 심하기 때문에 궁합이 좋지 않다거나, 해(害)의 관계를 적용하여 토끼띠와 용띠는 서로 해(害)를 끼친다거나, 국(局)의 관계를 적용하여 4살 차이의 궁합은 매우 좋다거나 하는 식의 속설들은 모두 자평학의 논명과는 전혀 상관없는 소리에 불과합니다.

그러므로 십이지신과 관련하여 지지(地支)를 이해하고 논명하려는 관점은 분명하게 자평학을 대하는 바른 태도가 아님을 유념해야 합니다.

지관계(支關係)를 바라보는 관점

지금까지 다양한 지지의 관계를 살펴보았습니다. 사실 지지의 관계는 여기서 언급한 내용보다 훨씬 복잡다단합니다. 단지 가장 대표적인 관계에 대해서 그 유래를 중심으로 살펴보았을 따름입니다. 보다 자세한 관계와 변동성 및 그에 따른 상의(象意)에 대해서는 이 책의 수준을 넘기에 여기서는 생략합니다.

그런데 지관계(支關係)를 깊이 연구하기 위해서는 먼저 고대 점성술의 지궁(地宮) 관계에 대한 이론에 대해 어느 정도 공부할 필요가 있습니다. 20세기 최고의 한자학 권위자로 꼽히는 시라카와 시즈카 선생이 지적한 것처럼 십이지에 관한 개념 자체에 이미 고대 바빌로니아 문명에서 기원한 점성술의 영향이 담겨 있기 때문입니다.[115] 또한 현재 전해지고 있는 대부분의 지관계에 관한 설명 자체도 이미 고대 점성술의 이론과 비교할 때 매우 높은

---

115 시라카와 시즈카의 『문자강화I』(218~234쪽)를 참조하였습니다.

상관성을 발견할 수 있어서 양자의 전승 관계를 뚜렷하게 보여주고 있습니다. 그러므로 점성술의 연원을 알지 못한 채 자의적인 해석만을 전개하는 것은 바람직한 태도라고 볼 수 없습니다.

또한 지관계는 오랜 세월 사람들에게 좋지 않은 이미지를 남겨준 각종 신살(神殺)[116] 이론과 밀접하게 연관되어 있습니다. 이는 초기의 사주 논명 관점이 점성술의 영향을 받은 것과 밀접합니다. 예를 들어 형(刑) 관계에 대해서는 형살(刑殺)이라는 무서운 이름으로 불리면서 원국에 형살이 존재할 경우에는 본인이 옥고(獄苦)와 연관될 가능성이 높다는 식으로 상의(象意)를 파악하고, 충(沖) 관계에 대해서는 무조건적인 대립과 갈등으로 인한 파국과 이별로 상의를 파악하는 것인데, 형과 살은 수백 가지의 신살 가운데 겨우 한두 개에 불과할 만큼 수많은 신살론(神殺論)이 전해지고 있습니다.

그러나 이러한 시각은 자평학의 본질적인 관점과는 너무 거리가 멉니다. 전체적인 명식의 관계를 다각도로 파악하여 심층적으로 논명하는 고차원의 논의를 배제한 채 겨우 "무슨 지지와 무슨 지지가 존재하면 어떠하다"라는 식의 논명은 사실 논명이라고 할 것조차 없고, 굳이 학습할 가치조차 없습니다. 이러한 이론들이 자평학의 전부라면 지금과 같은 학술 체계를 근본적으로 구축할 수 없었을 것입니다. 따라서 이와 같은 신살론의 시

---

116 신살(神殺)이란 길신(吉神)·흉살(凶殺)의 준말로, 본래 점성술에서 등장하는 수많은 비아(非我) 중에서 아(我)에게 좋은 작용을 행하는 길신(吉神)과 나쁜 작용을 행하는 흉살(凶殺)을 함께 지칭하는 표현입니다. 이후 점성술의 영향을 받은 수많은 술수학(術數學) 세부 분야에서 신살의 개념은 강력한 생명력을 가진 채 등장하게 되는데, 길신(吉神)의 개수에 비해 흉살(凶殺)의 개수가 압도적으로 많아서 삶의 고해(苦海)를 설명해주는 이유로서 활용되어 왔습니다.

각은 전혀 고려할 필요가 없음을 강조하고 싶습니다. 일부에서는 그럼에도 불구하고 적은 가능성이나마 고려해야한다면서 그 가치를 강조하기도 합니다. 그렇지만 매우 적은 가능성이란 그만큼 자의적인 해석의 오류를 범할 가능성이 크다는 의미를 내포하고 있습니다. 그러므로 본질적으로 명학을 공부하는 관점에서는 이미 명확하게 드러나 있는 간지(干支)의 상호 관계를 파악하고 해석하는 데 주력하는 것이 보다 바람직한 태도라고 하겠습니다.

마지막으로 아직도 미완성의 영역이기는 하지만 지지 관계의 중요성을 과소평가할 수 없는 이유에 대해서 다음과 같은 세 가지 이유를 제시합니다.

＊지지의 관계는 1차적으로 지지의 변동(變動)을 초래하여 원국의 불안 정성을 증가시킵니다.

＊또한 지지의 변동은 2차적으로 지장간의 변동을 필연적으로 유발 하여 잠복하고 있던 인자들이 외적으로 드러나게 되는 중요한 계기 가 됩니다.

＊마지막으로 지지와 지장간의 변동은 3차적으로 이에 통근하고 있는 천간에 영향을 주어 천간의 불안정성을 증가시키게 되고, 이로 인해 천간의 관계도 변화를 유발합니다.

간지론(干支論)

간지론에서 검토하는 관점은 크게 간(干)과 지(支)의 관계를 살피는 관점과 육십갑자(六十甲子) 매 간지의 특성을 검토하는 관점, 그리고 한 간지와 다른 간지의 관계를 살피는 관점으로 대별합니다.

간(干)과 지(支) 사이의 관계

보통 일반적인 명서(命書)에서는 간(干)과 지(支)의 오행을 비교하여 이들의 생극비(生剋比) 관계를 비교하는 설명이 항상 제시됩니다만, 사실 이러한 관계성은 그리 중요하지 않습니다. 본질적으로 간(干)과 지(支)는 직접적으로 오행의 상호 작용을 긴밀하게 형성하지 않기 때문입니다.

명식에서 살피는 간(干)과 지(支)의 관계는 간관계(干關係)가 첫 번째이고, 지관계가 다음이며, 간(干)과 지(支) 관계가 그 다음에 해당하지만 이때에도 간(干)과 지(支)의 생극비(生剋比) 관계는 의미가 거의 없습니다.

간(干)과 지(支) 관계에서 유의미한 사항은 통근(通根)·투간(透干)·간지합

(干支合)·십이운성(十二運星) 등입니다.

통근(通根)과 투간(透干)

육십갑자 중에서 그 자체로 통근과 투간이 나타나 있는 간지는 다음과 같습니다. 예를 들어 갑인(甲寅)의 경우에는 인목(寅木)의 지장간이 甲木·丙火이므로 갑인(甲寅)의 천간인 갑목(甲木)은 인목(寅木)에 통근(通根)하고 있고, 인중갑목(寅中甲木)은 천간에 투간(透干)하고 있습니다. 또한 임진(壬辰)의 경우에는 진토(辰土)의 지장간이 戊土·乙木·癸水이므로 임진(壬辰)의 천간인 임수(壬水)는 진토(辰土)에 통근(通根)하고 있지만, 진토(辰土) 내 지장간들은 암장(暗藏)만 하고 있을 뿐 어느 지장간도 투간(透干)하고 있지 않습니다.

◆ 통근(通根) : 24개

甲寅	乙卯	丙寅	丁巳	戊辰	己丑	庚申	辛巳	壬子	癸丑
甲辰	乙未	丙午	丁未	戊戌	己未	庚戌	辛酉	壬辰	癸亥
	乙亥	丙戌					辛丑	壬申	

◆ 투간(透干) : 14개

甲寅	乙卯	丙寅	丁未	戊辰	己丑	庚申	辛酉	壬申	癸丑
	乙未			戊戌	己未		辛丑		

통근(通根)을 이루고 있는 간지의 천간은 그 자체로 유력(有力)하거나 혹은 약하지 않은 역량을 확보하고 있는 것입니다. 이러한 간지의 지지는 방(方)이나 국(局)을 형성할지라도 쉽게 변화하지 않는 특성을 지니고 있습니다. 또한 투간(透干)을 형성하고 있는 간지의 지지는 지장간 가운데 투간한 지장간의 역량이 보다 강화되는 특성이 있습니다.

무엇보다 통근과 투간을 이루고 있는 간지의 가장 큰 특성은 간(干)과 지(支) 사이에 형성된 통기(通氣)로 인해 서로 밀접한 관계를 구축하여 통근이나 투간이 없는 간지에 비해서 간(干)과 지(支)가 서로 민감하게 반응하고, 동시에 외부의 변화에 대해 강하게 저항하고 인내하는 점입니다.

간지합(干支合) : 10개

보통 간(干)과 간(干) 사이에서 형성하는 합(合)은 그 합이 쉽게 명백하게 드러나 있다는 의미에서 '명합(明合)'이라고 부르고, 첩신하고 있는 두 지지의 각 지장간과 지장간 사이에서 형성하는 합(合)은 그 합이 드러나 있지 않다는 의미에서 '암합(暗合)'이라 부릅니다. 가령 오른쪽과 같이 갑오(甲午)와 기해(己亥)의 두 간지(干支) 사이에는 천간에서의 갑목(甲木)과 기토(己土)가 명합(明合)을 형성하고 있고, 오화(午火)의 지장간인 정화(丁火)와 해수(亥水)의 지장간인 임수(壬水) 사이에 암합(暗合)을 형성하고 있습니다.

이에 비하여 간(干)과 지장간(地藏干) 사이의 합은 명합과 암합의 중간쯤에 해당한다고 하여 '명암합(明暗合)'이라고 부릅니다.

구체적으로는 주기(主氣)와 합을 형성하는 경우와 객기(客氣)와 형성하는 경우를 나누어 생각할 수 있는데, 주기(主氣)와 형성하는 경우의 결합력이 객기(客氣)와 형성하는 경우의 결합력보다 월등하게 강합니다.

천간이 지지의 주기(主氣)와 합(合)한 경우				천간이 지지의 객기(客氣)와 합(合)한 경우					
丁亥	戊子	辛巳	壬午	乙巳	己亥	庚辰	丙戌	戊辰	壬戌

십이운성

십이운성에서 주로 살피는 관점은 특히 간(干)의 오행에서 지지(地支)와의 관계를 살필 때 사(死)·묘(墓)·절(絶)의 단계에 해당하는 경우입니다. 이들은 주로 간지의 불안정성을 대표적으로 상징하기 때문입니다.

예를 들어 갑오(甲午)의 경우에는 오화(午火)가 목기(木氣)의 사(死)에 해당하므로, 사(死)의 위치에 앉아 있다는 의미로 '좌사위(坐死位)'라고 표현합니다. 동일하게 묘(墓)나 절(絶)의 위치에 앉아 있으면 각각 '좌묘위(坐墓位)'와 '좌절위(坐絶位)'라고 부르는데, 이와 같은 상황에 처한 간(干)은 특히 다른 지지에도 통근(通根)하지 못한 경우, 외부의 변화에 대해 쉽게 흔들리고 질병 등에도 취약하여 논명에서 인사(人事)의 파악에 중요한 계기를 일으키는 인자가 되기 때문에 중시합니다.

좌사위(坐死位)				좌묘위(坐墓位)				좌절위(坐絶位)			
甲午	丁酉	庚子	癸卯	乙未	丙戌	辛丑	壬辰	甲申	丁亥	庚寅	癸巳

⠁간지(干支)의 특성

간지의 특성이란 육십갑자 하나하나를 자세하게 분석하여 각각이 지닌 특성을 살피는 관점입니다. 예를 들어 갑인(甲寅)의 경우에는 다음과 같은 측면들을 세부적으로 나누어 살펴볼 수 있습니다.

甲寅
甲:동비 丙:동산

- 갑인(甲寅)은 통근과 투간이 모두 나타나 있는 간지입니다.
- 인목(寅木)은 동방(東方)의 생지(生支)이고 화국(火局)의 생지(生支)이므로 갑목의 선천적인 특성이 잘 발휘되어 높은 곳을 향해 힘차게 뻗어나가는 참천(參天)의 형상이 잘 나타나 있고, 역동성도 강합니다. 따라서 현실보다 이상향에 대한 관심과 목표 의식이 강하고 자신의 소신을 굽히지 않고 지켜나가는 강인함을 지니고 있습니다.
- 인중병화(寅中丙火)는 동산(同產)의 속성을 내재하고 있어서 자신이 직접 일을 꾸리고 헤쳐 나가며 적극적으로 표현하는 타입인데, 주로 언어적 표현과 색채적 표현이 중심을 이루게 됩니다. (이하 생략)

이처럼 세부적인 요소들을 다양하게 파악하여 상의(象意)까지 접근하는 것이 간지의 특성을 파악하는 관점입니다. 사실 매우 다양한 내용에 접근하고 거론할 수 있습니다만, 자평학의 제반 지식에 대한 숙지가 바탕을 이루고 있어야 비로소 특성 파악의 묘미를 느낄 수 있는 부분이어서 자평학의 이론 중에서는 정리하는 단계에서 익히는 내용입니다.

간지(干支) 상호 관계[117]

간지(干支)와 간지(干支)의 상호 관계를 살피는 관점은 주로 원국에서 첩신하고 있는 두 간지 사이의 관계를 살피게 됩니다.

선전(旋轉)과 상순(相順)

선전과 상순은 모두 두 간지의 간(干)과 지(支)가 각각 순차 관계에 놓여 있는 것입니다. 干의 순차는 甲·乙·丙·丁…으로 나타나고, 支의 순차는 子·丑·寅·卯…으로 나타납니다.

선전(旋轉)			상순(相順)		
간(干)의 순차: 甲 → 乙			간(干)의 순차: 甲 → 乙		
甲戌	⇢ ⇠	乙酉	甲午	⇢ ⇠	乙未
지(支)의 순차: 戌 ← 酉			지(支)의 순차: 午 → 未		

예를 들어 甲戌과 乙酉의 두 간지를 비교하면 干에서는 甲 다음에 乙이 오고 支에서는 酉 다음에 戌이 옵니다. 따라서 甲戌과 乙酉 전체를 비교하면 天干과 地支의 순차 방향이 서로 반대가 됩니다. 이와 같은 경우에 간(干)의 기류(氣流)와 지(支)의 기류(氣流)가 서로 반대로 흘러간다고 해서 '선전(旋轉)'이라고 표현합니다. 그리고 그 순차가 바로 다음 순번이면 1급이라고 표현하고, 그 다음 순번이면 2급이라고 표현합니다. 예를 들어 甲戌과 丙申의 관계

---

117 이 부분의 내용은 何建忠의 『千古八字秘訣總解』(133~148쪽)를 참조하였습니다.

는 '2급 선전'이 됩니다.

　한편 甲午와 乙未처럼 간(干)과 지(支)의 기류가 같은 방향으로 흘러가는 것을 '상순(相順)'이라고 표현하고, 급수는 선전과 동일하게 나타냅니다. 가령 甲午와 乙未는 '1급 상순' 관계이고, 甲午와 丙申은 '2급 상순' 관계입니다.

　이와 같은 선전(旋轉)과 상순(相順)의 개념은 허지앤쭝(何建忠) 선생이 처음 제시한 개념으로 1~3급 정도의 선전이나 상순이 존재하는 두 간지 사이에는 마치 바람이 부는 것처럼 불안정성이 증가하여 내적인 고뇌가 심해지고, 심한 경우에는 정신적인 이상까지 초래할 수 있다고 상의(象意)를 파악합니다.

◆ [Case 12]　　　　　　　◆ [Case 13]

　가령 [Case 12]의 경우에는 戊午와 己巳 사이에 1급 선전을 형성하고 있고, 己巳와 丁卯 사이에 2급 상순을 형성하고 있습니다. 또 [Case 13]의 경우에는 년주부터 월주·일주·시주에 이르기까지 천간은 모두 1급 선전을 형성하고 있습니다.

반음(返吟)과 복음(伏吟)

반음(返吟)		복음(伏吟)	
癸巳	丁亥	乙酉	乙酉

반음(返吟)은 달리 '천극지충(天剋地冲)'이라 하고 복음(伏吟)은 달리 '천동지동(天同地同)'이라고 합니다. 즉 왼쪽과 같이 癸巳와 丁亥는 천간에서는 癸水가 丁火를 극(剋)하고 지지에서는 사해충(巳亥冲)하여 천극지충(天剋地冲)의 관계이고, 을유(乙酉)와 을유(乙酉)는 서로 동일하므로 천동지동(天同地同)의 관계입니다.

반음이나 복음은 모두 고대의 육임(六壬) 점술에서 비롯한 표현인데, 반음이란 천극지충(天剋地冲)으로 인해 두 간지 사이가 심하게 동요하고 불안정하여 끊임없이 방황하면서 이리저리 오가며 홀로 신음하는 것을 의미하고, 복음이란 엎드려 숨죽이면서 홀로 신음하는 것을 의미합니다.

보통 상의적으로는 반음이 일주(日柱)에서 나타나면 심신의 불안정함으로 인해 속을 썩는 일이 잦은 상황으로 해석합니다. 또한 복음에 대해서는 사정(事情)이 정체(停滯)되어 뾰족한 변화를 모색하지 못하고 있는 상황이거나 혹은 말 못할 속사정으로 인해 혼자 괴로워하는 일이 발생하는 것으로 해석하는데, 양쪽 모두 정신적인 불안정이 주요하게 파악하는 정황입니다.

반음과 복음은 특히 운로에서 다가온 간지로 인해 원국의 간지와 관계가 이루어질 때 해당 주(柱)를 중심으로 파악하게 됩니다.

원국(原局)의 지궁(地宮)의 의미 : 궁위론(宮位論)

원국의 지궁(地宮)은 그 자체로 상의를 지니고 있습니다. 여기서 지지(地支)라 표현하지 않고 지궁이라고 표현하는 것은 특정한 지지로 인한 의미가 아니라 년지(年支)·월지(月支)·일지(日支)·시지(時支)가 갖는 고유의 의미입니다. 이와 관련한 자평학의 논의를 달리 '궁위론(宮位論)'이라고 합니다. 여기서는 생활환경에 관한 견해만 간략하게 살펴보겠습니다.

◆ 생활환경

| 근외(近外) | | 내(內) | | 원외(遠外) |
결혼·독립 이후			결혼·독립 이전	
時干	日干	月干	年干
時支	日支	月支	年支
가정생활(晩年) 노년기의 심리	부부 생활 성적 측면	가정생활(早年) 성장기의 심리	사회 생활 대외 관계

생활환경에 관한 궁위론(宮位論)만 해도 명가(命家)마다 다양한 견해를 제시하고 있습니다만, 여기에서는 필자가 많이 적용하는 내용을 도표로 나타내었습니다. 우선 월주(月柱)·일주(日柱)는 내적인 상황과 관련이 많고, 년주(年柱)·시주(時柱)는 외적인 상황과 관련이 많습니다. 보통 내적(內的)이라는 의미는 상의적으로 우선 가족이나 육친(六親) 위주로 접근하여 해석한다는 의미이고, 외적(外的)이라는 의미는 실제로 가정을 벗어난 외부에서 벌어지는 사정으로 접근하여 해석한다는 의미입니다.

또한 큰 시각에서 년월(年月)은 결혼이나 독립 이전의 생활을, 일시(日時)는

413

결혼이나 독립 이후의 생활을 반영합니다. 그리고 이에 기초하여 년지(年支)와 일지(日支)를 대비하고, 월지(月支)와 시지(時支)를 대비할 수 있습니다. 먼저 사회생활이나 대외 관계에 관한 사항을 살펴보는 궁위(宮位)는 년지(年支)이고, 부부 생활이나 성적(性的)인 요소를 살펴보는 궁위는 일지(日支)이며, 어린 시절의 가정생활이나 혹은 성장기의 심리적인 요소를 살펴보는 궁위는 월지(月支)이고, 노년기의 가정생활이나 심리적인 요소를 살펴보는 궁위는 시지(時支)입니다. 보통 월지의 가정생활에서는 부모·형제와의 관계가 위주가 되고, 시지의 가정생활에서는 자녀와의 관계가 위주가 됩니다.

◆ **반음·복음과 궁위의 관계**

이와 같은 궁위론을 바탕으로 반음·복음의 관계를 적용할 수 있습니다. 가령 [Case 14]의 경우 40대에 맞이하는 신사(辛巳) 대운은 일주와 반음(返吟)의 관계를 형성하게 됩니다. 이러한 경우 기혼자라면 부부 생활에서 갈등이나 위기가 찾아오기 쉽고, 그로 인해 매우 방황하며 고뇌하는 시기가 될 가능성이 높다는 해석적 접근을 시도할 수 있습니다.

◆ **[Case 14] 男命**

癸	丁	乙	乙
卯	亥	酉	巳
大運: 辛巳			

천합지합(天合地合)·**천합지형**(天合地刑)·**천합지뇌**(天合地惱)

천합지합·천합지형·천합지뇌 등은 간지끼리의 관계에서 간관계와 지관계가 모두 존재할 경우 이를 함께 지칭하는 개념입니다. 각각의 내용은 다음과 같습니다.

* 천합지합 : 천간끼리는 간합(干合)을 형성하고, 지지끼지는 지합(地合)을 형성한 관계
* 천합지형 : 천간끼리는 간합(干合)을 형성하고, 지지끼리는 형(刑) 관계를 형성한 관계
* 천합지뇌 : 천간끼리는 간합(干合)을 형성하고, 지지끼리는 뇌(惱) 관계를 형성한 관계

[Case 15]에서 년주와 월주는 천합지합(天合地合)이면서 동시에 천합지형(天合地刑)을 형성하고, 일주와 시주는 천합지뇌(天合地惱)를 형성하며, [Case 16]에서 년주와 월주는 천합지합(天合地合)이면서 동시에 천합지뇌(天合地惱)를 형성하고, 일주와 시주는 천합지형(天合地刑)을 형성합니다.

◆ [Case 15]

癸	戊	丙	辛
丑	申	申	巳
天合地惱		天合地合	
		天合地刑	

◆ [Case 16]

庚	乙	甲	己
辰	丑	戌	卯
天合地刑		天合地合	
		天合地惱	

이들 간지 관계의 주요한 의미는 천간이 합으로 묶여 있는 것에 있습니다. 보통 천간(天干)의 동태는 외적으로 드러나는 인사(人事)나 사정(事情)을 많이 암시하고, 지지(地支)의 동태는 외적으로 쉽게 드러나지 않는 인사(人事)나 사정(事情)을 많이 암시합니다. 따라서 지관계에서 형(刑)·뇌(惱)의 갈등이 존재할지라도 드러나는 간관계는 서로 합(合)하고 있기 때문에 겉으로는 평온하고 화합을 잘 이루고 있는 것처럼 나타나서 오히려 그 갈등에 따른 내적인 고통이 매우 악화될 수 있는 상황에 놓여 있다고 파악하는 것입니다.

또한 지관계에서 형(刑)과 합(合)이 공존하거나 합(合)과 뇌(惱)가 공존하는 것 또한 이들의 갈등이 봉합과 갈등을 반복한다는 암시가 존재하는데, 그럼에도 불구하고 간관계가 합(合)을 형성하므로 이 갈등은 좀처럼 대외적으로 명료하게 해결되지 못할 사정임을 암시하고 있습니다.

육십갑자(六十甲子)와 공망(空亡)

수많은 신살(神殺) 중에서도 중요도 측면에서 높은 비중을 차지하는 개념으로 공망(空亡)이 있습니다. 일반적으로 알려진 공망(空亡)은 다음과 같은 표에서 쉽게 얻어집니다. 즉 천간은 10개이고 지지는 12개이어서 이를 하나씩 대응하여 짝을 짓다 보면 필연적으로 천간과 짝을 형성하지 못한 2개의 지지가 남게 됩니다. 그로 인해 이들을 그 간지의 순(旬; 10개끼리의 묶음)에서 짝 없는 외로운 신세가 되어 공허(空虛)한 존재로 파악하는 것이 바로 공망의 개념입니다.

六甲旬	甲子旬	甲戌旬	甲申旬	甲午旬	甲辰旬	甲寅旬
六十甲子	甲子	甲戌	甲申	甲午	甲辰	甲寅
	乙丑	乙亥	乙酉	乙未	乙巳	乙卯
	丙寅	丙子	丙戌	丙申	丙午	丙辰
	丁卯	丁丑	丁亥	丁酉	丁未	丁巳
	戊辰	戊寅	戊子	戊戌	戊申	戊午
	己巳	己卯	己丑	己亥	己酉	己未
	庚午	庚辰	庚寅	庚子	庚戌	庚申
	辛未	辛巳	辛卯	辛丑	辛亥	辛酉
	壬申	壬午	壬辰	壬寅	壬子	壬戌
	癸酉	癸未	癸巳	癸卯	癸丑	癸亥
※空亡	戌·亥	申·酉	午·未	辰·巳	寅·卯	子·丑

보통 일주(日柱)를 중심으로 판단하기 때문에 가령 [Case 17]처럼 일주(日柱)가 정해(丁亥)이면 정해가 존재하는 순(旬)을 찾아 하단의 공망(空亡)이라고 적혀 있는 '오·미(午·未)'를 찾고, 그 오·미(午·未)가 원국에 존재하는지 검토하는 것인데, 원국의 월지(月支)와 시지(時支)가 각각 미(未)·오(午)이므로 두 지지를 공망(空亡)이라고 표시하게 됩니다.

◆ [Case 17]

丙	丁	乙	辛
午	亥	未	酉
空亡		空亡	

그러나 이와 같은 방식에는 근본적인 문제점이 있습니다. 우선 쭝이밍(鐘

義明) 선생도 지적한 것처럼,[118] 고대의 점성술에서 설명한 공망(空亡)은 양공(陽空)·음망(陰亡)의 준말로 양적(陽的)인 간지에 대해서는 공(空)한 자리를 찾아 '고(孤)한 지지[→ **고지(孤支)**]'라고 부르고, 음적(陰的)인 간지에 대해서는 망(亡)한 자리를 찾아 '허(虛)한 지지[→ **허지(虛支)**]'라고 불렀습니다. 따라서 공망(空亡)은 함께 불렀을 뿐 각각 다른 대상입니다. 그리고 양적(陽的)·음적(陰的)인 간지(干支)의 개념이 무엇인가에 대해서는 다음의 두 견해가 존재하여 명확하지는 않은 상태입니다만, 필자는 B 견해가 원뜻에 가까울 것으로 보고 있습니다.

	양적인 간지	음적인 간지
A 說	甲~戊에 이르는 간지	己~癸에 이르는 간지
B 說	甲·丙·戊·庚·壬의 간지	乙·丁·己·辛·癸의 간지

그러므로 위 개념에 충실하자면 정해(丁亥)는 음적인 간지에 속하므로 오(午)는 제외한 채 미(未)만 적용할 수 있습니다.

그러나 더 큰 문제는 천간과 지지의 배합은 10개로서 끝나고 새롭게 시작하는 것이 아니라 끊임없이 순환하는 개념이라는 점입니다. 즉 짝이 없는 두 개의 지지가 존재하는 것이 아니라 60회를 반복하면서 모두 짝을 이루는 것입니다. 그러므로 필자는 근본적으로 공망(空亡)이라는 개념 자체에

---

118 鐘義明의 『命理難題解題』(165~184쪽)

대해서 인정하지 않고 있습니다.

　시중에 이 내용이 널리 퍼지게 된 연유에는 특히 일본의 명가(命家)들이 천중살(天中殺)이라고 부르면서 그 중요성을 과도하게 강조했고, 해방 이후 한국의 자평학이 일본 명학의 흐름을 강하게 이어 받았기 때문입니다. 이로 인해 공망이 표시된 자리는 헛되고 허무하게 작용한다며 지나치게 강조하는 것을 보고 있노라면, 차라리 그렇게 적용하고 싶다면 공망(空亡)의 원뜻이라도 바르게 지켜서 적용하라는 생각을 꼭 전하고 싶습니다.

　대부분의 일본 명가(命家)들이 이해한 자평학의 여러 개념들은 이와 같이 자의적으로 곡해(曲解)하여 원뜻을 어지럽힌 것이 매우 많습니다. 또한 이는 자평학뿐만 아니라 동아시아 전통 의학도 마찬가지여서 20세기 후반에 장야오원(張耀文) 선생이 일본에 넘어가 이와 같은 요소들을 여러 차례 지적하고 시정하기를 강조하였지만, 별로 바뀌지는 못했습니다. 문제는 이러한 영향을 고스란히 이어받은 것이 한국 명학의 현주소라는 점입니다. 지금이라도 시급하게 시정해야 할 사항들입니다.

관계론의 적용과
해석에 관한 유의 사항

지금까지 자평학 논의 체계의 핵심을 이루는 관계론에 대해서 살펴보았습니다. 그중에서도 십간론(十干論)은 자평학 이론의 정수(精髓)이면서 시작과 끝을 모두 아우르는 이론입니다. 십신론(十神論)의 내용도 십간론(十干論)을 벗어나서 전개할 수 없고, 지지(地支)나 간지(干支)의 변화에 대한 상의(象意) 파악에 있어서도 최종적으로 드러나는 인사(人事)에 관한 사항은 간관계(干關係)를 통한 간(干)의 동태 파악이 핵심을 이룹니다. 무엇보다 상의(象意) 파악에 있어서 지지(地支)만으로는 분위기와 배경적 이해 및 접근은 가능할지라도 구체적인 성패(成敗)·득실(得失)에 관한 최종적인 판단은 간(干)의 희기(喜忌)에 대한 파악과 해석이 이루어져야 가능하게 됩니다.

그런데 십간론에 관한 내용들을 실제 논명 과정에서 적용하는 과정에 있어서 몇 가지 유의사항이 존재합니다.

먼저 십간론의 내용들이 자연에 존재하는 사물로 비유하여 설명한 것이 의외로 많습니다. 가령 앞의 십간론에서는 다음과 같은 비유가 등장하였습니다.

＊ 갑목(甲木) : 아름드리나무, 거송(巨松), 연료

＊ 을목(乙木) : 화초, 잡초

＊ 병화(丙火) : 태양

＊ 정화(丁火) : 등불, 화력(火力)

＊무토(戊土): 산(山), 화로

＊기토(己土): 양토(壤土), 논밭, 늪지, 화로

＊경금(庚金): 도끼, 태풍, 가위, 철광석, 광물

신금(辛金): 명월, 주옥

＊임수(壬水): 강호(江湖)

* 계수(癸水) : 감로(甘露), 운우(雲雨), 강설(降雪)

  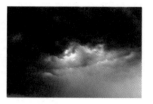

그런데 이와 같은 비유를 사용한 것은 해당 십간(十干)과 타간(他干) 사이의 관계성을 쉽게 설명하려는 방편에서 비롯한 것입니다. 따라서 이를 실제로 동일한 사물로 해석하여 사주를 논명하려는 시도는 바람직하지 못합니다.[119] 근본적으로 십간(十干)은 기(氣)이기 때문입니다. 가령 [Case 18]과 같은 명식을 논하면서 "본인은 거산(巨山)이다. 그런데 이 거산(巨山)은 두 개의 산(山)으로 이루어져 산세(山勢)를 형성하고 있고, 그 위에 태양이 비추고 있으며 이 산은 광물이 산출되는 광산이다"라고 언급하는 것은 자평 논명(論命)의 본질과 거리가 있습니다.

◆ [Case 18]

丙	戊	戊	庚
辰	戌	寅	子
戊	戊	甲	癸
癸	丁	丙	
乙	辛		

---

119 일부에서는 이와 같은 논명 관점을 '물상론(物象論)'이라고 부르면서 새롭고 독특한 관점인 것처럼 과대 포장하고 있습니다.

사물의 비유는 근본적으로 간관계(干關係)의 상호 작용을 보다 쉽게 기억할 수 있도록 택한 내용 전달의 방편일 따름인데, 본질적인 내용은 기억하지 못한 채 실제 논명에서도 사물의 비유가 매우 중요한 것처럼 강조하며 논명하는 자세는 매우 부적절한 것입니다. 이는 마치 달을 가리켰더니 달은 보지 않고 손가락 끝만 바라보고 있음을 탄식한 법어(法語)의 말씀과 다를 바가 없는 것입니다. 참고로 십간(十干)의 기(氣)를 간략하게 제시하면 다음과 같습니다.

木	춘기(春氣) 온기(溫氣) 진기(進氣)	甲木	陽和之氣(양화지기) : 온화한 봄날의 氣
		乙木	艶陽之氣(염양지기) : 화창한 봄날의 氣
火	하기(夏氣) 서기(暑氣) 승기(昇氣)	丙火	猛烈之氣(맹렬지기) : 위세 있고 맹렬한 여름의 氣 太陽之氣(태양지기) : 태양의 氣
		丁火	溫煖之氣(온난지기) : 따뜻한 熱氣(열기)
土	잡기(雜氣) 간기(間氣) 정체기(停滯氣)	戊土	高亢之氣(고항지기) : 고항한 土氣(토기)
		己土	卑濕之氣(비습지기) : 비습한 土氣(토기)
金	추기(秋氣) 량기(涼氣) 퇴기(退氣)	庚金	肅殺之氣(숙살지기) : 스산한 가을의 氣
		辛金	淸涼之氣(청량지기)·凝淸之氣(응청지기) : 맑고 서늘한 가을의 氣
水	동기(同氣) 한기(寒氣) 강기(降氣)	壬水	凜冽之氣(늠렬지기) : 매섭게 추운 겨울의 寒氣(한기)
		癸水	濕潤之氣(습윤지기) : 습기가 많고 윤택한 氣

간관계(干關係)의 확장

간관계(干關係)에 대한 설명은 단순히 두 개의 간(干) 사이에 일어나는 상호작용만 학습하고 고려하는 것이 아닙니다. 두 개의 간관계(干關係)는 가장 기본적인 상호작용의 출발에 해당할 뿐입니다. 즉 이 관계성의 파악이 익숙해지게 되면 이제는 세 개·네 개의 간관계(干關係) 속에서 일어나는 상호작용을 파악하는 쪽으로 이론과 학습의 확장이 일어나야 합니다. 이렇게 확장하게 되면 양자(兩者)의 관계가 전혀 다른 상황으로 전개될 수도 있어서, 소위 갑을(甲乙) 관계가 반전되는 상황도 나타날 수 있습니다. 즉 해석의 방향이 전혀 달라질 수 있다는 의미입니다.

또한 간관계(干關係) 이해를 바탕으로 간지(干支)의 내용을 더하여 여러 간지(干支)끼리의 간지관계(干支關係) 확장까지 지속적이고 심층적으로 논의를 전개하게 됩니다. 그만큼 변수가 많아지고 복잡해지지만, 이러한 복합 관계성을 파악하려고 노력하는 것이 바로 자평학 이론이 심화되는 방향입니다. 따라서 이와 같은 자평학의 학습 방향과 이론의 전개를 염두에 두면서 자평학 학술 체계에 대한 논의 수준을 감안하셨으면 좋겠습니다.

간관계(干關係)와 인사(人事)의 관계성

이미 간략하게 설명한 바가 있지만, 십간(十干)의 본성에 충실하게 부합하는 간관계(干關係)와 그 관계성에 관한 바람직한 방향성이 실제 인사(人事)에 있어서도 바람직한 관계성의 방향과 일치하지는 않는다는 사실입니다.

예를 들어 고항(高亢)한 기운을 표상하는 무토(戊土)의 기상은 고항하면 할수록 본성의 희구와는 더욱 잘 부합한다고 할 수 있지만, 인사(人事)의 관계로 이를 적용하고 해석함에 있어서는 사회적 관계성이 매우 부족하고 대화나 처세의 태도에 있어서 소통(疏通) 능력이 취약하여 함께 생활하기에 상당히 곤란한 성향으로 드러나게 됩니다.

또한 준엄해야 할 경금(庚金)의 기상은 숙살지기(肅殺之氣)의 기백이 강할수록 현실에서 드러나는 인사(人事)의 관계성에 있어서는 세상과 타협할 줄 모르고 자신의 의견만을 지나치게 묵수(墨守)함으로써 호오(好惡)의 대상이 명확하게 나뉘는 한계성을 좀처럼 벗어나기 어렵습니다.

따라서 인사(人事) 관계의 적절한 유지와 안락한 현실 생활의 추구를 바람직한 방향성으로 설정하고 있는 자평학의 논명 관점에서는 무토(戊土)에게 갑목(甲木)의 소토(疏土)를 배합시키고, 경금(庚金)에게 정화(丁火)의 연금(煉金)을 배합시켜 긍정적인 의미를 부여하고자 한 것입니다.

그러나 이것이 각자가 추구하는 삶의 방향성이나 가치관 혹은 종교적·도덕적으로 제시하는 선(善)의 방향성과는 서로 다른 차원의 관점이라는 것을 명확하게 인식할 필요가 있습니다. 즉 세상과 쉽게 타협하지 못하는 강인한 경금(庚金)의 성향을 불선(不善)의 방향으로 간주할 수는 없기 때문입니다. 그러므로 간관계(干關係)의 논의를 바탕으로 인사(人事) 관계성을 파악하고 해석하는 과정에 있어서 이러한 차이를 명확하게 인지해야 비로소 내담자에게 정확하고 바람직한 상의(象意)를 설명하면서 상담을 진행할 수 있다는 점을 유념해주시기 바랍니다.

십간론(十干論)과 십신론(十神論)의 결합

비록 이 책에서는 설명하지 않고 있지만, 십신론(十神論)의 내용을 반영하여 논명(論命)할 때에는 반드시 십간론(十干論)의 논의가 선행되어야 합니다. 예를 들어 乙辛의 관계를 설명하면서 을목(乙木)의 처지에서 신금(辛金)과의 관계는 좀처럼 타협점을 모색하기 어려운 난제(難題)라고 제시했습니다. 따라서 이러한 관계성을 바탕으로 해석하는 상의(象意)로는 다음과 같은 사항을 제시할 수 있습니다.

* 사회생활이나 대인(對人) 관계에 있어서 불량(不良)하고 괴로운 상황에 자주 직면하게 된다.
* 신경이 매우 예민하고, 쉽게 겁을 먹으며 인내력이 약하다.

이제 이 관계성에 십신론(十神論)의 내용을 적용하게 되면 신금(辛金)은 을목(乙木)에게 동관(同官)에 해당하므로, 만약 을목(乙木)의 명주(命主)가 여성이라면 부부관계의 불량함을 예측하는 방향으로 논의를 전개할 수 있게 되고, 남녀(男女)에 관계없이 모두 근무하고 있는 직장 내에서 난감하고 괴로운 직장의 요구나 상사의 무리한 부담·책임 전가가 자신에게 일어날 수 있다고 해석할 수 있게 되는 것입니다.

이는 단순히 동관(同官)이기 때문에 이와 같이 상의(象意)를 해석하는 것이 아닙니다. 가령 甲庚의 관계를 해석함에 있어서는 갑목(甲木)에게 있어서 경금(庚金) 또한 동일한 동관(同官)의 대상이지만 乙辛 관계에서 일어나는 정도까지 심한 스트레스 유발 관계로 경금(庚金)을 이해하지는 않기 때문입니다. 즉 동관(同官)의 내용을 바탕으로 상의(象意)를 해석하는 것이 아니라 간관계(干關係)의 내용을 바탕으로 동관(同官)의 내용을 더하여 상의(象意)를 해석한다는 의미입니다.

강의 리뷰(review)와 군자(君子)의 처세

지금까지 모두 다섯 개의 강의 주제를 가지고 '자평학(子平學)'을 살펴보았습니다. 강의 내용이 생각보다 상당히 어려웠습니까? 전체를 되돌아보면서 지난 내용을 함께 정리해봅시다.

먼저 우리는 자평학이 소속된 거대한 학술 체계의 밑바탕을 살펴보면서, 함께 공부할 자평학의 윤곽을 그렸습니다.

다음으로 배경지식이 되는 십단(十端)에 대해서 알아보았습니다. 여기서 학습한 십단의 지식은 비단 자평학에만 적용되는 한정된 내용이 결코 아닙니다. 모든 동아시아 술수학 분야에 통용되는 광범위한 사고의 패러다임이기 때문입니다. 따라서 동아시아 전통문화를 이해하기 위해서는 무엇보다 십단에 대한 충분한 이해와 사유의 능통함이 중요합니다. 여러분이 중시하고 또 중시해야 하는 이유입니다.

세 번째 주제는 명식의 작성이었습니다. 흔히 자평학을 조금 공부했다는 사람들도 대부분 컴퓨터나 스마트폰 애플리케이션 및 인터넷의 도움을 받으면서 명식의 작성에 대해서는 의외로 소홀히 여기는 경우가 많습니다. 그러나 명식은 자평학 논의의 출발점이 되는 대전제입니다. 잘못 작성된 명식은 그 이후의 모든 논의가 무의미한 결과를 초래합니다. 따라서 이 근원에 대한 정확한 인식은 매우 중요합니다. 꼭 숙지해야 하므로 다시 한 번 관련 사항에 대해서 꼼꼼하게 점검하며 능숙해지시기 바랍니다.

네 번째 주제는 자평학의 기본 이론으로 자평학 논의의 소전제쯤 해당하는 사항들입니다. 명식을 작성하는 순간 이 내용들은 바로 눈에 들어올 만큼 반복하셔야 합니다. 보통 처음 학습하는 경우에는 명식 작성에 해당 요소를 하나하나 기록하면서 익숙해질 때까지 반복하는 과업을 부여하곤 합니다. 알 것 같은 것과 아는 것은 다릅니다. 반드시 한눈에 들어올 때까지 반복해서 적어보는 습관을 들이시기 바랍니다.

마지막 다섯 번째 주제는 관계성 논의에 대한 개괄입니다. 명식의 본질은 관계성 파악에 있습니다. 따라서 자평학 논의의 시작과 끝은 모두 관계론입니다. 그중에서도 가장 중요한 이론은 바로 십간론입니다.

사주 명학에서는 역대 커다란 두 번의 패러다임의 전환이 있었습니다. 첫 번째는 서자평 선생이 정립한 일간(日干) 중심의 생극제화(生剋制化) 논의입니다. 그 이전까지 년주(年柱)와 신살 중심으로 전개되었던 논의를 일주(日

柱)와 오행의 생극제화를 중심으로 논명의 커다란 변화를 가져왔습니다. 두 번째는 명청대(明淸代)에 나타난 음양오행론 패러다임에서 십간론 패러다임으로의 전환입니다. 바로 이 대목에서 자평학이 다른 동아시아 술수학과 차별화되는 계기가 되었고, 동시에 새로운 술수학의 방향성을 설정하고 제시하는 이정표가 세워졌습니다.

따라서 다섯 번째 마당에서 설명한 관계론들은 정말로 개괄에 불과하다는 사실을 꼭 알아야 합니다. 세부적으로는 십간론을 비롯하여 십신론·지지론·간지론 모두 능히 별도의 주제로 삼아 각각 몇 권의 책 내용을 서술할 수 있을 만큼 그 논의 체계가 방대합니다. 그러므로 비록 정수에 해당할 만한 사항들을 추려서 기술하기는 했지만, 본 책에서 서술한 정도가 전부라는 생각은 결코 하지 않으셔야 합니다.

여기까지가 본 책에서 다룬 내용의 전부입니다.

솔직히 자평학을 공부하는 과정은 지난(至難)함 그 자체입니다. 공자님은 "不知命 無以爲君子也. (하늘의 명을 알지 못하면 군자가 될 수 없다.)"라 하셨지만 사실 군자(君子)가 되기 위해 자평학을 공부하는 것은 아닙니다. 오히려 자평학을 공부하는 과정에서 겪게 되는 좌절감이 더욱 소인(小人)의 행보를 재촉할 정도입니다. 그럼에도 불구하고 자평학을 공부하는 외롭고 힘든 여정을 걸어갈 수 있도록 격려해준 고마운 선현의 말씀이 있습니다. 이 말씀이 여러분들의 학습 과정에도 든든한 격려가 되기를 진심으로 기원합니다.

賢人君子, 明於盛衰之道, 通乎成敗之數, 審乎治亂之勢, 達乎去就之理. 故潛居抱道, 以待其時. 若時至而行, 則能極人臣之位; 得機而動, 則能成·代之功; 如其不遇, 沒身而已. 是以其道足高, 而名重於後代.

[『素書(소서)』·《原始章(원시장)》]

현인과 군자는 세사(世事)의 성쇠(盛衰)에 밝아야하고, 인사(人事)의 성패(成敗)에 능통해야하며, 치세(治世)와 난세(亂世)가 반복되는 커다란 세(勢)의 변화를 살펴야하고, (이를 통해) 진퇴의 이치에 통달해야한다. 그러므로 도(道)를 품고 세상에 숨어 지내면서 때가 오기를 기다리다가, 만약 때가 도달하여 적극적으로 나서면 최고의 자리에 이를 수 있으니, 이는 잡은 기회를 바탕으로 절세의 공적을 이룰 수 있도록 노력했기 때문이다. 그러나 만약 그 기회가 끝내 오지 않는다면 그대로 세상을 다할 뿐이다. 왜냐하면 그 도(道)가 충분히 높아 이름이 후대에 중시될 것이기 때문이다.

* * *

이제 다음 책에서 학습할 논의의 내용들에 대해 간략하게 소개하면서 여러분과의 긴 여정을 마치고자 합니다.

체용론(體用論)

동아시아 전통 의학에서는 변증(辨證)을 통해 환자의 상변(常變; 정상과 변화 양상)을 파악하고 병증(病證)을 진단하면서 치법(治法)을 확립합니다. 마찬가지로 자평학에서는 체용(體用)의 관점을 통해 논명의 핵심이 되는 체신

(體神)과 용신(用神)을 찾아가게 됩니다. 체용(體用)이 중요한 이유는 체용이 확립되어야 비로소 희기(喜忌)를 판단할 수 있기 때문입니다.

상의론(象意論)

상의론(象意論)은 명식에서 암시하는 천간과 지지의 여러 관계성을 바탕으로 명주에게 일어나는 인사(人事)와의 관계성을 보다 구체적으로 대응시켜 해석하는 과정입니다. 이를 통해 체용론(體用論)에서 얻어진 희기(喜忌)의 관점을 적용하여 인사(人事)의 성패(成敗;성공과 실패)와 득실(得失;획득과 상실)을 조심스럽게 예측하게 됩니다.

첫 번째 책의 내용부터 체용론까지의 과정은 비교적 철저하게 논리에만 충실하게 치우쳐 있다면 상의론(象意論)은 가치 판단이 개입되는 단계여서 비교적 논자(論者)마다 해석의 다양성이 다양하게 전개될 수 있는 여지가 많습니다. 사람들이 추구하거나 종교와 철학이 제시하는 선(善)의 가치와 방향성이 자평학에서 바라보는 성공·획득과 반드시 일치하지는 않기 때문입니다.

또한 상의(象意)는 단 하나의 의미만을 담고 있는 것이 아니라 복합적인 의미를 담고 있기 때문에 대응시킬 수 있는 인사(人事)가 매우 다양해서, 그 인사를 대응하여 해석하는 방향과 각각의 인사에서 성패·득실의 예측 방향이 모두 동일하지 않은 것도 해석의 다양성이 나타나는 중요한 이유입니다. 그렇지만 보통 사람들의 가장 구체적인 관심사의 영역이기 때문에 상의론은 자평학 세부 분야에 있어서 가장 어렵고도 매력적이며 역동적인 분야에 해당합니다.

새로운 관계 모색

향후 자평학이 보다 나아가야 할 내적인 방향으로는 아직 완성도가 부족한 지관계(支關係)와 간지(干支) 통합 관계를 보완하여 보다 관계론을 정밀하게 다듬는 것입니다. 또한 외적인 방향으로는 오술(五術)의 다른 분야와의 공동 작업[collaboration]을 통해 그 지평을 더욱 확장하는 것입니다. 사적으로는 특히 동아시아 전통의학[TEAM] 분야와의 공동 작업이 가장 시급하다고 생각합니다. 결실을 맺을 여지가 가장 풍부하기 때문입니다.

자평학에서 파악하려는 내용의 본질은 바로 명주의 심리와 생리의 특성입니다. 따라서 심리학이나 정신의학 및 TEAM과의 연계 시도는 서로의 학문을 보다 풍성하게 하고 관점을 폭넓고 유연하게 확장할 수 있는 중요한 과업이 될 수밖에 없습니다. 특히 저는 TEAM과의 연계에 큰 노력을 기울이고 있습니다. 그렇지만 대만의 쭝이밍(鐘義明) 선생이 강조하셨던 것처럼 우리는 양 학문의 연계와 융합에 있어서 항상 경계해야할 사항이 있습니다.

"醫藥不精, 害人一身;命理不精, 害人一生!"

의약이 정미롭지 못하면 한 사람의 몸을 해치지만,

명리가 정미롭지 못한 것은 한 사람의 일생을 해친다.

그러므로 이러한 사항들을 유념하여 연계의 방향성에 대해 조심스럽게 제언해 보고자 합니다.

* * *

첫 번째 강의를 무사히 마칠 수 있도록 함께 해주신 독자 여러분과의
소중한 인연(因緣)에 대해 깊은 감사의 인사를 드리면서 이만 물러갑니다.

천세인연(千歲因緣) 합장(合掌) 올림.

（附錄）

명식 작성 연습의 풀이

[사례 B]1987년 음력 5월 10일 14시 33분 속초에서 태어난 여자의 명식 작성

◆ **진태양시 시진(時辰) 파악**

· 양력 변환：음력 5월 10일은 양력 6월 6일에 해당함

· KASI 정보에 의한 당일 속초의 남중 시각 ⇨ 12：24

· 1987년 6월에 태어난 사람은 ⊖1시간의 보정이 필요함

  ∴현재의 13시 33분 출생에 해당함

· 진태양시 정오가 12시 24분이므로, 13시 33분은 13시 24분~15시 23분의 영역인 미시(未時)에 속함

◆ **년주(年柱) 파악**：정묘년(丁卯年)

◆ **월주(月柱) 파악**

· 망종의 절입 시각이 6월 6일 14시 19분이므로 13시 33분은 아직 망종에 이르지 못한 시점이기에 사월(巳月)에 속함 ⇨ 월주 참고표에 의하면 을사

월(乙巳月)임

◆ **일주(日柱) 파악**

• 만세력의 의하면 병술일(丙戌日)임

◆ **시주(時柱) 파악**

• 일간(日干)이 병(丙)이고 미시(未時)에 태어났으므로, 시주 참고표에 의하면 을미시(乙未時)임

◆ **대운(大運)의 순역(順逆) 파악**

• 년간(年干)은 정(丁)이고 여자이므로, 음녀(陰女)에 해당하여 순행의 운에 속함

• 대운의 진행 순서 : 병오(丙午) ⟹ 정미(丁未) ⟹ 무신(戊申) ⟹ 기유(己酉) ⟹ 경술(庚戌) ⟹ …

◆ **첫 번째 교운(交運) 시점 계산**

• 입하(立夏) 절입 시각 : 5월 6일 10시 06분

• 망종(芒種) 절입 시각 : 6월 6일 14시 29분

• 비례 관계

31일 4시간 23분 : 10년 = 56분 : φ년

∴ φ ≒ 0.0125년 ≒ 4.6일

• 첫 번째 교운 시점 : 1987년 6월 11일

[四柱]	乙 丙 乙 丁	女命
	未 戌 巳 卯	
[大運]	壬 辛 庚 己 戊 丁 丙	
	子 亥 戌 酉 申 未 午	

첫 번째 대운 진입 시점 : 1987년 6월 11일

▶ 잘못 작성하기 쉬운 요소

•1987년에 실시된 일광 절약 시간제에 따른 보정을 고려하지 않으면 망종을 지난 것으로 파악하여 월주(月柱)와 대운을 잘못 작성할 가능성이 큽니다.

[사례 E] 1994년 1월 17일 15시 41분 인천에서 태어난 여자의 명식 작성 ⇨ 교운 시점 약식 계산할 것

◆ 진태양시 시진(時辰) 파악

•KASI 정보에 의한 당일 인천의 남중 시각 ⇨ 12 : 43

•진태양시 정오가 12시 43분이므로, 15시 41분은 13시 43분~15시 42분의 영역인 미시(未時)에 속함

◆ 년주(年柱) 파악

•1994년의 입춘 절입 시각이 2월 4일 10시 31분이므로 1월 17일은 입춘 이전에 해당하여 계유년(癸酉年)에 출생함

◆ 월주(月柱) 파악

•1994년의 소한 절입 시각이 1월 5일 22시 48분이므로 1월 17일은 소한을 지

난 시점이기에 축월(丑月)에 속함 ⇨ 월주 참고표에 의하면 을축월(乙丑月)임

◆ 일주(日柱) 파악

• 만세력에 의하면 계묘일(癸卯日)임

◆ 시주(時柱) 파악

• 일간(日干)이 계(癸)이고 미시(未時)에 태어났으므로, 시주 참고표에 의하면

기미시(己未時)임

◆ 대운(大運)의 순역(順逆) 파악

• 년간(年干)은 계(癸)이고 여자이므로 음녀(陰女)에 해당하여 순행의 운에

속함

• 대운의 진행 순서 : 병인(丙寅) ⇒ 정묘(丁卯) ⇒ 무진(戊辰) ⇒ 기사(己巳) ⇒

경오(庚午) ⇒ …

◆ 첫 번째 교운(交運) 시점 계산

• 입춘(立春)의 절입 시각 : 2월 4일 10시 31분

• 약식 계산에 의하면 φ년은 17일 18시간 50분에 대응함

17일 = 3일×5 + 2일
    ⇒ 1년×5 + 2×4개월 = 5년 8개월
18시간 ⇒ 18×5일 = 90일 ⇒ 3개월
50분 ⇒ 무시함

∴ φ ≒ **5년 11개월**

• 첫 번째 교운 시점 : 1999년 12월 17일

[四柱]	己 癸 乙 癸	
	未 卯 丑 酉	女命
[大運]	壬 辛 庚 己 戊 丁 丙	
	申 未 午 巳 辰 卯 寅	

첫 번째 대운 진입 시점 : 1999년 12월 17일

▶ 잘못 작성하기 쉬운 요소

◦ 진태양시 시진(時辰) 파악이 잘못되면 시주(時柱)를 경신시(庚申時)로 잘못

작성할 가능성이 큽니다.

[사례 F] 1988년 음력 3월 23일 01시 57분 수원에서 태어난

남자의 명식 작성 ⇨ 교운 시점 약식 계산할 것

◆ **진태양시 시진(時辰) 파악**

◦ 양력 변환 : 음력 3월 23일은 양력 5월 8일에 해당

◦ KASI 정보에 의한 당일 수원의 남중 시각 ⇨ 12 : 28

◦ 1988년 5월 8일 03시~88년 10월 11일 03시 사이에 태어난 사람은 ⊖1시간

의 보정이 필요함   ∴현재의 00시 57분에 해당함

◦ 진태양시 정오가 12시 28분이므로, 00시 57분은 00시 28분~01시 27분의

영역인 조자시(早子時)에 속함

◆ **년주(年柱) 파악** : 무진년(戊辰年)

◆ **월주(月柱) 파악**

- 입하의 절입 시각이 5월 5일 16시 2분이므로 5월 8일은 입하를 지난 시점이기에 사월(巳月)에 속함 ⇨ 월주 참고표에 의하면 정사월(丁巳月)임

◆ 일주(日柱) 파악

- 만세력에 의하면 계해일(癸亥日)임

◆ 시주(時柱) 파악

- 일간(日干)이 계(癸)이고 조자시(早子時)에 태어났으므로, 시주 참고표에 의하면 임자시(壬子時)임

◆ 대운(大運)의 순역(順逆) 파악

- 년간(年干)이 무(戊)이고 남자이므로, 양남(陽男)에 해당하여 순행의 운에 속함

- 대운의 진행 순서 : 무오(戊午) ⇒ 기미(己未) ⇒ 경신(庚申) ⇒ 신유(辛酉) ⇒ 임술(壬戌) ⇒ …

◆ 첫 번째 교운(交運) 시점 계산

- 망종(芒種)의 절입 시각 : 6월 5일 20시 15분

- 약식 계산에 의하면 φ년은 28일 19시간 18분에 대응함

28일 = 3일×9 + 1일
　　⇒ 1년×9 + 4개월 = 9년 4개월
19시간 ⇒ 19×5일 = 95일 ⇒ 3개월 5일
18분 ⇒ 무시함

∴ φ ≒ 9년 7개월 5일

- 첫 번째 교운 시점 : 1997년 12월 13일

[四柱]	壬 癸 丁 戊	男命
	子 亥 巳 辰	
[大運]	甲 癸 壬 辛 庚 己 戊	
	子 亥 戌 酉 申 未 午	

첫 번째 대운 진입 시점 : 1997년 12월 13일

▶잘못 작성하기 쉬운 요소

• 1988년에 실시된 일광 절약 시간제에 따른 보정을 고려하지 않으면 시주

(時柱)를 계축(癸丑)으로 잘못 작성할 가능성이 큽니다.

Table of Mean Value of the Equation of Time, in Minutes[120]

To correct Solar Time for Standard Time : Add Equation of Time when Sun "slow",
i.e.,sign is positive(+); subtract when Sun "fast," i.e.,sign is negative(−).

Day	JAN	FEB	MAR	APR	MAY	JUN	JUL	AUG	SEP	OCT	NOV	DEC
1	+3.4	+13.6	+12.5	+4.1	−2.8	−2.3	+3.6	+6.3	+0.2	−10.1	−16.3	−11.2
2	3.9	13.7	12.3	3.8	3.0	2.2	3.8	6.2	0.1	10.4	16.4	10.8
3	4.3	13.8	12.1	3.5	3.1	2.0	4.0	6.2	0.5	10.8	16.4	10.4
4	4.8	13.9	11.9	3.2	3.2	1.9	4.2	6.1	0.7	11.1	16.4	10.0
5	5.2	14.0	11.7	2.9	3.3	1.7	4.4	6.0	1.1	11.4	16.4	9.6
6	5.7	14.1	11.5	2.6	3.4	1.5	4.6	5.9	1.5	11.7	16.3	9.2
7	+6.1	+14.2	+11.2	+2.3	−3.4	−1.3	+4.7	+5.8	−1.8	−12.0	−16.3	−8.8
8	6.5	14.2	11.0	2.1	3.5	1.2	4.9	5.7	2.1	12.3	16.3	8.3
9	6.9	14.3	10.7	1.8	3.6	1.0	5.0	5.5	2.5	12.6	16.2	7.9
10	7.3	14.3	10.5	1.5	3.6	0.8	5.2	5.4	2.8	12.8	16.1	7.5
Day	JAN	FEB	MAR	APR	MAY	JUN	JUL	AUG	SEP	OCT	NOV	DEC
11	7.8	14.3	10.2	1.2	3.7	0.6	5.3	5.2	3.2	13.1	16.0	7.0
12	8.2	14.3	10.0	0.9	3.7	0.4	5.4	5.1	3.5	13.4	15.9	6.5
13	+8.5	+14.3	+9.7	+0.7	−3.7	−0.2	+5.6	+4.9	−3.9	−13.6	−15.8	−6.1
14	8.9	14.3	9.4	0.4	3.7	0.0	5.7	4.7	4.2	13.8	15.6	5.6
15	9.3	14.2	9.1	+0.2	3.7	+0.2	5.8	4.5	4.6	14.1	15.5	5.1
16	9.6	14.2	8.9	−0.1	3.7	0.4	5.9	4.3	5.0	14.3	15.3	4.6
17	9.9	14.1	8.6	0.2	3.7	0.7	6.0	4.1	5.3	14.5	15.1	4.1
18	10.3	14.0	8.3	0.5	3.7	0.9	6.1	3.9	5.5	14.7	14.9	3.6
19	+10.6	+13.9	+8.0	−0.7	−3.6	+1.1	+6.2	+3.7	−6.0	−14.9	−14.7	−3.2
20	10.9	13.8	7.7	0.9	3.6	1.3	6.2	3.5	6.4	15.1	14.5	2.7
Day	JAN	FEB	MAR	APR	MAY	JUN	JUL	AUG	SEP	OCT	NOV	DEC
21	11.2	13.7	7.4	1.2	3.5	1.5	6.3	3.2	6.7	15.2	14.3	2.2
22	11.5	13.6	7.1	1.4	3.5	1.7	6.3	3.0	7.1	15.4	14.0	1.7
23	11.8	13.5	6.8	1.6	3.4	2.0	6.4	2.8	7.4	15.6	13.7	1.2
24	12.0	13.4	6.5	1.8	3.3	2.2	6.4	2.5	7.8	15.7	13.4	0.7
25	+12.3	+13.2	+6.2	−1.9	−3.2	+2.4	+6.4	+2.2	−8.1	−15.8	−13.1	−0.2
26	12.5	13.1	5.9	2.1	3.1	2.6	6.4	1.9	8.4	15.9	12.9	0.3
27	12.7	12.9	5.6	2.3	3.0	2.8	6.4	1.7	8.8	16.0	12.5	0.8
28	12.9	12.7	5.3	2.4	2.9	3.0	6.4	1.4	9.1	16.1	12.2	1.3
29	13.1		5.0	2.6	2.8	3.2	6.4	1.1	9.5	16.2	11.9	1.8
30	13.3		4.7	2.7	2.6	3.4	6.4	0.8	9.8	16.3	11.5	2.3
31	+13.4		+4.4		−2.5		+6.3	+0.5		−16.3		+2.8

120 참고 자료 : [http://www.wsanford.com/~wsanford/exo/sundials/equation_of_time.html]

2013년 서울의 일출·남중·일몰 및 시민 박명 시각

1월

양력(일)	음력	태양시(서울)			시민 박명	
1月	月-日	일출	南中	일몰	아침	저녁
01	11-20	07:47	12:36	17:24	07:18	17:54
02	11-21	07:47	12:36	17:25	07:18	17:54
03	11-22	07:47	12:36	17:26	07:18	17:55
04	11-23	07:47	12:37	17:27	07:18	17:56
05	11-24	07:47	12:37	17:28	07:18	17:57
06	11-25	07:47	12:38	17:29	07:18	17:58
07	11-26	07:47	12:38	17:29	07:18	17:58
08	11-27	07:47	12:39	17:30	07:18	17:59
09	11-28	07:47	12:39	17:31	07:18	18:00
10	11-29	07:47	12:40	17:32	07:18	18:01
11	11-30	07:47	12:40	17:33	07:18	18:02
12	12-01	07:47	12:40	17:34	07:18	18:03
13	12-02	07:46	12:41	17:35	07:18	18:04
14	12-03	07:46	12:41	17:36	07:17	18:05
15	12-04	07:46	12:41	17:37	07:17	18:06
16	12-05	07:46	12:42	17:38	07:17	18:07
17	12-06	07:45	12:42	17:39	07:17	18:08
18	12-07	07:45	12:42	17:40	07:16	18:09
19	12-08	07:44	12:43	17:41	07:16	18:10
20	12-09	07:44	12:43	17:43	07:16	18:11
21	12-10	07:43	12:43	17:44	07:15	18:12
22	12-11	07:43	12:44	17:45	07:15	18:13
23	12-12	07:42	12:44	17:46	07:14	18:14
24	12-13	07:42	12:44	17:47	07:14	18:15
25	12-14	07:41	12:44	17:48	07:13	18:16
26	12-15	07:40	12:45	17:49	07:12	18:17
27	12-16	07:40	12:45	17:50	07:12	18:18
28	12-17	07:39	12:45	17:51	07:11	18:19
29	12-18	07:38	12:45	17:52	07:11	18:20
30	12-19	07:38	12:45	17:53	07:10	18:21
31	12-20	07:37	12:45	17:55	07:09	18:22

2월

양력(일)	음력	태양시(서울)			시민 박명	
2月	月－日	일출	南中	일몰	아침	저녁
01	12－21	07:36	12:46	17:56	07:08	18:23
02	12－22	07:35	12:46	17:57	07:08	18:24
03	12－23	07:34	12:46	17:58	07:07	18:25
04	12－24	07:33	12:46	17:59	07:06	18:26
05	12－25	07:32	12:46	18:00	07:05	18:27
06	12－26	07:31	12:46	18:01	07:04	18:29
07	12－27	07:30	12:46	18:02	07:03	18:30
08	12－28	07:29	12:46	18:03	07:02	18:31
09	12－29	07:28	12:46	18:05	07:01	18:32
10	01－01	07:27	12:46	18:06	07:00	18:33
11	01－02	07:26	12:46	18:07	06:59	18:34
12	01－03	07:25	12:46	18:08	06:58	18:35
13	01－04	07:24	12:46	18:09	06:57	18:36
14	01－05	07:23	12:46	18:10	06:56	18:37
15	01－06	07:22	12:46	18:11	06:55	18:38
16	01－07	07:21	12:46	18:12	06:54	18:39
17	01－08	07:19	12:46	18:13	06:53	18:40
18	01－09	07:18	12:46	18:14	06:52	18:41
19	01－10	07:17	12:46	18:15	06:50	18:42
20	01－11	07:16	12:46	18:16	06:49	18:43
21	01－12	07:14	12:46	18:17	06:48	18:44
22	01－13	07:13	12:46	18:18	06:47	18:45
23	01－14	07:12	12:45	18:19	06:45	18:46
24	01－15	07:11	12:45	18:20	06:44	18:47
25	01－16	07:09	12:45	18:21	06:43	18:48
26	01－17	07:08	12:45	18:22	06:42	18:49
27	01－18	07:07	12:45	18:23	06:40	18:50
28	01－19	07:05	12:45	18:25	06:39	18:51

3월

양력(일)	음력	태양시(서울)			시민 박명	
3月	月－日	일출	南中	일몰	아침	저녁
01	01-20	07:04	12:44	18:25	06:38	18:52
02	01-21	07:02	12:44	18:26	06:36	18:53
03	01-22	07:01	12:44	18:27	06:35	18:54
04	01-23	07:00	12:44	18:28	06:33	18:55
05	01-24	06:58	12:44	18:29	06:32	18:56
06	01-25	06:57	12:43	18:30	06:31	18:57
07	01-26	06:55	12:43	18:31	06:29	18:58
08	01-27	06:54	12:43	18:32	06:28	18:58
09	01-28	06:52	12:43	18:33	06:26	18:59
10	01-29	06:51	12:42	18:34	06:25	19:00
11	01-30	06:50	12:42	18:35	06:23	19:01
12	02-01	06:48	12:42	18:36	06:22	19:02
13	02-02	06:47	12:42	18:37	06:21	19:03
14	02-03	06:45	12:41	18:38	06:19	19:04
15	02-04	06:44	12:41	18:39	06:18	19:05
16	02-05	06:42	12:41	18:40	06:16	19:06
17	02-06	06:41	12:40	18:41	06:15	19:07
18	02-07	06:39	12:40	18:42	06:13	19:08
19	02-08	06:38	12:40	18:43	06:12	19:09
20	02-09	06:36	12:40	18:44	06:10	19:10
21	02-10	06:35	12:39	18:45	06:09	19:11
22	02-11	06:33	12:39	18:45	06:07	19:12
23	02-12	06:32	12:39	18:46	06:05	19:13
24	02-13	06:30	12:38	18:47	06:04	19:13
25	02-14	06:29	12:38	18:48	06:02	19:14
26	02-15	06:27	12:38	18:49	06:01	19:15
27	02-16	06:26	12:37	18:50	05:59	19:16
28	02-17	06:24	12:37	18:51	05:58	19:17
29	02-18	06:23	12:37	18:52	05:56	19:18
30	02-19	06:21	12:37	18:53	05:55	19:19
31	02-20	06:19	12:36	18:54	05:53	19:20

4월

양력(일)	음력	태양시(서울)			시민 박명	
4月	月-日	일출	南中	일몰	아침	저녁
01	02-21	06:18	12:36	18:55	05:52	19:21
02	02-22	06:16	12:36	18:55	05:50	19:22
03	02-23	06:15	12:35	18:56	05:49	19:23
04	02-24	06:14	12:35	18:57	05:47	19:24
05	02-25	06:12	12:35	18:58	05:46	19:25
06	02-26	06:11	12:34	18:59	05:44	19:26
07	02-27	06:09	12:34	19:00	05:43	19:27
08	02-28	06:08	12:34	19:01	05:41	19:28
09	02-29	06:06	12:34	19:02	05:40	19:28
10	03-01	06:05	12:33	19:03	05:38	19:29
11	03-02	06:03	12:33	19:04	05:37	19:30
12	03-03	06:02	12:33	19:04	05:35	19:31
13	03-04	06:00	12:33	19:05	05:34	19:32
14	03-05	05:59	12:32	19:06	05:32	19:33
15	03-06	05:58	12:32	19:07	05:31	19:34
16	03-07	05:56	12:32	19:08	05:29	19:35
17	03-08	05:55	12:32	19:09	05:28	19:36
18	03-09	05:54	12:31	19:10	05:26	19:37
19	03-10	05:52	12:31	19:11	05:25	19:38
20	03-11	05:51	12:31	19:12	05:24	19:39
21	03-12	05:50	12:31	19:13	05:22	19:40
22	03-13	05:48	12:31	19:14	05:21	19:41
23	03-14	05:47	12:30	19:14	05:19	19:42
24	03-15	05:46	12:30	19:15	05 18	19:43
25	03-16	05:44	12:30	19:16	05:17	19:44
26	03-17	05:43	12:30	19:17	05:15	19:45
27	03-18	05:42	12:30	19:18	05:14	19:46
28	03-19	05:41	12:30	19:19	05:13	19:47
29	03-20	05:39	12:29	19:20	05:11	19:48
30	03-21	05:38	12:29	19:21	05:10	19:49

5월

양력(일)	음력	태양시(서울)			시민 박명	
5月	月-日	일출	南中	일몰	아침	저녁
01	03-22	05:37	12:29	19:22	05:09	19:50
02	03-23	05:36	12:29	19:23	05:08	19:51
03	03-24	05:35	12:29	19:24	05:07	19:52
04	03-25	05:34	12:29	19:25	05:05	19:53
05	03-26	05:33	12:29	19:25	05:04	19:54
06	03-27	05:32	12:29	19:26	05:03	19:55
07	03-28	05:31	12:29	19:27	05:02	19:56
08	03-29	05:29	12:29	19:28	05:01	19:57
09	03-30	05:28	12:28	19:29	05:00	19:58
10	04-01	05:28	12:28	19:30	04:59	19:59
11	04-02	05:27	12:28	19:31	04:58	20:00
12	04-03	05:26	12:28	19:32	04:57	20:01
13	04-04	05:25	12:28	19:33	04:56	20:02
14	04-05	05:24	12:28	19:33	04:55	20:03
15	04-06	05:23	12:28	19:34	04:54	20:04
16	04-07	05:22	12:28	19:35	04:53	20:05
17	04-08	05:21	12:28	19:36	04:52	20:05
18	04-09	05:21	12:28	19:37	04:51	20:06
19	04-10	05:20	12:28	19:38	04:50	20:07
20	04-11	05:19	12:29	19:38	04:49	20:08
21	04-12	05:18	12:29	19:39	04:49	20:09
22	04-13	05:18	12:29	19:40	04:48	20:10
23	04-14	05:17	12:29	19:41	04:47	20:11
24	04-15	05:16	12:29	19:42	04:46	20:12
25	04-16	05:16	12:29	19:42	04:46	20:13
26	04-17	05:15	12:29	19:43	04:45	20:13
27	04-18	05:15	12:29	19:44	04:45	20:14
28	04-19	05:14	12:29	19:45	04:44	20:15
29	04-20	05:14	12:29	19:45	04:43	20:16
30	04-21	05:13	12:30	19:46	04:43	20:17
31	04-22	05:13	12:30	19:47	04:42	20:17

6월

양력(일)	음력	태양시(서울)			시민 박명	
6月	月-日	일출	南中	일몰	아침	저녁
01	04-23	05:12	12:30	19:47	04:42	20:18
02	04-24	05:12	12:30	19:48	04:42	20:19
03	04-25	05:12	12:30	19:49	04:41	20:19
04	04-26	05:11	12:30	19:49	04:41	20:20
05	04-27	05:11	12:30	19:50	04:40	20:21
06	04-28	05:11	12:31	19:51	04:40	20:21
07	04-29	05:11	12:31	19:51	04:40	20:22
08	04-30	05:11	12:31	19:52	04:40	20:23
09	05-01	05:10	12:31	19:52	04:40	20:23
10	05-02	05:10	12:31	19:53	04:39	20:24
11	05-03	05:10	12:32	19:53	04:39	20:24
12	05-04	05:10	12:32	19:54	04:39	20:25
13	05-05	05:10	12:32	19:54	04:39	20:25
14	05-06	05:10	12:32	19:55	04:39	20:26
15	05-07	05:10	12:32	19:55	04:39	20:26
16	05-08	05:10	12:33	19:55	04:39	20:26
17	05-09	05:10	12:33	19:56	04:39	20:27
18	05-10	05:10	12:33	19:56	04:39	20:27
19	05-11	05:11	12:33	19:56	04:39	20:27
20	05-12	05:11	12:34	19:56	04:40	20:28
21	05-13	05:11	12:34	19:57	04:40	20:28
22	05-14	05:11	12:34	19:57	04:40	20:28
23	05-15	05:11	12:34	19:57	04:40	20:28
24	05-16	05:12	12:34	19:57	04:40	20:28
25	05-17	05:12	12:35	19:57	04:41	20:28
26	05-18	05:12	12:35	19:57	04:41	20:28
27	05-19	05:13	12:35	19:57	04:41	20:29
28	05-20	05:13	12:35	19:57	04:42	20:29
29	05-21	05:13	12:35	19:57	04:42	20:28
30	05-22	05:14	12:36	19:57	04:43	20:28

7월

양력(일)	음력	태양시(서울)			시민 박명	
7月	月-日	일출	南中	일몰	아침	저녁
01	05-23	05:14	12:36	19:57	04:43	20:28
02	05-24	05:15	12:36	19:57	04:44	20:28
03	05-25	05:15	12:36	19:57	04:44	20:28
04	05-26	05:16	12:36	19:57	04:45	20:28
05	05-27	05:16	12:37	19:57	04:45	20:28
06	05-28	05:17	12:37	19:57	04:46	20:27
07	05-29	05:17	12:37	19:56	04:47	20:27
08	06-01	05:18	12:37	19:56	04:47	20:27
09	06-02	05:19	12:37	19:56	04:48	20:26
10	06-03	05:19	12:37	19:55	04:48	20:26
11	06-04	05:20	12:38	19:55	04:49	20:25
12	06-05	05:20	12:38	19:55	04:50	20:25
13	06-06	05:21	12:38	19:54	04:51	20:25
14	06-07	05:22	12:38	19:54	04:51	20:24
15	06-08	05:22	12:38	19:53	04:52	20:23
16	06-09	05:23	12:38	19:53	04:53	20:23
17	06-10	05:24	12:38	19:52	04:54	20:22
18	06-11	05:25	12:38	19:52	04:54	20:22
19	06-12	05:25	12:38	19:51	04:55	20:21
20	06-13	05:26	12:38	19:50	04:56	20:20
21	06-14	05:27	12:38	19:50	04:57	20:19
22	06-15	05:28	12:38	19:49	04:58	20:19
23	06-16	05:28	12:39	19:48	04:59	20:18
24	06-17	05:29	12:39	19:47	05:00	20:17
25	06-18	05:30	12:39	19:47	05:00	20:16
26	06-19	05:31	12:39	19:46	05:01	20:15
27	06-20	05:32	12:39	19:45	05:02	20:14
28	06-21	05:32	12:39	19:44	05:03	20:13
29	06-22	05:33	12:39	19:43	05:04	20:12
30	06-23	05:34	12:38	19:42	05:05	20:12
31	06-24	05:35	12:38	19:41	05:06	20:10

8월

양력(일)	음력	태양시(서울)			시민 박명	
8月	月-日	일출	南中	일몰	아침	저녁
01	06-25	05:36	12:38	19:41	05:07	20:09
02	06-26	05:37	12:38	19:40	05:08	20:08
03	06-27	05:37	12:38	19:39	05:09	20:07
04	06-28	05:38	12:38	19:38	05:09	20:06
05	06-29	05:39	12:38	19:36	05:10	20:05
06	06-30	05:40	12:38	19:35	05:11	20:04
07	07-01	05:41	12:38	19:34	05:12	20:03
08	07-02	05:42	12:38	19:33	05:13	20:02
09	07-03	05:42	12:38	19:32	05:14	20:00
10	07-04	05:43	12:37	19:31	05:15	19:59
11	07-05	05:44	12:37	19:30	05:16	19:58
12	07-06	05:45	12:37	19:29	05:17	19:57
13	07-07	05:46	12:37	19:27	05:18	19:55
14	07-08	05:47	12:37	19:26	05:19	19:54
15	07-09	05:48	12:37	19:25	05:20	19:53
16	07-10	05:48	12:36	19:24	05:21	19:51
17	07-11	05:49	12:36	19:22	05:22	19:50
18	07-12	05:50	12:36	19:21	05:22	19:49
19	07-13	05:51	12:36	19:20	05:23	19:47
20	07-14	05:52	12:35	19:18	05:24	19:46
21	07-15	05:53	12:35	19:17	05:25	19:44
22	07-16	05:54	12:35	19:16	05:26	19:43
23	07-17	05:54	12:35	19:14	05:27	19:42
24	07-18	05:55	12:34	19:13	05:28	19:40
25	07-19	05:56	12:34	19:12	05:29	19:39
26	07-20	05:57	12:34	19:10	05:30	19:37
27	07-21	05:58	12:34	19:09	05:31	19:36
28	07-22	05:59	12:33	19:07	05:32	19:34
29	07-23	05:59	12:33	19:06	05:32	19:33
30	07-24	06:00	12:33	19:04	05:33	19:31
31	07-25	06:01	12:32	19:03	05:34	19:30

9월

양력(일)	음력	태양시(서울)			시민 박명	
9月	月－日	일출	南中	일몰	아침	저녁
01	07–26	06:02	12:32	19:02	05:35	19:28
02	07–27	06:03	12:32	19:00	05:36	19:27
03	07–28	06:04	12:31	18:59	05:37	19:25
04	07–29	06:05	12:31	18:57	05:38	19:24
05	08–01	06:05	12:31	18:56	05:39	19:22
06	08–02	06:06	12:30	18:54	05:40	19:21
07	08–03	06:07	12:30	18:53	05:40	19:19
08	08–04	06:08	12:30	18:51	05:41	19:18
09	08–05	06:09	12:29	18:50	05:42	19:16
10	08–06	06:10	12:29	18:48	05:43	19:14
11	08–07	06:10	12:29	18:47	05:44	19:13
12	08–08	06:11	12:28	18:45	05:45	19:11
13	08–09	06:12	12:28	18:43	05:46	19:10
14	08–10	06:13	12:28	18:42	05:47	19:08
15	08–11	06:14	12:27	18:40	05:47	19:07
16	08–12	06:15	12:27	18:39	05:48	19:05
17	08–13	06:15	12:27	18:37	05:49	19:03
18	08–14	06:16	12:26	18:36	05:50	19:02
19	08–15	06:17	12:26	18:34	05:51	19:00
20	08–16	06:18	12:26	18:33	05:52	18:59
21	08–17	06:19	12:25	18:31	05:53	18:57
22	08–18	06:20	12:25	18:29	05:53	18:56
23	08–19	06:20	12:24	18:28	05:54	18:54
24	08–20	06:21	12:24	18:26	05:55	18:52
25	08–21	06:22	12:24	18:25	05:56	18:51
26	08–22	06:23	12:23	18:23	05:57	18:49
27	08–23	06:24	12:23	18:22	05:58	18:48
28	08–24	06:25	12:23	18:20	05:59	18:46
29	08–25	06:26	12:22	18:19	05:59	18:45
30	08–26	06:26	12:22	18:17	06:00	18:43

10월

양력(일)	음력	태양시(서울)			시민 박명	
10月	月－日	일출	南中	일몰	아침	저녁
01	08－27	06:27	12:22	18:16	06:01	18:42
02	08－28	06:28	12:21	18:14	06:02	18:40
03	08－29	06:29	12:21	18:13	06:03	18:39
04	08－30	06:30	12:21	18:11	06:04	18:37
05	09－01	06:31	12:21	18:10	06:05	18:36
06	09－02	06:32	12:20	18:08	06:06	18:34
07	09－03	06:33	12:20	18:07	06:06	18:33
08	09－04	06:33	12:20	18:05	06:07	18:31
09	09－05	06:34	12:19	18:04	06:08	18:30
10	09－06	06:35	12:19	18:02	06:09	18:29
11	09－07	06:36	12:19	18:01	06:10	18:27
12	09－08	06:37	12:19	17:59	06:11	18:26
13	09－09	06:38	12:18	17:58	06:12	18:24
14	09－10	06:39	12:18	17:57	06:13	18:23
15	09－11	06:40	12:18	17:55	06:14	18:22
16	09－12	06:41	12:18	17:54	06:14	18:20
17	09－13	06:42	12:17	17:53	06:15	18:19
18	09－14	06:43	12:17	17:51	06:16	18:18
19	09－15	06:44	12:17	17:50	06:17	18:16
20	09－16	06:45	12:17	17:49	06:18	18:15
21	09－17	06:46	12:17	17:47	06:19	18:14
22	09－18	06:47	12:17	17:46	06:20	18:13
23	09－19	06:48	12:16	17:45	06:21	18:11
24	09－20	06:49	12:16	17:43	06:22	18:10
25	09－21	06:50	12:16	17:42	06:23	18:09
26	09－22	06:51	12:16	17:41	06:24	18:08
27	09－23	06:52	12:16	17:40	06:25	18:07
28	09－24	06:53	12:16	17:39	06:26	18:05
29	09－25	06:54	12:16	17:37	06:27	18:04
30	09－26	06:55	12:16	17:36	06:28	18:03
31	09－27	06:56	12:16	17:35	06:29	18:02

11월

양력(일)	음력	태양시(서울)			시민 박명	
11月	月-日	일출	南中	일몰	아침	저녁
01	09-28	06:57	12:16	17:34	06:30	18:01
02	09-29	06:58	12:16	17:33	06:31	18:00
03	10-01	06:59	12:16	17:32	06:32	17:59
04	10-02	07:00	12:16	17:31	06:33	17:58
05	10-03	07:01	12:16	17:30	06:34	17:57
06	10-04	07:02	12:16	17:29	06:35	17:56
07	10-05	07:03	12:16	17:28	06:36	17:55
08	10-06	07:04	12:16	17:27	06:37	17:55
09	10-07	07:05	12:16	17:26	06:38	17:54
10	10-08	07:06	12:16	17:25	06:39	17:53
11	10-09	07:07	12:16	17:24	06:40	17:52
12	10-10	07:08	12:16	17:24	06:41	17:51
13	10-11	07:09	12:16	17:23	06:42	17:51
14	10-12	07:10	12:16	17:22	06:43	17:50
15	10-13	07:11	12:17	17:21	06:44	17:49
16	10-14	07:13	12:17	17:21	06:45	17:49
17	10-15	07:14	12:17	17:20	06:46	17:48
18	10-16	07:15	12:17	17:19	06:47	17:47
19	10-17	07:16	12:17	17:19	06:48	17:47
20	10-18	07:17	12:18	17:18	06:49	17:46
21	10-19	07:18	12:18	17:18	06:49	17:46
22	10-20	07:19	12:18	17:17	06:50	17:45
23	10-21	07:20	12:18	17:17	06:51	17:45
24	10-22	07:21	12:19	17:16	06:52	17:45
25	10-23	07:22	12:19	17:16	06:53	17:44
26	10-24	07:23	12:19	17:15	06:54	17:44
27	10-25	07:24	12:20	17:15	06:55	17:44
28	10-26	07:25	12:20	17:15	06:56	17:43
29	10-27	07:26	12:20	17:14	06:57	17:43
30	10-28	07:27	12:21	17:14	06:58	17:43

12월

양력(일)	음력	태양시(서울)			시민 박명	
12月	月-日	일출	南中	일몰	아침	저녁
01	10-29	07:28	**12:21**	17:14	06:59	17:43
02	10-30	07:29	**12:21**	17:14	07:00	17:43
03	11-01	07:30	**12:22**	17:14	07:01	17:43
04	11-02	07:31	**12:22**	17:14	07:02	17:43
05	11-03	07:31	**12:23**	17:14	07:02	17:42
06	11-04	07:32	**12:23**	17:13	07:03	17:43
07	11-05	07:33	**12:23**	17:13	07:04	17:43
08	11-06	07:34	**12:24**	17:14	07:05	17:43
09	11-07	07:35	**12:24**	17:14	07:06	17:43
10	11-08	07:36	**12:25**	17:14	07:07	17:43
11	11-09	07:36	**12:25**	17:14	07:07	17:43
12	11-10	07:37	**12:26**	17:14	07:08	17:43
13	11-11	07:38	**12:26**	17:14	07:09	17:43
14	11-12	07:39	**12:27**	17:14	07:09	17:44
15	11-13	07:39	**12:27**	17:15	07:10	17:44
16	11-14	07:40	**12:28**	17:15	07:11	17:44
17	11-15	07:41	**12:28**	17:15	07:11	17:45
18	11-16	07:41	**12:29**	17:16	07:12	17:45
19	11-17	07:42	**12:29**	17:16	07:13	17:45
20	11-18	07:42	**12:30**	17:17	07:13	17:46
21	11-19	07:43	**12:30**	17:17	07:14	17:46
22	11-20	07:43	**12:31**	17:18	07:14	17:47
23	11-21	07:44	**12:31**	17:18	07:15	17:47
24	11-22	07:44	**12:32**	17:19	07:15	17:48
25	11-23	07:45	**12:32**	17:19	07:16	17:49
26	11-24	07:45	**12:33**	17:20	07:16	17:49
27	11-25	07:46	**12:33**	17:21	07:16	17:50
28	11-26	07:46	**12:33**	17:21	07:17	17:50
29	11-27	07:46	**12:34**	17:22	07:17	17:51
30	11-28	07:46	**12:34**	17:23	07:17	17:52
31	11-29	07:47	**12:35**	17:23	07:17	17:53

2013년 6월 21일 [하지(夏至)] 기준 전국 주요 지역의 일출·남중·일몰·시민 박명 시각표

지역		태양시(서울)			시민 박명	
		일출	南中	일몰	아침	저녁
특별시	서울	05:11	12:34	19:57	04:40	20:28
광역시	부산	05:10	12:26	19:41	04:40	20:11
	인천	05:12	12:35	19:57	04:41	20:29
	대구	05:09	12:27	19:45	04:39	20:15
	대전	05:13	12:32	19:51	04:42	20:22
	광주	05:18	12:34	19:50	04:48	20:20
	울산	05:07	12:24	19:41	04:37	20:11
경기도	수원	05:12	12:34	19:56	04:41	20:27
	평택	05:12	12:33	19:54	04:41	20:25
충청도	천안	05:13	12:33	19:54	04:42	20:24
	세종	05:13	12:33	19:52	04:42	20:23
	서산	05:15	12:36	19:56	04:45	20:27
	보령	05:16	12:36	19:55	04:46	20:25
	청주	05:12	12:32	19:52	04:41	20:23
	충주	05:09	12:30	19:51	04:38	20:22
	제천	05:07	12:29	19:51	04:36	20:21
	추풍령	05:11	12:30	19:49	04:40	20:19
전라도	전주	05:15	12:33	19:51	04:45	20:21
	군산	05:17	12:35	19:53	04:46	20:23
	부안	05:17	12:35	19:52	04:47	20:22
	정읍	05:17	12:34	19:51	04:47	20:21
	남원	05:16	12:32	19:49	04:46	20:19
	무안	05:21	12:37	19:52	04:51	20:22
	목포	05:21	12:36	19:51	04:52	20:21
	해남	05:21	12:35	19:49	04:52	20:19
	장흥	05:20	12:34	19:49	04:50	20:18
	여수	05:16	12:31	19:45	04:46	20:15
	흑산도	05:25	12:40	19:54	04:56	20:24
강원도	춘천	05:07	12:31	19:55	04:36	20:26
	원주	05:08	12:30	19:52	04:37	20:23
	대관령	05:04	12:27	19:50	04:32	20:21
	속초	05:03	12:27	19:52	04:31	20:24
	강릉	05:03	12:26	19:50	04:31	20:21

참고문헌

❖**인터넷 자료**

• 『論語』: http://ctext.org/analects/zh

• 『禮記』: http://ctext.org/liji/zh

• 『孟子』: http://ctext.org/mengzi/zh

• 『山海經』: http://ctext.org/shan-hai-jing/zh

• 『論衡』: http://ctext.org/lunheng/zh

• 『淮南子』: http://ctext.org/huainanzi/zh

• 『後漢書』: http://ctext.org/hou-han-shu/zh

• 『新唐書』: http://www.sidneyluo.net/a/a17/a17.htm

• 『全唐文』: http://zh.wikisource.org/zh-hant/全唐文

• 『朝鮮王朝實錄』: http://sillok.history.go.kr/main/main.jsp

• 『類經圖翼』: http://www.tcm100.com/user/ljty/index.htm

• 十二生肖: http://baike.baidu.com/view/13672.htm

• http://ja.wikipedia.org/wiki/十二支

• http://114.xixik.com/12birthpet/

• http://www.interq.or.jp/chubu/sarai/historyTop.htm

❖**서적 자료**(출판년도 순)

• 佐藤六龍, 『四柱推命術極秘伝』. 香草社(1975)

• 張耀文·佐藤六龍, 『四柱推命術奧義』. 香草社(1980)

· 張耀文·佐藤六龍, 『四柱推命十干秘解』. 香草社(1982)

· 鄒文耀 撰, 『命學尋眞』. 集文書局(1982)

· 任鐵樵 增注·袁樹珊 撰輯, 『滴天髓闡微』. 瑞成書局(1985)

· 臺灣商務印書館 編, 『影印文淵閣四庫全書』《子部·六》「革象新書」.(1986)

· 張神峯, 『標點命理正宗』. 武陵出版社(1986)

· 小林三剛, 『東洋醫學講座 第一券 基礎編 : 宇宙と人體の生成の原理』. 自然社(1987)

· 張明澄, 『張明澄 究極の漢方を語る : 中国医学と日本漢方』. 東明社(1992)

· 何建忠, 『千古八字秘訣總解』. 龍吟文化出版(1992)

· 余春臺 原編·樂吾氏 評註, 『窮通寶鑑』. 漢風出版社(1993)

· 徐樂吾 評註, 『造化元鑰』. 武陵出版社(1993)

· 張耀文 著·陳昭良 譯, 『五術占卜全書』. 王家出版社(1993)

· 何建忠, 『八字心理推命學』. 龍吟文化出版(1994)

· (宋)徐升 編著, 『淵海子平評註』. 武陵出版社(1994)

· 鐘義明, 『命理難題解題』. 武陵出版社(1995)

· 顏昭博, 『子平八字大突破』. 武陵出版社(1995)

· 阿藤秀夫, 『透派秘傳 子平大法』. 五術研究所(1995)

· 平岡 滴宝, 『秘本 子平廣論』. 平岡範気子平研修院(1995)

· 平岡 滴宝, 『神峰干支体象詩』. 平岡範気子平研修院(1995)

· 平岡 滴宝, 『新訳 滴天髓』. 子峰院(1995)

· 竹内 一景, 『秘伝 四柱推命入門 : 十干占術』. 成星出版(1998)

· 黎靖德 編, 허탁·이요성 역주, 『朱子語類 : 우주와 인간에 대한 토론 ①』.

  도서출판 청계(1999)

• 이창일, 『음양과 상관적 사유』. 청계출판사(2001)

• 동양고전연구회 옮김, 『논어』. ㈜지식산업사(2003)

• 張燿文, 『四柱推命術密儀 –子平の哲理–』. 香草社(2003)

• 萬民英, 『三命通會』. 武陵出版社(2004)

• 韋千里編, 『精選命理約言』. 瑞成書局(2004)

• 平岡 滴宝, 『四柱推命法深書』. 子峰院(2005)

• 이창일, 『소강절의 철학 — 先天易學과 상관적 사유』. 심산출판사(2007)

• 김일권, 『동양 천문사상 하늘의 역사』. 예문서원(2007)

• 시라카와 시즈카, 『문자강화 I 』. 바다출판사(2008)

• 김수길·윤상철, 『오행대의(상·하)』. 대유학당(2008)

• 張燿文 口述·掛川掌瑛 編著, 『子平命理 基礎篇』. FIVE ARTS(2008)

• 張燿文 口述·掛川掌瑛 編著, 『子平命理 象意篇』. FIVE ARTS(2008)

• 張燿文 口述·掛川掌瑛 編著, 『子平大全』. FIVE ARTS(2009)

• 張燿文 口述·掛川掌瑛 編著, 『子平·洩天機(上·下)』. FIVE ARTS(2009)

• (宋)廖中 著, 『五行精紀』. 武陵出版社(2009)

• 모로하시 데쓰지 저·최수빈 역, 『십이지 이야기』. 바오출판사(2009)

• 陳椿益, 『命理百問』. 武陵出版社(2009)

• 小山 眞樹代, 『完全独習版 子平推命』. 説話社(2010)

• 구중회, 『한국 명리학의 역사적 연구』. 국학자료원(2010)

• 김현경, 「황사·태풍 장기예측을 위한 『黃帝內經』 運氣論의 현대 기상학적 연구」. 충남대학교 박사 학위 논문(2010)

• 郑同 点校, 『御定子平』. 华龄出版社(2011)

❖개념어 찾아보기

463

❖**서명(書名) 찾아보기**